CB045556

Luciane Mendonça

Qualificação Técnica em Design Gráfico
O Papel das Artes Gráficas História, Teoria e Prática.

editora
VIENA

1ª edição
Bauru/SP
Editora Viena
2014

Dados Internacionais de Catalogação na Publicação (CIP)
(Câmara Brasileira do Livro, SP, Brasil)

Mendonça, Luciane
　　Qualificação técnica em design gráfico : o papel das artes gráficas : história, teoria e prática / Luciane Mendonça. -- 1. ed. -- Santa Cruz do Rio Pardo, SP : Editora Viena, 2014. -- (Coleção premium)

Bibliografia.
ISBN 978-85-371-0362-3

1. Design 2. Design gráfico (Tipografia) I. Título. II. Série.

14-09938　　　　　　　　　　　　　　　　　　CDD-745.4

Índices para catálogo sistemático:
1. Design gráfico : Artes　　745.4

Copyright© 2014 – Editora Viena Ltda.

Todos os direitos reservados pela EDITORA VIENA. LEI 9.610 de 19/02/98 e atualizações.
Nenhuma parte desta publicação poderá ser reproduzida ou transmitida, sejam quais forem os meios empregados: eletrônicos, mecânicos, fotográficos, gravações ou quaisquer outros.
Todas as marcas e imagens de hardware, software e outros, utilizados e/ou mencionados nesta obra, são propriedades de seus respectivos fabricantes e/ou criadores.

Autor: Luciane Mendonça
Revisão Técnica: André Luiz Dário
Revisão Ortográfica: Graciele Alves de Mira
Capa: Luciane Mendonça
Diagramadora: Erika Cristina Bueno
Ilustrações: iStockphoto.com, thinkstockphotos.com, Luciane Mendonça, Paulo Araújo, André Dario
Revisão de Diagramação: Camila Ceccatto da Silva Perez, Denise de Fátima Andrade
Supervisão Editorial: Karina de Oliveira

ISBN: 978-85-371-0362-3

1ª Edição - 10/2014 - Bauru/ SP

Impresso no Brasil

*Dedico este livro às minhas amadas filhas
Flávia Mendonça Alonso e Luara Maria Mendonça Ferraz,
seres de luz que trazem mais felicidade à minha vida.*

L.M.

"Não há fatos eternos, como não há verdades absolutas."

Friedrich Nietzsche

Prefácio

O design está cada vez mais presente no nosso cotidiano e é peça fundamental para alavancar vendas de produtos. Tornou-se um diferencial nas embalagens, nas identidades corporativas, nas linhas editoriais.

O designer gráfico é o profissional que cria projetos para publicações e papelaria em geral. Em outras palavras, ele cria layouts para diferentes meios de comunicação como: jornais, revistas, livros, panfletos, outdoors e cartões.

O designer pode atuar em várias áreas. Com a expansão de novas mídias, como as redes sociais, um novo mercado de atuação foi criado. Também pode atuar em agências de publicidade, editoras e produtoras.

Entre os trabalhos de um designer estão a criação de layouts e a diagramação de conteúdos. Cabe a ele a definição de fontes, organização de colunas, a padronização de cores, a seleção de imagens e, em alguns casos, o desenvolvimento de ilustrações.

Este material apresenta um conteúdo dinâmico com itens importantes e que devem ser conhecidos por aqueles que desejam aprender ou se aprimorar com o design voltado a área gráfica. O livro está dividido em capítulos complementares que permitem ao leitor conhecer gradativamente os tópicos relacionados à área.

O primeiro capítulo apresenta as diferenças entre design e designer, as fases da história da arte e suas obras e os tipos de design.

No segundo capítulo são apresentados conceitos importantes de criação em design e elaboração de um projeto. O que é e como fazer um briefing, a realização do brainstorming e a elaboração do rafe (rough) são abordados de maneira prática e clara.

As formas e suas aplicações são o assunto do terceiro capítulo. Entre os tópicos abordados estão os elementos conceituais, visuais, as relações entre as formas e as proporções áureas.

O quarto capítulo apresenta os princípios básicos do design: alinhamento, proximidade, contraste e repetição, suas definições, como utiliza-los e exemplos de cada um deles.

O quinto capítulo tem como tema a Gestalt. Sua relação com a psicologia, suas regras, como ela aborda nossa capacidade de reconhecer formas e como utilizar a percepção no processo de criação são os itens descritos pela autora.

No sexto capítulo o assunto é cor. Entre os assuntos relacionados estão termos essenciais para a composição de um bom projeto: visão, matiz, valor ou brilho, saturação, temperatura, cores aditivas e subtrativas, sistema de cores, modelos cromáticos, monocromia, bicromia, policromia e a psicologia das cores.

A utilização das imagens é abordada no sétimo capítulo. Nele é destacada a importância do tamanho do arquivo, os formatos mais utilizados em cada tipo de trabalho, a aquisição de imagens em bancos de imagens e os tipos existentes.

No oitavo capítulo o tema é tipologia. Entre os tópicos abordados estão: as medidas tipográficas, o espaçamento entre palavras e letras (traking e kerning), entrelinhas, regras básicas na utilização das fontes, as famílias tipográficas, fontes digitais, combinação de tipos, utilização de colunas e hifenização.

O nono capítulo apresenta informações sobre layout. São abordados os princípios do layout, as ferramentas para criação de layouts, a zona de visualização, o projeto, diagramação e arte final, o espaço em branco, o layout equilibrado, colunas, a importância da criação e a simplicidade como referência para se ter bons resultados.

O décimo capítulo tem como tema o fluxo gráfico. O texto apresenta o processo da criação do arquivo, a pré-impressão, a impressão e o acabamento final.

O décimo primeiro capítulo é sobre o CorelDRAW X6, que é um dos softwares mais utilizados para criação de gráficos vetoriais e layout. Ele permite criar layouts para vários tipos de produtos como desenhos artísticos, ilustrações, capas de livros e revistas, logotipos, botões e ícones, cartazes, folders, cartões, convites e itens de papelaria em geral, entre outros.

No décimo segundo capítulo são apresentas as opções e ferramentas do Illustrator CS6, que é um editor de imagens que pode ser usado para criar e editar itens, como ilustrações vetoriais e arquivos bitmaps.

O Photoshop CS6, programa para edição e tratamento de imagens, é o assunto do décimo terceiro capítulo. Ele pode ser usado para pequenos ajustes, criação, manipulação e no tratamento de diversos tipos de imagens. Com ele é possível melhorar uma foto ou imagem através de cortes e novos enquadramentos, alterar a nitidez, fazer fusões e montagens, correções de cores e aplicar vários tipos de efeitos para personalizar o trabalho.

No décimo quarto capítulo são apresentadas as ferramentas do InDesign CS6, que é muito utilizado na elaboração de layouts. Ele pode ser utilizado para a editoração eletrônica e diagramação de livros e publicações, permitindo criar arquivos seguros e dinâmicos para impressão.

Estes softwares são específicos para a área de trabalho de um designer. São ferramentas eficazes e versáteis com as quais o profissional pode criar projetos inovadores e atrativos.

O material possui exemplos, reproduções de imagens e telas dos softwares mencionados que auxiliam na aprendizagem. Possui ainda um capítulo de exercícios práticos para a fixação dos principais tópicos abordados.

Denise de Fatima Andrade
Jornalista - MTB 53277/SP

Sumário

Lista de Siglas e Abreviaturas 23
1.   **Introdução ao Design Gráfico** 25
1.1.   Design 27
1.1.1.   Design no Brasil 29
1.2.   Designer 29
1.3.   A Importância de Estudar a História da Arte e do Design 30
1.4.   História da Arte e do Design 31
1.4.1.   Pré-História 31
1.4.1.1.   Paleolítico 31
1.4.1.2.   Neolítico 32
1.4.1.3.   Rupestre 32
1.4.2.   Antiguidade 33
1.4.2.1.   Arte da Mesopotâmia 33
1.4.2.2.   Arte Egípcia 33
1.4.2.3.   Arte Celta 36
1.4.2.4.   Arte Germânica 37
1.4.2.5.   Arte Egéia 37
1.4.2.6.   Arte Fenícia 39
1.4.2.7.   Arte Antiga Clássica 39
1.4.2.8.   Arte do Cristianismo 41
1.4.3.   Idade Média 43
1.4.3.1.   Arte Pré-Românica 43
1.4.4.   Arte do Renascimento 44
1.4.5.   Arte Moderna 45
1.4.5.1.   Naturalismo 45
1.4.5.2.   Realismo 45
1.4.5.3.   Impressionismo 46
1.4.5.4.   Neo-impressionismo 46
1.4.5.5.   Pontilhismo 46
1.4.5.6.   Simbolismo 47
1.4.5.7.   Decadentismo 47
1.4.5.8.   Art Nouveau 47
1.4.5.9.   Arts & Crafts 48
1.4.4.10. Expressionismo 48
1.4.5.11. Fauvismo 49
1.4.5.12. Die Brücke 50
1.4.5.13. Blaue Reiter 50
1.4.5.14. Cubismo 50
1.4.5.15. Arte Abstrata 51
1.4.5.16. Construtivismo Russo 51
1.4.5.17. De Stijl 51
1.4.5.18. Bauhaus 52

1.4.5.19.	Suprematismo	53
1.4.5.20.	Raionismo	53
1.4.5.21.	Realismo Socialista	53
1.4.5.22.	Futurismo	53
1.4.5.23.	Dadaísmo	54
1.4.5.24.	Surrealismo	54
1.4.6.	Arte Contemporânea	54
1.4.6.1.	Pós-modernidade	55
1.4.6.2.	Pop Art	55
1.4.6.3.	Op art	56
1.4.6.4.	Minimalismo	57
1.4.6.5.	Neoconcretismo	57
1.4.6.6.	Massurrealismo	58
1.4.6.7.	Desconstrutivismo	58
1.4.6.8.	Arte Conceitual	58
1.4.6.9.	Happening	58
1.4.6.10.	Fluxus	58
1.4.6.11.	Videoarte	59
1.4.6.12.	Performance	59
1.4.6.13.	Instalação	59
1.4.6.14.	Land Art	60
1.5.	História do Design	60
1.6.	Tipos de Design	61
2.	**Conceito de Criação**	**67**
2.1.	Briefing	70
2.1.1.	Como Fazer um Briefing	70
2.2.	Brainstorming	71
2.3.	Rafe (rough)	73
3.	**Formas**	**75**
3.1.	Elementos Conceituais	77
3.1.1.	Ponto	77
3.1.2.	Linha	77
3.1.3.	Plano	78
3.1.4.	Volume	78
3.1.5.	As Principais Formas Básicas	79
3.2.	Elementos Visuais	79
3.2.1.	Formato	79
3.2.2.	Tamanho	79
3.2.3.	Cor	80
3.2.4.	Textura	80
3.3.	Elementos Relacionais	80
3.3.1.	Direção	80
3.3.2.	Posição	80
3.3.3.	Espaço	81
3.4.	Elementos Práticos	83

3.5.	Quebre a Regra – Primeiro Conhecendo	83
3.6.	Inter-Relação Entre Formas	83
3.7.	Proporções Áureas	85
4.	**Princípios Básicos do Design**	**89**
4.1.	Alinhamento	91
4.2.	Proximidade	92
4.3.	Contraste	93
4.4.	Repetição	94
5.	**Gestalt**	**95**
5.1.	Gestalt e a Psicologia	97
5.2.	Gestalt: Como nos faz Enxergar	97
5.3.	Como se dá a Percepção	97
5.4.	As Regras da Gestalt	98
5.4.1.	Unidade	98
5.4.2.	Segregação	98
5.4.3.	Unificação	98
5.4.4.	Fechamento	99
5.4.5.	Continuidade	100
5.4.6.	Proximidade	100
5.4.7.	Semelhança	101
5.4.8.	Pregnância da Forma	101
6.	**Cor**	**103**
6.1.	Visão	105
6.2.	Matiz	106
6.3.	Valor ou Brilho	106
6.4.	Saturação	106
6.5.	Temperatura	106
6.6.	Cores Aditivas e Subtrativas	107
6.7.	Sistema de Cores	108
6.8.	Modelos Cromáticos	110
6.8.1.	RGB	110
6.8.2.	CMYK	110
6.8.3.	HSB	110
6.8.4.	LAB	110
6.8.5.	Cor Especial - Pantone	111
6.9.	Monocromia, Bicromia e Policromia	111
6.10.	Psicologia das Cores	112
6.10.1.	Vermelho	112
6.10.2.	Verde	113
6.10.3.	Azul	113
6.10.4.	Amarelo	114
6.10.5.	Laranja	114
6.10.6.	Rosa	115
6.10.7.	Púrpura	115
6.10.8.	Violeta	116

6.10.9.	Marrom	116
6.10.10.	Branco	117
6.10.11.	Preto	117
6.10.12.	Cinza	118
7.	**Imagens**	**119**
7.1.	Utilizando Imagens	121
7.2.	Tamanho	121
7.3.	Aquisição de Imagens	122
7.4.	Tipos de Imagens	123
7.4.1.	Ilustração	123
7.4.2.	Colagem	124
7.4.3.	Fotografia	125
7.4.4.	Tipos como Imagens	125
8.	**Tipologia**	**127**
8.1.	Medidas Tipográficas	131
8.2.	Espaçamento Entre Palavras - Quadratim	131
8.3.	Espaçamento Entre Letras – Traking e Kerning	131
8.4.	Entrelinhas	132
8.5.	Regras Básicas na Utilização das Fontes	132
8.5.1.	Regras Básicas de Leitura	132
8.5.2.	Repetição	132
8.5.3.	Alinhamento	133
8.6.	Legibilidade	134
8.7.	Família Tipográfica	134
8.7.1.	Classificação Quanto à Estrutura da Fonte	134
8.8.	Fontes Digitais	135
8.9.	Combinando Tipos	136
8.10.	Colunagem	137
8.11.	Hifenização	137
8.12.	Massa de Texto	137
9.	**Layout**	**139**
9.1.	Princípios do Layout	141
9.2.	Ferramentas para Criação de Layouts	141
9.3.	Zona de Visualização	142
9.4.	Elaboração de um Layout	143
9.5.	Aumentando a Sensibilidade Visual	143
9.6.	Diagramação e Arte Final	143
9.7.	Espaço em Branco	144
9.8.	Layout Equilibrado	145
9.9.	Colunas	146
9.10.	Transgredir	149
9.11.	Menos é Mais	150
10.	**Fluxo Gráfico**	**151**
10.1.	Pré-Impressão	153

10.1.1.	Arquivos Abertos ou Fechados	154
10.1.1.1.	Fechando um Arquivo	155
10.1.2.	Fontes na Impressão	160
10.1.2.1.	Confiabilidade	160
10.1.2.2.	Fontes Habilitadas	160
10.1.3.	Retículas	160
10.1.3.1.	Formato	161
10.1.3.2.	Lineatura (lpi)	162
10.1.3.3.	Angulação	163
10.1.4.	Monitores e Área de Trabalho	163
10.1.5.	Scanners	164
10.1.6.	Fotolito	165
10.2.	Impressão	165
10.2.1.	Tipografia	165
10.2.2.	Rotogravura	166
10.2.3.	Flexografia	167
10.2.4.	Serigrafia	167
10.2.5.	Offset	168
10.2.6.	Tampografia	170
10.2.7.	Ganho de Ponto	170
10.2.8.	Trap	171
10.2.9.	Tinta	172
10.2.10.	Papel	172
10.3.	Acabamento	175
10.3.1.	Verniz e Plastificação	175
10.3.2.	Corte	175
10.3.3.	Dobra	176
10.3.4.	Relevo	176
10.3.5.	Montagem	177
10.3.6.	Alceamento	177
10.3.7.	Costura/grampo	178
10.3.7.1.	Espiral	178
10.3.7.2.	Wire-o	178
10.3.7.3.	Hot-Melt	179
10.3.7.4.	Canoa (grampo)	179
10.3.7.5.	Capa dura	179
10.3.7.6.	Brochura	180
10.3.8.	Faca	180
10.3.9.	Verniz	181
10.3.10.	Resumo do Fluxo de Trabalho	181
11.	**CorelDRAW X6**	**183**
11.1.	Criar um Documento	185
11.1.1.	Adicionar Páginas ao Documento	185
11.1.2.	Configurar o Layout da Página	186
11.1.3.	Duplicando Páginas	187
11.1.4.	Excluir Páginas	187

11.1.5.	Escalas de Desenho	188
11.1.6.	Importar Conteúdo	188
11.2.	Linhas e Curvas	189
11.2.1.	Desenho à Mão Livre	189
11.2.2.	Desenho de Linhas	190
11.2.3.	Desenho de Curvas	190
11.2.4.	Linhas de Fluxo e de Dimensão	192
11.2.4.1.	Criando Linhas de Fluxo	192
11.2.4.2.	Linhas de Dimensão	192
11.2.5.	Linhas e Contornos – Definição de Cor	193
11.2.6.	Definir Estilo	195
11.2.7.	Pontas de Setas	196
11.2.8.	Formas – Cantos	196
11.2.9.	Polígonos e Estrelas	197
11.2.10.	Espirais	197
11.3.	Tabela	198
11.4.	Modelagem de Formas	198
11.4.1.	Edição de Nós	199
11.4.2.	Inserção e Remoção de Nós	199
11.5.	Janelas de Encaixe Cor	200
11.6.	Criação de Estilos de Cor	202
11.6.1.	Preenchimento Uniforme	202
11.6.2.	Preenchimento Gradiente	203
11.6.3.	Preenchimento com Textura	204
11.7.	Textos	205
11.7.1.	Texto de Parágrafo	205
11.7.2.	Molduras Vinculadas	205
11.7.3.	Importar Texto	206
11.7.4.	Conversão de Textos em Curvas	207
11.7.5.	Ajustar Texto a Moldura	207
11.7.6.	Texto em Colunas	207
11.7.7.	Aplicar Capitulares	208
11.7.8.	Contornar Objetos com Texto	209
11.7.9.	Texto em Caminhos	210
11.8.	Manipulação de Objetos	211
11.8.1.	Alterar a Ordem de Exibição dos Objetos	211
11.8.2.	Alinhamento e Distribuição de Objetos	211
11.8.3.	Camadas	213
11.8.4.	Código de Barras	213
11.9.	Efeitos	214
11.9.1.	Transparência	215
11.9.2.	Espiral	215
11.9.3.	PowerClip	216
11.9.4.	Perspectiva	217
11.9.5.	Extrusões	217
11.9.6.	Chanfradura	218

11.9.7.	Sombreamento	219
11.9.8.	Efeito Envelope	220
11.9.9.	Objetos Misturados	220
11.9.10.	Inclinar e Esticar Objetos	221
11.9.11.	Aplicar Efeitos de Distorção	223
12.	**Adobe Illustrator CS6**	**225**
12.1.	Criação de um Documento	227
12.2.	Linhas e Pontos de Direção	228
12.2.1.	Ponto Âncora	228
12.2.2.	Ferramenta Lápis	229
12.2.2.1.	Ligar Demarcadores com a Ferramenta Lápis	229
12.2.3.	Ferramenta Caneta	230
12.2.4.	Grades	231
12.2.5.	Traçado da Imagem	232
12.3.	Apagar Desenhos	233
12.4.	Comando Dividir Objetos Abaixo	233
12.4.1.	Ferramenta Faca	233
12.4.2.	Dividir um Objeto em uma Grade	234
12.5.	Bloquear e Desbloquear Objetos	235
12.6.	Refletir Objetos	235
12.7.	Pathfinder	236
12.8.	Alinhar e Distribuir Objetos	238
12.9.	Máscara de Recorte	238
12.10.	Aplicar Cor Através do Painel Ferramentas	239
12.10.1.	Aplicar Cor Utilizando o Painel Cor	240
12.10.2.	Editar as Cores de um Gradiente	240
12.10.3.	Recolorir Arte	243
12.10.4.	Aplicar Amostra	245
12.10.4.1.	Criar Amostra de Cor	245
12.11.	Camadas	246
12.11.1.	Ocultar Camadas	246
12.12.	Inserir Texto de Ponto	247
12.12.1.	Inserir Texto de Área	247
12.12.2.	Texto em Caminho	248
12.12.3.	Utilizando Caixas de Texto	249
12.12.4.	Ajustar Título pela Largura Total da Área de Texto	249
12.13.	Formatar Parágrafos de Texto	249
12.13.1.	Formatar o Alinhamento do Texto	250
12.13.2.	Hifenização do Texto	250
12.13.3.	Transparência de Texto	251
12.13.4.	Conversão de Texto em Contorno	252
12.14.	Tipos de Gráficos	252
12.14.1.	Criar Gráfico	255
12.14.2.	Largura de Colunas	255
12.14.3.	Editar o Tipo do Gráfico	256

12.14.4.	Editar Cores do Gráfico	257
12.14.5.	Adicionar Rótulos aos Gráficos	257
12.14.6.	Adicionar Imagens e Símbolos aos Gráficos	257
12.15.	Adicionar Imagem	258
12.15.1.	Vínculo da Imagem	259
12.15.2.	Alterar o Modo de Cor	260
12.15.3.	Transparência na Imagem	261
12.16.	Efeitos do Photoshop	262
12.16.1.	Efeitos em Objetos	264
12.16.2.	Efeitos em Imagens	265
12.16.3.	Remoção de Efeitos	266
12.16.4.	Brilho Interno ou Externo	266
12.16.5.	Difusão às Bordas do Objeto	267
12.17.	Objetos 3D e Perspectiva	267
12.17.1.	Objetos 3D	267
12.17.1.1.	Criar Objetos 3D por Extrusão	268
12.17.1.2.	Criar Objetos 3D por Revolução	269
12.17.2.	Girar Objetos em Três Dimensões	270
12.17.3.	Opções de Rotação 3D	271
12.17.4.	Opções de Extrusão e Bisel	272
12.17.5.	Sombreamento de Superfície	273
12.17.6.	Objetos em Perspectiva	273
12.17.7.	Desenhar com Grade de Perspectiva	276
12.17.8.	Anexar Objetos à Perspectiva	277
13.	**Adobe Photoshop CS6**	**279**
13.1.	Criar uma Imagem	281
13.1.1.	Tamanho	282
13.2.	Seleção de Áreas e Imagens	284
13.2.1.	Ferramenta Laço Magnético	284
13.2.2.	Ferramenta Seleção Rápida	284
13.2.3.	Ferramenta Varinha Mágica	284
13.2.4.	Refinar as Arestas	285
13.3.	Preparação de Imagens Digitalizadas	287
13.3.1.	Corrigir uma Imagem	288
13.3.2.	Pincel de Recuperação	289
13.3.2.1.	Pincel de Recuperação para Manchas	289
13.3.3.	Ferramenta Correção	290
13.3.4.	Remoção de Olhos Vermelhos	292
13.3.5.	Mover Objetos com o Reconhecimento de Conteúdo	292
13.3.6.	Filtro Máscara de Nitidez	293
13.3.7.	Ajustar a Nitidez em Áreas Distintas da Imagem	295
13.3.8.	Saturação de Cor	295
13.3.9.	Substituição de Cor	296
13.3.10.	Redimensionamento, Inclinação, Distorção, Perspectiva e Deformação	296
13.3.10.1.	Distorção de Marionete	298
13.3.10.2.	Filtro Dissolver	299

13.4.	Conversão do Modo de Cor	300
13.4.1.	Painel Informações	301
13.4.2.	Níveis	301
13.4.2.1.	Curvas	302
13.4.2.2.	Matiz e Saturação	303
13.4.3.	Correspondência de Cor	303
13.5.	Ferramenta Caneta	305
13.5.1.	Ferramenta Caneta de Forma Livre	306
13.5.2.	Ferramenta Caneta Magnética	306
13.6.	Ferramenta Pincel História da Arte	307
13.7.	Ferramenta Borracha Mágica	307
13.7.1.	Ferramenta Borracha de Plano de Fundo	308
13.8.	Criar um Pincel a Partir de Imagem	309
13.8.1.	Pincel de Mistura	309
13.9.	Configurações do Degradê	310
13.9.1.	Salvar Predefinições de Degradê	311
13.10.	Criar Camadas e Grupos	311
13.10.1.	Transformar Plano de Fundo em Camada	312
13.10.2.	Duplicar Camadas	312
13.10.3.	Máscaras de Camada e de Vetor	312
13.10.4.	Adicionar Máscaras de Camadas	313
13.10.5.	Adicionar Máscaras de Vetor	314
13.11.	Menu Filtros	315
13.11.1.	Filtro Correção de Lente	315
13.11.2.	Filtro Dissolver	317
13.11.3.	Filtro Pintura a Óleo	318
13.11.4.	Filtros de Desfoque	319
13.11.5.	Efeitos de Iluminação	319
13.11.6.	Filtros de Distorção	322
13.11.7.	Filtros de Estilização	322
13.11.8.	Filtros de Pixelização	322
13.11.9.	Filtros de Ruído	322
13.11.10.	Filtros de Nitidez	323
13.11.11.	Galeria de Filtros	323
13.11.11.1.	Filtros Artísticos	324
13.11.11.2.	Filtros Croqui	324
13.11.11.3.	Filtros Distorção	324
13.12.	Inserir Textos	325
13.12.1.	Texto de Ponto	325
13.12.2.	Texto de Parágrafo	326
13.12.3.	Converter Textos	326
13.12.4.	Camada de Texto	326
13.12.5.	Painel Parágrafo	326
13.12.6.	Ajuste Automático da Hifenização	327
13.12.7.	Texto com Sombra Projetada	327
13.9.8.	Preenchimento do Texto com Imagem	328
13.12.9.	Distorcer o Texto	329

13.12.10.	Inserir Tipos ao Longo do Demarcador	330
13.13.	Automatização de Tarefas	330
13.13.1.	Painel Ações	331
13.13.2.	Gravar Ação	331
13.13.3.	Reproduzir Ações	332
14.	**Adobe InDesign CS6**	**335**
14.1.	Criar Documento	337
14.1.1.	Configurar Predefinições de um Novo Documento	338
14.1.2.	Página-mestre	339
14.1.2.1.	Criar Página-mestre	340
14.1.3.	Pacote do Documento	341
14.2.	Painel Páginas	342
14.2.1.	Inserir Página	342
14.2.2.	Mover Página	343
14.2.3.	Excluir Página	344
14.3.	Painel Camadas	344
14.4.	Caixa de Texto	345
14.4.1.	Inserir Caixa de Texto	345
14.4.1.1.	Encadear Caixas de Texto	345
14.4.1.2.	Importar Texto	346
14.4.2.	Cantos Dinâmicos	347
14.4.3.	Dividir Texto e Colunas	348
14.4.4.	Fluxo de Texto Manual	348
14.4.5.	Fluxo de Texto Automático	349
14.4.6.	Localizar e Alterar Texto	349
14.4.7.	Ancorar Objetos	350
14.4.7.1.	Editar e Ajustar um Objeto Ancorado	351
14.4.8.	Texto em Contorno	352
14.4.8.1.	Ajustar o Contorno ao Objeto	352
14.4.8.2.	Traço	353
14.5.	Correção Ortográfica	354
14.6.	Exportar Textos	355
14.7.	Alterando a Fonte	355
14.7.1.	Localizando e Alterando Fontes Ausentes	356
14.7.2.	Formatação de Caracteres	357
14.7.3.	Kerning e Tracking	357
14.8.	Formatação de Parágrafos	358
14.8.1.	Alinhamento Vertical	358
14.8.2.	Alinhamento Horizontal	359
14.8.3.	Espaçamento Acima e Abaixo do Parágrafo	360
14.8.4.	Hifenização	360
14.8.5.	Capitulares	361
14.8.6.	Quebra de Linhas	361
14.8.7.	Contorno e Preenchimento do Texto	362
14.8.8.	Aplicar Gradiente ao Texto	362
14.8.9.	Aplicar Efeitos ao Texto	362
14.8.10.	Aplicar Imagem ao Texto	363

14.8.11.	Tabulação	363
14.9.	Ferramenta Conta-Gotas	364
14.10.	Criar Estilos Manualmente	365
14.10.1.	Estilos Marcadores e Numeração	367
14.10.2.	Editar Estilos de Parágrafos e Caracteres	367
14.10.2.1.	Aplicar Estilos de Parágrafo e Caractere	368
14.10.2.2.	Excluir Estilos de Caractere e Parágrafo	368
14.10.3.	Quebrar Vínculo entre Texto e Estilo	369
14.11.	Tabelas	369
14.11.1.	Painel Tabela	369
14.11.2.	Criar Tabelas	370
14.11.1.1.	Inserir Dados na Tabela	370
14.11.1.2.	Inserir Imagem na Tabela	371
14.11.3.	Transformar Texto em Tabela	371
14.11.4.	Alterar Tamanho das Células, Linhas e Colunas	372
14.11.5.	Inserir Linhas e Colunas	373
14.11.5.1.	Excluir Linhas e Colunas	373
14.11.5.2.	Mesclar e Dividir Células	374
14.11.5.3.	Girar Textos em uma Célula	375
14.11.6.	Aplicar Bordas à Tabela	375
14.11.7.	Aplicar Preenchimento à Tabela	376
14.11.8.	Excluir Tabela	376
14.12.	Converter Forma	377
14.13.	Opções de Canto	377
14.13.1.	Painel Traçado	378
14.13.2.	Adicionar Formas Iniciais e Finais	378
14.14.	Painel Amostra	378
14.14.1.	Criar uma Amostra de Cor	379
14.14.2.	Criar uma Amostra de Tinta Mista	380
14.15.	Importar Imagens	380
14.15.1.	Painel Vínculos	381
14.15.1.1.	Trabalhar com Vínculos	381
14.16.	Inserir Legenda a Partir de Imagens	382
14.17.	Bloquear e Desbloquear Imagens	383
14.9.3.1.	Alinhar e Distribuir Imagens	383
14.18.	Borda	384
14.19.	Efeitos	384
14.20.	Configurar Opacidade	385
14.21.	Criar uma Biblioteca de Objetos	385
14.22.	Numerar Páginas, Capítulos e Parágrafos do Livro	386
14.23.	Sumário	387
14.23.1.	Criar um Sumário	387
15.	**Exercícios**	**389**
Referências		**405**
Glossário		**413**

Lista de Siglas e Abreviaturas

a.C. — Antes de Cristo.
ATYPI — Associação Tipográfica Internacional.
BMP — Bitmap.
CJK — Chinese, Japanese & Korean.
CMYK — cyan, magenta, amarelo e preto
CTF — Computer to film.
CTP — Computer to plate.
DVD — Digital Versatile Disc.
ENDI — Encontro Nacional de Desenhistas Industriais
EPS — Encapsulated PostScript.
ESDI — Escola Superior de Desenho Industrial.
EUA — Estados Unidos da América.
FTP — File Transfer Protocol.
g/m^2 — Gramas por metro quadrado.
GIF — Grafics Interchange Format.
HSB — Hue Saturation Brightness.
JPEG — Joint Photographics Experts Group.
lpi — Linhas por polegadas (Lineatura).
MACs — Macintosh.
PCs — Personal Computer.
PDF — Portable Document Format.
PNG — Portable Network Graphics.
PSD — Arquivo native do Photoshop.
RGB — Red – Green – Amarelo.
RIP — Raster Image Processor.
TIFF — Tagged Image File Format.

1
Introdução ao Design Gráfico

1.1. Design
    1.1.1. Design no Brasil
1.2. Designer
1.3. A Importância de Estudar a História da Arte e do Design
1.4. História da Arte e do Design
    1.4.1. Pré-História
    1.4.2. Antiguidade
    1.4.3. Idade Média
    1.4.4. Arte do Renascimento
    1.4.5. Arte Moderna
    1.4.6. Arte Contemporânea
1.5. História do Design
1.6. Tipos de Design

1. Introdução ao Design Gráfico

O **design** está presente de forma intensa em nosso dia a dia, seja nas revistas, nas embalagens de xampus, nos livros, nos jornais, nos sites, nas TVs, entre outros tantos meios. Este livro tem como função apresentar uma noção geral do que é design para as pessoas que não possuem nenhum conhecimento sobre, ou ainda, dar uma base mais sólida às pessoas que querem mergulhar nesse fantástico universo.

1.1. Design

O **design** trata-se de uma atividade que envolve um projeto para determinar as propriedades dos objetos e peças a serem criados e produzidos. Pensando nas características exteriores, em suas estruturas e funções que vão de encontro às necessidades tanto de quem produz quanto do usuário, sejam necessidades físicas ou psíquicas.

Quando nos deparamos com um bom design, percebemos um ganho em termos de qualidade de uso e estética de um produto, o que tornam compatíveis exigências técnico-funcionais com restrições de ordem técnico-econômicas.

O **design** é uma tentativa de satisfazer o cliente e o lucro da empresa, combinando de maneira inovadora os principais componentes do design: performance, qualidade, durabilidade, aparência e custo. Por meio do design há uma interação entre usuário e produto, tratando-se de uma atividade técnica, intelectual, criativa e artística. Utiliza dados ergonômicos, tecnológicos, econômicos, sociais, culturais e estéticos, para atender de maneira eficaz as necessidades humanas, não somente com relação à produção de imagens, mas toda uma análise, organização e maneiras de apresentação de soluções visuais para problemas de comunicação.

Primeiro passo para se ter um bom **design** é conhecer de maneira ampla o produto em que esta trabalhando, além de dominar técnicas e conhecimentos para aplicar na execução da ideia. Uma coisa complementa a outra e todo esse conjunto de conhecimento, técnica, criatividade é conseguido através de estudos, experiências, muita leitura, trabalho e dedicação. O design não é feito de um conjunto de regras, apenas algumas técnicas nos ajudam durante a execução e no resultado de um bom layout.

Durante a década de 1960 houve uma tentativa de aproximar o design da ciência, tornando-o mais técnico e metodológico, mas design não é ciência e também não é arte, apesar de estar ligado ao mundo da estética.

A palavra design apresenta diversas interpretações e traduções e sua origem é latina, vem do designare. Na Alemanha, a escola de artes Bauhaus utilizou a palavra Gestalt que traduzido para o inglês passou a ser design, com significado de realização ou intenção de produção de um projeto.

Ao ser traduzido para o português, houve a necessidade de enfatizar que não se tratava somente de desenhar, que abrangia algo maior, como o projeto já citado.

O termo '**Design**', no Brasil, foi utilizado durante um acordo no 8º ENDI (Encontro Nacional de Desenhistas Industriais), em Curitiba, em 1988.

Com as primeiras pinturas em cavernas (Lascaux), na pré-história, deu-se a origem do design. Pode-se dizer que design é a idealização, desenvolvimento, concepção e caracterização de produtos/objetos que necessitam de padronização e envolvem certa repetição em suas etapas de produção. Trata-se de uma atividade que utiliza técnica e criação para ter a solução de um problema.

Podem ser projetados: ambientes, equipamentos, famílias de letras (chamada de tipologia), imagens, interfaces de softwares ou de Internet, livros, marcas, utensílios domésticos, vestimentas, entre tantos outros produtos.

No século XIX o desenho industrial tomou corpo em função da Revolução Industrial, mesmo estando presente em diversos momentos da história da civilização. Da forma que se apresenta hoje, ele surgiu de fato na primeira década do século XX, no meio cultural e industrial alemão.

No Brasil, o design foi bastante influenciado pela tradicional escola alemã da Bauhaus e da Escola de Ulm.

A grande preocupação do design é unir a forma e a função dos objetos e, como ele interage com os usuários. Existem ainda atividades que se identificam com a expressão designer, porém, não apresentam a relação com a atividade projetual.

1.1.1. Design no Brasil

O design brasileiro foi criado juntamente com a cultura nacional, podendo ver sinais dessas criações já no século XIX.

Por muitos, Eliseu Visconti, é considerado precursor do moderno design brasileiro e também pioneiro no ensino no Brasil.

A fundação da primeira escola superior de design, a Escola Superior de Desenho Industrial (ESDI) no Rio de Janeiro, deu-se em 1963, sendo o ponto de início da profissão do design no Brasil.

No Brasil, o curso de design foi implantado na década de 1960, com o nome de desenho industrial por ser voltado à projeção em escala industrial e, também, porque na época os cursos nacionais não podiam ter origem estrangeira.

1.2. Designer

O **designer** é o profissional responsável em projetar e oferecer respostas aos problemas de comunicação seja qual for o setor da sociedade. Um bom **designer** deve estar sempre atento, observando o que a maioria das pessoas não percebe. A função do **designer** muitas vezes é de mostrar o óbvio sem ser óbvio. A cada trabalho ganha-se experiência, aprende-se muito, pois a base de um bom design é o estudo, a pesquisa e o conhecimento somado à criatividade.

Ninguém acorda por acaso, com uma ideia genial, cada conhecimento que se agrega, cada imagem que é contemplada, cada mensagem visual recebida vai se somando e com um bom projeto, obtém-se um design satisfatório e eficiente.

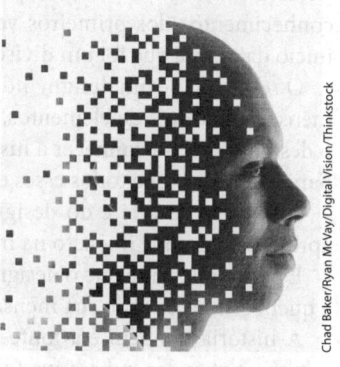

A cada trabalho feito é importante nos colocarmos no lugar de quem vai utilizar aquele objeto, aquelas informações, verificar os resultados do projeto, o que ele irá despertar nas pessoas e se é realmente o que deveria ser alcançado. A intenção ao projetar um produto, e quando falo de produto, pode ser um objeto, uma revista, um livro, é apresentar o conteúdo do melhor jeito possível. Somos responsáveis por hierarquizar as informações, por isso existe a necessidade de sermos bons ouvintes e atentos a tudo ao redor na hora de projetar algo.

O **designer gráfico** trabalha em diversas áreas com inúmeros tipos de impressos, como:
- Identidade corporativa (Branding).
- Design de embalagem (Packaging design).
- Design editorial.
- Sinalização.
- Tipografia.

O **designer gráfico** deve conhecer e utilizar técnicas e ferramentas de desenho, porém, não abrir mão de usar a criatividade para comunicar. Deve ainda possuir conhecimentos na produção de impressos em gráfica, para desenvolver elementos que sejam possíveis de serem reproduzidos. Para ter o domínio das técnicas gráficas é necessário conciliar os resultados técnicos com a relação custo/benefício satisfatória.

Depois de analisar o projeto, deve-se contabilizar custos e o tempo de produção. Realizada a aprovação, o material segue o destino de produção e deve ser controlado de perto pelo **designer** para evitar contratempos e fazer com que o resultado seja o esperado.

Um **designer** deve escolher o papel, tinta, verniz, tipo de impressão, encadernação, tipo de faca, gráfica, entre tantas outras características do material a ser impresso.

1.3. A Importância de Estudar a História da Arte e do Design

No momento da criação e elaboração de um projeto, muitas vezes a história da arte e do design acabam não sendo tão valorizados, porém, conhecer a história que envolve tudo isso é muito importante por alguns motivos, como a identificação e conhecimentos dos primeiros vestígios de arte realizada pelo homem e também o início da escrita que foi um divisor de águas para a história da civilização.

O resultado de um design, independente de onde for utilizado deve transmitir uma mensagem através de elementos, como cor, formas, símbolos e tipologia; e, para isso o designer precisa conhecer a história dos povos, sua arte e suas formas de expressão, para entender o que todos esses elementos causam ao observador.

A história da arte e do design nos mostra que através dos tempos os elementos apresentam grande impacto na maneira de comunicação das pessoas e dos grupos.

É muito relevante que o designer comunique e entenda a reação que poderá causar a quem está recebendo sua mensagem.

A história também é a fonte de inspiração, podendo ser utilizada nos projetos e releituras, para dar embasamento aos projetos, os tornando mais ricos conceitualmente. Isso diferenciará o trabalho de uma pessoa que não se preparou para a realização desse tipo de trabalho e um designer. Cada estilo, técnica ou conceito utilizado por um designer tem uma origem, que normalmente está ligado a um fato histórico, daí a importância também de se conhecer a história da arte e do design.

1.4. História da Arte e do Design

A história da Arte e do Design está subdivida em: Pré-história, Antiguidade, Idade Média, Arte do Renascimento, Arte Moderna e Arte Contemporânea.

1.4.1. Pré-História

No período da pré-história temos o Paleotítico, Neolítico e Rupestre, os quais veremos detalhadamente nos tópicos a seguir.

1.4.1.1. Paleolítico

A arte do **Paleolítico** é o início da história da arte, sendo a mais antiga produção artística que temos conhecimento. Seu início ocorreu há cerca de dois milhões de anos até 8000 a.C. As primeiras descobertas desse período foram feitas no início do século XX e, no começo, a reação da classe especialista foi de ceticismo em função da maturidade artística ser em nível embrionário da história da humanidade. Porém, a qualidade e criatividade das peças são inegáveis e possuem uma grande importância para a compreensão do homem.

No último período do paleolítico superior, o homem conseguiu um maior crescimento na produção artística em função de uma necessidade espiritual. Ainda existem muitas questões em aberto, mas fica claro que os fatores naturais determinaram as influências desse período, que já tinham como característica certa busca da simetria e utilização generalizada do vermelho. Na França e Espanha são os locais que apresentam os mais ricos exemplares de pintura rupestre achados até hoje. Primeiro iniciou-se a produção manual de objetos, posteriormente surgiram os primeiros vestígios de decoração dos mesmos. Essa passagem do tridimensional para um plano bidimensional resultou em obras com grande naturalismo e realismo, também utilizado em rochas ou pedaços de ossos ou madeira.

Com o tempo o homem começa a refletir sobre si próprio e o mundo ao seu redor, passando, aos poucos, a representar imagens idealizadas e não somente aquelas observadas. A hipótese com mais força sobre os primeiros objetos de arte é que não se tratavam de utilitários ou adornos, mas era uma tentativa de controlar forças sobrenaturais, obter a simpatia dos deuses e conseguir bons resultados na caça. Não devemos descartar a arte paleolítica como uma atividade lúdica, pois pode-se tratar de um descobrir formas sem maiores pretensões.

No período paleolítico foram feitas as primeiras pinturas em cavernas e paredes externas, como na caverna de Lascaux, França, descoberta em 1940. Utilizava-se carvão, terra e sangue, além de, pincéis e osso oco para pulverizar o contorno da mão. Na Espanha encontram-se pinturas do teto da caverna e é considerada até hoje uma das maiores descobertas da história da arte.

Lancaux - França.

1.4.1.2. Neolítico

Teve seu início há aproximadamente 10.000 anos, quando o homem passa a domesticar animais e a começar a agricultura. Nesse momento o homem tem domínio da posse de sua alimentação e forma aldeias. Surgem os métodos básicos da construção em madeira, tijolo e pedra relacionadas com o culto aos mortos ou com fins religiosos. De acordo com os materiais arqueológicos encontrados, a produção artística está relacionada a geometria, passando de padrões naturalistas para um abstracionismo nas formas utilizadas. É provável que os materiais desse período não tenham resistido ao tempo.

Menorca - Espanha.

1.4.1.3. Rupestre

Arte rupestre é um termo dado aos mais antigos desenhos artísticos que se tem conhecimento, realizados em abrigos ou cavernas, nas suas paredes e tetos rochosos, ou ainda, nas rochas ao ar livre. O Homem pré-histórico conservava cerâmicas, armas e utensílios trabalhados na pedra, nos ossos dos animais e no metal. Às esculturas é atribuído um sentido mágico, ligado à fertilidade feminina e a um sentimento religioso. As pinturas foram encontradas nos tetos e paredes de grutas, localizadas em fundos de cavernas, em policromia imitando a natureza de forma real.

Na Espanha (Caverna de Altamira), considerada a Capela Sistina da Pré-História, a pintura rupestre impressiona pelo seu tamanho e volume obtidos apenas com a técnica claro-escuro. Para alguns, essas pinturas serviam para garantir o sucesso da caçada, enquanto para outros, tratava-se de vontade de produzir arte. Dessa maneira, as cavernas se tornaram os primeiros museus da humanidade.

Eram utilizados sangue, saliva, argila e excrementos de morcegos para a execução de figuras de grandes animais selvagens, como bisões, cavalos, cervos, entre outros. Já a figura humana não aparece com frequência e quando surge mostra a dança e, principalmente, a caça em desenhos esquemáticos. Também foram encontrados palmas de mãos humanas e figuras abstratas. No início, ao serem encontradas, as pinturas da caverna de Altamira, foram consideradas como fraude, por acreditarem que os primitivos não poderiam ter sido suficientemente avançados para criar arte. Recentes reavaliações e o número de descobertas veio para firmar a autenticidade das figuras.

Os sítios mais conhecidos e estudados foram encontrados na Europa, Alemanha e Roménia. Existem outros locais não tão estudados como o caso do Brasil, que possui como local mais conhecido com esse tipo de arte, a cidade de Naspolini em Santa Catarina.

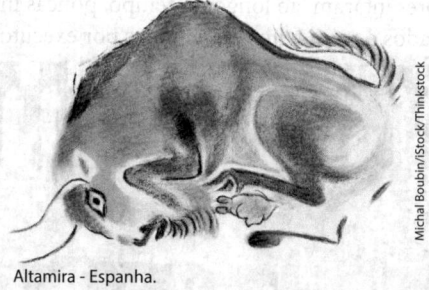

Altamira - Espanha.

1.4.2. Antiguidade

A arte da **Antiguidade** diz respeito à arte desenvolvida após a criação da escrita e que se estende até as primeiras expressões artísticas do Cristianismo.

1.4.2.1. Arte da Mesopotâmia

Desenvolveu-se ao longo dos séculos e, em diferentes civilizações na agricultura, nas terras férteis, entre os rios Tigre e Eufrates. Sua arquitetura não era tão admirável quanto a de outras épocas e suas características são de exibicionismo e luxo, com construções de templos e palácios que eram considerados cópias dos que existiam nos céus. Quanto às esculturas, por serem feitas em argila, muitas se perderam, já as de pedras são mais raras de serem encontradas. Na pintura as cores claras eram as mais utilizadas para reproduzir caçadas, batalhas e o cotidiano dos reis e deuses. Objetos em cerâmica ganharam destaque entre os persas e o trabalho com ouro, prata e cobre era uma das atividades artísticas mais importantes.

1.4.2.2. Arte Egípcia

Trata-se do movimento artístico desenvolvido no vale do Nilo no Norte da África e teve sua supremacia na religião durante um longo período. O tempo e os acontecimentos históricos foram os responsáveis por eliminar os vestígios dessa arte, que servia a políticos e religiosos.

A figura do faraó, que era considerado soberano absoluto, foi utilizada amplamente nas manifestações artísticas, que também fazia homenagem as divindades da mitologia egípcia. A maior expressão de arte do Egito são os túmulos, que traziam significados e ajudaram a caracterizar as figuras, descrever situações e identificar os níveis hierárquicos. Observa-se que a harmonia e o equilíbrio das peças eram mantidos, uma vez que algum desequilíbrio era considerado um distúrbio na vida após a morte. A harmonia era conseguida através do uso de linhas simples, formas estilizadas, manchas de cores uniformes profundamente coloridas, porém, o tempo fez com que fossem perdidas muitas dessas características de cores.

As cores eram cheias de simbolismo, como preto associado à morte, à noite; o branco à pureza; o vermelho era energia, sexualidade, mas também estava associado ao deus maléfico Set; amarelo se associava à eternidade; verde estava ligado à regeneração e azul era associado ao rio Nilo e ao céu. As imagens apresentavam restrita angulação quanto a visão: frente, perfil e de cima. Os olhos, ombros e peitos podiam ser vistos de frente, enquanto a cabeça e as pernas podiam ser vistas de lado. Era uma arte criada para a eternidade e apresentaram, ao longo do tempo, poucas inovações. Os materiais raramente eram assinados e eram feitos em oficinas por executores e seus mestres.

Papiro egípcio mostrando o último julgamento.

Os egípcios ainda utilizam o adobe cozido ao sol, que fora substituído no final do período pela pedra. Com a inserção da pedra surge a arquitetura monumental dando noção de eternidade ao faraó. Eram edificadas as monumentais pirâmides e em sua proximidade talhava-se esfinges.

São desta época as inúmeras estátuas de escribas, que hoje ficam no Museu Egípcio do Cairo e no Museu do Louvre. Eram feitas de diorite, granito, xisto, basalto, calcário e alabastro.

A principal característica da pintura e baixos-relevos egípcios é a tentativa de representar as figuras humanas com a cabeça e os pés de perfil e o resto do corpo de frente. Há um contraste na criação de estátuas rígidas e com pouco expressão e as estatuetas de particulares, que apresentavam expressividade e naturalismo em seus movimentos. A expressão humana, nessa fase, ganha a dimensão e realismo representando o envelhecimento em estátuas reais. Já as pinturas, podem ser vistas com mais facilidade nos túmulos dos governadores dos nomos e apresentavam cenas de caça, pesca, banquetes ou danças, enquanto que o dono do túmulo aparece em tamanho superior às outras personagens. O trabalho de joalharia se destacava por sua beleza, como os amuletos, pentes, espelhos e caixas.

No Império Novo os reis abandonaram a tradição de serem sepultados em pirâmides, então, os túmulos era feitos nos rochedos. A principal razão para esse tipo de mudança era evitar os saques.

Em outro momento, se deu como principal característica uma arte naturalista, quebrando regras de solidez e imobilidade assumindo formas orgânicas e pouco geométricas, quase uma caricatura.

Algumas das construções dessa época são os templos de Ísis em Filas, o templo de Hórus em Dendera e o templo de Edfu.

Templo de Ísis.

Templo de Hórus.

Templo de Edfu.

1.4.2.3. Arte Celta

O povo **Celta** ocupava a Europa Central e Ocidental. Um tipo diferente de arte céltica foi desenvolvida primeiro no século V a.C. Tratavam-se de trabalhos de metal onde se notava a grande habilidade em lidar com esse material, utilizando-o em armas, armaduras, canecas, jarras e joias. Eram confeccionados principalmente em bronze e ouro. A criatividade **Celta** estava em utilizar desenhos geométricos e espirais, combinados com formas abstratas e de animais. Já as figuras humanas raramente apareciam e quando isso ocorria era mostrada de forma abstrata. Durante a Idade Média os missionários cristãos se estabeleceram na Irlanda, assim, suas artes mesclaram-se com as dos celtas, dando origem a um único estilo de arte. Ainda existem diversos manuscritos dessa época e o que marcou foi o uso de capitulares de extrema complexidade.

Fragmentos de um assentamento celta-Portugal.

1.4.2.4. Arte Germânica

Essa arte também chamada de **arte bárbara** refere-se à arte dos mongóis, vândalos, alanos, francos, germânicos e suecos, entre outros que assimilaram a cultura e religião dos povos conquistados e ao mesmo tempo influenciavam a cultura desses povos dando origem ao estilo românico.

Os artistas se organizavam em oficinas orientadas pela Igreja, e desse maneira esse tipo de arte aconteceu por quase mil anos. Por serem nômades, normalmente fabricavam objetos de fácil transporte, tanto que sobressaíram na ourivesaria, fundição e moldagem de metais tanto em armas quanto em joias. Os romanos os descreviam como temíveis guerreiros e fundidores de metais com grande habilidade. Os celtas e vikings resistiram mais às formas do Mediterrâneo, favorecendo a arte e arquitetura, misturando pedra com madeira, no entanto, os bárbaros preferiram utilizar a madeira e o barro.

As igrejas eram decoradas com esculturas de pedras, mas o marfim também ocupava um espaço importante. As peças que mais caracterizaram essa época eram as brácteas ou moedas cunhadas apenas de um lado, também presilhas e fivelas esmaltadas utilizando a técnica do Cloisonné.

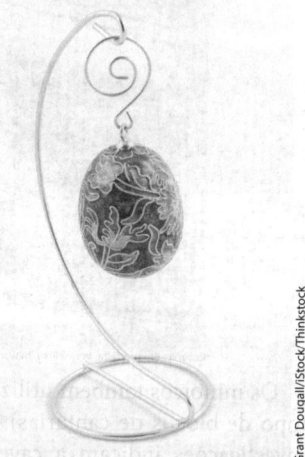

Objeto feito com a técnica do Cloisonné.

1.4.2.5. Arte Egéia

Arte Egéia é melhor representada nas ilhas de Paros, Antiparos, Amorgos, Siros e em Melos. Existiam artesãos especialistas, porém, não conseguimos provar se viviam do trabalho que realizavam. Suas ferramentas esculpiam ídolos e vasos em mármore. O que polia e dava o acabamento era o esmeril, as pedra-pomes e areia.

Grécia.

Na antiga Creta também a arte se desenvolveu em diversas regiões do Egeu e Mediterrâneo, em função do forte comércio. E uma das características de sua arquitetura é o estilo de suas colunas, feitas de madeira, geralmente vermelhas, maior no topo que na base.

Colunas em madeira, vermelhas, maior no topo que na base.

Os minoicos também utilizaram cantarias cortadas e a perfuração de encaixes (no topo de blocos de cantarias) para a fixação de grandes vigas horizontais. Recentes investigações indicam a caverna de Skotino, como o real labirinto. Tinha como finalidade submeter os jovens às provas. Em seu fim existe um altar de pedra.

A arte dos aqueus (povo da Grécia) teve influências principalmente do povo de Creta, influência dos cultos aos mortos. E também trabalho realizado em metal como punhais, ornamentos, diademas e as máscaras funerárias que cobriam o rosto de pessoas falecidas.

As esculturas mais conhecidas são as feitas em terracota representando deusas do lar ou associadas à arquitetura. Essa cultura apresenta um forte sentido militar com fortalezas rodeadas de muralhas feitas em pedra. A arte micênica e minoica são consideradas as ancestrais da arte grega.

Cidade de Tirinto.

1.4.2.6. Arte Fenícia

A arte fenícia tem origem desconhecida, que se estabeleceu na Fenícia por volta de 3.000 a.C. Os Fenícios inventaram a forma anterior ao alfabeto moderno e também tinham habilidade no comércio marítimo. A jaspe verde foi bastante encontrada nos cemitérios de Sardenha e de Ibiza. Também foram confeccionadas muitas peças de luxo, como estátuas, joias, garrafas de vidro, entre outros.

Fonte de Trevi, em Roma, Itália.

1.4.2.7. Arte Antiga Clássica

Dá se o nome de arte clássica ao estilo artístico que predominou na Grécia Antiga entre os séculos VI e IV a.C. e dos povos da Roma Antiga. O estilo clássico veio substituir o arcaico, baseado em imagens geometrizadas e pouco naturalistas. A sociedade se tornou laica e, com isso, os artistas precisaram achar uma solução para a ligação do divino ao humano, assim, construíram uma estética mais canône.

Nessa época não faziam diferenciação entre um artista e um artesão, os viam como a mesma coisa. Ligada ao trabalho dos artesãos, a arte era considerada algo como profissão a ser aprendida e aperfeiçoada até se ter uma competência especial. Já a composição musical e a poesia dependiam de talento pessoal segundo eles, então, não faziam parte da arte.

Os nus masculinos e de atletas eram o que predominavam e os materiais era o bronze e o mármore. Também faziam parte da civilização clássica, as crenças (mitologias) e a vida cultural cotidiana, a economia, política e religião.

Templo de Apollon em Side (Antalya).

Coliseu maior anfiteatro construído durante o Império Romano.

Estátua de mármore de atleta grego nu.

1.4.2.8. Arte do Cristianismo

Trata-se da arte feita por cristãos ou sob o patrocínio deles desde o século II até o final do século V. Antes do século II, a falta de arte pode ter sido reflexo da falta de recursos por ser dominada pela classe mais baixa. Os primeiros vestígios de arte do cristianismo encontrados tratam-se de pinturas murais das catacumbas romanas (utilizadas para culto e refúgio dos cristãos). As primeiras representações eram do corpo humano de maneira proporcional.

No Império Romano, a arte cristã era escondida e colocada em lugares junto à arte pagã. No início, Jesus era representado pela figura do peixe (Ictus) – símbolo da última ceia e do batismo, pavão, cordeiro de Deus ou âncora. Num segundo momento, passou a ser representado pela cena do profeta Jonas e os três dias na barriga da baleia simbolizando o intervalo entre a morte e a ressurreição de Cristo. Também foi representado como Daniel na cova dos leões e Orfeu encantando animais, mas a imagem de um jovem recolhendo ovelhas, era a mais comum, apesar de ser provavel que ela não era entendida como um retrato de Jesus.

Uma das características fortes desse período é a ausência da cruz plana que artisticamente não era utilizada e isso perdurou por muitos séculos. Isso porque a crucificação era uma punição dada aos criminosos comuns e também pelo fato da cruz ser um símbolo cristão. Já a pomba era tratada como um símbolo da paz, da pureza, representando o Espírito-Santo e pode-se notá-la em inúmeras obras artísticas com uma auréola, como se estivesse emanando luz celestial.

Com a descriminalização do cristianismo, feita pelas autoridades do Império, os cristãos passaram a construir templos mais bonitos e maiores para a realização dos rituais. O modelo mais utilizado de início era a basílica de forma convencional.

Basílica de São Lorenzo e a estátua do Imperador Constantine em Milão. Chamada de Chiesa di San Lorenzo Maggiore é a mais antiga igreja de Milão.

Em seguida, com o desenvolvimento da arquitetura e a necessidade de decoração de superfícies amplas, houve a produção artística do mosaico, criada na arte antiga. Tratava-se de pequenos cubos de mármore de reduzida intensidade de cor.

Mosaico antiga de Roma.

Mosaico localizado na Cúpula da Basílica de San Vitale na Itália. Esta igreja é considerada um patrimônio mundial da Unesco e é famosa por seus mosaicos.

Mais tarde adquiriram cores intensas, radiantes e um extremo naturalismo. Podemos ver absides com fundos dourados e datados entre os séculos V e VIII

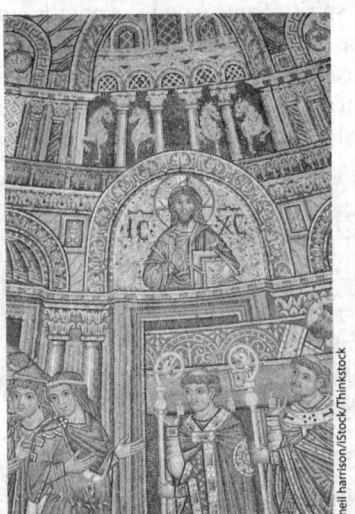

Parte de um mosaico onde conseguimos verificar essa mudança de estilo de mosaico que fica na Basílica de São Marcos, na Itália.

Em função da melhora do setor financeiro, as técnicas começaram a ser aperfeiçoadas. Com isso, o interior das igrejas passou a ser trabalhado com cores intensas e vibrantes. E nesse momento, passou-se a utilizar o mármore com menos intensidade e a utilizar os vitrais de forma mais explícita. Pouco restou desse período até pela pouca resistência dos materiais.

Notadamente a arte do Cristianismo baseia seu conteúdo em textos da Bíblia. Com o aumento do desenvolvimento das artes em geral e com a introdução do Cristianismo, também se deu o desenvolvimento da produção dos suportes para os manuscritos. Até aquele momento eram feitos em papiro, o que causava a deteriorização das tintas em função de seu rolar e desenrolar. Então, criou-se, o pergaminho que permitia dobrar as páginas sem partir, pois as encadernações eram feitas em madeira, incrementadas com metal e pedras preciosas.

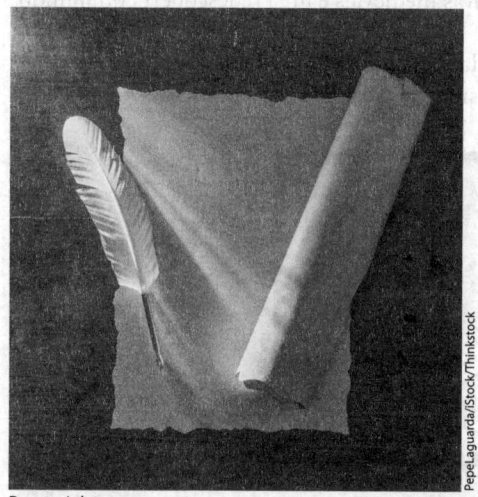

Pergaminho.   Papiros.

Até hoje não foram encontradas muitas iluminuras. As que ainda existem, apresentam ampla variedade de cores, como o Génesis de Viena, uma das principais iluminuras conhecidas. Nesse manuscrito, pode-se observar que as cores e os textos faziam parte de um todo em perfeita harmonia.

1.4.3. Idade Média

Trata-se de um período de extrema importância para a Igreja Católica, o que levou a muitas obras de arte a terem temas religiosos.

As igrejas apresentavam formatos de cruz ou eram basílicas construídas de tijolos ou pedras. Parte do teto era feito de madeira, o que tinha como consequência, inúmeros incêndios. Com isso, os tetos foram substituídos por abóbadas e as paredes tiveram a necessidade de ficarem mais espessas para sustentar o peso dos tetos. Já o número de janelas e vitrais foram diminuidos e quase não se notavam os detalhes das igrejas, em função da baixa luminosidade.

Quando começou o período Gótico, as construções passaram a ser mais altas e mais finas. As janelas e vitrais puderam ser utilizados novamente, dando mais luminosidade ao interior das construções.

1.4.3.1. Arte Pré-Românica

Marca a era pós-queda do império romano, onde os povos chamados de bárbaros avançaram sobrem a Europa. Assim, a Europa entrou num dos períodos mais obscuros de seus povos. A sociedade cultural passou a ter uma arte que ficava entre a arte da Antiguidade e o Românico, não sendo considerado um estilo particular. Na verdade, essa arte sofreu diversas influências.

1.4.4. Arte do Renascimento

Trata-se da história da Europa, aproximadamente entre o fim do século XIV até o século XVI. Foi um período de grandes transformações em muitas áreas, marcando o fim da Idade Média e o início da Moderna. Mudou-se do feudalismo para o capitalismo, significando uma quebra com as estruturas medievais e uma redescoberta do mundo, do homem e da sociedade em geral.

O Renascimento começou na região da Toscana, na Itália, onde teve maior destaque e, depois, se espalhou pela Europa impulsionado pela imprensa de Johannes Gutenberg (inventor da imprensa).

Johann Gutenberg - criador da imprensa.

O maior valor cultivado do Renascimento trata-se do Humanismo, que faz uso da razão individual e da evidência para chegar à conclusões. As teses humanistas tornava o homem um investigador da natureza e afirmava a sua dignidade, o que resultou em sentimentos otimistas, abrindo a mente humana para o novo e o incentivando a pesquisar, deixando para o passado a espiritualidade excessiva do gótico. O mundo material passou a ser visto como um lugar a ser desfrutado, dando a sensação de liberdade social e individual. A tudo isso, os homens adaptaram ou elaboraram outros conceitos de perfectibilidade e progresso, impulsionando e dando inicio à ciência moderna.

Com todas essas percepções, via-se também que a história apresenta fases de declínios inevitáveis, que o homem está sujeito às forças relativas aos seus pensamentos, paixões, capacidades e a sua própria existência.

Na história desse período foram criados inúmeros instrumentos científicos e diversas leis da natureza foram descobertas.

Para os humanistas o homem ideal é aquele que trabalha corpo e espírito.

Finalmente reapareceu o ceticismo, pessimismo e ironia. Na sociedade constatavam-se o jogos políticos, a pobreza, a opressão e outros problemas sociais. Alguns historiadores até costumam chamar esse movimento de Maneirismo.

Capela Sistina.

1.4.5. Arte Moderna

Termo que designa a produção artística do fim do século XIX até perto de 1970. Sua principal característica é a não representação fiel de um assunto ou objeto e o advento da fotografia. A arte moderna foi introduzida na América enquanto ocorria a I Guerra Mundial, quando os artistas fugiram da França em função da guerra. Nos EUA, os movimentos artísticos tiveram seu auge com a II Guerra Mundial. Nos próximos tópicos, os movimentos da arte moderna serão abordados com mais profundidade.

1.4.5.1. Naturalismo

Trata-se de uma escola literária baseada na observação fiel da realidade e experiência. Tem como crença que o indivíduo é formado pelo ambiente e mais a hereditariedade. Foi a base das ciências modernas. Seus romances abordavam o sexo de forma aberta, sendo considerado inovador e ao mesmo tempo chocante para a época.

1.4.5.2. Realismo

Movimento das artes, arquitetura e literatura que surgiu no fim do século XIX. Seus seguidores sentiam a necessidade de mostrar a vida e os costumes das classes baixa e média não utilizando os modelos do passado, mas baseados na observação da realidade. Não tem a ver com reprodução simplesmente de imagens, tratava-se de uma mudança do belo e ideal para o real e objetivo. Muitas vezes acabava introduzindo certa intenção política em suas obras, como um gesto humano, por exemplo, o gesto de pensar.

Nessa nova fase as cidades apresentavam novas características e as fábricas, estações ferroviárias, armazéns, entre outros, tomaram os lugares dos ricos palácios.

Pensador - criado por Auguste Rodin (final do século XVIII).

INTRODUÇÃO AO DESIGN GRÁFICO 45

1.4.5.3. Impressionismo

Impressionismo foi um movimento da pintura francesa e seu nome derivou da obra Impressão, nascer do sol (1872), de Claude Monet. O início se deu com um grupo de pintores que quebrou as regras das pinturas da época. Os artistas começaram a se interessar não mais por temas nobres ou retratar a realidade, mas ver o quadro como uma obra em si. Pinceladas soltas e luz era uma das grandes características das pinturas obtidas. Pintavam ao ar livre para que o mestre conseguisse captar as variações de cores da natureza, captavam o momento. Uma das grandes características é que o preto jamais era utilizado, sendo que as luzes eram obtidas com os contrastes de luz e sombra de cores complementares. Um exemplo disso, é que um amarelo que estivesse próximo a um violeta teria um efeito mais real do que um claro-escuro muito utilizado por artistas do passado. A função é do observador em admirar a pintura, combinar visualmente as cores e conseguir da mesma forma o resultado. Deixando de ser uma mistura física de tintas para ser óptica.

Vicent Van Gogh - criado por Auguste Rodin (final do século XVIII).

Em função de pesquisas fotográficas sobre as composições de cores, as técnicas de pintura sofreram profundas influências. As tintas não eram mais misturadas na tela e sim colocadas uma ao lado da outra na tela e eram observadas pelos olhos do observador, no processo de formação da imagem.

1.4.5.4. Neo-impressionismo

No final do impressionismo esse foi o nome dado para definir a pintura e, depois a escultura, marcando o início do cubismo. Trata-se de um grupo de artistas que seguiram as suas tendências e buscavam caminhos novos para a pintura, acentuando a cor e a bidimensionalidade. Esse nome foi dado aos artistas que não representavam mais fielmente o impressionismo, mas se originaram dele, e buscavam aprimorá-lo.

1.4.5.5. Pontilhismo

O pontilhismo é uma técnica de pintura, derivada do impressionismo, em que pequenas manchas ou pontos de cor, através da justaposição, provocam, uma mistura óptica nos olhos do observador. Essa técnica também foi baseada nas cores complementares e o uso de pontos, se dá em função do desprezo dos impressionistas pela linha. Essa técnica originou-se na França no século XIX.

1.4.5.6. Simbolismo

Surgiu na França e trata-se de um oposição ao realismo, ao naturalismo e ao positivismo da época. A visão objetiva da realidade passou a não mais despertar interesse, agora o "eu" interior, o inconsciente e o sonho era mais buscado.

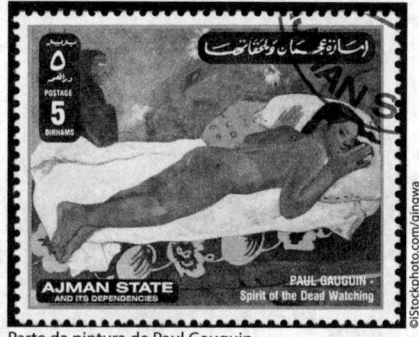

Parte da pintura de Paul Gauguin.

Paul Gauguin, deixa-se influenciar por pinturas japonesas, provocando um choque cultural. Abandonou técnicas como perspectiva e passou a pintar apenas com formas bidimensionais. Os artistas queriam demonstrar a essência sentimental dos personagens.

1.4.5.7. Decadentismo

Essa nomenclatura surgiu como um termo depreciativo empregado pela crítica acadêmica, mas que foi adotada pelos próprios participantes do movimento. Essa forma de expressão ia contra a moral e os costumes burgueses e explorava as regiões da sensibilidade e do inconsciente. Na verdade, o decadentismo era o oposto ao convencional, sendo antiacadêmico na pintura, antipositivista em filosofia e antinaturalista em literatura.

1.4.5.8. Art Nouveau

A **Art Nouveau** trata-se da arte e arquitetura bastante popular nas artes aplicadas (decorativas). Esse movimento tinha sua inspiração em formas e estruturas naturais, como flores e plantas, e, também em linhas curvas. Esse estilo foi mais popular na Europa, mas alcançou muitos lugares.

As origens do **Art Nouveau** está na resistência do artista William Morris utilizando composições desordenadas, perspectivas planas, cores fortes e motivos florais.

O **Art Nouveau** acabou adquirido tendências locais de acordo com a dispersão geográfica. Eram formados por linhas dinâmicas e ondas fuídas. Estilo que é encontrado na arquitetura, pintura, escultura e em diversas formas de design.

Fachada em estilo Art Nouveau.

Art Nouveau também era o estilo de Antoni Gaudí e cada um interpretou de seu modo. Atualmente as obras fazem parte da lista de patrimônio mundial da UNESCO, como sendo importantes para as contribuições do patrimônio cultural.

Parque Guell (Barcelona) projetado por Antoni Gaudí.

1.4.5.9. Arts & Crafts

Arts & Crafts (artes e ofícios) surgiu na Inglaterra e defendia o artesanato criativo como sendo uma alternativa à mecanização e à grande produção. Um de seus pensamentos era o fim das diferenças entre artesão e artista. Sua pretensão maior era bater de frente com as indústrias, fazendo com que os objetos e móveis tivessem os traços do artesão-artista também e não somente as características das indústrias. Mais tarde esses artistas seriam chamados de designers. É considerado como uma das raízes do modernismo no design gráfico, desenho industrial e arquitetura.

1.4.4.10. Expressionismo

O expressionismo surgiu na Alemanha no século XX com a pintura, sendo uma nova forma de entender a arte, reunindo inúmeros artistas de diversas tendências, formações e níveis intelectuais. A realidade da natureza e do ser humano é deformada para ser mostrada pelo expressionismo. Utilizava uma paleta de cores agressivas e com recursos ligados à solidão e miséria que refletiam os círculos dos intelectuais da época. Tinha como pretensão ser um reflexo da realidade e veio revelar o lado pessimista da vida, que faz com que o indivíduo torne-se mais alienado e isolado em razão da vida moderna e industrializada.

O local mais abrangente onde o expressionismo se instalou foi a Alemanha, mas também manifestou-se em outras partes da Europa.

Com o surgimento da fotografia, a arte começou a ser questionada. Imitar a realidade não fazia mais sentido, uma vez que com as novas tecnologias o processo tornou-se mais fácil e reprodutível. Com o expressionismo, os artistas pretendiam integrar arte e sociedade e fazer da obra uma expressão do inconsciente coletivo da sociedade. Elementos como linha e cor passam a ser utilizadas para expressar emoção e tinham os seus simbolismos. O expressionismo tinha a função de refletir o imutável, o eterno do ser e a própria natureza.

A recusa do positivismo, do progresso da ciência e do ser humano, além das crenças nas possibilidades dele como um ser ilimitado, pode ser observada logo no começo do expressionismo. E com essas ideias o clima de pessimismo, ceticismo e crítica se instalou.

Girassóis por Vicent Van Gogh.

A arte primitiva também teve destaque no expressionismo, em função da liberdade de expressão, originalidade, formas e materiais diferentes, além de, novas concepções de cor e volume, além da questão religiosa e mágica envolvida na criação da obras.

Artistas como Paul Cézanne, Paul Gauguin e Vincent Van Gogh são os ícones do expressionismo.

Paul Cézanne fazia uma desfragmentação da realidade utilizando formas geométricas como cilindros, cones e esferas. A cor era inserida por camadas, umas cores com outras e trabalhando com manchas. Não usava perspectiva, mas a superposição de tons conseguia dar sensação de profundeza.

Paul Gauguin, utilizava cores planas e arbitrárias, com valor decorativo, com cenas de difícil classificação, que ia da realidade a um mundo de fantasia.

Já Vincent Van Gogh apresentava obras que caracterizava-se pela falta de perspectiva. Não imitava a realidade e suas obras refletiam o interior do artista. Apresentava frágil saúde mental e as suas obras refletiam isso, apresentando em pinceladas sinuosas e cores vibrantes.

1.4.5.11. Fauvismo

Corrente artística do início do século XX, foi considerada pelos próprios artistas a arte do equlíbrio, pureza e serenidade, contrária a ao expressionismo que vinha com temas deprimentes e perturbadores.

Nos quadros desses artistas eram utilizadas cores violentas e de maneira arbitrária - influência da Revolução Industrial. Esse foi o momento de glorificação do instinto e os artistas viviam um momento de ebulição em todos os setores. Essa época foi influenciada pelas cores exacerbadas de Van Gogh e visão dos elementos da natureza de Gauguin. A nova ordem era obedecer aos impulsos instintivos ou as sensações vitais do ser humano, evitando a tridimensionalidade e vendo a tela como algo plano, dando destaque às cores puras. A ordem era produzir o estado de espírito do artista. Muitas vezes as tintas eram aplicadas diretamente na tela, deixando de lado a cor e forma, criando contrastes e efeitos de cor inexistentes no mundo real. Definitivamente não tinha intensão crítica.

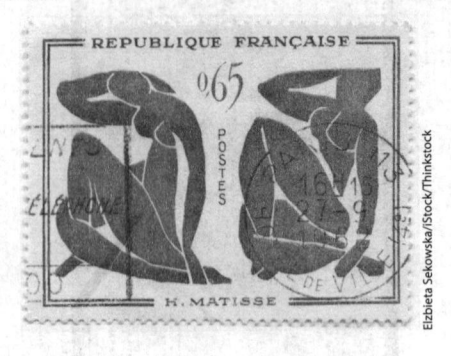

1.4.5.12. Die Brücke

Arte com intenção de criar uma ponte entre sua arte contemporânea e a arte do futuro. Criava um contato íntimo com a natureza e os conflitos resultantes desse contato sofriam uma tentativa de transposição para a tela, sem a preocupação de representação exata do objeto observado. A figura humana é o foco dos artistas, que utilizam o nu em ambientes naturais. Os artistas buscam a alma das coisas, aquilo que não se vê, tendo como resultado na tela, a emoção do observador/pintor.

Tinha como característica a utilização de cores fortes para acentuar o caráter subjectivo e dar maior expressividade às obras. Durou até 1933 quando Hitler subiu ao poder. Quanto às cores, usavam-se contrastes de cores saturadas e complementares e com contorno de linha forte.

1.4.5.13. Blaue Reiter

Grupo formado a partir de 1911, em Munique e que durou até o início da Primeira Guerra Mundial. Sua pretensão era ver a natureza e o homem a partir de experiências universais, de maneira espiritualista. A tradução de Blaue Reiter é O Cavaleiro Azul, que traduz a paixão de Franz Marc por cavalos e se ligou mais às representações figurativas e Kandinsky pela cor azul, que teve mais interesse por representações abstratas. Para Kandinsky, azul está ligado ao espiritual e quanto mais escuro for, mais o ser humano terá seu desejo despertado para aquilo que é eterno. Seus interesses estavam na arte primitiva, na arte intuitiva infantil e no estado psicológico da cor, das linhas e composições.

1.4.5.14. Cubismo

O cubismo é um movimento artístico que teve início no século XX. As formas da natureza eram retratadas através de figuras geométricas (cones, esferas e cilindros), mostrando várias partes de um mesmo objeto em um só plano. A aparência das coisas não tinha a necessidade de ser como o mundo real e houve predomínio de linhas retas. Representavam corpos e objetos como se estivessem movimentando em torno deles, inclusive a visão de cima e de baixo, não deixando de lado os planos e volumes. As cores mais utilizadas eram os tons de castanho, cinza e bege. Em um segundo momento também foram utilizadas letras, palavras, madeira, vidro e metal. Os artistas queriam criar as sensações táteis no observador.

1.4.5.15. Arte Abstrata

Esse tipo de arte não representa os objetos da maneira que os vemos, ela utiliza-se de relações entre linhas cores e superfícies para compor uma obra. Não trata-se de uma imitação de algo concreto. Sua inspiração era o instinto, baseado no inconsciente e na intuição dando origem a uma arte imaginária. Utilizavam formas orgânicas e cores vibrantes que não era novidade, porém, a linha de contorno era o que sobressaía nessa arte. Transformava manchas de cor e linhas em ideias e simbolismos subjetivos.

1.4.5.16. Construtivismo Russo

O Construtivismo Russo foi um movimento com bases artísticas/políticas que pregava que a arte deveria se inspirar. Sua principal característica era a utilização de elementos geométricos, cores primárias, fotomontagem e a tipografia sem serifa. O construtivismo influenciou de maneira profunda a arte e o design moderno. Com o construtivismo, a arte torna-se um instrumento de transformação social, de recomeço de vida. De um lado estavam os que achavam que os artistas tem função de servir às massas e de outro viam na arte não-figurativa pura poesia. Alguns historiadores, em função de ser uma arte tecnológica, veem como anticipação do design.

Nota-se que os critérios dessa nova arte tem bases menos estéticas e mais políticas, podendo ser verificado através da presença dos artistas inseridos nesse meio. Os artistas fabricavam coisas que consideravam socialmente úteis. Não se descartou a pintura e escultura, mas era um momento de industrialização.

1.4.5.17. De Stijl

De Stijl começou nos Países Baixos em 1917, com o lançamento da revista que deu nome a esse movimento. Tratava-se de uma revista com tiragem baixa, porém, importante e que apresentava ideias e teorias sobre uma nova arte apresentada. Seu editor convidou artistas de toda parte para participar da revista e, assim, intensificaram-se os ideais da escola alemã de desenho industrial – Bauhaus, tornando o fato internacionalmente conhecido.

Alguns anos depois houve um certo desgaste dessa arte e uma nova concepção estava por vir com a renúncia do movimento por parte de alguns artistas. Piet Mondrian condenou o uso de linhas diagonais utilizadas com frequência na Stijl e passou a utilizar ângulos retos que era base de sua teoria. Mondrian tornou-se um ícone até mais conhecido do que o movimento do qual fez parte, e em relação ao desenho industrial, o ideal neoplástico tornou-se popular em função do intercâmbio entre o movimento e a Bauhaus. Os idealizadores dessa arte viam nesse movimento um modelo harmonioso para o indivíduo e sociedade.

O museu Gemeentemuseum Haia, que fica nos Países Baixos, possui a maior coleção Mondrian do mundo.

1.4.5.18. Bauhaus

A Bauhaus foi a primeira escola de design, artes plásticas e arquitetura do mundo que funcionou entre 1919 e 1933 na Alemanha. Foi fundada por Walter Gropius que percebeu que começava uma nova época depois da Primeira Guerra e deveria criar um novo estilo arquitetônico. A partir daí, tanto em relação à arquitetura quanto ao desenvolvimento de bens de consumo, a funcionalidade, o custo reduzido e a produção voltada à massa eram fundamentais nesse estilo. Para Gropius, o novo deve ser construído sobre a base tecnológica existente. Em 1925, a escola mudou-se para Dessau e 1932 para Berlim em função da perseguição neo-nazista. Já em 1933 foi fechada por ordem do governo. A Bauhaus foi extremamente importante para a arte e a arquitetura dos Estados Unidos, ocidente da Europa, Israel, América do Sul e Brasil.

Bauhaus - Alemanha.

1.4.5.19. Suprematismo

Movimento russo baseado em formas abstratas e geométricas básicas, principalmente o quadrado e o círculo, e, foi o primeiro a integrar a arte moderna. Está diretamente relacionado ao seu criador Malevich. O **suprematismo** defende uma arte livre de praticidade e comprometida com a visualidade plástica. A ideia era romper com a ideia de imitar a natureza utilizando formas, luzes e cores ilusionistas. Defendia uma quarta dimensão por trás do mundo visível, que era representada pelo suprematismo, algo invisível, mas nem por isso menos real. Malevick pesquisava a estrutura da imagem na busca da forma absoluta e sua influência sobre outros artistas russos era considerável.

1.4.5.20. Raionismo

Estilo de arte abstrata que se desenvolveu na Rússia, onde os raionistas flutuavam para além da abstração, fora do espaço e tempo, quebrando barreiras entre o artista e o povo.

O nome do movimento foi criado em função da utilização de raios de cores contrastantes. Os Raionistas pintavam, trabalhavam para teatro e criavam ilustrações para livros.

1.4.5.21. Realismo Socialista

O realismo socialista foi o estilo de arte da União Soviética de 1930 a 1960. Foi aplicado na literatura, design de produto, nos campos da pintura, arquitetura, escultura, música, cinema e teatro. Tratava-se de uma arte de propaganda ligada às questões políticas. Cada vez mais o governo exerce centralização e controle da produção cultural. O pintor Ivan Klioune passou a produzir quadros realistas e de maneira secreta fazia trabalhos abstratos nos anos 30. Cartazes eram criados com poucas palavras, poucas cores – branco, preto e vermelho), elementos geométricos e linguagem icônica. O teatro, a literatura e as artes visuais deveriam ter um compromisso em primeiro lugar com a educação, para formação das massas para o socialismo que estava em construção. Proletários, camponeses e soldados eram mostrados em cartazes de maneira a exultá-los e louvar uma nova sociedade. A arte passou a ser voltada à vida do povo e a serviço da revolução.

1.4.5.22. Futurismo

Futurismo é o movimento artístico que surgiu em 1909 e rejeitava o moralismo e o passado, sendo que suas obras baseavam-se na velocidade e nos desenvolvimentos tecnológicos ocorridos no fim do século XIX, além de exaltar a guerra e a violência. O design tipográfico da época, de jornais e propagandas, era levado muito em consideração. Abandonaram a diferença entre arte e design e utilizaram a propaganda como forma de comunicação, influenciando a tipografia moderna e o design pós-moderno. Utilizava cores vivas e muito contraste aliado à sobreposição para transmitir dinâmica e deformação. Os artistas pertencentes a esse movimento viam objetos como sendo sem contorno aparente e procurava-se expressar a velocidade das figuras através de movimentos no espaço. O uso de onomatopeias (palavras com som que imitam ruídos) era uma das principais características desse movimento.

1.4.5.23. Dadaísmo

Movimento iniciado em Zurique, durante a Primeira Guerra Mundial. Era formado por escritores, poetas e artistas plásticos. A palavra dada, em francês significa "cavalo de madeira", porém, acredita-se que o dicionário foi aberto e escolhido um nome de forma aleatória. Isso teria sido feito para mostrar o caráter antirracional do movimento, contrários aos padrões de arte da época.

O dadaísmo influencia a arte até hoje. A intenção com esse movimento artístico era abolir a lógica, a organização, a racionalidade, deixando a arte com um caráter espontâneo. Para os seguidores do dadaísmo, o problema de todas as manifestações artísticas era tentar explicar o impossível. Era comum, utilizarem em pinturas e esculturas, materiais encontrados pelas ruas, como uma maneira de expressar a negação de valores estéticos e artísticos.

1.4.5.24. Surrealismo

O Surrealismo nasceu em Paris na década de 1920, foi fortemente influenciado pelas teorias do psicólogo Sigmund Freud. Esse movimento dá ênfase ao papel do inconsciente na criatividade e seu principal objetivo era criar uma arte que para a classe artística que estava sendo destruída pelo racionalismo. Suas características se baseavam em uma combinação do abstrato, do representativo, do irreal e do inconsciente na criação de quadros, esculturas e literatura.

O surrealismo expunha o lado psicológico através de objetos que eram projetados de maneira diferente do usual.

Casa Mila, Barcelona, Espanha.

1.4.6. Arte Contemporânea

Trata-se da arte atual e não há um consenso sobre o seu início, mas acredita-se que tenha surgido depois da Segunda Guerra Mundial, como sendo uma ruptura com a arte moderna. A arte contemporânea é mais evidente a partir da década de 1960, onde nota-se um afronto ao estilo de vida presente em inúmeros meios de comunicação.

A corrida espacial também teve papel determinante, ela fez com que os objetos adquirissem formas aerodinâmicas e o brilho do vinil fosse muito utilizado. As pessoas começaram a pensar na possibilidade da arte feita por outras pessoas, de alguma forma, traduzir as suas vidas e não ter mais compromissos que as limitassem, como religião ou política. Em sequência a isso, também está a questão ambiental e reaproveitamento de materiais. E o que constatamos de mais atual é a revolução digital e a globalização gerada pela internet.

A arte comtemporânea pode ser vista por todos os lados nas mais diferentes vertentes e o artista passa a fazer questionamentos sobre sua imagem, sua linguagem e os materiais utilizados. Não há uma arte puramente abstrata ou figurativa, uma vez que dentro de cada categoria existem inúmeras variações. Nunca se trabalhou tanto com a liberdade de expressão e recursos materiais. A arte contemporânea não utiliza somente objetos concretos, mas trabalha principalmente com conceitos e atitudes, e ainda, está sendo construída.

1.4.6.1. Pós-modernidade

A pós-modernidade é marcada pela desvalorização dos conceitos ideológicos da era moderna, iniciando um novo momento. Trata-se de um estado após a modernidade, que surge em reação àquilo que é moderno. Tem como evento importante e marcante a queda do Muro de Berlim. Para os artistas pós-modernistas uma ideia não pode ser dada de maneira massiva a uma sociedade, de forma que a massa pense de maneira mecanizada, pré-estabelecida como o Nazismo Alemão e o Comunismo Russo.

Alguns críticos identificam essa fase como um capitalismo tardio seguindo o capitalismo financeiro, tendo como objetivo a aceitação de todos os estilos e estéticas. A pós-modernidade tem passado por duas fases que foi de 1950 até o término da Guerra Fria.

Os meios de comunicação passaram a ter um potencial mais amplo de atingir os sentidos humanos sem a necessidade de inovação, de originalidade, podendo ser utilizadas a repetição de formas passadas.

1.4.6.2. Pop Art

É um movimento que deu início na Inglaterra por volta de 1950, mas teve seu ápice na década de 1960 em Nova York. O Reino Unido estava em uma era pós-guerra se reerguendo, fazendo com que vislumbrasse a prosperidade econômica dos EUA. Com isso, os artistas britânicos não se opuseram à cultura industrial e assimilaram essas ideias à sua arte, enquanto nos EUA os artistas trabalhavam de maneira mais isolada.

Tinham em comum os desenhos mais simplificados e cores saturadas, e ainda, artistas norte-americanos utilizavam de colagens tridimensionais que apresentava uma certa tradição. Para a concretização de suas obras eram utilizados materiais como gesso, tinta acrílica, látex, cores fluorescentes e intensas. Eram reproduzidos objetos que faziam parte do dia a dia em tamanhos ampliados. Um ícone da pop art nos EUA foi Andy Warhol que utilizava imagens de famosos para mostrar o quanto uma personalidade pública, em sua concepção eram figuras impessoais e vazias, sendo reproduzidas em série. O mesmo fez com produtos voltados para o consumo em massa, como a Coca-Cola e as latas da sopa Campbell.

No Brasil, a pop art acabou incorporando às suas peças as questões relacionadas a censura empregada pelo regime militar.

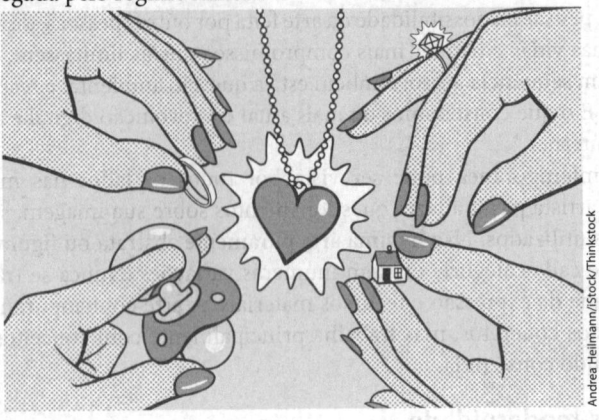

1.4.6.3. Op art

Op art é uma nomenclatura utilizada para descrever a arte originada com a utilização das ilusões ópticas. Defendia a ideia de um mundo mutável e instável, em constante transformação. Normalmente criava peças abstratas e utilizava muito preto e branco, que ao serem visualizadas nos dão a impressão de movimento, vibração e deformação.

Esse tipo de movimento está mais baseado nas ciências que no ser humano. A op art tornou-se extremamente popular depois de algumas exposições iniciais, sendo utilizada inclusive em padrão de tecido. Os mais conhecidos artistas da op art são Ad Reinhardt e Bridget Riley.

O movimento causado pela mudança das cidades modernas e o sofrimento do homem com relação ao seu ritmo de vida é o foco da op art que dá origem às obras, utilizando-se de elementos gráficos. A utilização das cores complementares teve um papel também importante, servindo de matéria prima para o desenvolvimento dos materiais.

Imagem que caracteriza a op art.

1.4.6.4. Minimalismo

Trata-se de movimentos artísticos, culturais e até científicos que se fizeram presentes em várias fases do século XX e tem como principal característica o uso de poucos elementos para se expressar. Sua influência no design, música, tecnologia e artes visuais é de grande destaque. Buscava a pureza das formas e a produção de objetos em série, fazendo com que um objeto "transformasse" a visão de como o observador o percebesse.

Os artistas começaram a quebrar a questão de que uma peça necessitava de um suporte e passaram estudar possibilidades de estruturas bi ou tridimensionais, as chamadas instalações. Assim, os artistas podiam criar, além da pintura e escultura, quebrando esses conceitos.

O design minimalista surgiu na década de 80, com grande variação de cores, formas e símbolos, principalmente em função de dois importantes grupos: Memphis – década de 1980 (Grupo italiano de design e arquitetura responsável em projetar móveis, tecidos, cerâmica, vidro e objetos em metal, que tinha como característica a utilização de cores e formas assimétricas) e Alchymia – década de 1970 (Grupo de Milão, que fazia um redesign de objetos baratos do cotidiano, utilizando muitas cores fortes e ornamentos). Em contraposição aos objetos projetados por esses grupos, o design minimalista passou a seguir outra linha com relação às formas (redução das mesmas) e a utilização de cores neutras. O resultante da redução das formas acarretou em abrir mão de aspectos importantes e ergonômicos. O design minimalista teve seu foco em uma parte da sociedade, os novos ricos (Yuppies), que almejavam expor suas riquezas.

A ergonomia quase que sendo deixada de lado.

1.4.6.5. Neoconcretismo

O Neoconcretismo foi um movimento que teve início no Rio de Janeiro na década de 1950. Para os neoconcretistas a arte não se tratava só de um objeto, apresentava também sensibilidade, expressividade, subjetividade e não se tratava somente de formas. O artista não era mais considerado um inventor de protótipos e era necessário recuperar as possibilidades de criação dos artistas. Foi um movimento que não conseguiu impor-se de maneira total.

1.4.6.6. Massurrealismo

Arte baseada na combinação de imagens surrealistas e aquelas criadas pelos meios de comunicação de massa. Começou com um grupo pequeno e é formado principalmente por artistas que utilizam meios e métodos eletrônicos. Pode ser observada principalmente na pintura e está presente intensamente nos EUA. Os artistas usam, além dos métodos tradicionais na execução de suas obras, técnicas de computação. Trata-se de uma arte em evidência e que faz parte do nosso dia a dia.

1.4.6.7. Desconstrutivismo

Teve seu início no fim dos anos de 1980 e tem como características a fragmentação, os desenhos não lineares e curvos. É oposto da racionalidade do modernismo relativos à teoria arquitetônica. O desconstrutivismo não vai de encontro ao purismo, onde a forma é deformada ao passo que a construção é desconstruída. O cubismo e minimalismo influenciaram o desconstrutivismo, onde formas e conteúdos são dissecados e vistos de diversas perspectivas. O uso dos computadores permite uma modelagem tridimensional em espaços complexos, ajudando a fabricar gabaritos que permitem produção em massa de elementos modulares e esses serem destinados à aquisição por preços acessíveis. Críticas sobre o desconstrutivismo é o que não faltam, até sobre qual a sabedoria e o impacto que irá causar sobre a arquitetura futura, uma vez que rejeita o passado e não acrescenta valores sólidos para substituí-los.

1.4.6.8. Arte Conceitual

Teve seu início na década de 1960, valorizando mais a ideia por trás da obra que necessariamente o trabalho finalizado, sendo que em alguns casos, o produto nem chega a ser construído. A arte conceitual utiliza muito os vídeos, fotos, textos, mapas e também está presente nas performances. Seus limites não são muito bem definidos uma vez que a intensão é desafiar as pessoas, interpetar mensagens, ideias, conceitos, etc. A ideia algumas vezes é ser contrário a produção de objetos de luxo, considerada função da arte tradicional de museus. Trata-se de um movimento muito influente.

1.4.6.9. Happening

Trata-se de uma maneira de expressar as artes visuais utilizando caracterísitcas das artes cênicas. Algum elemento de improvisação é inserido a cada nova apresentação e que não é repetido. Muitas vezes é tratada como performance, mas difere porque envolve de algum modo, a participação do público. O intuito dessa arte era tirar a arte da tela e trazê-la para a vida.

1.4.6.10. Fluxus

É um movimento artístico de difícil definição que mescla diferentes artes, como as visuais, música e literatura. Sabe-se que não foi nada tradicional e não possuía uma constituição completa. Foi um movimento antiarte e esteve mais ativo entre as décadas de 1960 e 1970. Ele acabou dando origem ao minimalismo e arte conceitual. Sua função era mais destruir que construir e também apresentava a interação com o público. Para os críticos, o mais importante do fluxus é que ninguém sabia o que era. Hoje, consegue-se compreender melhor o que isso significava. Quem participava do fluxus se organizava utilizando a internet e comunidades online pelo mundo.

1.4.6.11. Videoarte

A videoarte é uma expressão artística que como o próprio nome diz, utiliza a tecnologia de vídeo nas artes visuais. Por ter forte poder de chegar às pessoas, proporciona reflexão entre as diversas mídias e como são utilizadas, no que se referem à publicidade, jornalismo e cultura. As primeiras experimentações se propunham a utilizar a videoarte na televisão. Quando se tornou acessível à massa, acabou tendo caráter de contestação. A **videoarte** teve sua explosão a partir do fim da década de 1960, como uma alternativa dos artistas plásticos em experimentar novos meios. Ela difere de um vídeo experimental, que procura uma linguagem e história cinematográfica e lugar certo para ser exibido, por apresentar sensações que representam uma ideia completa, independente de tempo, personagens e qualidade de imagem. Num primeiro momento, o que interessava era o tempo-real, o aqui e o agora.

Depois, entraram em cena as webcams que gravavam performances e questionavam o depoimento frente a câmera. A obra passou a ser o puro ato do simples pensar do criador sobre a mesma. Com esse movimento relativo à videoarte, caminhou-se para uma maneira diferente de apresentar um vídeo, algo que nem o cinema fazia, a chamada vídeo-instalação. Sua era de ouro ocorreu na década de 1990, principalmente em função dos artistas terem sidos contratados por emissoras de TV – MTV para criar vídeos. A videoarte nos tempos atuais está caminhando para instalações interativas.

1.4.6.12. Performance

A Performance surgiu na década de 1960 e pode combinar música, poesia, teatro e vídeo. A sua diferença em relação ao Dadaísmo é que não precisa necessariamente ter público, além de ter um cuidado mais apurado com a produção. Normalmente, segue um roteiro e permite que seja reproduzida em outros locais e momentos. Algumas vezes, quando apresentada sem público, para se tornar conhecida das pessoas, ela depende de fotografias, vídeos e de memoriais descritivos.

1.4.6.13. Instalação

Manifestação artística onde sua existência acontece na hora da exposição. É montada naquele momento e suas lembranças ficam em fotos e memória. Normalmente é composta de elementos orgânicos e uma de suas características é causar sensações, como frio, calor, odor, sons e provocar o público de alguma maneira.

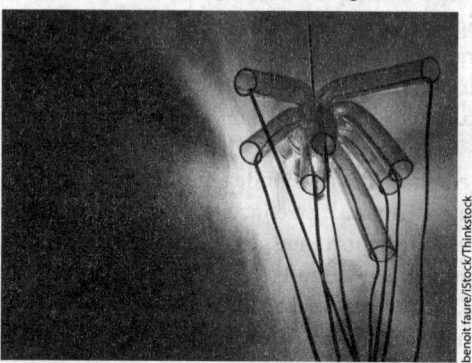

Obra experimental formada por lâmpadas e tubos plásticos de àgua.

1.4.6.14. Land Art

Surgiu no final da década de 1960, é um tipo de arte onde o terreno natural é trabalhado de maneira a integrar-se à obra de arte. Surgiu em resposta a monotonia cultural (segundo os artistas) criada pelo minimalismo e pelo desencanto à sofisticação da cultura industrial, adicionado a isso, o aumento de interesse pelas questões relativas à natureza/ecologia. Trata-se de uma arte que não é possível ser exposta em museus e muitas vezes acabam ficando somente como projetos em função da dificuldade de exposição.

Pirâmides de pedras.

1.5. História do Design

O design enquanto área do conhecimento existe antes mesmo de ter uma palavra que o definisse. Quando o homem primitivo distinguia pegadas na areia de outros animais, ali já podia ser visto um sinal gráfico. Desde os primórdios, os indivíduos arrumavam uma maneira de representação visual de ideias e conceitos, acumular conhecimento e dar ordem e mais clareza às informações. Escribas, impressores e artistas eram encarregados de fazer o "planejamento visual" ao longo dos tempos, os chamados "artistas comerciais", que reuniam inúmeras aptidões.

Em 1922, o designer de livros William Addison Dwiggins, inventou o termo designer gráfico para denominar uma pessoa capaz de dar uma ordem estrutural e forma à comunicação impressa.

Até o fim do século XIX, as peças eram criadas em preto e branco e o suporte utilizado era o papel. Criou-se essa relação de espaço com e sem tinta, imagem e fundo fundamental para o conjunto da obra, onde o fundo acaba tendo uma importância tão grande quanto à àrea com tinta. Esse conceito subsiste até hoje em formatos digitais. No século XIX, ocorreram importantes descobertas químicas que iriam revolucionar a tecnologia das tintas voltadas à impressão, fazendo com que os impressos passassem a ter uma nova cara, uma nova forma de arte com a criação de cartazes coloridos. Esses cartazes artísticos ilustravam o estilo da época com imagens econômicas e simplificadas. Eram impressos em litografia, tipografia e xilografia, então, surgiu a partir desse momento, o sistema de impressão offset.

Diversas oficinas surgiram na Grã-Bretanha a partir de 1880, com a finalidade de produzir materiais em escala artesanal e semi-artesanal, dando origem ao movimento chamado de Arts and Crafts (Artes e Ofícios). Os artistas do movimento pregavam uma integração entre projeto e execução, uma relação de igualdade e democracia entre os trabalhadores e elevação da qualidade de materiais e acabamentos dos produtos. É considerada como uma das raízes do modernismo no design como um todo.

O inspirador mestre do Arts and Crafts foi William Morris que teve imensa influência nas artes visuais e no desenho industrial do século XIX. Morris tinha intenção de salientar a qualidade do trabalho manual quando comparado aos produtos oriundos de máquinas industriais. William Morris foi um dos propulsores do Movimento Moderno, enquanto Walter Gropius é considerado um de seus mestres com a Bauhaus. Morris provou que havia mercado para trabalhos de design gráfico e conseguiu que houvesse a separação da produção e da arte. Morris ainda promoveu a revalorização da tipografia na impressão e no design de produto.

O livro é o primeiro objeto do design que foi produzido em massa, isso se deu desde a revolução da imprensa (século XV), porém, com a Revolução Industrial, a produção, em função de novas tecnologias, deu um grande salto.

Deve-se salientar a importância de trabalhos dos artistas do início do século XX que inspiraram o design gráfico moderno.

Na década de 1920 (construtivismo soviético), a produção intelectual teve sua vez tornando a criação de objetos voltados a uma utilidade, onde a forma seguia a função.

Cada vez mais o design gráfico moderno era aceito e aplicado no mundo industrializado, que agora passou a ser influenciado pelo minimalismo. O cubismo também é um movimento de enorme significado para o design gráfico. Picasso, em suas obras, conseguia reduzir a ilusão de terceira dimensão, nivelando a superfície da tela e conseguindo reforçar contornos e ângulos da imagem.

As publicações de Freud e de Albert Einstein também influenciaram as artes gráficas de maneira relevante, mudando a visão da realidade e as ciências.

1.6. Tipos de Design

A diferença entre os vários tipos de design está basicamente relacionada a que se destinam o seu resultado.

Vamos citar alguns exemplos mais difundidos atualmente:
- **Design Visual**: É subdividido em:
  - **Design Gráfico**: O profissional que desenvolve essa função é o diagramador, que trabalha com elementos gráficos (tipologia, imagens, símbolos) e tem como objetivo verificar qual a melhor forma de representar a informação que se quer passar.
  - **Design Editorial**: Voltado para a produção de jornais, revistas e livros. Apresenta relação estreita com outros profissionais como a do jornalista, por exemplo. O design de livros é uma das mais antigas formas de design editorial. Já o design de revistas é uma das áreas com mais influências no design atual.
  - **Design Institucional**: A especialidade do design institucional é a Identidade Visual, que se trata de um conjunto formado por elementos que representam uma empresa, um serviço, um produto. Tem como base principal um logotipo ou símbolo com finalidade de representação.

Simon Ingate/iStock/Thinkstock

- **Design Digital**: Alia técnica e criatividade para criar interfaces eficazes e criativas. A sua origem se deu em função da criação e desenvolvimento crescente das mídias digitais. É um mercado que está expandindo muito e nem sempre as empresas encontram profissionais qualificados para atuar nessa àrea. O profissional poderá trabalhar em TV, produtora de cinema, com animação, em provedores de internet, produtoras de games, agências de publicidade e também em escritórios de design.
- **Hipermídia**: Une diferentes tipos de mídias que ao se interligarem possibilita que textos, vídeos, sons e imagens interajam, como no caso de jogos onde o usuário consegue modificar e interagir com mídias diversas.
- **Web Design**: O foco da criação são os sites e documentos disponíveis para Web. O projeto de uma página de Web necessita de suporte de algumas áreas do conhecimento, desde a parte técnica como do design propriamente dito. A preocupação principal do web designer é unir conceitos de usabilidade com a interface, tendo como resultado sites onde os usuários finais atinjam seus objetivos de maneira agradável e intuitiva.

- **Design de Jogos**: Como o próprio nome diz são voltados para a criação de games digitais para diferentes plataformas, além de desenvolver projetos em animação e modelagem 3D.

- **Design de Produto**: Design de produto se encarrega do desenvolvimento de objetos e produtos 3D (tridimensionais). Geralmente são materiais destinados ao uso humano, porém cada vez mais atendem a uma demanda da área animal.
  - **Design Automobilístico**: Design voltado ao desenvolvimento de carros, motos e produtos da área automobilística, visando proporcionar maior segurança, conforto, apelo visual e focar a questão ambiental. Algumas vezes, os conceitos de design de alguns automóveis acabam sendo tão eficientes que automóveis acabaram sendo ícones de uma época.

- **Design de Embalagens**: É responsável pela forma do produto, levando em conta a questão ergonômica, a estética e o seu posicionamento no mercado. Para muitos consumidores a embalagem identifica a empresa de maneira simbólica. Ao criar uma embalagem há a necessidade de levar em conta que não se trata apenas de um meio de armazenamento e transporte de material, mas de um objeto que apresenta uma relação interativa do mesmo com o consumidor. Muitas vezes é o único meio de comunicação do produto e acaba representando a empresa.

- **Design Mobiliário**: Trata-se de uma das áreas de maior importância no design de produto brasileiro. Isso se dá, por ser um dos poucos bens de consumo duráveis que é exportado. O papel do designer é aliar estética, inovação e qualidade aos produtos, aprimorar equipamentos utilizados no proceso de fabricação, além de, estudar novos materiais que possam ser introduzidos na indústria. No Brasil, utiliza-se muito móveis de madeira e, atualmente, o desenvolvimento de produtos sustentáveis e que diminuam o impacto ambiental tem sido a preocupação.
- **Design de Moda**: Sua função está voltada à criação de desenhos/modelos voltados às áreas do vestuário, acessórios e decoração. É o chamado designer de moda (fashion designer).
  - **Design de Joias**: Trata-se do desenvolvimento de joias através da pesquisa de cores, materiais, tendências, ergonomia e durabilidade. Elabora projetos para joalherias e em série para indústrias.
  - **Design Têxtil**: Uma das ramificações mais antigas do design trata-se do design têxtil. O design têxtil está presente tanto em tecidos de vestimenta, quanto aqueles voltados para decoração. O designer tem a função de desenvolver materiais, preparar matérias primas e até mesmo desenvolver processos de fabricação dos tecidos. A moda está intimamente ligada à tecnologia têxtil, não é possível pensar em uma sem pensar na outra.

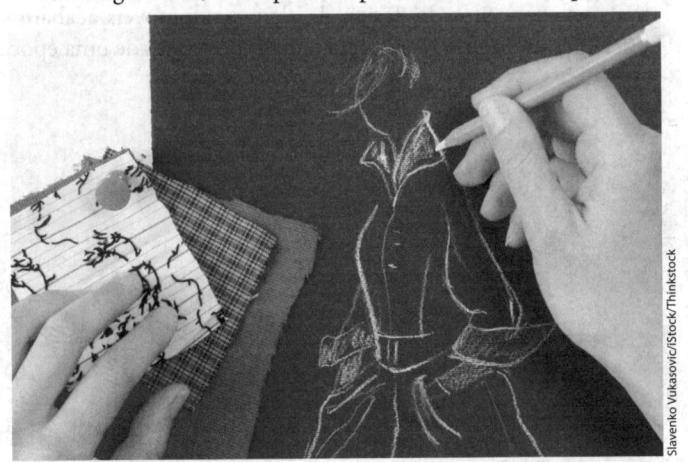

Slavenko Vukasovic/iStock/Thinkstock

- **Design de Ambiente**: O design de ambiente é mais um elemento do design e sua função aplica-se no desenvolvimento de projetos destinados a ambientes de vivência, tanto interno quanto externo. Um exemplo de ambiente interno é o supermercado, enquanto um parque serviria como exemplo de ambiente externo.
  - **Design de Interiores**: Antigamente era chamado de decorador. Sua função é planejar, conceber e realizar projetos tanto de residências quanto de escritórios, hotéis, espaços comerciais, entre tantos outros. Através de estudos são propostas soluções adequadas levando em conta a funcionalidade, qualidade de vida, valores e outras características.

- **Design de Iluminação**: Design relativo a projetos de luz interna e externa utilizando tanto fontes naturais quanto artificiais. Também está relacionado ao planejamento e execução de iluminação de eventos e construções de grande porte.
- **Design de Sinalização**: Trabalha com a sinalização com a função de informar, direcionar e identificar em âmbito interno (feiras, eventos, stands, aeroportos) ou externo (faculdades, parques, estradas). Envolve áreas como o design gráfico, design de produto, arquitetura e comunicação. O design de sinalização utiliza placas, setas, mapas, entre outros.

- **Design de Interação**: Trata-se de uma área especializada na criação de projetos interativos. A interação é baseada em experiências e testes com usuários voltados a diversos meios de comunicação como softwares, sites e jogos eletrônicos.
  - **Design de Interfaces**: Trata-se de uma área do design voltada ao desenvolvimento de projetos interativos, como websites, jogos eletrônicos e softwares. Esses projetos são construídos com base na observação de testes com usuários. A melhoria da relação do homem com a tecnologia é o principal foco do design de interfaces, levando em conta seus objetivos, funções, experiências, necessidades e desejos.
  - **Design de Informação**: A intenção é apresentar o máximo de informações e elementos em espaço delimitado, desde um cartão de visitas, quanto um site. Abrange diversos campos como ilustração, fotografia, design gráfico, entre outros. Esse tipo de design atua como um integrador de diversas disciplinas com o objetivo de desenvolver soluções de alta qualidade.

Anotações

2
Conceito de Criação

2.1. Briefing
2.1.1. Como Fazer um Briefing
2.2. Brainstorming
2.3. Rafe (rough)

2

Conceito de Criação

2.1. Bishop
2.1.1. Técnica Fácil em Desenho
2.2. Brainstorming
2.3. Rulestorough

2. Conceito de Criação

No geral, as teorias a partir daqui se aplicam a qualquer especialidade do design, mas focaremos no campo específico do design gráfico tornando as explicações mais práticas. Vamos seguir, não uma fórmula, mas caminhos que possam facilitar o trabalho, nos dar conhecimento e enriquecer nossos projetos.

Para desenvolver um novo produto é necessário ter um objetivo, uma direção. É necessário direcionar todas as informações que temos e buscar mais, que possam ser relevantes e que façam a diferença em um projeto.

A criatividade erroneamente é ligada somente ao dom, o qual o indivíduo nasce com ela, onde muitas vezes do nada tem um "estalo", uma inspiração súbita e consegue ter um grande resultado, mas isso não existe. Realmente as pessoas nascem com ela, porém, em diferentes níveis de desenvolvimento. Pesquisas voltadas a essa área demonstram que a criatividade pode ser desenvolvida e aprimorada com treino e prática. Esse desenvolvimento está intimamente relacionado às condições sociais e culturais que fazem parte do meio em que o indivíduo está inserido, como o dia a dia e as experiências de vida. Além desses fatores, também é importante a preparação do indivíduo, conhecimentos e envolvimento com o que está em pauta, o chamado repertório. Também é importante o conhecimento dos meios de criação. A criatividade precisa não somente de inspiração, mas de muito trabalho, esforço, dedicação e treino. Por isso, deve-se buscar sempre aperfeiçoamentos e aprendizados que façam a diferença.

O designer desenvolve seus trabalhos mesclando conhecimentos teórico e técnicos com a criatividade. Portanto, a personalidade criativa do indivíduo é construída com a experiência acumulada por ele, ao se deparar com inúmeras situações. O indivíduo se torna mais criativo quando vivencia experiências e opiniões diferentes.

Durante o processo de criação existe o momento de captação e estruturação das possibilidades existentes, chamado de insight.

Em um segundo momento, na elaboração, ocorrem os questionamentos que é quando as dúvidas e perguntas aparecem. No terceiro momento vem a inspiração, onde algumas vezes acredita-se ter achado a solução, pode-se ainda existir algumas dúvidas. Posteriormente passa-se a trabalhar as ideias consideradas eficientes. Não existem regras para essas etapas de criação, suas sequências podem ser alteradas de acordo com o indivíduo e com o projeto realizado.

Ao analisar os processos de criação, podemos notar que as ideias não surgem de maneira inesperada, e que se isso aconteceu, é porque já existia um movimento interior de criação de modo inconsciente.

Existe autor que afirma que algumas ações como mímicas, jogos de xadrez, ficar descobrindo imagens em nuvens e até mesmo charadas podem contribuir para o desenvolvimento da criatividade.

Há muitos caminhos que levam o indivíduo ao pensamento criativo, não existe certo ou errado, são apenas diferentes.

A mente humana deve estar sempre aberta, pois quanto maior o número de informações e experiências, as possibilidades de solucionar um problema são mais numerosas. A mente apresenta certa resistência a ideias novas, da mesma maneira que ocorre com o nosso organismo, aquilo que lhe parece estranho e diferente, é rejeitado.

Existem três conceitos importantes quando se fala de design e elaboração de um projeto, conhecendo-os verificamos que a criatividade sozinha não é suficiente. São eles:

- **Criatividade**: Geração de ideias, novo olhar sobre as coisas e oportunidades.
- **Inovação**: Trata-se da exploração de forma bem sucedida de novas ideias e oportunidades.
- **Design**: Alia criatividade e inovação, transformando ideias em projetos capazes de serem produzidos.

Ser criativo é importante, mas colocar as ideias em prática é necessário. O processo não deve parar por aí, tem que se pensar em formas de produção e estruturas para que consiga ter um projeto que seja viável de ser produzido, tanto em questões econômicas como em formas de produção.

2.1. Briefing

Para darmos início a um projeto é necessário iniciar com um briefing. Nessa fase são identificados e discutidos os objetivos do projeto (empresa, produto, ideia) para saber qual será o foco.

Depois que as informações são levantadas, podemos dar início aos primeiros estudos e criação. Resumindo, o briefing é um conjunto de informações que tem como função direcionar o designer na elaboração do projeto. Com ele, é especificado o produto a ser projetado, o seu conceito, o público alvo e os recursos disponíveis. Um briefing bem claro, objetivo e completo auxilia muito para que o produto tenha um bom resultado.

Ao fazer o briefing é importante que todos da equipe que estejam envolvidos de alguma maneira no projeto participem para que as delimitações, os objetivos e as relações de trabalho sejam determinados. Nessa hora, o designer dever ser investigativo, crítico e curioso para tirar o máximo de informações do cliente.

2.1.1. Como Fazer um Briefing

É importante na hora de executar um briefing que ele seja tratado como um documento que faça parte do projeto e que deva ser consultado sempre, mesmo porque é importante que, com o caminhar do projeto, as informações iniciais não sejam perdidas, tendo como produto final um resultado satisfatório.

Caso seja da vontade do designer/cliente, pode-se utilizar o briefing até como um contrato, uma vez que ambas as partes devem ter conhecimento das necessidades e dos objetivos do projeto.

Não existe um formato único e correto para um briefing, mas o que ele deve é trazer respostas do tipo: Quem, Como, Quando, Onde, Por quê. Além de, questionar custos, materiais, cronograma, entre outros.

Segue abaixo algumas sugestões para se colocar no briefing:
- Atividade da empresa.
- Endereço.
- Pessoas responsáveis.
- Até o momento como se deu o desenvolvimento de produtos na empresa.

- Por que querem desenvolver um novo produto/logotipo?
- É um produto novo ou querem sua revitalização?
- Como esse projeto está inserido na política comercial da empresa?
- O que a empresa se propõe a oferecer?
- Como o produto deve ser?
- Qual o preço a ser vendido?
- É voltado a qual público-alvo (nível sociocultural, faixa etária, etc.)?
- Onde será comercializado?
- Quando o produto terá seu lançamento?
- O que falta no mercado?
- Será lançado em um mercado, feira, evento?
- Existem questões ambientais a serem levadas em consideração?
- Como é a concorrência?
- Quais são os principais concorrentes?
- Como o produto deles é apresentado no mercado?
- Quais os pontos fracos e fortes do material em relação à sua concorrência?
- Quais são os principais problemas a serem resolvidos durante o projeto?
- Qual será o processo utilizado para a produção?
- Quais as matérias-primas a serem utilizadas?
- Quem serão os fornecedores das matérias-primas?
- Prazo de entrega.
- Orçamento disponível
- Existe alguma mensagem que o produto/logotipo deve passar?
- Qual a relação com as cores, se estão ligadas a um gosto pessoal ou é uma questão técnica e cultural?
- Quais as informações relevantes, além de todas essas, devem ser consideradas?

A essas perguntas é importante que sejam somadas todas as informações que vão contribuir para um bom resultado do projeto. Na verdade, quanto mais se conhecer do projeto, por menor que ele seja, as chances de se ter um bom resultado são maiores. Também diminuem as chances de se deparar com situações não previstas e desagradáveis quando o projeto já tomou um rumo que aparentemente era para estar em fases finais.

2.2. Brainstorming

O brainstorming é o mais conhecido entre todos os exercícios de criatividade. É utilizado em diversos setores tanto em áreas das relações humanas, dinâmicas de grupos, como em publicidade e propaganda. Brainstorming significa tempestade de ideias e sua função é explorar a capacidade de criação dos indivíduos ou de um grupo (de 4 a 6 pessoas normalmente) gerando ideias novas e soluções a partir de ideias sem julgamentos ou limitações.

Trata-se de uma maneira mais eficaz de gerar, a curto prazo, uma quantidade maior de possíveis ideias sobre algum problema. Pode durar cerca de uma hora, mas esse tempo varia de acordo com a motivação do grupo e a complexidade do tema.

Para fazer o brainstorming reúne-se um grupo para gerar ideias que possam ser utilizadas para dar origem a algo inovador, que atenda as necessidades do projeto. As ideias, por piores que pareçam ser, não devem ser descartadas ou mesmo julgadas, todas devem ser anotadas, pois podem, de alguma maneira, ajudar na solução do problema. Para que o brainstorming gere bons resultados, algumas regras devem ser seguidas:
- Não se deve fazer críticas às ideias apresentadas para não causar inibição.
- Debate de ideias não deve ser realizado durante o brainstorming.
- Nenhuma ideia deve ser desprezada.
- Todos devem ter a chance de fazer a exposição de suas ideias.
- As ideias não devem ser deixadas de lado, pois podem servir para dar origem a ideias inovadoras e originais.
- Mesmo que surjam ideias da combinação de várias apresentadas pelo grupo, não se deve desprezar as originais.

Algo muito importante ao se fazer o brainstorming é a definição objetiva e clara do projeto. O problema deve ser descrito e é necessário assegurar que todos tenham entendido, para que a discussão não tome caminho errado. A clareza ao se abordar um problema é um dos pontos mais negligenciados.

A seguir temos um passo a passo para que seja mais clara a maneira de aplicar o brainstorming:
1. Defina um tempo máximo de duração da reunião;
2. Estabeleça o problema a ser analisado e assegure que todos tenham entendido;
3. Dê alguns minutos para que todos pensem sobre o problema;
4. Todos, um de cada vez, deve apresentar suas ideias. As ideias podem ser passadas de maneira aleatória de acordo com o momento que vão surgindo, ou ainda, de modo linear seguindo posições. Nesse caso, passa a vez quando a próxima pessoa esta sem ideia;
5. Anote as ideias e deixa-as de maneira visível a todos, para evitar que sejam duplicadas e também para auxiliar no estímulo do pensamento criativo. É importante que as ideias sejam anotadas da forma como foram ditas e quanto maior a lista, melhor. O brainstorming acaba quando as ideias de todos foram esgotadas, ou quando o tempo terminar;
6. Quando terminar a sessão, converse para que o entendimento de todas as ideias sejam as mesmas que cada pessoa compreender. Caso necessário, o autor da ideia pode explicá-la melhor;
7. Deve-se eliminar as duplicadas com o consentimento dos autores para assegurar que realmente são iguais. Caso não haja o consentimento de ambos, mantenha as ideias separadas.

Após o brainstorming reúna as ideias e selecione as melhores para serem analisadas, melhoradas e aproveitadas. Não se esqueça de dar um retorno ao grupo sobre o resultado do brainstorming.

2.3. Rafe (rough)

É um rascunho, esboço, uma pré-visualização do projeto através de traços mais descompromissados de acordo com o brainstorming. Trata-se de um processo seguinte ao brainstorming utilizado em projetos gráficos, porém, também pode ser usado em outras etapas.

Rafe é um estudo elaborado a caneta ou lápis em papel branco. Usar o papel do tamanho do material final também pode ser uma possibilidade para facilitar a visualização dos elementos e suas disposições. O importante é rascunhar o layout para ter a primeira visualização do projeto.Utilizando rabiscos já é suficiente para termos noção de cores, formas e tipologias. São desenhos livres, que não precisam ser desenvolvidos e apagados, o importante é começar a materializar as ideias utilizando formas desintegradas de pessoas, animais, objetos, de acordo com o que pede o projeto.

Ao se fazer um rafe, economizamos tempo e focamos a percepção na ideia e no projeto em si. Algumas pessoas até acreditam que fazer um rafe é perder tempo, mas pense: é mais fácil alterar o projeto de uma casa no papel ou quando ela já está pronta? Com o rafe é parecido, é melhor esgotar as ideias enquanto se está no papel do que despender tempo na produção de layouts que podem nem ser utilizados ou que não fiquem bons. Depois de produzir o rafe, fica mais fácil e rápido de produzir o layout.

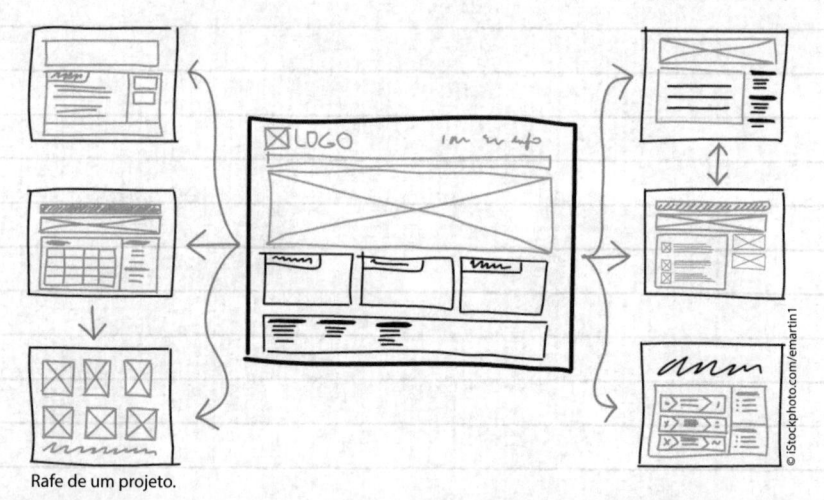

Rafe de um projeto.

Não leve em conta seus dotes para o desenho, o que conta é a ideia que se quer testar. É comum ao se fazer um projeto, que inúmeros rafes sejam feitos para que sejam obtidas as melhores propostas de criação. O designer deve fazer a escolha do que julgar mais adequado para que seja analisada, estudada, desenvolvida e refinada até a sua finalização.

Ao terminar o processo é necessário apresentar o projeto ao cliente e um feedback deve ser dado, para que se necessário, sejam feitos ajustes.

Anotações

3 Formas

- **3.1. Elementos Conceituais**
  - 3.1.1. Ponto
  - 3.1.2. Linha
  - 3.1.3. Plano
  - 3.1.4. Volume
  - 3.1.5. As Principais Formas Básicas
- **3.2. Elementos Visuais**
  - 3.2.1. Formato
  - 3.2.2. Tamanho
  - 3.2.3. Cor
  - 3.2.4. Textura
- **3.3. Elementos Relacionais**
  - 3.3.1. Direção
  - 3.3.2. Posição
  - 3.3.3. Espaço
- **3.4. Elementos Práticos**
- **3.5. Quebre a Regra – Primeiro Conhecendo**
- **3.6. Inter-Relação Entre Formas**
- **3.7. Proporções Áureas**

3. Formas

Neste capítulo, iniciamos a identificação de elementos que compõem de maneira isolada ou conjunta, as diferentes peças gráficas. Cada elemento possui significado próprio, porém, ao se juntarem podem comunicar de maneiras distintas. Conhecê-las é fundamental para uma boa comunicação. O designer trabalha com formas que vão desde pontos até ilustrações mais complexas.

Em comunicação visual, toda forma apresenta superfície e contorno e é desenvolvida sobre algum suporte (pode ser folha de papel, tela de computador ou até bloco de pedra). E ao esboçar, traçar ou ainda projetar algo, o conteúdo dessa comunicação é chamado de Elementos Visuais. Cada manifestação visual pode ser vista de uma maneira, de acordo com cada repertório, mas fazer uma decomposição dos elementos é uma boa forma de melhor compreender o todo.

Ao conhecer princípios e conceitos, conseguimos ampliar a capacidade de resolver situações problemáticas durante a elaboração de um problema.

A seguir, os elementos visuais serão classificados em quatro principais grupos para melhor compreensão.

3.1. Elementos Conceituais

Os elementos conceituais são aqueles não visíveis, como o próprio nome diz é um conceito. Apesar de não existir, parecem estar presentes, como por exemplo, uma linha marcando o contorno de uma forma, que se existisse realmente deixaria de ser conceitual.

3.1.1. Ponto

Trata-se do elemento mais básico do design, mas com grande poder de atração visual. Ao se juntarem, apresentam mais capacidade de guiar os olhos. A ilusão de tons e as cores são formadas com a aproximação ou com a justaposição dos elementos.

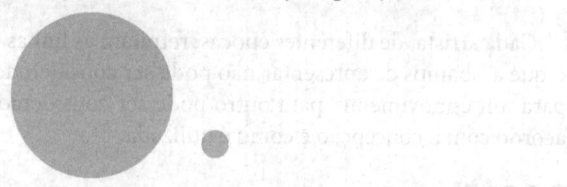

Um conjunto de pontos consegue conduzir o olhar de maneira diferente, sendo que a proximidade de seus pontos intensifica esse poder de atração.

3.1.2. Linha

É um conjunto de pontos próximos que não são possíveis de serem identificados. As linhas podem dar a sensação de movimento, serenidade, instabilidade, delicadeza ou rispidez. Isso depende muito de sua espessura; uma linha mais fina causa sensação de movimento mais rápido, enquanto a linha grossa, expressa o oposto. Lembrando que isso tudo depende do contexto em que ela está inserida.

Observe que a continuidade da linha também influência na maneira como é lida. A linha contínua faz com que os olhos vão de uma extremidade a outra, de maneira rápida, enquanto a tracejada faz com que haja pequenas "pausas" em sua leitura. Também observe que no caso de linhas irregulares, o tempo de leitura acaba sendo maior ainda.

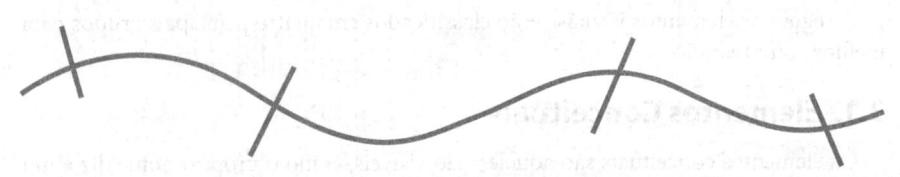

A linha, tratando-se de um elemento conceitual, pode ser definida como um ponto em movimento. Por ser originária do ponto pode ser considerada um elemento visual secundário, sempre em movimento e contribui muito para o processo visual, mesmo no momento pré-visual. As linhas retas apresentam três movimentos:
- **Horizontal**: Trata-se de uma linha que despende menos energia.
- **Vertical**: Nesse caso, a energia vai do mais profundo ao infinito, ou ainda, de cima para baixo.
- **Diagonal**: Dizemos que é a síntese e união das duas outras linhas.

Cada artista, de diferentes épocas, retratam as linhas de formas diferentes, por isso, o que acabamos de apresentar não pode ser considerado regra e nem limitante, o que para um é movimento, para outro pode ser considerado repouso, forma estática, de acordo com a concepção e como é utilizada.

3.1.3. Plano

O plano apresenta comprimento, largura e não tem espessura, sendo seus limites formados por linhas. Pode ser colorido, áspero ou liso, transparente ou opaco, entre outras características.

3.1.4. Volume

O volume está presente em objetos que apresentam profundidade. Em objetos bidimensionais também podemos representar profundidade usando convenções gráficas como a perspectiva, por exemplo.

Na perspectiva linear, o olho visualiza os objetos em primeiro plano como se estivessem em plano maiores e à medida que vão se afastando, o vemos como sendo menores.

Outro método também muito utilizado, principalmente em quadrinhos é a variação da espessura das linhas, pois à medida que os elementos vão se distanciando, as linhas vão ficando mais finas.

Além desses artifícios, também podemos trabalhar com o foco (redução) e sombras.

3.1.5. As Principais Formas Básicas

As principais formas são o quadrado, o círculo e o triângulo - conhecidas como trilogia do design. Essas formas, a princípio podem até parecer uma simplificação do design, mas se começarmos a examiná-las com cuidado, podemos observar o requintado papel que apresentam no contexto dos elementos.

3.2. Elementos Visuais

Como o próprio nome diz esses elementos são sempre visíveis. Ao fazer um desenho, por exemplo, usamos uma linha visível para representar uma linha que é na verdade conceitual. Os chamados elementos visuais formam a parte do design gráfico que podemos enxergar.

3.2.1. Formato

Qualquer elemento que pode ser observado apresenta um formato que faz com que haja uma identificação para o percebermos, trata-se do aspecto da forma. Quando uma forma qualquer é girada, apresenta normalmente um formato diferente em cada etapa.

3.2.2. Tamanho

É a medida do elemento, referente ao comprimento, largura e profundidade. Mas também é a grandeza de acordo com o que estiver ao seu redor.

3.2.3. Cor

Nas artes visuais, a cor não é somente um elemento estético/decorativo, é também um modo de expressão do autor. A cor provoca normalmente três ações:
- Impressiona a retina ao ser vista.
- Provoca uma emoção (é sentida).
- Tem valor de símbolo com capacidade de comunicar uma ideia.

Trataremos de outros aspectos da cor em um capítulo específico.

3.2.4. Textura

Em alguns casos a textura pode ser percebida tanto pela visão quanto pelo tato, em outros é possível ser percebida somente pela visão. Muitas texturas utilizadas podem dar características de objeto tridimensional a um objeto bidimensional. O modo como utiliza uma textura é essencial para não destruir uma criação, pois poderá deixá-la com aspecto poluído e prejudicar a mensagem que a peça quer passar.

Na maioria das vezes a textura é um agente secundário e se mal empregada, pode brigar com a imagem principal, causando uma poluição visual.

Cuidados a se tomar com a aplicação de texturas:
- Observe a resolução para não esticar demasiadamente e alterar as características das mesmas.
- Veja o peso da textura e das fontes utilizadas.
- Caso as texturas apresentem elementos que tendem para direita/esquerda abaixo/acima, verifique também as fontes quanto aos itálicos.
- Cores e texturas acabam criando um peso muito grande, podendo distrair o olhar dos observadores e mudando o foco para elementos secundários de uma peça.

3.3. Elementos Relacionais

São elementos que orientam a localização e as relações entre as formas em um material, como direção, posição, espaço e profundidade.

3.3.1. Direção

Está ligada a posição no interior de uma moldura, dos formatos ao seu redor e de como é visto pelo observador.

3.3.2. Posição

Sua relação está entre a forma e a moldura que a cerca. A posição das formas tem uma relação direta com o equilíbrio visual. Cada forma adquire um peso visual e é necessário conhecimento e sensibilidade para utilizar os elementos certos para obter o resultado esperado.

Veja um exemplo:

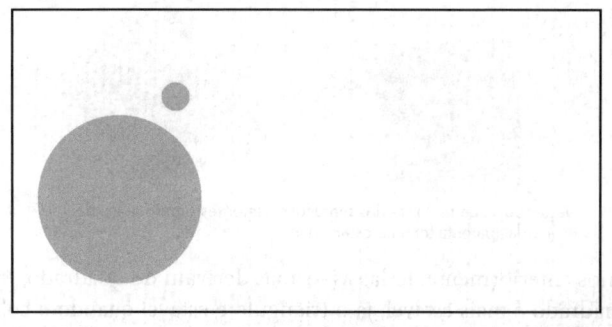

Neste caso, a forma de círculos apresenta grande peso dentro do retângulo branco, dando a sensação que está caindo por não apresentar elementos à direita para dar um equilíbrio visual.

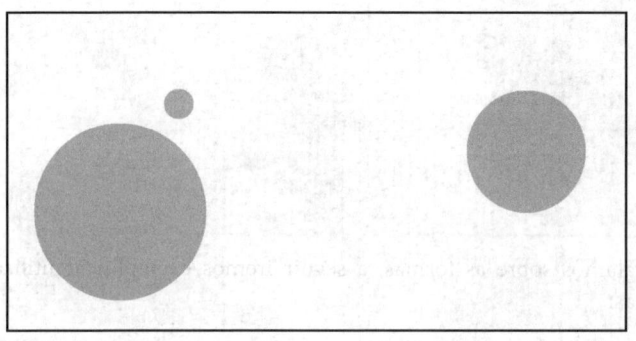

Já neste caso, apesar de serem elementos de tamanhos diferentes, conseguem ter um equilíbrio visual.

3.3.3. Espaço

As formas, sejam elas quaisquer, ocupam um espaço mesmo que ilusório. O espaço que uma composição ocupa, depende do enquadramento, das margens e sangras.

- **Enquadramento**: É o que está delimitando a peça. A delimitação que determina o enquadramento é feita por meio de margens e contornos.
- **Margens**: São determinantes na maneira como observamos o conteúdo da peça. Elas limitam os elementos dentro de uma área pré-estabelecida.
- **Sangra**: Trata-se das margens externas à área útil, rente a ela. Essas margens devem aparecer para que ao se refilar um material, uma área em branco, apareça sem que seja a intenção.
- **Gravidade**: A gravidade é o que nos mantém firmes sobre a Terra. Como estamos o tempo todo expostos a essa força, acabamos atribuindo peso e estabilidade também às formas visuais. Não se trata de algo visual e sim psicológico.

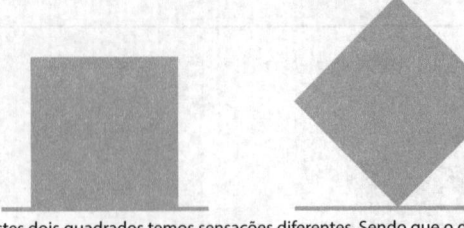

Nestes dois quadrados temos sensações diferentes. Sendo que o da esquerda aparenta ter mais estabilidade.

Como vimos anteriormente, todas as formas derivam do quadrado, triângulo e do círculo. O quadrado é mais estável, já o triângulo é estável quando o colocamos com uma de suas faces paralela à base. Enquanto que o círculo vai depender de onde está inserido. Com ele conseguimos a sensação de rolar do elemento, dando dinamismo ao projeto quando bem utilizado.

Acima falamos sobre as formas, a seguir iremos exemplificar utilizando textos como formas:

Caixa de texto com formato retangular paralela à base. Estas formas garantem ao texto uma estabilidade natural.

Caixa de texto levemente inclinada. Este aspecto torto, gera uma certa instabilidade visual

Apesar de ser uma caixa de texto criada totalmente na vertical, ela dá sensação de equilíbrio em função de ser bem definida.

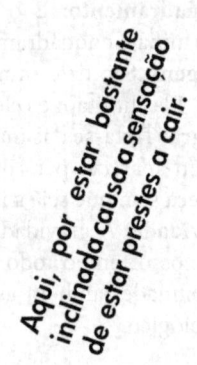

Aqui, por estar bastante inclinada causa a sensação de estar prestes a cair.

3.4. Elementos Práticos

São aqueles elementos derivados de formas da natureza ou do mundo, sendo realistas, estilizados ou abstratos.

Uma das funções do design é comunicar através das informações de uma peça, de um layout, por isso, os elementos não devem aparecer sem comunicar algo. Os elementos desnecessários acabam poluindo, confundindo e tirando o foco das informações relevantes. As cores, formas e fontes devem ser utilizadas de maneira racional, tem que ter um significado, deve-se saber o porquê de estarem ali e principalmente numa vasta gama de elementos o porquê da escolha por determinado elemento e não por outro.

3.5. Quebre a Regra – Primeiro Conhecendo

Para que possamos quebrar as consideradas regras, mesmo que regras preestabelecidas duvidosamente, precisamos conhecê-las. Veja duas, por curiosidade:
- **Quadrado**: Por possuir quatro ângulos retos é considerado antidinâmico, uma vez que, seu formato não o deixa movimentar com facilidade. Sua forma, teoricamente seria estável e limitada.
- **Círculo**: No círculo, começo e fim se fundem gerando a ideia do todo. Dando sensação do movimento, continuidade, retorno eterno ao interior de sua origem.

3.6. Inter-Relação Entre Formas

As formas podem se relacionar de inúmeras maneiras. E a cada junção de formas, o efeito é diferente e os resultados também.

Veja quais as principais formas de inter-relação das formas:
- **Separação**: Duas formas separadas uma da outra, sendo que podem parecer mais equidistantes ou mais próximas do olhar, de acordo com tamanho ou da cor utilizada.

- **Contato**: Quando aproximamos duas formas, elas começam a se tocar. O espaço presente entre elas passa a ser rompido. Nesse caso a cor tem papel importante na maneira como os elementos se comportam no espaço.

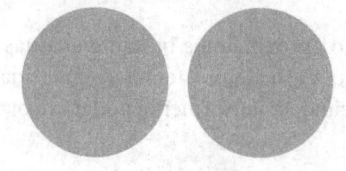

- **Superposição**: Situação onde as imagens se sobrepõem, dando a sensação que uma está por baixo enquanto a outra fica por cima.

- **Interpenetração**: Inter-relação semelhante à superposição, sendo que na junção das formas cria-se outra através de transparência. A justaposição das mesmas é feita com a utilização de cores e transparências.

- **União**: Semelhante à superposição, porém, as duas formas se unem tornando-se uma nova.

- **Subtração**: Se dá no cruzamento de uma forma invisível com uma visível. A parte visível ao ser coberta pela invisível fica com parte invisível.

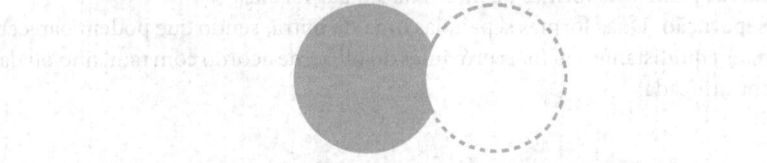

- **Interseção**: Algo parecido com a interpenetração, porém, deixando visível somente as duas formas criadas com o cruzamento.

- **Coincidência**: Ao aproximamos bastante as duas formas, até coincidirem, tornam-se uma só. Caso alguma tenha irregularidade na forma, outra forma de inter-relação citado anteriormente poderá ocorrer.

3.7. Proporções Áureas

Já na antiguidade os artistas tentavam desvendar formas e truques para entender as proporções geométricas para as coisas do mundo, como a natureza, homem e animais, revelando a relação entre beleza e matemática.

Na história natural e humana há uma preferência comprovada pela proporção áurea desde a época das civilizações mais antigas. Além de ser vista nas construções humanas, as proporções áureas também podem ser encontradas em inúmeros elementos, como conchas, seres humanos, colméias, entre tantos outros.

A proporção áurea é uma constante real algébrica representada pela letra PHI e este é chamado de número de ouro. Este nome foi dado porque depois de inúmeros cálculos verificou-se que PHI (1,618) está presente na proporção dos seres humanos e também pode ser visto em muitos outros elementos da natureza desde sementes de girassol à asas das libélulas. Pelo fato da proporção áurea estar presente também em seres humanos, talvez explique a preferência pela razão áurea que acabou sendo utilizada no projeto de materiais diversos. Encontra-se o número PHI a partir da divisão da base do retângulo pela sua altura.

Ainda hoje é utilizada na elaboração de projetos, apesar de nem sempre ser consciente a sensação de bem-estar causada ao se utilizar a proporção áurea. Alguns acham um pouco complexa essas explicações referentes às proporções áureas e outros acreditam que isso limita o processo de criação, cabe aos designers conhecer e verificar o melhor processo de criação e de aplicação de técnicas quando necessário.

Observe como encontrar a proporção áurea a partir de um quadrado:
1. Faça um quadrado;

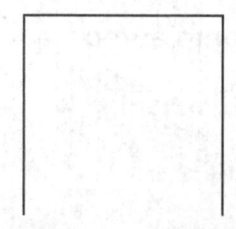

2. Trace uma diagonal que parta do centro da base do quadrado (ponto **A**) até o topo (ponto **B**);

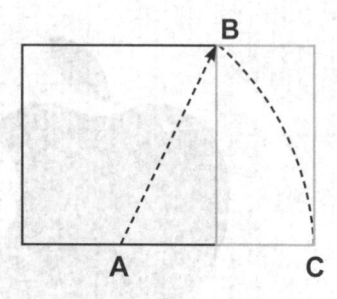

3. O tamanho da diagonal será o raio do arco de circunferência que vai do ponto **B** até o ponto **C** (limite da base do quadrado);

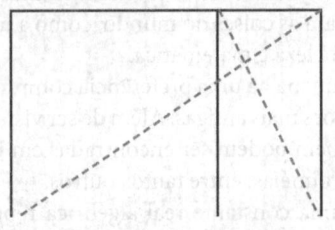

4. As duas imagens juntas (quadrado e retângulo) formam o retângulo áureo e suas subdivisões dão origem a outras formas que formam outros retângulos áureos.

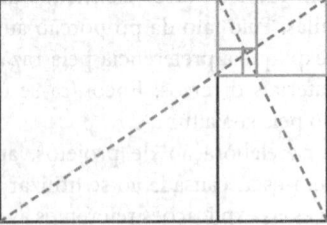

No item 3 deste exercício veja que duas linhas foram construídas ligando os vértices da imagem resultante (retângulo). O local de junção dessas duas linhas forma o que chamamos de ponto áureo que é o ponto que se enxerga primeiro em uma peça.

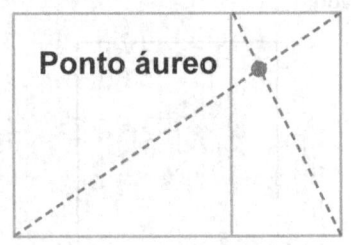

Ponto áureo

Acompanhe um exemplo de uso da proporção áurea com o caso do logo da Apple:

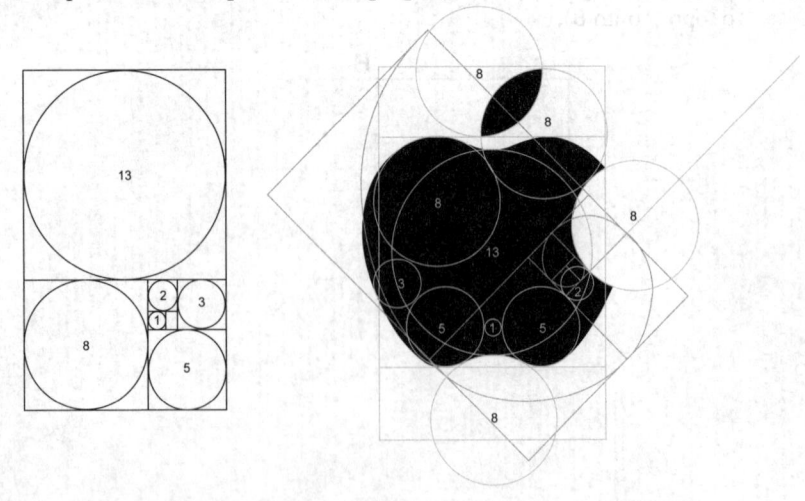

Existe também outro ponto além do ponto áureo, o chamado centro físico. O centro físico é encontrado através do cruzamento de duas linhas diagonais. Trata-se do ponto entre os pontos áureos. É o segundo lugar mais visualizado, que consegue prender mais a atenção.

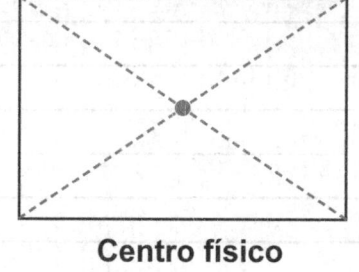

Centro físico

Anotações

Anotações

4
Princípios Básicos do Design

4.1. Alinhamento
4.2. Proximidade
4.3. Contraste
4.4. Repetição

4
Princípios Básicos do Design

4.1 Alinhamento
4.2 Proximidade
4.3 Contraste
4.4 Repetição

4. Princípios Básicos do Design

Os princípios básicos do design são quatro: alinhamento, proximidade, contraste e repetição. E eles podem ajudar muito no momento de diagramar um material. Ao diagramarmos uma peça, os elementos devem ter ligação visual entre si, isso dá uma aparência mais clara e sofisticada.

Vamos acompanhar a descrição dos princípios básicos.

4.1. Alinhamento

No ocidente a leitura é feita do canto superior esquerdo descendo pela lateral. Caso seja alterado, por exemplo, somente um parágrafo para a direita em um bloco de texto, durante a leitura, certamente esse bloco seria ignorado.

Então, ao fazer uma diagramação, procure alinhar todo o texto em uma só posição, se for esquerda, só para a esquerda; se for pela direita, tudo pela direita.

Já o alinhamento centralizado em textos grandes não funciona muito, pois dá um ar de desordem, além de dificultar a leitura quando os olhos vão de uma linha à outra.

Alinhamento à esquerda. As frases se interligam visualmente de um parágrafo a outro com mais facilidade.

Nem sempre a sensação de bem-estar causada ao se utilizar a porporção áurea é consciente. Alguns acham um pouco complexa essas explicações referentes às proporções áureas, já outros acreditam que isso limita o processo de criação, cabe aos designers conhecer e verificar o melhor processo de criação e de aplicação de técnicas se necessário.

Nem sempre a sensação de bem-estar causada ao se utilizar a porporção áurea é consciente. Alguns acham um pouco complexa essas explicações referentes às proporções áureas, já outros acreditam que isso limita o processo de criação, cabe aos designers conhecer e verificar o melhor processo de criação e de aplicação de técnicas se necessário.

Alinhamento à direita. As frases tem certa dificuldade para se interligarem visualmente de um parágrafo a outro.

Nem sempre a sensação de bem-estar causada ao se utilizar a porporção áurea é consciente. Alguns acham um pouco complexa essas explicações referentes às proporções áureas, já outros acreditam que isso limita o processo de criação, cabe aos designers conhecer e verificar o melhor processo de criação e de aplicação de técnicas se necessário.

Alinhamento centralizado. Dificuldade maior no momento da leitura em ligar visualmente um parágrafo a outro.

Os alinhamentos centralizados, não apresentam o tipo de problema descrito acima quando a massa de texto é menor, pois a necessidade de vínculo de uma frase pra outra também é menor, observe que até o ritmo de leitura é outro.

Segundo o princípio do alinhamento não se deve colocar as informações de maneira arbitrária em uma página, cada elemento deve ter conexão visual. Mesmo que elementos estejam separados, quando segue um alinhamento, cria-se uma linha invisível de conexão entre eles.

4.2. Proximidade

Segundo os princípios básicos do design, os elementos similares devem aparecer próximos em uma peça. Quando aparecem distantes, correm o risco de gerar confusão e dúvidas. Caso a intenção não seja fazer o leitor se perguntar: "por que essa informação está aí?", não se deve deixá-las distantes entre si. Esse princípio vale para textos e imagens e caso o questionamento não seja intencional ele acaba desconcentrando o leitor. Segundo esse princípio, os elementos devem aparecer inter-relacionados, devem ser agrupados e aproximados para que sejam visualizados como conjunto e não como um emaranhado sem ligação. Quando elementos similares são agrupados, a página fica com uma ordem maior, a leitura fica mais fácil e até mesmo a área branca ao redor fica mais organizada.

Veja nos exemplos a seguir, essa relação de proximidades/organização/leitura:

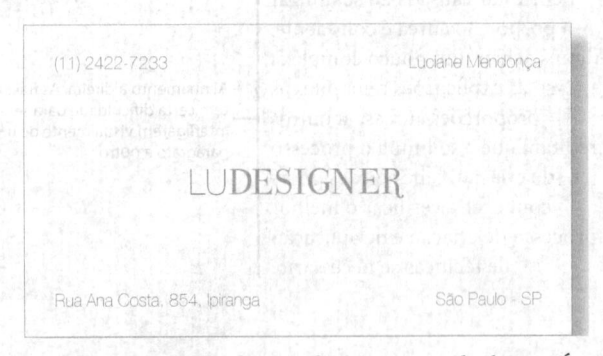

Aqui existem cinco elementos chamando a atenção do leitor. É provável que a leitura tenha se iniciado no meio em função da tipologia ser maior e pela variação de cor. Ao fazer a leitura geral, tem-se a impressão de que ao olhar uma informação, alguma outra acaba sendo perdida.

> (11) 2422-7233   Luciane Mendonça
>
> # LUDESIGNER
>
> Rua Ana Costa, 854; Ipiranga   São Paulo - SP

Com o mesmo cartão, agora além da parte central destacada, acrescentou-se negrito na informação superior direita. Com isso, a atenção do leitor fica em conflito entre o centro e o texto em negrito.

É visível que o problema dos dois cartões está no fato de não ter uma prioridade de leitura e os itens não apresentarem uma inter-relação mostrando onde se deve começar e terminar a leitura.

Acompanhe neste último exemplo como a ordem de leitura e os itens mais importantes ficam mais evidentes:

> # LUDESIGNER
> Luciane Mendonça
>
> Rua Ana Costa, 854, Ipiranga
> São Paulo - SP
> (11) 2422-7233

A solução adotada foi unir as informações de acordo com suas hierarquias, além de colocar as informações, pertencentes aos mesmos grupos de maneira unificada.

4.3. Contraste

Contraste é um elemento importante principalmente na relação figura/fundo. Existe contraste de cor, de elementos, fios, tipologias, etc. O contraste serve tanto para destacar algo, como também para diferenciar dos elementos. Um exemplo clássico de falta de contraste é o amarelo sobre o branco, onde a leitura fica bastante prejudicada. Agora, se a intenção realmente é essa, que cause alguma sensação no leitor, então, por que não usá-lo? Isso é que precisa ficar muito claro no processo de criação e desenvolvimento do designer: O que se quer causar? Para quem? Por quê?

O contraste organiza as informações para ajudar na leitura e para quebrar a monotonia do layout.

LUCIANE**DESIGNER**MENDONÇA

No exemplo, foi utilizada uma fonte sem serifa e fina para indicar o nome da designer; e uma fonte mais grossa com fonte serifada (peso maior) para dar um contraste. Veja que na mesma frase conseguimos ler o nome da designer e a palavra designer não se perde alcançado também destaque.

4.4. Repetição

Trata-se de repetição de elementos visuais no sentido de repetir a estrutura visual dando ênfase àquilo que é mais importante. Muitas vezes a repetição se torna importante para que o projeto consiga ter uma identidade perceptível. A repetição pode se dar por elementos como cor, fontes, texturas, fios, imagens, formas que criam uma sensação de organização. Em jornais e revistas o princípio da repetição fica muito claro, e acaba dando mais identidade às peças. Na repetição o importante é utilizar o bom senso para que os elementos não se tornem excessivos.

Repetição de cores, formas e a mesma tipologia nos dois impressos dá unidade às peças.

5
Gestalt

5.1. Gestalt e a Psicologia
5.2. Gestalt: Como nos faz Enxergar
5.3. Como se dá a Percepção
5.4. As Regras da Gestalt
    5.4.1. Unidade
    5.4.2. Segregação
    5.4.3. Unificação
    5.4.4. Fechamento
    5.4.5. Continuidade
    5.4.6. Proximidade
    5.4.7. Semelhança
    5.4.8. Pregnância da Forma

5. Gestalt

A **Gestalt** é uma teoria da psicologia do final do século XIX, originária da Áustria e Alemanha. Ela estuda como os elementos são percebidos em design, não como elementos únicos e sim de maneira total. A teoria da Gestalt pode ser definida como uma questão de percepção. Os princípios da Gestalt podem ter utilidade para descobrir o funcionamento da visão/interpretação com relação à percepção de elementos e formas. Através da Gestalt podemos perceber como a interação entre elementos nos faz enxergar as coisas de uma forma ou de outra.

5.1. Gestalt e a Psicologia

Os princípios da Gestalt podem ser utilizados para dirigir a atenção e organização de conteúdos de maneira mais eficaz. Não se trata de um esquema matemático que deve ser seguido, mas uma maneira de reorganizar o conteúdo para estimular novos meios de visualização e de chamar a atenção, estimulando a criatividade. É importante perceber e entender a maneira como as pessoas veem e percebem um projeto visual para conseguir tirar vantagem dessas regras. A psicologia tem grande importância no trabalho de design porque a emoção e a percepção das pessoas também são responsáveis em nortear a execução dos projetos.

5.2. Gestalt: Como nos faz Enxergar

A teoria da Gestalt se refere à capacidade que nossos sentidos têm de reconhecer formas em vez de somente um conjunto de linhas simples e curvas. Os princípios da Gestalt são utilizados em todos os campos da vida humana e cotidiana, como na forma que nos agrupamos, como pensamos, como percebemos tudo ao nosso redor e como percebemos as cores.

5.3. Como se dá a Percepção

Durante o processo de criação é necessário levar em consideração o todo e não apenas as partes. A totalidade dos elementos cria o significado. Os detalhes possuem suas importâncias, mas apenas na maneira que eles compõem o todo.

Uma coisa importante é que as pessoas que não são treinadas para perceber detalhes são de alguma maneira influenciadas, principalmente à primeira vista. Então essa é a preocupação em ter domínio dos elementos que estão sendo utilizados. Até os designers mais experientes passam a notar os detalhes só depois que seu cérebro processou a primeira mensagem.

A maneira como as pessoas completam a organização visual é previsível. Assim, designers utilizam desse recurso de organização para priorizar o que é mensagem principal como a primeira impressão. Os outros elementos, chamados de significados, também estão presentes, porém, fazem parte do contexto fazendo apoio ao principal elemento.

5.4. As Regras da Gestalt

As regras da Gestalt são: Unidade, Segregação, Unificação, Fechamento, Continuidade, Proximidade, Semelhança e Pregnância da forma.

5.4.1. Unidade

É quando um elemento é finalizado nele mesmo ao mesmo tempo que vários elementos juntos acabam sendo percebidos como um todo. Assim:

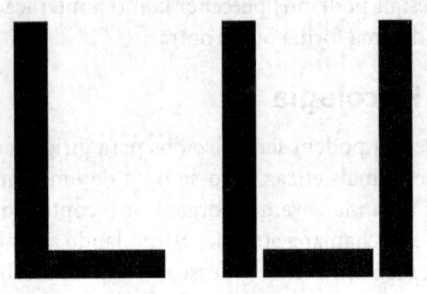

O "L" é uma unidade visual que fecha em si mesma, uma unidade contínua. Já o "U" é composto por três partes, que formam um só elemento. As partes podem ser percebidas por sua cor, textura, entre outros, dentro de um mesmo elemento.

5.4.2. Segregação

Refere-se à capacidade do cérebro em verificar, identificar, separar e destacar informações em uma composição. Essa lei serve para determinar hierarquias em uma peça ou ainda diferenciar partes de uma composição.

De acordo com o contraste, o peso ou algum estímulo causado pelo elemento visual, o mesmo acaba se destacando dos demais.

Esse dado é a composição visual e suas faces, círculos e tons podem ser considerados como sendo a segregação das informações. De acordo com a nossa percepção, nosso olhar acaba se dirigindo para cada elemento, como as cores, sombras, formas, elementos, etc.

5.4.3. Unificação

A unificação acontece quando os estímulos visuais que os elementos transmitem são iguais e possuem certa harmonia. Quanto maior o equilíbrio entre os elementos visuais maior a sensação de unificação.

Unificação em imagem mais simples.   Unificação em imagem mais complexa.

5.4.4. Fechamento

Essa regra é muito utilizada na criação principalmente de logotipos. O cérebro é responsável em perceber as formas, tendenciado a olhá-las como única, através de contornos. As formas fechadas são obtidas com a utilização de linhas de cores diferentes, cores iguais ou até mesmo com a ausência delas. O cérebro ativa alguns sistemas que completam a figura e consegue mentalmente preencher as partes que faltam, fazendo a leitura visual da imagem. Quando o observador consegue complementar mentalmente a forma ocorre o chamado fechamento.

GESTALT 99

5.4.5. Continuidade

Elementos dispostos em linhas são considerados mais inter-relacionados que os elementos destacados uns dos outros, pois apresentam maior fluidez. A sensação é que o olho se move de um objeto até o outro. Quando elementos de uma composição conseguem ser harmônicos do começo ao fim, diz-se que ele apresenta boa continuidade, que pode se dar através de formas, cores, texturas, entre outros. A continuidade faz com que o cérebro não precise decifrar cada elemento para visualizar, ele une tudo e faz a compreensão da comunicação visual.

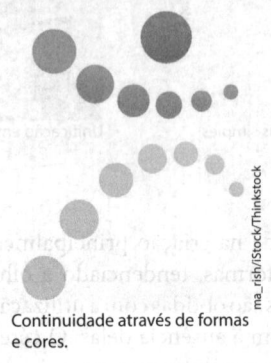

Continuidade através de formas e cores.

5.4.6. Proximidade

O nosso cérebro tem como característica a tendência a agrupar formas próximas. Esse fato acontece para formar a imagem do todo ou para formar grupos pertencentes a uma composição visual. Normalmente o agrupamento se dá pela semelhança das formas, das cores e das características dos elementos. As formas semelhantes tendem a formar uma proximidade maior que aquelas diferentes.

No caso abaixo, os círculos são percebidos como formas separadas por estarem com certa distância um dos outros.

Já neste caso, a unidade está acontecendo em função de estarem próximos. Apesar de não estarem unidos em um só elemento, a unificação faz com sejam percebidos como sendo um grupo.

5.4.7. Semelhança

O caso da semelhança é parecido com a proximidade. Elementos tendem a se juntar visualmente quando apresentam características semelhantes, como forma, cor, direção, textura, etc.

Semelhança através das cores.

Mesmo com formas diferentes os elementos têm semelhanças na cor, o que ajuda na diferenciação entre os objetos acima.

5.4.8. Pregnância da Forma

A pregnância da forma é a medida da eficiência da aplicação das leis da Gestalt que vimos anteriormente, é a maneira como uma composição visual é lida, compreendida e identificada. Alta pregnância significa maior rapidez de leitura das formas e consequentemente maior a comunicação entre o objeto e o receptor.

Veja o caso da imagem abaixo, são tantos elementos que temos dificuldade em compreender todos eles. Então, neste caso, podemos classificá-la como sendo uma composição de baixa pregnância.

O anúncio abaixo apresenta uma unidade maior. As unidades menores formadas pelo conjunto das formas, mais a imagem principal e os textos da data se agrupam em função da proximidade, semelhança de cor, de formas. Assim, a compreensão desses elementos se dá de maneira mais simples, o que leva a classificá-la como sendo de alta pregnância.

Anotações

6
Cor

6.1. **Visão**
6.2. **Matiz**
6.3. **Valor ou Brilho**
6.4. **Saturação**
6.5. **Temperatura**
6.6. **Cores Aditivas e Subtrativas**
6.7. **Sistema de Cores**
6.8. **Modelos Cromáticos**
    6.8.1. RGB
    6.8.2. CMYK
    6.8.3. HSB
    6.8.4. LAB
    6.8.5. Cor Especial - Pantone
6.9. **Monocromia, Bicromia e Policromia**
6.10. **Psicologia das Cores**
    6.10.1. Vermelho
    6.10.2. Verde
    6.10.3. Azul
    6.10.4. Amarelo
    6.10.5. Laranja
    6.10.6. Rosa
    6.10.7. Púrpura
    6.10.8. Violeta
    6.10.9. Marrom
    6.10.10. Branco
    6.10.11. Preto
    6.10.12. Cinza

6. Cor

Cor é uma percepção visual. O que visualizamos é luz e a cor vista nos objetos e em qualquer lugar é a reflexão da luz que cada objeto emite. As cores existem quando existe um observador, um objeto e luz.

A luz branca é vista como ausência de cor, porém, ela é um conjunto de todas as cores do espectro visível.

A maneira como percebemos as cores se altera de acordo com o material em que ela é inserida, a sua intensidade, o tipo de luz que a ilumina, as cores que estão próximas a ela, entre outros fatores. A percepção da cor também varia de acordo com a cultura.

Em muitas situações não há como controlar como as pessoas enxergam as cores, mas pode-se conhecer e controlar o máximo de referências para que sejam utilizadas de maneira apropriada ao que se destina.

A unidade que mede as cores é chamada de comprimento de onda e quanto maior o comprimento mais visível será a cor. Abaixo estão as cores em ordem de comprimento de onda, do maior para o menor:

- 1º: Vermelho.
- 2º: Laranja.
- 3º: Amarelo.
- 4º: Verde.
- 5º: Cyan.
- 6º: Azul.

Um exemplo é quando uma esfera azul é visualizada. Ela é azul porque absorve todas as ondas que formam a luz solar, com exceção da cor azul. Já uma esfera branca, reflete todas as ondas que formam a luz, reflete todas as cores. No caso de objetos negros, eles absorvem todas as longitudes de onda.

6.1. Visão

A visão se dá através de ondas que o olho capta e consegue diferenciá-las, através de uma esfera de 2 cm presente no olho. No fundo dos olhos, há milhões de células presentes, bastonetes e cones, que são responsáveis em detectar o comprimento das ondas percebidas pelo olho humano. Através das ondas recebidas, as células geram impulsos elétricos que são mandados ao cérebro criando a sensação de cor.

Existem três tipos de cones que são responsáveis pela visão das cores vermelho, verde e azul respectivamente. Há um conjunto de cones com a função de detectar e processar uma cor determinada; e o número deles dedicados a uma cor e a outra é diferente. Um exemplo disso é o maior número de células responsáveis em captar as ondas de vermelho. Ao permanecer em um ambiente com bastante vermelho, essa saturação é enviada ao cérebro dando origem a sensação de irritabilidade nas pessoas.

Já os bastonetes também auxiliam no processo de visão e não são sensíveis à cor, mas são mais sensíveis à intensidade luminosa, então, estão mais relacionados a aspectos, como o brilho e o tom, além de serem responsáveis pela visão noturna.

Uma vez que o sistema de cones e bastonetes são os responsáveis pela visão e percepção das cores, quando o sistema não é o correto algumas irregularidades podem ser geradas. É o que ocorre quando uma pessoa é daltônica, a pessoa não diferencia principalmente os vermelhos e os verdes.

6.2. Matiz

É uma propriedade da cor que possibilita a classificação e diferenciação entre as cores. Faz referência à cor pura, sem adição de branco ou preto. O azul, o verde e o vermelho são matizes e para alterar o matiz delas tem que acrescentar outro matiz. Um exemplo, o matiz do morango é vermelho.

6.3. Valor ou Brilho

Faz referência à luminosidade da cor e depende do escurecimento e do clareamento dela. Por exemplo, uma imagem colorida perde sua matiz (sua cor) ao ser convertida para preto e branco, porém, seus valores tonais são mantidos. As cores só podem ser consideradas claras ou escuras se estiverem sendo comparadas às outras. Um exemplo clássico é o amarelo que é considerado uma cor clara, porém, ele é menos claro se comparado ao branco.

6.4. Saturação

A saturação refere-se à pureza da cor e quanto mais cinza é acrescentado à cor mais neutra ela torna-se. A cor saturada é a cor mais intensa ou mais vibrante, enquanto as menos saturadas são mãos opacas, mais sem vida. A percepção de saturação de uma cor está associada também às cores que estão próximas entre si e às áreas ocupadas por elas.

A saturação é a concentração de cor no objeto. No caso de um morango, a saturação do vermelho é maior que no caso dos lábios.

Observe que quanto mais se satura uma cor, mais impressão de que o objeto está se movendo é conseguida.

6.5. Temperatura

Temperatura das cores tem mais a ver com as experiências subjetivas de percepção do que com escalas criadas. As cores classificadas como sendo de determinada temperatura acabam remetendo à lembrança de objetos e situações que apresentam o mesmo comprimento de ondas das mesmas.

As cores, a princípio, apresentam uma classificação, porém, se comparadas às outras, podem ter essa classificação alterada. É o caso do amarelo, que é considerado quente. Quando colocada ao lado do vermelho é considerada fria. Já próxima ao azul recebe a classificação de quente.

- Cores quentes:

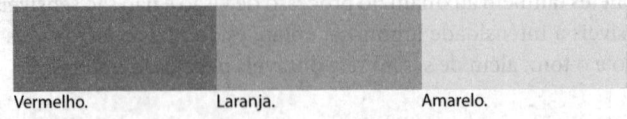

Vermelho. Laranja. Amarelo.

- Cores frias:

| Azul | Roxo | Verde |

6.6. Cores Aditivas e Subtrativas

As cores visíveis são produzidas usando a mistura de cores primárias através de combinação aditiva ou subtrativa.

Combinação aditiva cria cores acrescentando luz a um fundo preto e o processo subtrativo utiliza tintas/pigmentos para bloquear a luz branca.

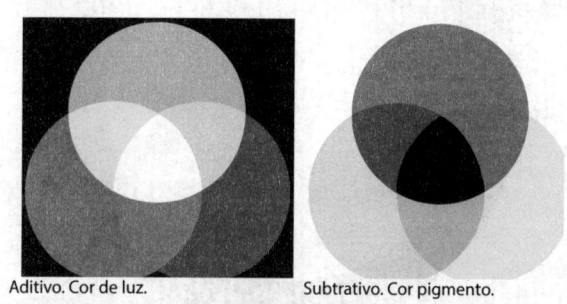

Aditivo. Cor de luz.   Subtrativo. Cor pigmento.

As luzes emitidas dos monitores e TVs produzem cores através do processo aditivo, utilizando as cores red, green e blue (cor luz), enquanto impressoras utilizam o processo subtrativo que utiliza cyan, preto, amarelo e magenta (cor pigmento).

- Cor Luz:

Mistura de Cor Aditiva	Resultado
Vermelho + Verde	Amarelo
Verde + Azul	Cyan
Azul + Vermelho	Magenta
Vermelho + Verde + Azul	Branco

- Cor Pigmento:

Mistura de Cor Subtrativa	Resultado
Cyan + Magenta	Azul
Magenta + Amarelo	Vermelho
Amarelo + Cyan	Verde
Cyan + Magenta + Amarelo	Preto

As misturas de cores aditivas são muito utilizadas em teatro para a produção da iluminação, já as subtrativas são utilizadas em impressão.

6.7. Sistema de Cores

O cientista Isaac Newton, descobriu que a luz branca é formada por um espectro de cores: vermelho, laranja, amarelo, verde, azul, índigo e violeta. Então, organizou essas cores em um círculo chamado de círculo cromático.

O círculo cromático é uma ótima ferramenta para facilitar a composição de outras cores para serem utilizadas nos projetos.

Círculo cromático.

As cores do círculo podem ser divididas em:
- **Primárias**: Vermelho, azul e amarelo. São as chamadas cores puras e as outras cores existentes são criadas a partir das primárias.
- **Secundárias**: São cores obtidas através da mistura de duas cores primárias. É o verde, violeta e o laranja.
- **Terciárias**: Obtidas pela mistura de uma secundária com uma cor primária. São exemplos o verde-amarelado e o laranja-avermelhado.
- **Complementares**: São aquelas cores opostas no círculo cromático. Quando utilizadas juntas causam um grande efeito contrastante. Quando olhamos uma cor, os olhos necessitam de uma segunda que são as cores complementares:
  - Verde complementa o vermelho.
  - Roxo complementa o amarelo.
  - Azul complementa o laranja.

As cores complementares são as que possuem mais contraste entre si. Quando duas cores complementares são mescladas, a cor resultante é um tom de cinza. Observe que ao fixar os olhos em uma cor por cerca de trinta segundos e, em seguida, olhar para uma superfície branca, consegue-se ver a cor complementar da mesma. Esse fenômeno ocorre porque os fotorreceptores de uma cor na retina ficam fadigados e não enviam mais mensagens de cor ao cérebro. Para voltar ao normal, o cérebro acaba projetando a cor complementar para anular os efeitos daquela que a saturou até chegar ao cinza.

COR 109

- **Análogas:** São cores vizinhas no círculo cromático e seus matizes são próximos uns dos outros. São análogas porque apresentam a mesma cor básica, é o caso do laranja e vermelho; amarelo e verde-limão.

6.8. Modelos Cromáticos

Já vimos o que é o sistema de cor aditivo (cor luz) e o subtrativo (cor pigmento). Observe alguns dos modelos principais de sistema de cores e determine qual o ideal para ser empregado nos seus trabalhos.

6.8.1. RGB

O modo **RGB** é um sistema aditivo utilizado em monitores, tvs, entre outros meios. Seu próprio nome diz sobre as cores utilizadas por esse modelo: red – vermelho, green – verde, blue – azul. A imagem é formada através da sobreposição de porcentagens de cada cor, através de minúsculas retículas. A imagem exibida através do sistema RGB se altera de acordo com a luz ambiente e o tipo de monitor. Esse modelo de cor não é voltado para impressão.

6.8.2. CMYK

Trata-se de um modelo de cor subtrativo que utiliza cyan, magenta, amarelo e preto para a impressão. A somatória de cyan, amarelo e magenta em 100% produz o preto, chamado de preto sujo. Quando o preto é impresso com essa alta carga de tintas há chances grandes de dar problemas como o papel ficar com excesso de tinta e a impressão descascar, por exemplo. Para se obter um bom preto na hora da impressão, utilize 100% de preto e 30/40% de cyan, essa composição é chamada de preto calçado.

Deve-se lembrar de que as cores sofrem influência de fatores como o papel onde foi impressa (suporte) e iluminação do local onde está sendo visualizada.

6.8.3. HSB

O modelo de cor **HSB** é a sigla para Hue Saturation Brightness – matiz, saturação e brilho e é baseado nesses três elementos. São os valores de matiz refletido pelo objeto, de cinza em relação a matiz e o brilho trata-se da luz ou da sombra da cor. Nesse modelo quase todas as cores são representadas por três números, que indicam a matiz, o segundo a saturação e o terceiro é a luminosidade (brilho). A luminosidade nesse modelo de cor deriva de valores **RGB** e são calculados através da média aritmética.

6.8.4. LAB

Trata-se de um modelo de cor que em sua reprodução mais se aproxima das cores do espectro visível. Originou-se das pesquisas feitas pela Comissão Internacional em Iluminação e trabalha com três canais:
- **L (varia de preto a branco):** Armazena as informações de luminosidade e os canais de uma imagem;
- **A e B:** Trazem a informação de cor. O **A** com valores positivos indicam magenta, enquanto os negativos se referem ao verde. Nos valores **B**, os positivos indicam azul e os valores negativos o amarelo.

6.8.5. Cor Especial - Pantone

Além dos sistemas descritos anteriormente, também existem os comerciais. Um modelo muito conhecido é o Pantone. Foi criado em 1962, nos EUA para padronizar a reprodução de cores nas artes gráficas. Baseia-se na edição de catálogos impressos em diferentes papéis, utilizam uma codificação própria e referências em RGB e CMYK. Quando criada, a Pantone fabricava cartões de cores para empresas de cosméticos, mas em seguida, desenvolveu o primeiro sistema de cores.

Atualmente são lançadas guias anuais em função das tintas utilizadas, pois as mesmas com o tempo se degradam. A ideia do guia é optar pelas cores e utilizar os números exatos para determinar as cores com exatidão. No caso de escolha da cor Pantone, deve-se indicar o número correspondente para que seja utilizada a tinta correta. Utilizando o código, a empresa gráfica terá as instruções necessárias de como produzir a cor determinada. O resultado é exatamente o esperado, desde que seja utilizado o suporte adequado.

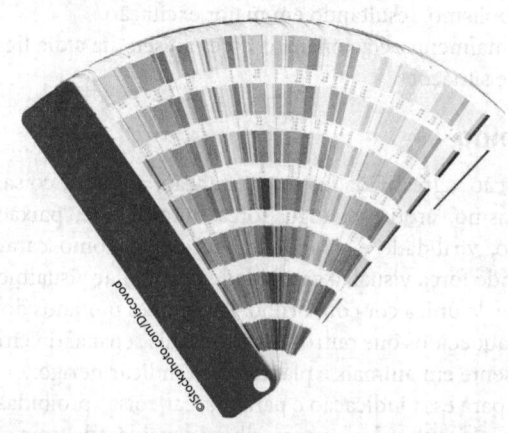

Existem cores em **RGB** que não possuem conversão para **CMYK**, ou ainda, que não são seguras para a Web. Os programas voltados para a indústria gráfica sinalizam essas cores com um símbolo (exclamação) acompanhado de uma caixa com uma cor. Quando aparecer esse símbolo, basta clicar no mesmo que o programa escolherá a cor mais próxima e mostrará no quadrado ao lado.

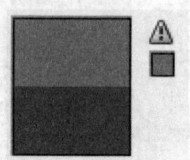

6.9. Monocromia, Bicromia e Policromia

Um material, quando impresso em uma só cor e com vários tons da mesma recebe o nome de monocromia. A monocromia é obtida através de acréscimo de branco ou preto a uma cor. Já quando utiliza duas cores diferentes, com variação ou não de seus tons é a chamada bicromia.

E no caso de utilização de várias cores no mesmo trabalho chama-se policromia.

6.10. Psicologia das Cores

As cores influenciam emocionalmente o ser humano de acordo com a cor e as suas combinações. Porém, isso varia de cultura, com a situação em que está inserida, do ambiente e do sexo do observador. Na verdade, até a maneira como o olho direito percebe a cor é diferente do esquerdo.

Daqui em diante, ao analisar determinada cor, a análise é da cor pura, uma vez que as nuances da mesma podem gerar outros tipos de sensação.

É importante não pegar essas informações como verdades absolutas, trata-se de referências para nortear a execução dos trabalhos. Ao utilizar uma cor tenha em mente que, as mesmas são fontes de impulsos psicológicos que varia de acordo com diversos fatores, o importante é estudar o público alvo e estar ciente da sua aplicação.

De acordo com o comprimento de onda de uma cor são os efeitos que ela causa no sistema nervoso. Um exemplo disso são os tons vermelhos que tem comprimento de ondas maiores e exigem maior energia para serem processados, aumentando o nível de energia e de metabolismo, resultando em maior excitação.

As pessoas normalmente relacionam às cores ao seu dia a dia ligando-as a cheiros, sabores, emoções e situações.

6.10.1. Vermelho

Remete a agitação, agressividade, amor, atenção, audácia, coisas proibidas, calor, crueldade, entusiasmo, erotismo, fogo, força, intensidade, paixão, perigo, sangue, sensualidade, sexo, virilidade e vitalidade. Apresenta como característica, por ser uma cor com grande força visual, a capacidade de ampliar visualmente as formas dos elementos; trata-se da única cor com brilho. Ambientes pintados de vermelho causam sensação de mais aquecidos que outros e é a cor mais sensual do círculo cromático.

É uma cor presente em animais e plantas para indicar perigo. O homem utiliza no dia a dia também para essa indicação e para marcar coisas proibidas.

Com todos esses "significados", o vermelho é considerado uma cor controversa, ao mesmo tempo em que atrai, possui a capacidade de repelir.

Em uma composição, poderá ser utilizado para despertar a atenção e marcar os principais elementos, contudo deve-se ter em mente que o seu excesso causa um desconforto visual. A cor complementar do vermelho é o verde.

6.10.2. Verde

É tida como a cor mais tranquila de todas por não transmitir alegria e nem tristeza, paixão ou indiferença; esta mais associado a conceitos de calma, dinheiro, esperança, estabilidade, fertilidade, frescor, natureza, saúde, serenidade e sorte. Sua paleta de cores é extensa para ser utilizada das mais variadas formas pelos designers. É a cor que mais descansa o olhar humano. A cor complementar do verde é o vermelho. Entre elas existe um grande contraste, porém, se aplicadas juntas (coladas uma a outra) a combinação causa uma vibração que não é bem visualizada.

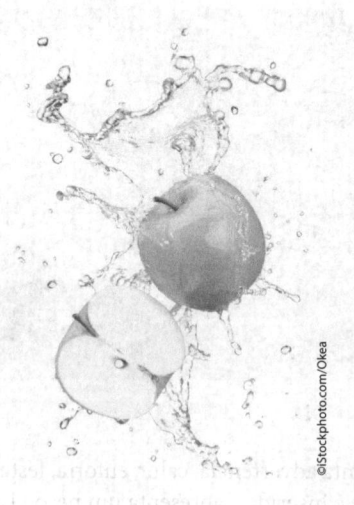

6.10.3. Azul

Trata-se da cor símbolo da profundidade. Provoca uma sensação de calma e é uma cor que remete a amizade, céu, comodidade, fidelidade, frescor, harmonia, liberdade, mar, masculinidade, serenidade, sossego e verdade. Quando se trata do azul claro, torna-se uma cor indiferente, já o azul escuro atrai para o infinito. O azul também pode estar associado à depressão, melancolia, passividade e tristeza. É uma cor muito utilizada em trabalhos corporativos. O azul é uma cor que tem influência sobre o apetite, diminuindo-o. Isso talvez explique o fato haver tão poucos alimentos de cor azul na natureza. Dessa maneira, há certo receio em se utilizar essa cor em produtos alimentícios. É uma cor que agrada muito os olhos femininos, por isso, os homens usam muito essa cor de maneira inconsciente. A cor complementar do azul é o laranja.

6.10.4. Amarelo

O amarelo é a cor mais luminosa e ardente que há. Trata-se de uma cor que remete à alegria, força, calor, energia, inocência, intelectualidade, luz, modernidade, otimismo, ouro, paixão, precaução, riqueza e verão. Há crenças que essa cor faz com que as pessoas tenham facilidade em memorizar dados. A sua utilização deve ser bem pensada por se tratar de uma cor que cansa a vista e provoca excessiva estimulação visual podendo gerar certa irritabilidade. De maneira semelhante ao vermelho, o amarelo aumenta visivelmente as forma. A cor complementar do amarelo é o roxo.

6.10.5. Laranja

Uma cor que representa advertência, calor, euforia, festa e fogo. Trata-se de uma cor que destaca muito onde é inserida e apresenta um peso visual grande. Deve-se atentar ao seu uso para não cansar os olhos do observador. A cor complementar do laranja é o azul.

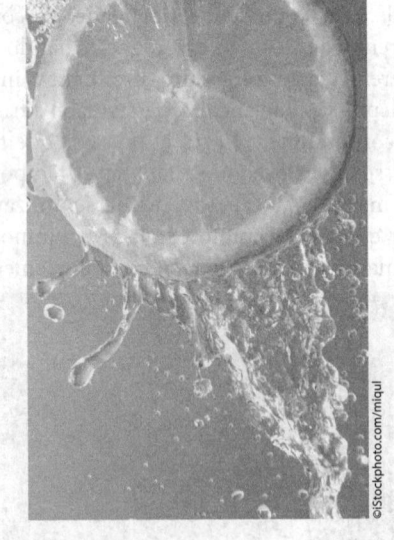

6.10.6. Rosa

Esta cor sugere autocontrole, calma, feminilidade, intimidade, ternura, tranquilidade e valor. Quanto mais saturada mais atrai a atenção. Sempre vem muito associada à figura feminina, porém, é uma cor que agrada muito aos homens e as mulheres acabam utilizando inconscientemente para agradá-los.

6.10.7. Púrpura

É uma cor cujo tom puxa para o violeta. Seu nome vem de um molusco do mar que libera uma tinta avermelhada que é utilizada para o preparo de tintas. Ela sugere inúmeras sensações e algumas chegam a ser contraditórias. Ela representa aristocracia, abundância, dignidade, espiritualidade, frivolidade, inteligência, luto, mistério, morte, náusea, orgulho, ostentação, paixão, sofisticação, religiosidade e tranquilidade. A cor complementar da púrpura é o amarelo.

6.10.8. Violeta

É um tom de roxo mais claro, originário da mistura do vermelho e do azul. É a cor que remete a calma, fantasia, impulsividade, introversão, lucidez, melancolia, misticismo, pesadelo, reflexão, sabedoria e sonho. É a cor da magia e do lado espiritual.

6.10.9. Marrom

A cor marrom é considerada uma cor masculina e com certa severidade. É considerada uma cor morta, já que é a cor dos galhos e folhas secas. Remete ao ambiente outonal e consegue gerar a impressão de equilíbrio. Sugere algo antigo-clássica, pele, couro, estabilidade, madeira, medo, terra e tijolo.

6.10.10. Branco

A cor branca reflete calma, inocência, leveza, limpeza, imortalidade, paz, pureza e suavidade. É uma cor suave e que apresenta um peso visual menor que o preto. Também por emitir mais luz, as imagens brancas parecem maiores. É uma cor que quando rodeada por outras é capaz de potencializar as suas vizinhas, dando a impressão luminosa de infinito. Em design gráfico, além de ser usado como cor para os elementos, também é utilizado nos espaços vazios do layout. Os espaços vazios do design de uma peça tem a mesma importância que os espaços que utilizam cores.

6.10.11. Preto

A cor preta é formada pela ausência total da luz. Remete ao luto, melancolia, morte, noite, solidão e tragédia, mas também às coisas como clandestinidade, elegância, ilegalidade, luxo, mistério, nobreza, noite, sedução, silêncio e sofisticação. É a cor mais utilizada nos textos por favorecer boa leitura em função do alto contraste que apresenta em relação aos fundos claros.

6.10.12. Cinza

Trata-se de uma cor neutra e normalmente as sensações transmitidas por ele, na verdade, estão ligadas às cores que estão ao seu redor. Quando aparece sozinho remete à angústia, ausência de energia, desânimo, equilíbrio, maturidade, melancolia, neutralidade, seriedade e tristeza. Traz poucas informações visuais e às vezes nenhuma.

Anotações

7
Imagens

7.1. Utilizando Imagens
7.2. Tamanho
7.3. Aquisição de Imagens
7.4. Tipos de Imagens
    7.4.1.   Ilustração
    7.4.2.   Colagem
    7.4.3.   Fotografia
    7.4.4.   Tipos como Imagens

7. Imagens

As imagens possuem a capacidade de atrair a atenção do observador e comunicar, ou ainda, podem melhorar a mensagem enviada. As imagens são capazes de marcar pontos onde deve-se iniciar a leitura e comunicar uma ideia, fazendo com que o leitor se intere pelo conteúdo do texto, atraindo ou não para a leitura do mesmo.

As imagens acabam maximizando a monotonia da massa de texto. Por isso, deve-se fazer a inserção certa delas, porque se não estiverem relacionadas diretamente podem ser motivo de distração do leitor.

É importante observar, que as imagens assumem maior importância quando sua composição, as técnicas utilizadas para a sua produção e a mensagem representada por ela entram em harmonia com todo o material tendo como resultado uma mensagem integrada.

As imagens transmitem ideias de acordo com as experiências humanas e podem ser abstratas ou figurativas. Veja que mesmo uma fotografia que representa uma imagem real não deixa de ser abstrata uma vez que está representando uma situação que não existe mais.

O designer pode abrir mão de fotografias, ilustração e a combinação das duas. Ele vai precisar fazer uma análise inicial e ver o que mais se adéqua ao seu projeto.

7.1. Utilizando Imagens

Observe algumas dicas de como escolher as imagens para torná-las mais atrativas e adequadas ao contexto do layout:

- **Relevante**: Utilize as imagens para atrair a atenção do leitor e para enfatizar a ideia do texto. Normalmente os títulos costumam ser visualizados pelos leitores e as mensagens mais importantes poderão ser reforçadas com a utilização de imagens e até com uma descrição sucinta.
- **Consistente**: Existem diversas maneiras de deixar uma imagem consistente. Pode-se utilizar uma paleta reduzida de cores, uma única cor, um estilo gráfico, uma iluminação diferente, ou ainda, utilizar o mesmo modelo humano em várias passagens do texto dando uniformidade ao layout.
- **Humana**: É fato que a maioria das pessoas gosta de ver imagens de outras pessoas. Esse tipo de imagem chama a atenção do leitor principalmente se estiver embutida em uma história. Quando se utiliza pessoas usando algum serviço ou produto, o leitor se identifica como se o mesmo estivesse naquela situação.

7.2. Tamanho

É de grande importância, sempre que possível saber o tamanho da imagem a ser utilizada. Nem sempre ela admite ampliação ou redução e escolhendo uma que se adeque ao tamanho evitará perda de qualidade do material.

As imagens criadas em programas de desenho, digitalizadas em um scanner e de câmeras digitais são formadas por inúmeros pontos chamados de pixels. Os números de pixels mantêm-se quando ampliamos ou reduzimos a imagem, o que pode acarretar defeito como o serrilhado, por exemplo.

A resolução de uma imagem é medida em pixels por polegadas – **ppi**, mas também encontramos muitas vezes em **dpi** – pontos por polegadas. As duas formas são corretas.

Ao ser ampliada uma imagem tem diminuição de sua resolução (menos **ppi**), enquanto que ao ser reduzida há um aumento de resolução (mais **ppi**). É de grande importância saber que a maneira com que o arquivo é salvo também afeta a qualidade da imagem.

A seguir, veja os formatos mais comuns e utilizados e descubra os formatos que mais se adéquam ao seu trabalho:

- **BMP**: Ideal para arquivos de linhas, como botões, cores e logotipos. É voltado para arquivos pequenos, com poucas cores, sem transparências. Não faz a compactação do arquivo.
- **EPS**: Muito utilizado, pode ser escolhido para arquivos que apresentem linhas, caminhos de recortes (paths), degradês e cores especiais. É usado quando a imagem está no modelo de cor **CMYK**.
- **GIF**: Utilizado em arquivos com baixa resolução, com cores uniformes, em imagens como botões e logotipos, e ainda, em animações. É voltado para arquivos pequenos, com poucas cores e com transparência. Apresenta baixa compactação, sem perda de qualidade.
- **JPEG**: Também se trata de uma extensão muito utilizada principalmente para fotos e essa extensão faz com que os arquivos fiquem menores. É uma extensão que possibilita compactação, porém com certa perda de detalhes.
- **TIFF**: Extensão indicada principalmente para fotos e traços/linhas. Com essa extensão, os arquivos ficam com tamanho maior e apresentam dados avançados de cor tanto **RGB** quanto **CMYK**. Permite transparência e sua compactação se dá sem perdas de detalhes.
- **PSD**: Permite que a imagem seja gravada em camadas, transparência, com textos, canais e caminhos. Nem todos os programas suportam esse tipo de extensão.

Fique atento, pois as imagens perdem qualidade também quando são reduzidas.

7.3. Aquisição de Imagens

Ao trabalhar em um projeto pode-se criar as próprias imagens ou contratar um fotógrafo de acordo com o material a ser criado. Porém, se por questão de custos, tempo ou alguma outra razão não for possível, existem outras maneiras de aquisição de imagens, como os bancos de imagens. Os bancos normalmente apresentam uma gama muito grande de imagens para a venda. São imagens que podem ser utilizadas por determinado tempo, ou ainda, sem restrição de tempo de uso, de acordo com cada banco. Também encontramos bancos que são free, ou seja, dizem que pode utilizar a imagem sem o pagamento. Porém, existe a lei de direitos autorais e nenhuma imagem pode ser utilizada sem a autorização ou o devido pagamento. O uso indiscriminado é passível de processo. Depois de comprada, também é importante não se esquecer de colocar os créditos do autor da obra.

É também necessário ficar atento às restrições que a imagem possui, como a liberação para uso em alguns segmentos e outros não. O ideal em caso de dúvidas é consultar o proprietário das imagens/banco e pedir permissão por escrito antes de haver a publicação.

7.4. Tipos de Imagens

Antigamente o processo de ilustração era um processo basicamente manual, porém, com o advento das ferramentas digitais, o suporte, os lápis, canetas, tintas e marcadores passaram a ser aplicados diretamente na tela do computador.

7.4.1. Ilustração

Com o advento da ilustração digital, o design gráfico percebeu uma nova maneira de criação e desenvolvimento de suas ideias.

Ao utilizar uma ilustração o designer não se vê limitado por questões que envolvam objetos do mundo real, aumentar detalhes inexistentes e colocar a sua própria visão do material que está em foco, além de poder utilizar elementos que não fazem parte do mundo real.

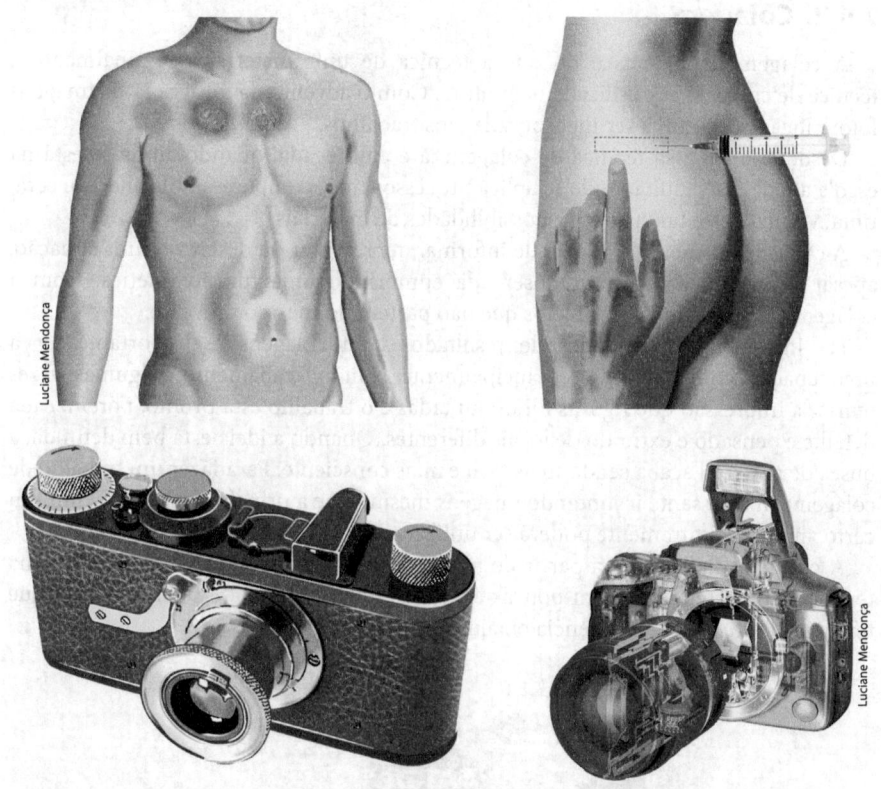

Ilustração é um complemento visual de uma mensagem, o que difere de um desenho que apenas representa formas através de linhas, pontos e manchas. Um bom desenho pode não ser uma ilustração, vai depender se estiver adequada à mensagem ou não.

Uma ilustração eficiente deve representar visualmente, porém, também pode dialogar com texto complementando a mensagem.

A ferramenta mais importante para o designer gráfico é a sua capacidade de representação visual. O ilustrador não precisa necessariamente saber desenhar, o mais importante é o conceito embutido no trabalho. Porém, o designer ou ilustrador que domina as ferramentas de desenho apresenta maior capacidade de percepção das opções gráficas.

Com a ampliação de recursos digitais ampliou-se o número de profissionais que atuam com o desenvolvimento de imagens. É necessário haver certa preocupação durante a criação para não ficar com aparência digital exagerada. O uso do lápis é importante para o desenvolvimento de ideias.

Quando se escolhe uma ilustração para um determinado trabalho deve-se ter em mente que de certa maneira perde-se um pouco a credibilidade e até mesmo a conexão com mundo real.

Agora, o poder da ilustração está principalmente em sua condição que desperta o emocional.

7.4.2. Colagem

A colagem nada mais é do que a técnica de unir materiais. Originalmente a técnica de colagem era utilizada na pintura. Com o advento da fotografia, as imagens fotográficas passaram a ser incorporadas aos trabalhos.

Desde criança essa técnica de colagem já é empregada, quando ainda se está na escola até na fase adulta, onde se aplica processos mais complexos utilizando-se cera, tinta, verniz, entre tantas outras possibilidades de materiais.

A colagem apresenta a função de informar, representar ou descrever uma situação, apesar de algumas vezes ser observada cumprindo uma função estética. Com a colagem é possível mostrar objetos que não partem do mesmo universo.

Há infinitas possibilidades de resultados com colagens, é importante ter a preocupação com detalhes e principalmente com o acabamento. Algumas vezes tem-se a impressão que figuras foram juntadas e o trabalho está pronto, porém, cada detalhe é pensado e extraído de locais diferentes. Quando a ideia está bem definida, a busca de material acaba sendo mais fácil e mais consciente. Para fazer um trabalho de colagem é interessante ir juntando imagens mesmo que a princípio não tenha um fim certo, mas que futuramente poderá ser utilizada.

A colagem digital feita a partir de manipulação de fotos digitais, também é uma tendência da arte atual. Com poucas exceções, uma fotografia é publicada sem que tenha algum tipo de interferência ou ajuste.

7.4.3. Fotografia

O designer gráfico pode atuar em diversas áreas, inclusive no segmento de fotografia. A fotografia é mais uma ferramenta importante que o designer dispõe na criação da linguagem visual. Muitas vezes a fotografia por si só consegue ser a solução de um problema. A fotografia inserida em um projeto tem o objetivo de retratar fatos, transmitir alguma mensagem e despertar emoções. A fotografia consegue ter contraste, ritmo, equilíbrio, entre tantas outras características. A fotografia pode estar muito vinculada ao design e algumas vezes consegue até assumir um papel mais artístico. Elas caminham lado a lado, porém, são disciplinas distintas.

O realismo da fotografia faz com que o espectador entre na imagem e a processe de maneira mais rápida, sem se distrair com outros elementos. É um meio mais aceito de imediato pelo observador, pois são aceitas como sendo reais. O espectador tem a tendência de aceitar com mais facilidade o conteúdo de uma fotografia como sendo verdadeiro.

©iStockphoto.com/Gromovataya

7.4.4. Tipos como Imagens

Trata-se de um conceito conhecido como "all type" que consiste basicamente na utilização de palavras que acabam assumindo a forma e passando a ideia por elas mesmas. Na palavra, algum elemento é pego e transformado em forma que representa a mensagem da palavra. A compreensão das imagens é possível graças à memória visual de cada espectador. Alguns designers são especialistas nesse tipo de trabalho. Veja alguns exemplos de trabalhos:

HORA — Luciane Mendonça

OLHO — Luciane Mendonça

IMAGENS 125

HORIZONTE

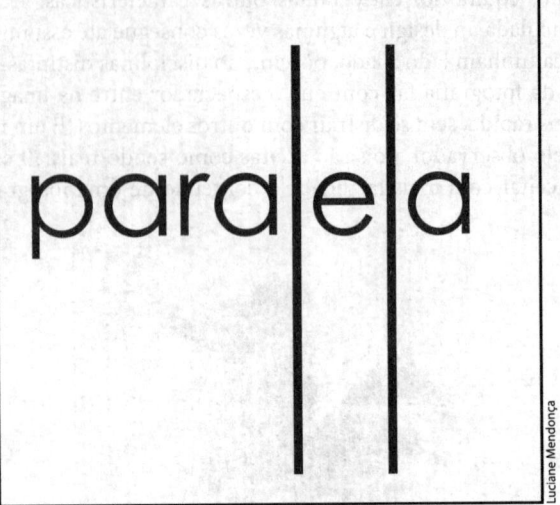

Luciane Mendonça

paralela

Luciane Mendonça

Anotações

8 Tipologia

8.1. **Medidas Tipográficas**
8.2. **Espaçamento Entre Palavras - Quadratim**
8.3. **Espaçamento Entre Letras – Traking e Kerning**
8.4. **Entrelinhas**
8.5. **Regras Básicas na Utilização das Fontes**
    8.5.1. Regras Básicas de Leitura
    8.5.2. Repetição
    8.5.3. Alinhamento
8.6. **Legibilidade**
8.7. **Família Tipográfica**
    8.7.1. Classificação Quanto à Estrutura da Fonte
8.8. **Fontes Digitais**
8.9. **Combinando Tipos**
8.10. **Colunagem**
8.11. **Hifenização**
8.12. **Massa de Texto**

8. Tipologia

Tipologia é a ciência que estuda os tipos, o formato das letras que compõem um layout. Os designers dispõem de alguns elementos para transmitir uma ideia determinada ao observador. Para isso, abre mão de imagens (cores e formas) e de textos, que além da ideia que transmitem também se trata de um elemento gráfico que compõe o conjunto final. A área escrita de uma peça gráfica tem grande importância num projeto e saber usar os tipos de maneira correta é fundamental. Por esse fato a estrutura visual de cada letra é tão importante. As fontes (letras) devem ser utilizadas tanto para comunicar ideias quanto para determinar o aspecto visual da composição.

Estudos realizados indicam que o leitor tem de quatro a seis segundos para se sentir atraído por uma capa, por exemplo. Então, o trabalho do designer deve causar impacto e atrair o olhar do observador. Também deve ser claro na mensagem que quer passar para que o produto não seja desprezado em seguida.

As fontes se originaram a partir da criação de signos e símbolos na antiguidade utilizados para representar a vida cotidiana e os elementos da natureza.

Mas foi no império Romano que se deu o desenvolvimento do alfabeto ocidental com três estilos fundamentais:
- Quadrata (maiúsculas quadradas).
- Rústica (versões menos formais e mais fáceis de serem desenhadas).
- Cursiva (versão com a inclinação das fontes maiúsculas).

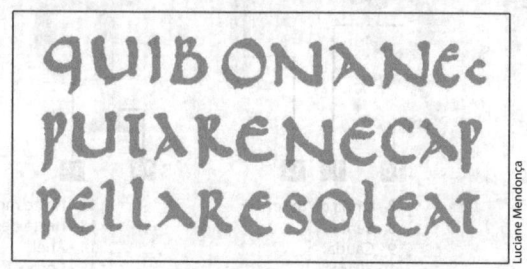

Provavelmente o fato mais importante para a tipografia ocorreu com a invenção em 1450, da imprensa e dos caracteres móveis, por Johann Gutenberg. Deste fato em diante, a criação de novas fontes não parou. Eram utilizados tipos móveis que se encaixavam e formavam palavras e frases.

Tipo de imprensa.

Com o surgimento dos computadores, o sistema de criação de fontes foi se modernizando até para adaptação para tela e impressoras. Para que ficassem fiéis àquilo que se vê e se imprime.

O sistema que faz a comunicação exata entre computador/impressoras chama-se **PostScript**, criado pela Adobe Corporation em 1985.

Atualmente os trabalhos digitais utilizam dois sistemas:
- **PostScript**: Unidade é o ponto de polegada.
- **Pixels**: Unidade de acordo com a resolução de tela utilizada.

Com o avanço dos meios digitais está ocorrendo uma padronização baseada no sistema **PostScript**, muito difundido e aceito. Já o sistema de pixels ocupa espaço no design gráfico digital em TVs e fotografias digitais.

O sistema **PostScript** promoveu um grande impulso no campo tipográfico. Ele permite que contornos de letras sejam impressos com alta qualidade e perfeição, por se basear em funções matemáticas.

Observe que as fontes disponíveis em um computador são instaladas de acordo com o sistema operacional. Para classificar uma letra e classificá-la é necessário observar cada parte que a compõe, sendo elas:

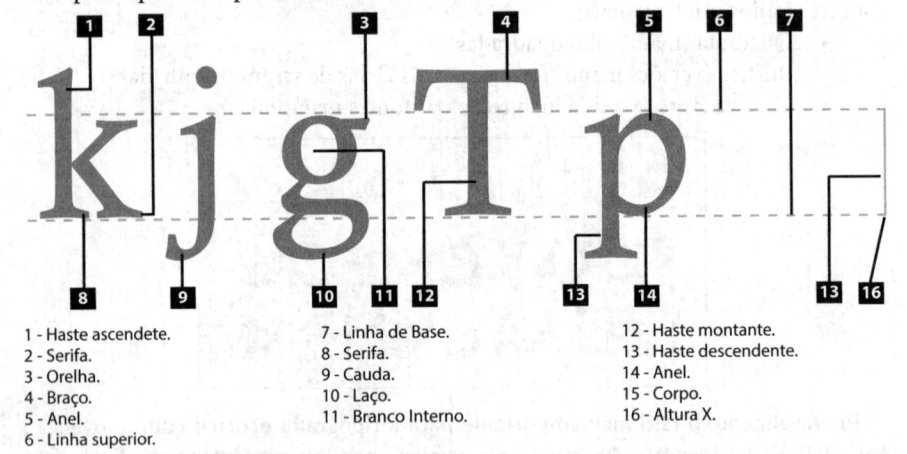

1 - Haste ascendete.
2 - Serifa.
3 - Orelha.
4 - Braço.
5 - Anel.
6 - Linha superior.
7 - Linha de Base.
8 - Serifa.
9 - Cauda.
10 - Laço.
11 - Branco Interno.
12 - Haste montante.
13 - Haste descendente.
14 - Anel.
15 - Corpo.
16 - Altura X.

- **Altura X**: Trata-se da altura das letras de caixas baixas (minúsculas) com exceção dos ascendentes e dos descendentes.
- **Altura das Maiúsculas**: É a altura das letras de caixas altas (maiúsculas) de uma fonte. Vai desde a linha de base até a parte de cima do caractere.
- **Anel ou Ombro**: Haste curva fechada que encerra o branco do interior em algumas letras como no **b**, no **o** e no **p**.
- **Braço**: Parte final que se estende horizontalmente ou para cima. Não fica incluída no interior do caractere. São exemplos as letras **E, K, L e T**.
- **Branco interno**: Trata-se do espaço em branco no interior de um anel.
- **Cauda**: É a haste oblíqua apresentada por algumas letras como o **K** ou o **J**. E a cauda curva, que é a haste em curva que fica sobre a linha de base ou abaixo dela. São exemplos: **K, R e Q**.
-

- **Corpo**: É a altura da letra.
- **Haste**: É o traço principal da fonte responsável em definir sua forma.
- **Haste ascendente**: Trata-se da haste da letra acima da altura x. Pode-se ver na letra **b**, **d** ou na **k**.
- **Haste descendente**: É a haste da letra abaixo da linha de base, presente nas letras **p** ou **g**, por exemplo.
- **Haste montante**: São as hastes principais verticais ou oblíquas de uma fonte como **A, B, L e V**.
- **Haste ondulada (espinha)**: Trata-se do traço principal da letra **S** ou **s**.
- **Haste transversal (barra)**: É o traço horizontal em letras como **A, H, f e t**.
- **Inclinação**: É o ângulo do eixo imaginário formado entre a espessura dos traços de uma letra. Sua importância está na determinação do estilo dos caracteres.
- **Laço**: Denominação da parte fechada da letra **g**, localizada abaixo da linha de base.
- **Linha de base**: Trata-se da linha que apoia a que fica sobre a altura da x.
- **Orelha**: É um pequeno traço inserido ao anel de algumas letras, como na **g** ou na **a**. Também está inserida à haste de fontes como a **r**.
- **Serifa (remate)**: É o traço terminal de uma haste, de um braço ou uma cauda. É considerado um ornamento e não tem papel tão relevante na classificação do caractere, sendo que algumas fontes nem o apresentam.

8.1. Medidas Tipográficas

No Brasil existem dois sistemas de medidas tipográficas:
- **Sistema Didot**: Apresenta como unidades básicas o cícero e o ponto.
- **Sistema Anglo-americano**: Suas unidades são a paica e o ponto.

8.2. Espaçamento Entre Palavras - Quadratim

Trata-se dos espaços entre uma palavra e outra. O espaçamento entre as palavras tem relação com o tamanho da letra M, pois esta é o quadrado do corpo. O espaçamento comum entre palavras apresenta 1/3 do quadratim.

8.3. Espaçamento Entre Letras – Traking e Kerning

O **tracking** é o espaçamento entre as letras, enquanto o **kerning** é espaçamento entre combinações de letras. A combinação de letras se dá geralmente entre o **i** (letra mais fina) e o **M** (mais grossa). Quando o espaçamento entre letras é muito apertado, dificulta a leitura e cria áreas brancas entre as palavras. Enquanto, espaçamentos muito abertos faz com que as letras sejam percebidas como elementos isolados e distintos, o que também dificulta a leitura. Muitas fontes apresentam os espaços entre letras com certos defeitos que devem ser corrigidos manualmente em caso de layout pequenos ou logotipos.

No exemplo a seguir, veja que existem diferenças entre as letras. Claro que as diferenças são normais até pela estrutura de cada letra, porém, quando essas diferenças passam a atrapalhar o ideal é que sejam feitos ajustes.

felicidade
Palavra sem ajuste de tracking.

felicidade
Palavra com ajuste de tracking.

8.4. Entrelinhas

Trata-se do espaço entre as linhas, sendo que a entrelinha mais comum apresenta de 2 a 4 pontos. Os espaçamentos entre letras e das entrelinhas são de suma importância no momento de criação do projeto, para que ele fique uniforme e não distraia a atenção do leitor.

8.5. Regras Básicas na Utilização das Fontes

Alguns itens são muito importantes na criação de um layout. A boa solução no emprego de qualquer tipologia é quando existe um equilíbrio entre as áreas sólidas de texto e áreas brancas.

8.5.1. Regras Básicas de Leitura

Algumas regras são dicas que devem ser colocadas em prática de maneira permanente na diagramação de qualquer layout. É o caso das fontes com serifa, elas facilitam a leitura sejam em títulos ou textos, pois a serifa faz com que uma letra se una a outra visualmente facilitando a leitura. Já fontes sem serifa são ideais para títulos, frases ou ainda para textos de leitura rápida.

Outra dica é que textos alinhados à esquerda são lidos com mais facilidade.

Atente-se também às cores utilizadas nas fontes e nos fundos, pois um pode atrapalhar a leitura do outro, como no caso de amarelo sobre o branco, ou vermelho sobre verde e fonte branca sobre fundo preto, que no caso de textos longos acaba tornando a leitura cansativa.

8.5.2. Repetição

O processo de repetição acaba criando uma identidade visual com o leitor e também ajuda a formar a hierarquia dos elementos. Ao utilizar as fontes certas em determinados pontos da página, nos títulos, subtítulos e em pontos estratégicos, pode-se marcar os pontos mais importantes e que devem ser visualizados em primeiro plano.

8.5.3. Alinhamento

Existem quatro maneiras básicas de organizar os textos de um layout em uma página:

- **Justificada**: Alinhamento onde todas as linhas apresentam o mesmo comprimento e são alinhadas à esquerda e à direita. Grande parte dos jornais, livros e revistas usam textos justificados.

> Eu não me importo com o que os outros
> pensam sobre o que eu faço, mas eu me
> importo muito com o que eu penso sobre
> o que eu faço. Isso é caráter.
> *Theodore Roosevelt*

- **Alinhamento à esquerda**: Apresenta linhas de diferentes comprimentos sendo todas alinhadas à esquerda e irregulares à direita.

> Eu não me importo com o que
> os outros pensam sobre o que eu faço,
> mas eu me importo muito com o que
> eu penso sobre o que eu faço.
> Isso é caráter.
> *Theodore Roosevelt*

- **Alinhamento à direita**: Apresenta linhas de diferentes comprimentos sendo todas alinhadas à direita e irregulares à esquerda.

> Eu não me importo com o que
> os outros pensam sobre o que eu faço,
> mas eu me importo muito com o que
> eu penso sobre o que eu faço.
> Isso é caráter.
> *Theodore Roosevelt*

- **Centralizada**: As linhas possuem tamanhos diferentes onde ambos os lados são irregulares.

> Eu não me importo com o que
> os outros pensam sobre o que eu faço,
> mas eu me importo muito com o que
> eu penso sobre o que eu faço.
> Isso é caráter.
> *Theodore Roosevelt*

8.6. Legibilidade

É indispensável saber utilizar as fontes certas. Normalmente fontes mais soltas e modernas se encaixam melhor em designs atuais e jovens, enquanto as fontes clássicas e manuscritas se adéquam bem em visuais clássicos e sérios. Já as fontes básicas e mais sérias são boas para serem utilizados em sites institucionais e moderados.

Em textos longos como jornais, revistas e livros, as fontes devem variar de 8 a 14 pontos, dependendo da estrutura da letra.

8.7. Família Tipográfica

A família tipográfica ou de fontes é o grupo formado por signos (letras/caracteres, números, pontuação e acentos) com os mesmos traços e os desenhos em comum formando uma unidade tipográfica. Existe um número muito grande de famílias tipográficas, sendo que algumas delas existem há mais de quinhentos anos.

A seguir, será descrita uma classificação feita pela **ATYPI** (Associação Tipográfica Internacional), que tinha como objetivo estabelecer uma classificação geral das famílias tipográficas. Essa classificação foi feita a partir de uma adaptação da classificação de Maximilien Vox e está relacionada com a evolução das famílias tipográficas ao longo da história.

8.7.1. Classificação Quanto à Estrutura da Fonte

A tipografia geralmente é classificada em quatro grandes grupos: as serifadas, as sem serifas, as fontes manuscritas e as decorativas.

- **Serifa triangular (elzevir)**: Serifas são as pequenas terminações com formas variadas presentes em algumas famílias de tipos. As fontes serifadas são recomendadas principalmente para o corpo de textos longos. As serifas acabam criando uma linha visual, que facilita a leitura. Os traços nas extremidades das letras têm também o papel de guiar os olhos do leitor de uma letra para outra, dando ritmo e facilitando a leitura. Veja abaixo um exemplo com a fonte Times New Roman:

Luciane Mendonça

- **Serifa linear (Didot)**: Veja abaixo um exemplo com a fonte Bodoni:

Luciane Mendonça

- **Serifa quadrada (egípcio)**: Veja abaixo um exemplo com a fonte Serifa:

Luciane Mendonça

- **Sem serifa**: São mais recomendadas para títulos. Suas linhas regulares conseguem criar um campo visual mais homogêneo que facilita a visualização de textos voltados à leitura a longas distâncias. São tipos retos e que facilitam a leitura curta pela ausência de detalhes. Veja abaixo um exemplo com a fonte Futura:

Luciane Mendonça

- **Semi sem serifa**: Veja abaixo um exemplo com a fonte Optma:

Luciane Mendonça

- **Cursivas (manuscritas)**: As fontes cursivas são aquelas que simulam a escrita manual. Não são indicadas para textos longos. Veja abaixo um exemplo com a fonte Aeolus:

Luciane Mendonça

- **Fantasias**: As fontes fantasias apresentam algum tipo de desenho em sua estrutura. Nem sempre apresenta boa legibilidade e, por isso não são indicadas para serem utilizadas em textos muito longos. Veja abaixo um exemplo com a fonte Barbaric:

Luciane Mendonça

8.8. Fontes Digitais

A Adobe Corporation criou para suprir as necessidades da inserção de computadores.
- **Fonte Adobe Type 1**: Possui um nó a cada 90 graus, dando mais precisão ao desenho da letra. É destinada principalmente à impressão;
- **Fonte True Type**: Apresenta um nó a cada 45 graus. Isso faz com que apresente defeitos durante o processo de ampliação das mesmas. É indicada para o uso na Web.

Existem outras formas de classificar os tipos, mas a essência é a mesma. Ao se fazer uma diagramação deve-se evitar a utilização de muitos tipos em um mesmo trabalho, pois isso dificulta a leitura e a definição da identidade gráfica do projeto.

Ao adotar as famílias de letras, procure utilizar os itálicos, condensados e os bolds para que não seja necessário adotar outros tipos. Na escolha do tipo é muito importante levar em conta a legibilidade do texto.

8.9. Combinando Tipos

Em design gráfico geralmente não existe certo e errado, depende de onde será usado, para que ou para quem. Depende da proposta editorial, da página ou do projeto do layout. É de grande importância que o designer, na hora da criação saiba o conteúdo do texto a ser trabalhado para escolher os tipos mais adequados.

Veja que algumas coisas podem ser evitadas para tornar o trabalho mais limpo e mais harmônico:

- Não usar muitas famílias de fontes no mesmo projeto. O excesso de tipos, causa a sensação de erro na diagramação, deixa quem vê e a pessoa que vai dar sequência ao projeto um pouco perdidos.
- Utilize o contraste de cor, estilo, tamanho e até mesmo de tipos. Com as diferenças forma-se uma tensão visual orientando o olho do leitor às partes desejadas.

Numa página, que apresente fontes, cria-se algum tipo de relação que pode ser:

- **Concordante**: Quando se usa somente um modelo de fonte, sem grandes variações de estilo ou tamanho. Nesse tipo de diagramação, observa-se uma maior harmonia que dá a sensação de formalidade ou de calma;

> Eu não me importo com o que
> os *outros* pensam sobre o que eu faço,
> mas eu *me importo muito* com o que
> *eu penso* sobre o que *eu faço*.
> Isso é caráter.
> Theodore Roosevelt

Neste exemplo, a primeira letra está maior e algumas estão em itálico, mas como são da mesma família ainda aparentam suavidade.

- **Conflitante**: Ocorre quando há o uso de fontes parecidas em estilo e tamanho. Neste caso, provoca certo incômodo porque os elementos não são os mesmo, mas também não são diferentes. Isso gera certo conflito;

> Eu não me importo com o que
> os outros pensam sobre o que eu faço,
> mas eu me importo muito com o que
> eu penso sobre o que eu faço.
> Isso é caráter.
> Theodore Roosevelt

Neste caso, algumas palavras estão com fontes de famílias diferentes, porém, por serem parecidas, fica a dúvida se trata de um erro.

- **Contrastante**: Quando se utiliza de fontes separadas e elementos diferentes uns dos outros. Neste caso, os contrastes são intensificados e a consequência, geralmente é um layout mais interessante, mais atrativo.

> Eu não me importo com o que os *outros* pensam sobre o que eu faço, mas eu *me importo muito* com o que *eu penso* sobre o que *eu faço*.
> *Isso é caráter.*
> Theodore Roosevelt

Aqui, com a diferenciação de fonte houve uma valorização dos elementos e visualmente ficou mais interessante. Isso se deu em função do contraste de fontes.

8.10. Colunagem

O texto normalmente pode ser distribuído em uma, duas ou três colunas, isso dependendo do espaço disponibilizado para inserção do texto.

Quando a linha é muito pequena, não cabe muito texto, isso pode causar uma série de buracos entre as palavras. Enquanto linhas muito longas podem causar certo cansaço na leitura. Devem-se fazer diversos testes, com vários tipos de fontes para verificar qual o melhor tipo de fonte e como ela se comporta em diferentes números de colunas, diferentes tamanhos e entrelinhas.

8.11. Hifenização

De maneira geral, os textos justificados podem ser hifenizados sem grandes problemas. Já nos textos alinhados, o ideal é que não haja hifenização. Existe a possibilidade de haver a quebra com as palavras inteiras, isso garante um melhor efeito visual.

8.12. Massa de Texto

A relação entre a massa de texto e os espaços vazios é de grande importância na finalização do layout. Espaços regulares com mesmo peso e tamanho não são os ideais porque classificam todos os textos como tendo a mesma importância, mesmo não sendo iguais. Quando os espaços entre massas de textos são menores, indica que as ideias tem relação uma com as outras. Já com espaços maiores indicam que estão separadas e que não tem uma relação direta.

De acordo com a forma com que os textos são inseridos é determinado o ritmo de leitura, o que deve ser lido primeiro e qual a importância de cada informação. Por esse motivo é importante que o designer tenha conhecimento sobre o texto para destacar as áreas mais importantes e o que deve receber um tratamento gráfico diferenciado.

Anotações

9
Layout

9.1. **Princípios do Layout**
9.2. **Ferramentas para Criação de Layouts**
9.3. **Zona de Visualização**
9.4. **Elaboração de um Layout**
9.5. **Aumentando a Sensibilidade Visual**
9.6. **Diagramação e Arte Final**
9.7. **Espaço em Branco**
9.8. **Layout Equilibrado**
9.9. **Colunas**
9.10. **Transgredir**
9.11. **Menos é Mais**

9. Layout

Layout é uma composição formada pela página e os elementos distribuídos por ela. Trata-se de uma palavra inglesa e significa esboço ou rascunho de uma estrutura, de um material, como livro, revista, cartaz ou qualquer outra peça.

No layout ficam inseridos gráficos, imagens e textos podendo ser um simples desenho ou uma peça em fase mais avançada.

Ao iniciar um trabalho o designer precisa fazer um desenho básico da estrutura da página, prevendo largura das margens, número de colunas de texto, imagens, posição onde serão inseridas e o número de páginas que o impresso terá. Com esse planejamento mesmo que sendo um esboço a lápis, o trabalho flui com mais facilidade e o resultado é mais rápido e eficiente.

9.1. Princípios do Layout

Para a criação de um bom layout, que atenda às expectativas do designer e as necessidades do usuário é necessário que o mesmo apresente as seguintes características:

- **Unidade**: Os elementos devem interagir uns com os outros, sempre havendo a preocupação de manter a coerência e equilíbrio do layout. Uma maneira de conseguir a unidade é fazendo com que os elementos tenham características do elemento principal do layout. Os recursos para conseguir unidade de um layout são: continuidade, proximidade, repetição, similaridade e variância; recursos esses já descritos em capítulos anteriores.
- **Ênfase**: Dar mais destaque a uma composição dentro do layout fazendo com que ela assuma o papel principal. Isso faz com que o tema da mensagem seja reforçado. A ênfase é conseguida por meio de contraste (de pesos, cor e texturas dos elementos), isolamento (consegue-se com a distância a marcação do ponto de maior destaque) e direção (para dirigir o olhar do observador).
- **Harmonia, equilíbrio e proporção**: Se dá com a divisão balanceada e equilibrada dos elementos em um layout, de forma simétrica (equilíbrio perfeito) ou assimétrica (elementos com pesos diferentes).
- **Movimento e ritmo**: É o modo de organizar as informações no layout, de maneira a direcionar a leitura e controlar o que será mais e o que será menos percebido; e também a prioridade da percepção.

9.2. Ferramentas para Criação de Layouts

As plataformas mais utilizadas hoje em dia são os PCs (Personal Computer) e os MACs (Macintosh). Quanto aos softwares mais utilizados são aqueles voltados basicamente a três categorias:

- **Ilustração**: Utiliza vetores para na construção de ilustrações, desenhos e gráficos. São exemplos: **Adobe Illustrator** e **CorelDRAW**.
- **Editor de imagens**: Trabalha com bitmaps para fazer, editar, e ainda retocar fotografias e imagens. O **Adobe Photoshop** é o software mais utilizado que possibilita a execução desse tipo de trabalho;

- **Paginador/finalizador**: Software responsável pela montagem final das páginas (permite a inserção de textos, fotos, ilustrações) até a finalização do material. O mais utilizado atualmente é o **Adobe InDesign**.

Esses programas citados são encontrados tanto para **MAC** quanto para **PC**, o que facilita a escolha e o trabalho do designer.

9.3. Zona de Visualização

Existem algumas áreas que primeiro visualizamos, já outras não notamos com tanta facilidade. Alguns autores acreditam nessa teoria, enquanto outros afirmam que a direção de leitura depende de onde os principais elementos foram dispostos. De qualquer maneira é importante conhecer essas áreas e verificar até que ponto elas realmente funcionam.

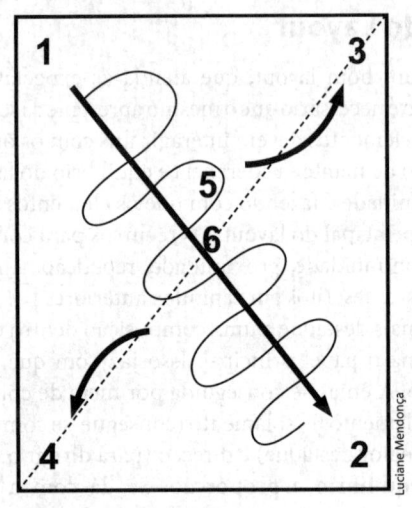

1. **Principal**: Neste local deve ser inserido um elemento forte para se tornar ponto de atração para o leitor.
2. **Secundária**: Nas áreas secundárias devem ficar os elementos de finalização da página e que auxiliem na compreensão da mensagem a ser transmitida pelo layout.
3. e 4. **Morta**: Devem ser preenchidas com elementos de grande poder de atração visual para que a leitura seja feita de maneira rápida e confortável.
5. **Centro ótico**: Ponto situado acima do centro geométrico. Deve ter aspectos atrativos para proporcionar uma leitura ordenada e racional.
6. **Centro geométrico**: É o ponto formado pelo cruzamento das linhas diagonais.

Para direcionar o olhar da maneira citada ou de qualquer outra forma é necessário que os elementos tenham certa hierarquia, que se determine o que deve ser visto primeiro e assim por diante. A hierarquia irá determinar o nível de importância de cada elemento dentro da página, guiar o leitor de maneira harmônica para que tenha compreensão da mensagem e também facilitar o agrupamento de informações relacionadas.

9.4. Elaboração de um Layout

O ideal é iniciar o layout pelo ponto principal, decidindo o que deve ser visualizado primeiro. O ponto principal (foco) pode ser criado por meio de contrastes intensos, com exceção se a opção for de criar um layout mais concordante. Agrupe os elementos em conjuntos que tenham interligações. Faça com que esses fiquem relacionados pela aproximação ou pelo distanciamento dos conjuntos.

É importante criar alinhamentos fortes para os textos e imagens. Pode-se utilizar um alinhamento de imagem para colocar também os textos e torná-los mais perceptíveis e mais fortes visualmente.

Utilize repetições ou crie uma conexão entre os elementos para também torná-los mais fortes.

O importante ao se criar um layout é não ter receio de utilizar muitos espaços em branco, pois ele tem um papel de descanso para os olhos. Também utilize assimetrias, fugindo de layouts óbvios e comuns. Crie o inesperado, mas saiba acima de tudo fazer o básico. Não esqueça: para quebrar as regras é preciso conhecê-las.

9.5. Aumentando a Sensibilidade Visual

Os designers estão sempre em busca de inspiração, novas ideias que possam ser utilizadas em suas criações e, consequentemente criar um repertório visual. Para aumentar esse repertório é necessário estar com a sensibilidade visual apurada para que detalhes e formas não passem despercebidas. Veja algumas dicas para melhorar a sensibilidade visual:
- **Veja**: É muito interessante criar um arquivo de boas ideias. Guarde o que encontrar de anúncios, tipologias, imagens e impressos em geral, que possa servir como referência para trabalhos futuros. Sempre que iniciar um novo projeto dê uma olhada nesse material, pode servir de inspiração.
- **Diga**: Quando se deparar com uma peça que considere interessante descreva o porquê de ter gostado. Tente observar quais princípios foram utilizados: proximidade, alinhamento, contraste e repetição. Observe quais as maneiras de criar um layout é mais atraente e eficiente.
- **Faça esboços**: Ao se deparar com um layout que considere mal resolvido, faça esboços de um novo layout, ou ainda, recorte os elementos e faça um novo arranjo. Quando se esboça uma ideia com certeza novas vão surgindo, o que resultará em uma produção mais rápida e de mais qualidade.

9.6. Diagramação e Arte Final

Algumas nomenclaturas que ainda não fazem parte do dia a dia de quem está iniciando seus estudos ou trabalhos na área de design, podem confundir com relação aos seus significados. A seguir, confira o que algumas das principais nomenclaturas significam:
- **Diagramação**: É o ato de ajustar imagens, textos, gráficos e elementos a uma programação visual predefinida. Pode ser diagramação de folder, revista, jornal, livro, embalagem ou qualquer outro tipo de trabalho. Na diagramação, o foco é a hierarquia dos elementos, o equilíbrio das imagens com a parte textual e a tipologia empregada. Existem empresas que têm

manual de identidade com todas as regras de diagramação, para facilitar o trabalho do diagramador e fazer com que os materiais apresentem as mesmas características. O diagramador não tem o papel de escrever e revisar textos e nem de ser ilustrador. Esses trabalhos são feitos pelo jornalista e pelo ilustrador respectivamente, num trabalho solicitado previamente, quando se determina as características do projeto.

- **Arte Final**: Trata-se do arquivo finalizado, pronto para ser impresso e produzido. A arte finalista deve ter conhecimentos diversos como paginação, acertos de imagens e noções de produção gráfica em geral.

9.7. Espaço em Branco

Espaços em branco são muito importantes quando se fala em design. O que a princípio pode parecer desperdício de espaço pode ser uma ferramenta de grande utilidade. Os espaços vazios deixam principalmente a leitura mais agradável, menos cansativa. Veja como se comportam os espaços em branco em diversos tipos de impressos:

- **Ao redor das páginas**: Os espaços nas laterais das páginas diminuem a poluição visual e também evita que ocorra distração durante a leitura.
- **No layout**: Ajuda no equilíbrio geral e direciona o foco para partes importantes como título e imagens do layout.
- **Laterais de anúncios**: Separa dos outros elementos da página dando destaque ao anúncio.
- **Entre colunas**: Esteticamente o layout apresenta uma resolução melhor, mais fácil de ser lido e também mais atrativo visualmente.
- **Entre títulos, subtítulos e imagens**: Destaca esses elementos com relação ao resto do texto e também facilita a leitura.

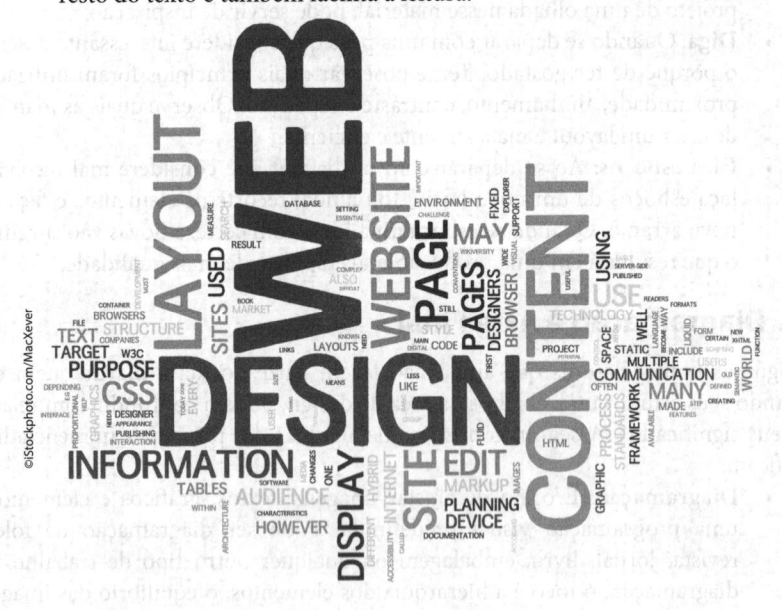

9.8. Layout Equilibrado

Já foi falado sobre hierarquia visual e agora que se fala em layout é importante fazer mais uma explanação. Quando se cria um bom layout consegue-se estabelecer um caminho que os olhos percorrem visualizando as informações contidas na composição, de maneira organizada e lógica.

Ao olhar para um layout, primeiramente o leitor observa um conjunto uniforme de cores e formas, com os componentes que estão em primeiro plano fazendo um contraste com o fundo do layout.

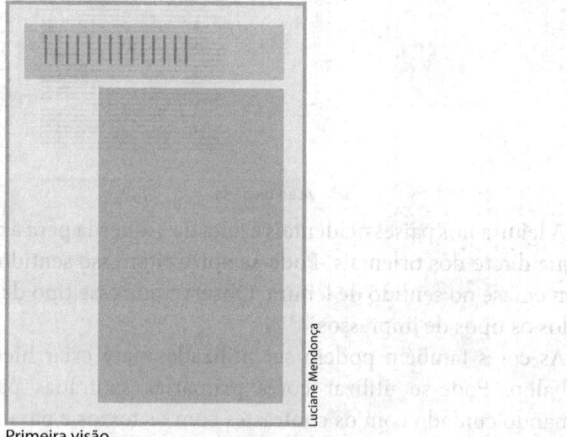

Primeira visão.

Depois dessa primeira observação, quando a curiosidade é aguçada, as partes passam a serem analisadas: primeiro as imagens e depois os textos.

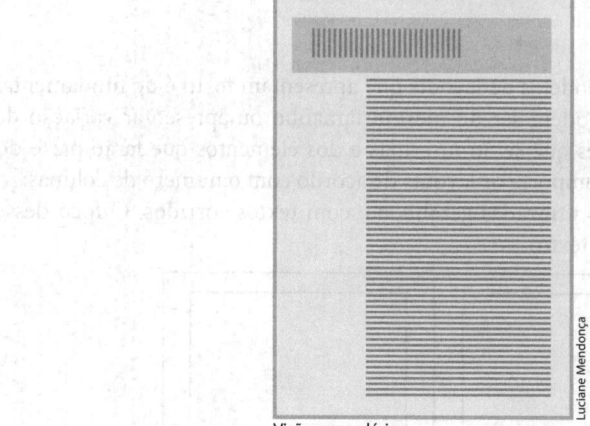

Visão secundária.

LAYOUT 145

No terceiro momento, as palavras passam a ser lidas e interpretadas.

Visão terciária.

A leitura nos países ocidentais é feita da esquerda para a direita e de cima para baixo, o que difere dos orientais. Pode-se aproveitar esse sentido de leitura para diagramar com ênfase no sentido de leitura. Observe que esse tipo de layout é muito comum em todos os tipos de impressos.

As cores também podem ser utilizadas para criar hierarquias de leitura em um trabalho. Pode-se utilizar cores primárias saturadas para enfatizar informações, tomando cuidado com os contrastes com os textos e para não saturar demais alguma informação tornando a sua observação cansativa.

Quanto aos textos, também se pode criar hierarquias com a utilização de cores e de tamanhos de acordo com o grau de importância de cada um.

9.9. Colunas

O tipo de coluna, em modelos de layouts que apresentam texto é de fundamental importância. As colunas podem ser do mesmo tamanho ou apresentar variação de acordo com as informações que serão inseridas e dos elementos que farão parte do layout. Observe como se comporta os layouts de acordo com o número de colunas:

- **Uma coluna**: São utilizadas geralmente com textos corridos. O foco desse tipo de layout é o texto.

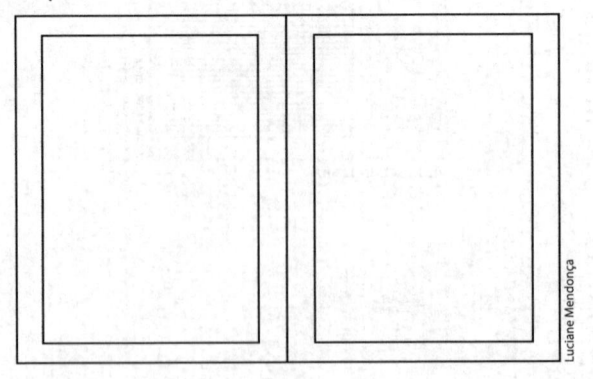

- **Duas colunas**: Quando o volume de texto é grande, o ideal é utilizar esse tipo de colunagem, com colunas iguais ou de tamanhos diferentes. Esse tipo de estrutura, apesar de deixar o texto mais legível pode tornar a sua leitura mais monótona por ser tornar pesado. Esse também é o papel do designer, reverter essa situação utilizando a criatividade. Um artifício que pode ser utilizado é acrescentar bastante branco a página e imagens dentro da massa de texto.

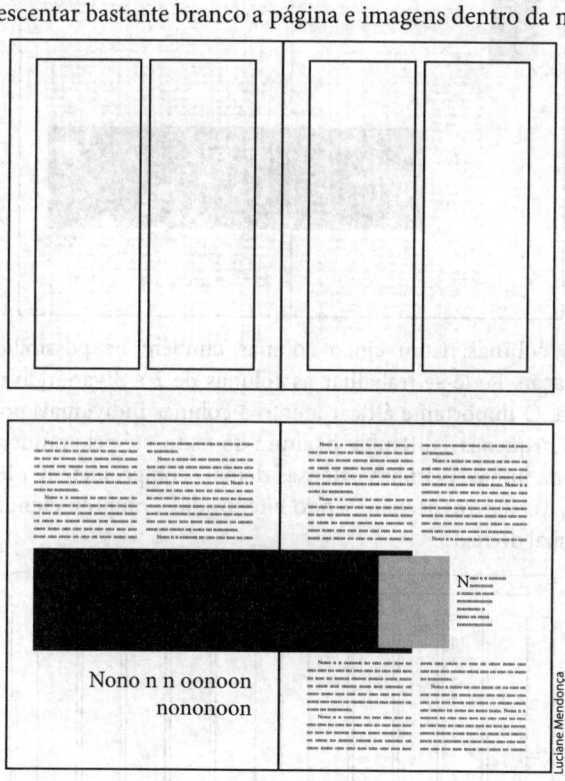

- **Quatro colunas**: Diagramação em quatro colunas permite maior flexibilidade de formas pois o texto poderá fluir de maneiras diferentes. Não se deve esquecer da questão da legibilidade, uma vez que as colunas ficarão menores. Há possibilidade de serem feitas diversas disposições de textos.

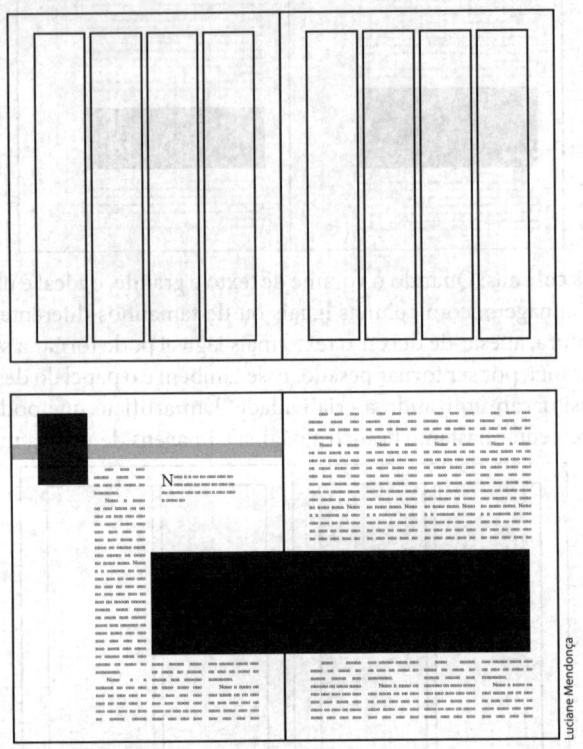

- **Cinco colunas**: Com cinco colunas também há possibilidades variadas de criação. Pode-se trabalhar as colunas de 2 a 3 variando o "desenho" da página. O importante é ficar atento a colunas individuais pois podem ficar muito pequenas e dificultar a leitura do texto, até pelo número de caracteres em cada linha. As linhas extensas demais comprometem a legibilidade e as curtas as palavras acabam sendo hifenizadas, comprometendo a legibilidade e o visual do texto.

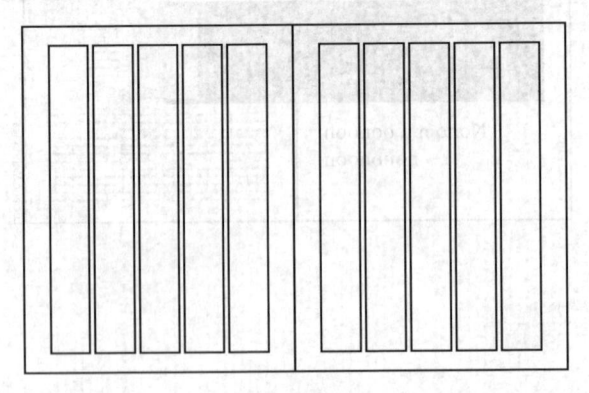

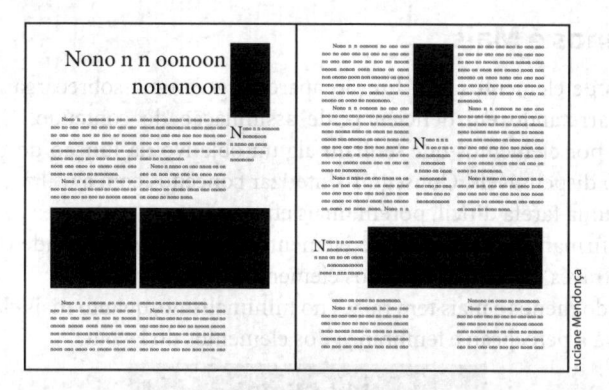

- **Seis colunas**: Com essa divisão de colunas consegue-se mais flexibilidade na maneira de dispor os blocos de textos e imagens, criando layouts diferentes e flexíveis. Utilizando a subdivisão base de seis colunas, o impresso pode apresentar diagramas de duas e cinco colunas, por exemplo.

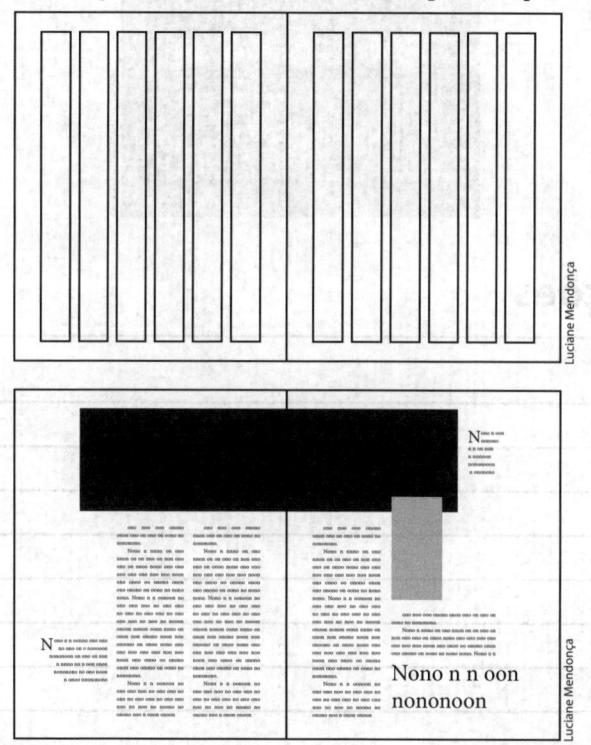

9.10. Transgredir

Muitas vezes, por saber o caminho natural do sucesso o designer acaba por repetir fórmulas que deram certo no passado. Porém, novidade e criatividade são necessárias. Pensar de maneira diferente é possível e necessário, explorando novos processos, materiais, formas, cores e públicos.

9.11. Menos é Mais

O excesso de elementos sem função aparente gera uma sobrecarga na percepção do leitor, acarretando em deficiência de assimilação do conteúdo. O layout deve ser formado por elementos que tenham algum objetivo na função do produto, caso contrário são dispensáveis. Conseguir sintetizar conceitos com a utilização de poucos elementos é uma tarefa difícil, porém, mais eficaz.

Pode-se afirmar que o excesso de elementos vem da incapacidade de sintetizar a mensagem através do refinamento dos elementos.

A cultura do menos é mais tem raízes no minimalismo, quanto mais claro e objetivo mais fácil será a percepção e lembrança dos elementos do layout.

Anotações

10
Fluxo Gráfico

10.1. Pré-Impressão
    10.1.1. Arquivos Abertos ou Fechados
    10.1.2. Fontes na Impressão
    10.1.3. Retículas
    10.1.4. Monitores e Área de Trabalho
    10.1.5. Scanners
    10.1.6. Fotolito

10.2. Impressão
    10.2.1. Tipografia
    10.2.2. Rotogravura
    10.2.3. Flexografia
    10.2.4. Serigrafia
    10.2.5. Offset
    10.2.6. Tampografia
    10.2.7. Ganho de Ponto
    10.2.8. Trap
    10.2.9. Tinta
    10.2.10. Papel

10.3. Acabamento
    10.3.1. Verniz e Plastificação
    10.3.2. Corte
    10.3.3. Dobra
    10.3.4. Relevo
    10.3.5. Montagem
    10.3.6. Alceamento
    10.3.7. Costura/grampo
    10.3.8. Faca
    10.3.9. Verniz
    10.3.10. Resumo do Fluxo de Trabalho

10. Fluxo Gráfico

Nesse capítulo veremos sobre o processo desde a criação do arquivo até os processos de acabamento gráfico, ou seja, da pré-impressão, passando pela impressão e finalizando no acabamento. Esses são os principais processos, porém, existem tecnologias que não seguem esse fluxo de trabalho. Vejam quais são essas tecnologias que podem encurtar o fluxo produtivo e depois acompanhe passo a passo o fluxo como se imprime hoje.

- **Computer to film (do computador para o filme) - CTF**: Nesse processo os filmes (fotolitos) são produzidos diretamente do computador.
- **Computer to plate (do computador para a chapa) - CTP**: Nete processo de trabalho a image setter (tecnologia que confecciona filmes) é substituída por outro dispositivo que faz a gravação diretamente nas chapas de impressão. Nesse processo deve-se ter ainda mais controle na fase de preparação do material, uma vez que o custo das chapas é bem maior que o valor do filme. É uma tecnologia que está em alta e veio para substituir os fotolitos tradicionais. Funciona da seguinte forma:
  - A chapa de alumínio é removida por um dispositivo de um cassete (onde fica armazenada).
  - É retirada a folha de proteção que cobre a camada fotossensível da chapa.
  - O próximo passo é o transporte da chapa para um tambor onde a imagem é reproduzida em sua superfície.
  - Assim que a chapa for exposta, ela é transportada para um sistema automático de processamento. Nesse processo se dá a revelação, o retoque, a lavagem, o endurecimento e a armazenagem da chapa pronta para ser utilizada na impressão do material.

*Observação: A principal diferença do **CTP** e do sistema de gravação de chapa através de fotolito está no fato que no sistema convencional a imagem é gravada sobre a chapa por meio de uma película fotossensível aplicada a sua superfície. E a gravação é obtida pela exposição à luz de um fotolito. Já no processo de **CTP** a imagem é gravada diretamente na chapa por raio laser a partir de arquivos gerados em computadores (não há a necessidade de revelação).*

- **Computer to print (do computador para impressão) ou impressão digital**: Neste processo não existe matriz, a imagem é gerada por meio de cargas elétricas em cilindros metálicos internos dos equipamentos que atraem o pigmento e o transferem para o suporte. Como não há matriz fixa é possível imprimir uma imagem diferente a cada giro do equipamento. Essa tecnologia é viável para pequenas tiragens, uma vez que para grandes tiragens o preço torna-se muito alto.

10.1. Pré-Impressão

Nesta fase de produção as ideias são concretizadas e transformadas em um arquivo digital para ser impresso em uma gráfica.

Há algum tempo, o original a ser impresso era desenvolvido manualmente com tipos de metais colocados lado a lado formando as palavras – a tipografia.

Também foi muito utilizado até o início da década de 1990, o sistema de past-up que consistia em utilizar uma prancha de papel cartão com o tamanho que seria o impresso final e com margem de 4 a 5 centímetros. A lâmina de papel cartão era fixada em uma prancheta utilizando-se fita crepe. Em seguida, riscava-se a grade com lapiseira azul, para não ser capturada pelo fotolito e também marcava-se colunas. Nesse momento fazia o past-up, que consistia em colar as lâminas de texto (papel fotográfico) em colunas predeterminadas. Não existia grande número de tipos como se vê atualmente, basicamente seguia-se título com letra sem serifa e corpo de texto com fonte serifada. Quando havia necessidade de alguma fonte diferente, usava-se uma lâmina com fontes prontas para serem decalcadas (Letraset). Os fios, box ou outros elementos eram feitos com caneta nanquim e as fotos eram enviadas para ser feito um fotolito mecânico responsável em mandar o material de volta reticulado para ser colado no cartão. Para conseguir os tons de cinzas eram usados também Letraset, com pontos minúsculos para serem decalcados. Todo esse material era enviado para ser fotografado gerando um negativo e posteriormente um negativo reticulado (fotolito) para ser utilizado na impressão.

Em outro momento utilizava-se a fotocomposição que era um sistema que projetava as letras em uma película transparente. Uma luz direcionava a imagem sobre papel fotográfico, marcando as áreas de imagens para dar posteriormente origem ao chamado fotolito, utilizado nas impressões offsets.

Atualmente se faz o original no computador com a ajuda de programas, como **InDesign, Illustrator, Photoshop**, entre outros. O importante é buscar o software mais adequado ao serviço que será feito.

10.1.1. Arquivos Abertos ou Fechados

Antigamente os arquivos eram mandados impressos para gráfica, mas hoje é enviado de forma digital (DVD, pendrive, FTP, email, etc) podendo ser arquivo aberto ou fechado.

Arquivo aberto é aquele que pode ser aberto e alterado em qualquer computador que apresente o software que o gerou, como um arquivo do CorelDRAW, por exemplo. Nesse caso, normalmente é necessário que junto ao arquivo principal se coloque os arquivos de fontes e imagens. Esse tipo de sistema não é tão eficiente e pode gerar mais problemas pois precisa ser aberto, conferido e há a necessidade de se instalar as fontes para posteriormente fechar o arquivo. Isso acarreta em mais trabalho, certa perca de tempo, além da possibilidade do arquivo ser alterado. A vantagem em mandar um arquivo aberto é justamente essa, o arquivo pode ser corrigido de última hora.

Já o arquivo fechado, o PDF, apresenta a linguagem **PostScript** que tem a função de descrever às impressoras os tipos, as imagens, a posição dos elementos, os ângulos e lineaturas das retículas. São descrições feitas através de textos e apresenta três versões **PostScript Level (nível) 1, 2 ou 3**.

Ao fechar um arquivo são gravadas as configurações dos equipamentos do usuário, gerando agilidade nos processos seguintes. As maiores vantagens desse sistema são economia de tempo e segurança.

Apesar dos benefícios de se mandar arquivos fechados para os bureaus, o volume de serviços fechados que chegam ainda é pequeno. Isso se deve pela falta de conhecimentos que se tem em gerar esses arquivos, o tamanho dos arquivos e também pela expectativa que o bureau altere algo caso tenha erros no desenvolvimento do arquivo.

Para fechar um arquivo é necessário que a impressora (drive) em que o material será impresso seja instalada no computador que irá fechar o arquivo. As impressoras PostScripts precisam também de um **PPD** (PostScript Printer Description) para que funcionem. Cada bureau apresenta drives e **PPDs** específicos em função de apresentarem impressoras diferentes uma das outras. O **PPD** tem a função de descrever ao drive os formatos de impressão, resolução e as demais informações do arquivo.

Ao fechar um arquivo, o ideal é consultar o bureau/gráfica para saber especificações como: a lineatura e o ângulo das retículas, se deve ser enviado com separação ou não de cores e detalhes que variam entre bureaus.

Para visualizar o arquivo fechado usa-se o **Adobe Reader** que é um programa gratuito e tem a função de ler o arquivo com extensão **PDF**.

Independentemente de mandar o arquivo aberto ou fechado para o bureau ou para a gráfica, tome alguns cuidados:

- Preencha a ordem de serviço (fornecida pela empresa) de maneira clara e com o máximo de informações possíveis.
- Junto ao arquivo envie também uma impressão de preferência a laser, da versão final do trabalho que servirá como guia para a verificação dos elementos do layout.
- Confira com o bureau em quais os tipos de mídias os arquivos podem ser levados e quais plataformas eles trabalham (**PC** ou **MAC**).

10.1.1.1. Fechando um Arquivo

O formato **PDF** (Portable Document Format) para impressão é cada vez mais usado, principalmente pelo fato de evitar que haja alguma alteração de forma não intencional.

Geralmente todos os arquivos que permitem impressão podem ser convertidos em **PDF**, o que faz com que não haja necessidade de um programa específico para a criação de um **PDF**. Isso ocorre porque os softwares que convertem arquivos em **PDFs** normalmente se instalam no sistema como se fosse uma impressora virtual.

Quando um arquivo é enviado para impressão, o computador gera um arquivo que é como uma fotografia do documento. A impressora virtual do gerador de **PDF** usa essa fotografia e a imprime dando origem a um arquivo no formato **PDF**.

O software Adobe Acrobat é o mais utilizado para a geração de arquivos em **PDF** e o Adobe Reader é um leitor gratuito de **PDFs**. Existem softwares que apresenta gerador de **PDFs** integrado e os arquivos são gerados através das opções **Salvar**, **Salvar como**, **Exportar** e **Imprimir**.

Prepare o arquivo para gerar o **PDF** da seguinte forma:

- As imagens devem estar no modelo de cor **CMYK** em função das impressoras utilizarem esse formato, como verá neste livro.
- A resolução das imagens deve ser de 300 dpi. Caso apresente a resolução menor, as imagens podem ficar serrilhadas indicando baixa qualidade; não há necessidade de ser maior de 300 dpi, pois não altera o resultado apenas deixa o arquivo mais pesado.
- A página da arte final deverá ter marcas de corte que orientarão os trabalhos de acabamentos na gráfica. Também insira as marcas de dobras e picote, caso o arquivo necessite.

Marca de dobra.

Marca de corte.

Sangra.

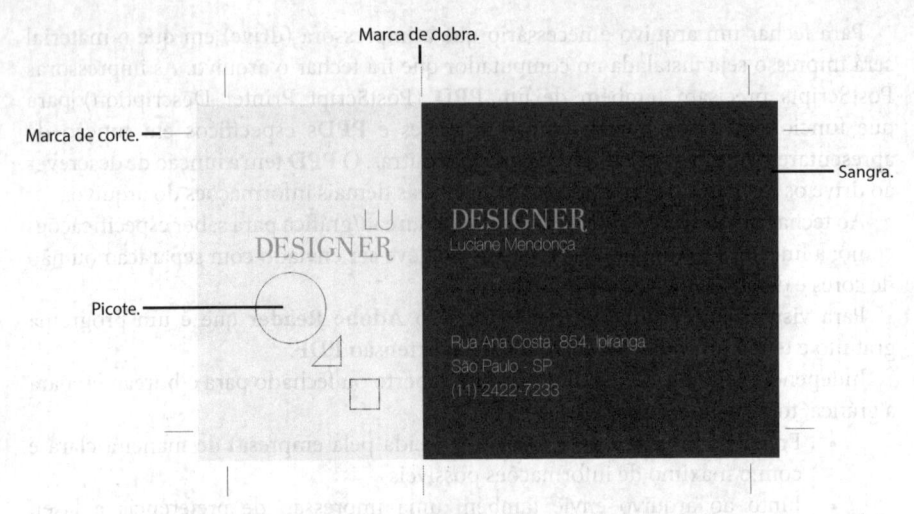

DESIGNER
Luciane Mendonça

Rua Ana Costa, 854, Ipiranga
São Paulo - SP
(11) 2422-7233

Picote.

- Quando uma fotografia, cor ou forma toca as margens de cortes, é necessário que essas áreas sejam ampliadas formando as margens de sangra. A margem de sangra deve expandir de 3 a 5 mm, além da marca de corte.
- Quando utilizar preto 100%, acrescente 40% de cyan para "calçá-lo". Assim, o preto fica mais consistente, "mais preto". Caso contrário a impressão pode ficar "lavada" (desbotada).
- No caso de verniz, relevo, faca ou uma cor especial, o mesmo deve vir indicado em uma lâmina adicional (além das 4 CMYK) em preto 100%;

DESIGNER
Luciane Mendonça

Rua Ana Costa, 854, Ipiranga
São Paulo - SP
(11) 2422-7233

Lâmina do preto.

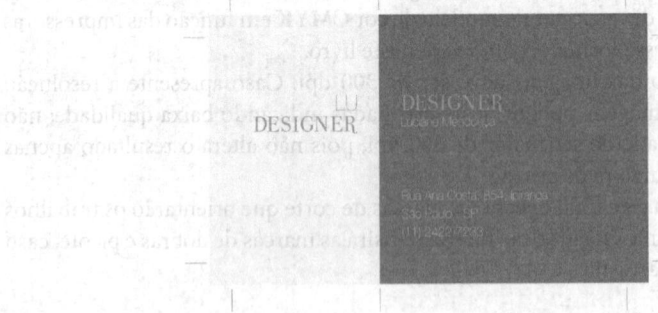

DESIGNER
Luciane Mendonça

Rua Ana Costa, 854, Ipiranga
São Paulo - SP
(11) 2422-7233

Lâmina do amarelo.

Lâmina do magenta.

Lâmina do cyan.

Lâmina do verniz.

Canal do picote.

A seguir teremos uma explicação de como gerar um **PDF** no **InDesign**, mas observe que pode-se utilizar outros programas, pois a ação será igual ou parecida uma vez que, a conversão do arquivo será feita por meio de uma impressora virtual.

Praticamente todos os arquivos que podem ser impressos podem ser convertidos em **PDF**. Acompanhe como gerar um **PDF**:

1. Abra o arquivo no aplicativo escolhido (no caso InDesign);
2. No menu **Arquivo** clique sobre a opção **Imprimir... (Ctrl+P)**; 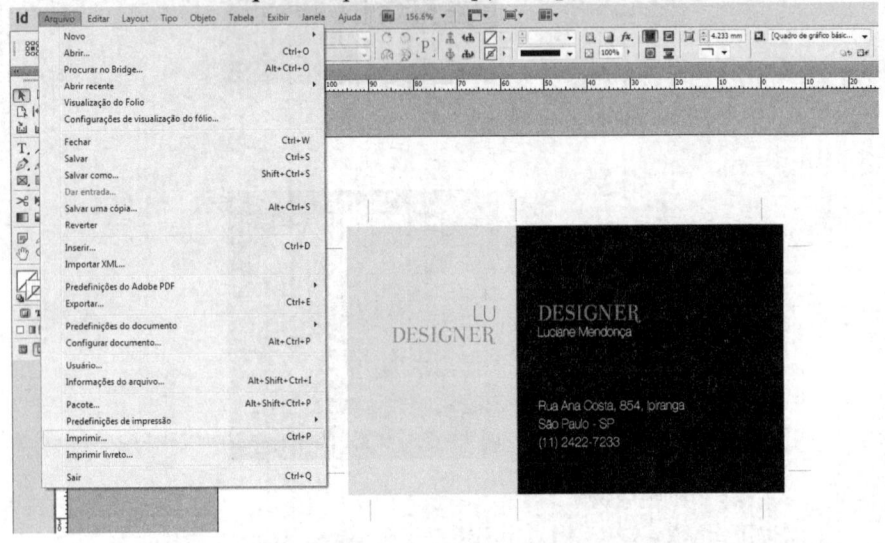
3. Na caixa de listagem **Impressora**, selecione **Adobe PDF**;
4. Escolha a impressora que irá criar o **PDF**.

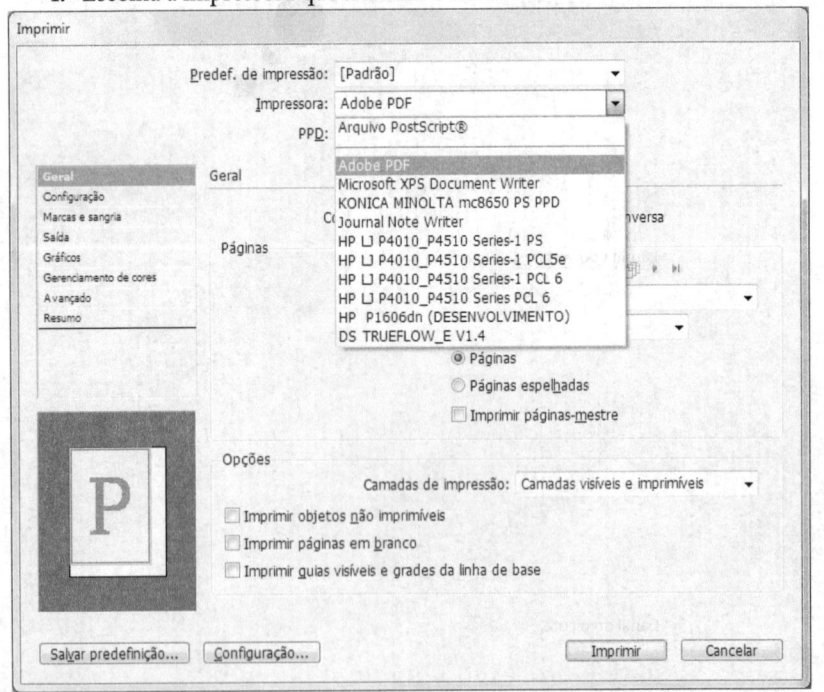

5. Faça as configurações de tamanho, modelo de cor, resolução, entre outros itens de acordo com o desejado;
6. Determinadas as características do **PDF**, clique na opção **Imprimir**;
7. Será exibida a caixa de diálogo **Salvar arquivo PDF como**. Encontre um local onde o arquivo será salvo. No campo **File name** (nome do arquivo) digite o nome desejado e clique no botão **Save** (salvar);

8. O processo de gerar o **PDF** demorará alguns instantes. Em alguns aplicativos, o **PDF** abrirá automaticamente depois de gerado, em outros casos deverá ser aberto da mesma forma que um simples arquivo: clicando duas vezes sobre ele (é necessário ter um programa de leitura de **PDFs** – Adobe Reader/Adobe Acrobat).

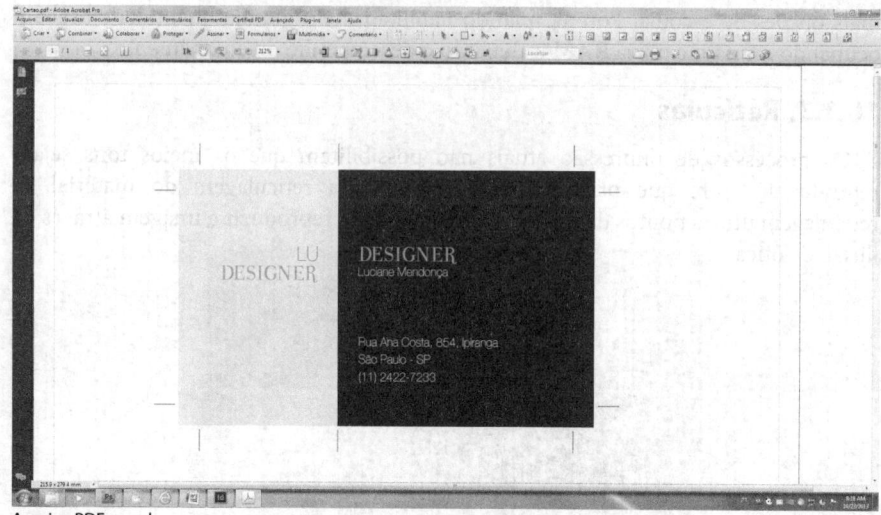

Arquivo PDF gerado.

FLUXO GRÁFICO 159

O arquivo **PDF** poderá ser editado, palavras podem ser adicionadas como marca d'água, pode-se incorporar fontes, diminuir o número de páginas, inserir páginas PDFs, adicionar senhas, entre outros recursos. Essas alterações são possíveis de serem feitas através de um programa de edição de PDF como o Enfocus PitStop, por exemplo.

10.1.2. Fontes na Impressão

Já vimos as características das fontes e agora será abordado novamente esse tema de maneira mais prática.

Hoje utilizamos as fontes redimensionáveis que podem ser ampliadas e reduzidas sem perder qualidade, pois são vetoriais. Existem dois modelos principais de fontes para diagramação:

- **Fontes True Type:** São fontes que estão incluídas como fontes de sistema no **Windows** e no **Mac**. Não possuem compatibilidade direta com a linguagem **PostScript**, então, no momento da impressão são convertidas para o padrão **Adobe** através de uma impressora profissional.
- **Fonte Adobe:** São as fontes **PostScript** (Tipo 1) que foram criadas pela Adobe Systems Incorporated para serem compatíveis com a linguagem **PostScript**.

10.1.2.1. Confiabilidade

Quanto a qualidade e confiabilidade dos dois padrões pode-se afirmar que quando se utiliza fontes Tipo 1, problemas com textos têm menores possibilidades de ocorrer. Já as fontes de padrão **True Type** são convertidas pelo drive da impressora para o padrão Tipo 1 e algumas vezes acabam gerando problemas, fazendo com que o texto corra e seja trocado por outra fonte.

10.1.2.2. Fontes Habilitadas

É comum que os usuários habilitem bastantes fontes em seu sistema para ter mais opções de escolha. Porém, quando habilitadas em grande quantidade acabam ocupando muita memória **RAM** e afetando o desempenho do equipamento.

10.1.3. Retículas

Os processos de impressão atuais não possibilitam que os meios tons sejam reproduzidos sem que primeiramente seja feita a reticulagem do material. A reticulagem utiliza pontos de diversos tamanhos para reproduzir a imagem através da ilusão de ótica.

Consegue-se visualizar os pontos formando as imagens quando verificamos de perto.

Os olhos visualizam os pontos como se fosse uma sombra homogênea e não um conjunto de pontos. Esse mosaico de pontos pode ser visto com a ajuda de um conta-fios, muito utilizado nas artes gráficas.

Conta-fios.

O conjunto de ponto é chamado de retícula e existem três principais características para defina-la: formato do ponto, lineatura e angulação.

10.1.3.1. Formato

A maioria dos fotolitos e do **CTP** é gerada com pontos redondos ou arredondados, porém, ainda existem os quadrados e os elípticos.

Os pontos redondos proporcionam mais suavidade na finalização das imagens. São ideais para trabalhos com lineaturas baixas, em equipamento offset (tem relação com ganho de pontos) e seus pontos se tocam a partir de 75%. Os pontos quadrados têm como características proporcionar alta qualidade de impressão e imagens com tons mais escuros e com mais contraste. Os vértices dos pontos se tocam a partir de 50% e não são indicados para imagens com tons de pele. Já os pontos elípticos são mais indicados para tons de pele, pois dá sensação de homogeneidade. As áreas maiores dos pontos se juntam a partir de 30%.

Novos modelos de retículas têm sido criados para aumentar a definição das imagens, economizar tinta e facilitar o ajuste das cores durante o processo de impressão. São elas:

- **Retícula estocástica**: Foi desenvolvida para ampliar a nitidez nas reproduções. Tem como características, pontos dos mesmos tamanhos e ausência de ângulos. Para imprimir com a retícula estocástica é necessário que seja feita a impressão de um **test form** para verificar o ganho de pontos e fazer os ajustes.
- **Retícula híbrida**: Como o próprio nome diz, a retícula híbrida apresenta o que há de bom entre a retícula convencional e a estocástica. Utiliza um ângulo diferente para cada cor e no **RIP** é possível determinar o tamanho do menor ponto a ser gravado. Dessa maneira, onde nas retículas tradicionais

os pontos ficariam muito pequenos (áreas entre 1% e 5% e 95% e 99%), na híbrida há a possibilidade de se alterar a distância entre eles. Isso acarreta em variação de ganho de ponto bem menor que na estocástica.

O **RIP** (Raster Image Processor) é um software bastante importante na impressão de imagens digitais, pois além de processar a imagem e transformá-la num formato aceito pela impressora, ele apresenta recursos como ajuste de cor da imagem, de tamanho de ponto, de modelo de retícula, faz cálculo de consumo de tinta, entre tantos outros recursos.

10.1.3.2. Lineatura (lpi)

Quando os originais são transformados em retículas é necessário que seja definida a quantidade de pontos que serão criados para cada parte da imagem. As retículas são criadas com pontos paralelos e recebem o nome de lineatura. A medida é feita em **lpi** (linhas por polegadas), quanto maior o número de **lpi**, menores são os pontos acarretando em melhor definição e perfeição da ilusão ótica de tom contínuo da imagem.

A lineatura tem relação direta com o processo de impressão e com o papel utilizado, em função dos tamanhos dos pontos que podem ser muito pequenos e muito próximos uns dos outros.

Impressões como tipográficas e flexográficas necessitam de lineaturas mais baixas (de 60 a 100 lpi), enquanto offset e rotogravura aceitam lineaturas com valores mais altos (de 100 a 150 lpi). Já offset plana de boa qualidade pode utilizar lineaturas ainda maiores (de 133 a 200 lpi).

Os papéis lisos e revestidos permitem a utilização de lineaturas mais altas, enquanto os papéis sem revestimento e tipo jornal necessitam de valores menores para que seja alcançado um bom resultado.

Observe que as lineaturas altas podem criar variações de cor durante o processo de impressão. Isso ocorre em função da pequena distância entre os pontos e a baixa superfície de entintagem do ponto, favorecendo o ganho de pontos. Quanto maior a lineatura, maior o detalhamento que obteremos no impresso.

Tabela de lineatura para impressão		
25 a 30 lpi	serigrafia.	materiais porosos, plásticos, tecidos, vidros, etc.
100 a 133 lpi	offset.	papel jornal.
60 lpi	flexografia de baixa resolução.	caixas de papelão cartonada, embalagens rústicas, plásticos.
100 a 120 lpi	flexografia de alta resolução.	bobina de papel jornal revestido e, rótulos de embalagens em BOPP.
135 a 150 lpi	offset boa resolução guias, etc.	impressão editorial, como a de livros.
50 lpi acima	offset de alta qualidade.	catálogos, revistas, etc.
175 lpi acima	rotogravura.	embalagens, impressão de alta qualidade para rótulos, BOPP.
65 a 70 lpi	Dry Offset.	Impressão de alumínio (latas).

10.1.3.3. Angulação

A inclinação (angulação) é uma característica importante nas retículas. As linhas de pontos são vistas como conjunto de paralelas dispostas em ângulos em relação ao suporte onde serão impressas. Como referência, a reta vertical é aquela que vai do alto à parte de baixo no impresso. Os tons contínuos conseguem mais qualidade quando a retícula é impressa inclinada em relação ao ângulo vertical do papel. Isso acontece porque a angulação dificulta que os pontos sejam percebidos pelo observador de maneira isolada.

As retículas estocásticas não possuem ângulos, já as híbridas e as convencionais apresentam um ângulo diferente para cada cor.

Quando retículas de cores diferentes estão com a mesma inclinação surge o moiré, que gera texturas estranhas sobre a imagem e também podem modificar as cores originais do impresso.

Os ângulos das retículas devem ser os seguintes:
- Preto: 45°
- Magenta: 75°
- Amarelo: 90° ou 0°
- Cyan: 15°

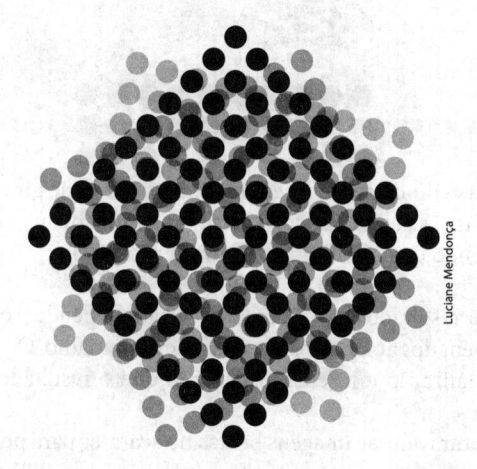

10.1.4. Monitores e Área de Trabalho

Tem-se grande dificuldade para conseguir um ajuste de monitor que garanta fidelidade entre o impresso e o que se vê na tela, até mesmo por se tratar de meios diferentes, papel e vídeo, e que trabalham com cores diferentes. Os computadores da Apple Macintosh dispõem de recursos internos de gerenciamento de cores mais sofisticados, por isso, apresenta desempenho melhor.

O local de trabalho influencia diretamente a maneira de visualizar as cores no monitor. Deve-se dar atenção à iluminação (natural ou artificial), às cores das paredes, do teto, das mesas e ao papel de parede do monitor. Até mesmo a cor da roupa utilizada pela pessoa que está tratando uma imagem tem certa influência sobre as cores das imagens ao redor.

10.1.5. Scanners

Scanner é um equipamento que possibilita que imagens sejam convertidas em códigos para posteriormente serem reproduzidas na tela e que possibilite alterações e impressões. Existem dois tipos principais de scanners: planos e cilíndricos.

- Os scanners planos são equipamentos que capturam as imagens através de pequenas células fotossensíveis fixas lado a lado em um dos lados da área de digitalização. Sobre essa área desliza um carro que envia fatias paralelas da imagem.

Scanner plano.

- Os scanners cilíndricos apresentam um cilindro que gira em alta velocidade. A cada volta o sistema óptico verifica uma linha de informação em torno do cilindro sendo que cada linha é formada por pixels.

A qualidade do resultado da digitalização não depende somente do scanner utilizado, mas também dos aplicativos que fazem esse trabalho. Os programas definem parâmetros na digitalização e fazem ajustes para que o resultado sejam imagens de melhor qualidade.

Antigamente capturavam-se imagens brutas no scanner para posteriormente serem tratadas. Atualmente existem sistemas sofisticados que possibilitam que os arquivos digitalizados tenham qualidade para serem impressos sem muitos retoques.

Existem três tipos de originais:
- **Opaco**: Foto em papel, gravuras, desenhos, impressos, etc.
- **Transparência positiva**: Cromos e slides.
- **Transparência negativa**: Filmes fotográficos negativos.

Ao trabalhar com digitalização de imagens deve-se tomar cuidado para garantir a qualidade do resultado. As fotos, independente de que materiais sejam são sempre materiais delicados que podem ser facilmente marcadas por impressões digitais, riscos e poeiras que prejudicam a qualidade final da imagem.

Quando utilizados scanners planos, o ideal é que a lâmpada do equipamento seja aquecida por cerca de meia hora antes do início da digitalização.

10.1.6. Fotolito

O fotolito é um filme transparente e que serve como matriz para impressões de qualquer espécie. Dois sistemas de pré-impressão ainda utilizam os fotolitos – o tradicional e o computer-to-film (computador para o filme).

O fotolito é gerado com o envio do arquivo do computador ao imagesetter, que por sua vez grava as informações a laser no filme positivo. Após a gravação, o filme é enviado à processadora (reveladora) onde é revelado e feito a secagem. O fotolito já pode ser utilizado para a gravação da chapa.

Antes da impressão final de um material é possível verificar a qualidade do fotolito e se as características do impresso serão como o projeto (cor e layout). Para isso é necessário fazer uma prova que faça uma reprodução fiel do material. Esse tipo de prova é chamado de contratual e também serve para o cliente aprovar ou não a impressão. Essa prova servirá para orientar o impressor no momento da impressão. Há dois tipos de provas mais utilizadas:

- **Provas analógicas**: Obtidas através de fotolitos são fiéis à reprodução do filme e é o caso do Cromalin (Dupont). Também existe a prova de prelo. As provas analógicas além da impressão também apresentam ao cliente uma escala de impressão de cada cor para o acompanhamento em gráfica.
- **Provas digitais**: São provas de alta resolução feitas a partir do arquivo antes de gerar o fotolito ou gravação da chapa no CTP. Existem equipamentos que geram resultados excelentes. É destinada principalmente para os trabalhos que serão impressos em CTP, pois não apresentam fotolitos para tirar a prova.

10.2. Impressão

A impressão de um material pode ser feita de diversas maneiras de acordo com os equipamentos escolhidos podendo ser pelo processo de offset, rotogravura, serigrafia, flexografia, litogravura, etc. A impressão é feita através da transferência da imagem do layout para o suporte (metal, papel, plástico e tecido), através da aplicação de pigmentos diversos de acordo com o projeto previamente definido. A seguir conheça alguns tipos principais de impressão.

10.2.1. Tipografia

É um sistema que consiste em uma matriz em alto relevo. A tinta é distribuída através de rolos para o suporte e a imagem é transferida para o papel por meio de contato direto. A matriz apresenta a imagem invertida.

A tipografia apresenta uma forte cobertura com relação aos tons. Os inconvenientes desse tipo de impressão são a lentidão na impressão e na secagem; e um resultado de baixa qualidade.

Caixa de tipos.

Tipografia antiga.

10.2.2. Rotogravura

Na rotogravura as imagens são gravadas em baixo relevo em um cilindro de cromo. A tinta é depositada nesses sulcos (alvéolos) através da imersão do cilindro em um tanque com tinta. Em seguida, uma lâmina retira o excesso de tinta e apenas a tinta depositada nos alvéolos é transferida para o suporte.

A tinta utilizada nesse processo possui alto grau de fluidez, por isso permite a impressão sobre suportes plásticos tendo grande importância na indústria de embalagem.

Trata-se de um sistema muito rápido e voltado para grandes tiragens.

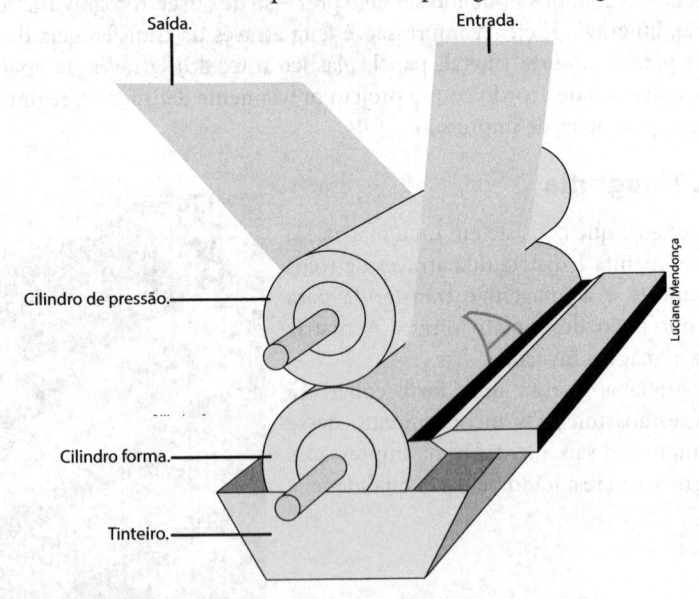

10.2.3. Flexografia

A flexografia é um sistema baseado na tipografia e consiste em uma matriz em alto relevo e flexível responsável em transferir a tinta para o papel. Nesse processo o clichê é fixado em um cilindro que em contato com outro cilindro entintado transfere a tinta para o suporte. No Brasil, atualmente a flexografia tem mais força na impressão de embalagens, porém, até jornais podem ser impressos em flexografia.

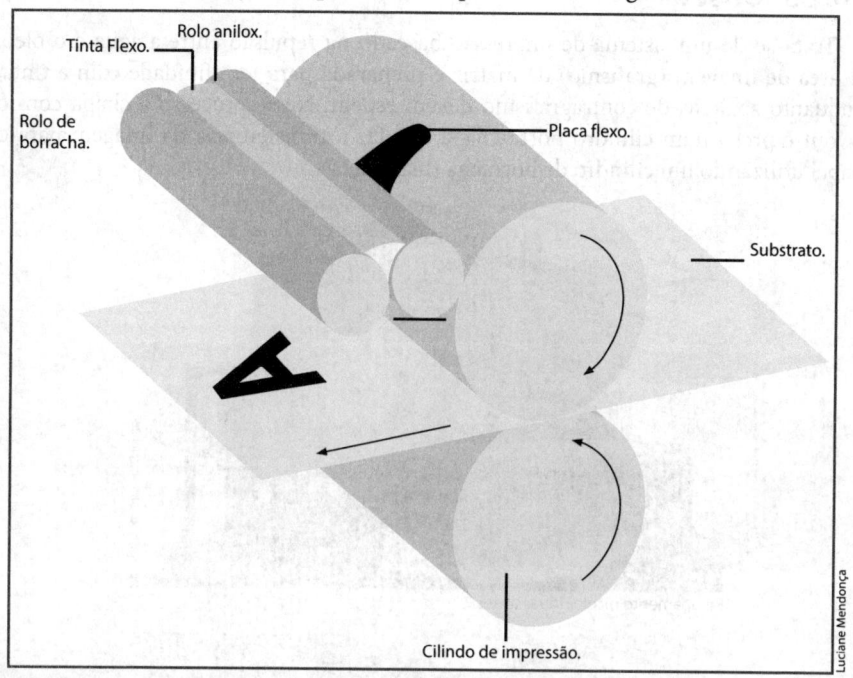

10.2.4. Serigrafia

O sistema serigráfico consiste em uma tela fina de material resistente presa em um quadro. Sobre a tela esta a imagem a ser gravada, as áreas de grafismo são vazadas e as áreas de contragrafismo são impermeáveis. Esse sistema também é conhecido como silk screen.

A impressão é feita com o depósito da tinta pastosa em um lado da tela. Em seguida, a tinta é espalhada sobre a imagem através de uma lâmina de borracha. O quadro é colocado sobre o suporte a ser impresso e a lâmina é arrastada sobre a imagem de maneira uniforme. Após isso, o impresso está quase pronto faltando somente passar pelo processo de secagem.

10.2.5. Offset

Trata-se de um sistema de impressão baseado na repulsão entre a água e o óleo. A área de imagem (grafismo) da matriz é preparada para ter afinidade com a tinta, enquanto as áreas de contragrafismo devem repelir. Nesse processo a chapa com o layout é preso num cilindro porta-chapa que faz a transferência da imagem para o papel utilizando um cilindro de borracha (blanqueta).

Equipamento bicolor (duas torres).

Equipamento com cinco cores (Ciano/Magenta/Amarelo/Preto e Verniz ou 5ª cor).

A chapa é uma lâmina de alumínio com uma camada de material fotossensível. Sobre a chapa é colocado o fotolito e a mesma é exposta a uma luz com raios ultravioletas. Depois dessa exposição a chapa é submetida a um banho de revelador que possui a função de dissolver a área exposta à luz. Na chapa permanece somente a área de grafismo.

MATRIZ PARA OFFSET

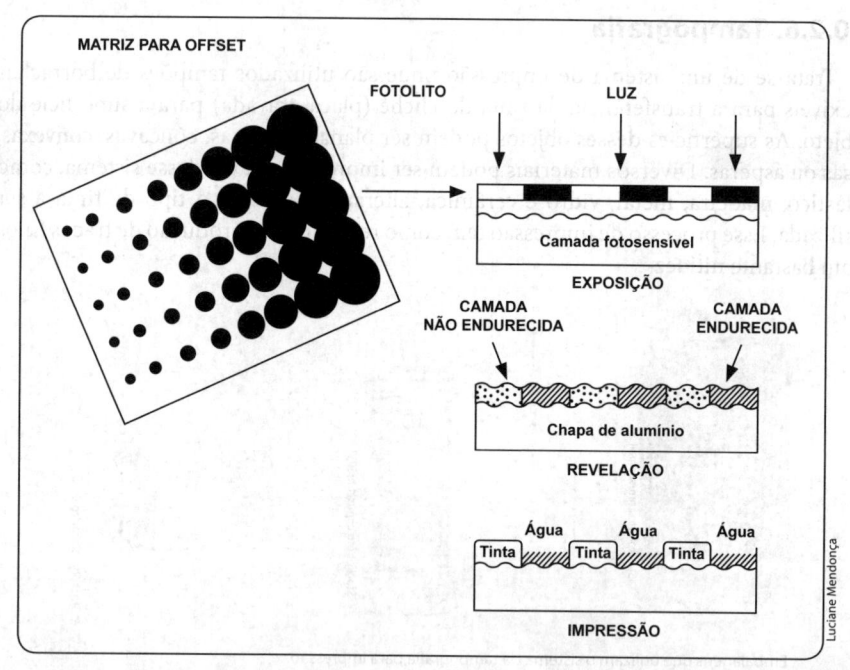

[Diagrama mostrando o processo: fotolito + luz → camada fotosensível (EXPOSIÇÃO) → camada não endurecida / camada endurecida sobre chapa de alumínio (REVELAÇÃO) → água e tinta (IMPRESSÃO)]

Luciane Mendonça

Depois que a chapa é revelada passa por uma lavagem e é seca, sendo depositada em sua superfície uma camada fina de goma arábica para que não ocorra a oxidação até o momento de impressão.

No caso do processo de **CTP**, a chapa é obtida de maneira parecida, porém, sem a utilização de fotolito.

As impressoras offsets são divididas em dois tipos:
- **Rotativas**: O papel é inserido ao equipamento através de bobinas. É voltada principalmente à impressão de livros, revistas e jornais.
- **Planas**: Utilizam folhas empacotadas de maneira plana. Esse tipo de equipamento tem uma aplicação mais vasta, desde que o papel seja cortado em pedaços.

O número de cores que uma impressora imprime depende do número de grupos impressores (torres) que o equipamento possui.

Veja um breve resumo referente a alguns sistemas de impressão:

Tipo de impressão	Secagem (tinta)	Velocidade da impressão	Resistência da matriz à tiragem	Qualidade da impressão à cores
Tipografia	Lenta	Lenta	Baixa	Baixa
Rotogravura	Rápida	Rápida	Altíssima	Boa
Flexografia	Rápida	Rápida	Alta	Boa
Serigrafia	Lenta	Lenta	Baixa	Baixa
Offset	Rápida	Rápida	Alta	Alta

10.2.6. Tampografia

Trata-se de um sistema de impressão onde são utilizados tampões de borrachas flexíveis para a transferência da tinta do clichê (placa gravada) para a superfície do objeto. As superfícies desses objetos podem ser planas, esféricas, côncavas, convexas, lisas ou ásperas. Diversos materiais podem ser impressos através desse sistema, como plástico, madeira, metal, vidro e cerâmica, alterando somente o tipo de tinta a ser utilizada. Esse processo de impressão tem como resultado a reprodução de traços finos com bastante nitidez.

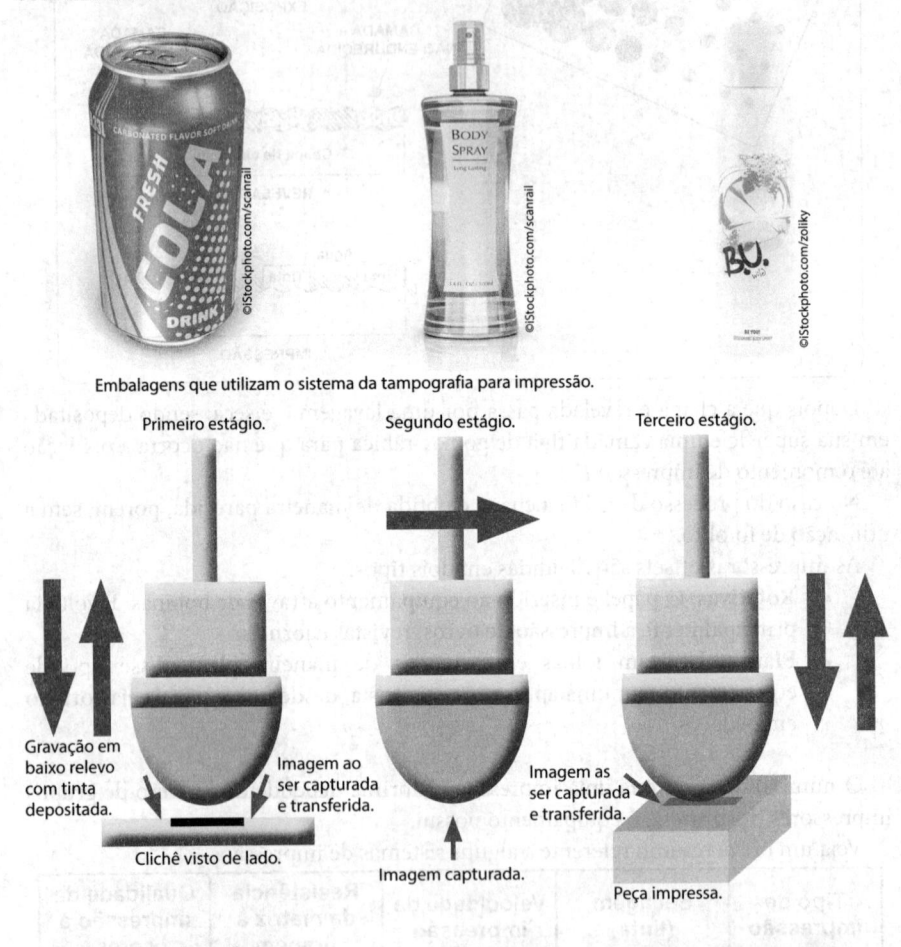

Embalagens que utilizam o sistema da tampografia para impressão.

Primeiro estágio. Segundo estágio. Terceiro estágio.

Gravação em baixo relevo com tinta depositada.
Clichê visto de lado.
Imagem ao ser capturada e transferida.
Imagem capturada.
Imagem as ser capturada e transferida.
Peça impressa.

10.2.7. Ganho de Ponto

Com o avanço da tecnologia surgem novos desafios gráficos como fazer com que os resultados no monitor e na prova sejam os mesmos obtidos na impressão final.

Uma das principais características que comprometem os resultados é o ganho de ponto (dot gain). Com o ganho de ponto as cores e imagens tendem a ficar diferentes do previsto. Existem aparelhos chamados de densitômetros com a finalidade de medir o ganho de pontos. As gráficas devem informar o valor de seu ganho de pontos para que o cliente faça a compensação durante o processo de criação do layout.

Ganho de ponto é o modo como a tinta "esparrama" sobre o papel. É o resultado de fatores físicos e óticos no processo de impressão. Os tons e cores das tintas ficam diferentes do esperado principalmente nas retículas dos meios-tons, geralmente as cores ficam mais escuras. Porém, existem casos da impressão ficar mais clara, mais lavada. Esses efeitos, na maior parte das vezes podem ser previstos e corrigidos durante a criação dos arquivos digitais.

O fator que mais causa ganho de ponto durante o processo de impressão é o aumento na área de cobertura dos pontos da retícula no momento que se aplica a tinta sobre papel. É um fenômeno semelhante ao momento em que deixamos cair um pingo de tinta sobre um papel, onde a tinta se espalha conforme é absorvida pelas fibras do papel, tendo como resultado uma mancha maior que o pingo original. Todos os originais que são reticulados sofrem esse tipo de fenômeno, porém, em escala reduzida. Normalmente quanto mais o papel for absorvente, mais há o ganho de ponto. E também papéis revestidos (couché) apresentam ganho de ponto menor que os nãos revestidos.

O ganho de ponto não se dá de maneira uniforme em todas as tonalidades. Nos tons claros a quantidade de tinta dos pequenos pontos não é suficiente para aumentar de maneira significativa a área de cobertura. Já nos tons mais escuros o aumento da área de cobertura é significativo.

O ganho de ponto também se altera em função do tipo e da lineatura de retícula dos fotolitos. Quanto mais alta a lineatura, mais acentuado e difícil de controlar se torna o ganho de ponto, porque com lineaturas mais altas os pontos ficam mais próximos e menores.

O tipo de equipamento utilizado na impressão também influencia o ganho de pontos. De modo geral, quanto mais veloz a impressora opera menos qualidade deve se esperar dela. Em função disso, equipamentos com alta produtividade, normalmente apresentam ganho de pontos mais altos que os equipamentos mais lentos. E o tipo de tecnologia também influência, como no caso da flexografia que tem um ganho de ponto maior que na rotografia.

Existem outros fatores que também podem influenciar o ganho de pontos como tipo de fotolito, método de gravação da chapa, viscosidade da tinta, pressão dos rolos e blanquetas nos equipamentos de impressão e o equilíbrio água/tinta na impressão offset. Também existe o ganho de ponto ótico que é a influência da tonalidade do papel sobre as cores e os tons das imagens. No caso, os papéis tipo jornal são os que mais sofrem com esse efeito.

A compensação do ganho de pontos é feita ajustando os limites mínimos e máximos das retículas, clareamentos dos meios-tons e aumento do brilho e saturação das cores.

10.2.8. Trap

Com a separação de cores para a impressão (em **CMYK**) há a necessidade de um perfeito encaixe das cores, o chamado registro. Problemas de falta de registro são muito comuns e comprometem a qualidade final do impresso.

Alguns fatores são os responsáveis pela falta de registro:
- Problemas no fotolito causados pela qualidade do filme, temperatura, entre outros.
- Dilatação do papel em função da umidade do ar, da temperatura, etc.
- Certa falta de habilidade do impressor.

Para contornar e evitar os problemas relacionados ao registro existe o trap, que é um artifício para encaixar as cores na impressão através da sobreposição das tintas. Trap é uma área bem reduzida onde as cores se encontram e se sobrepõem possibilitando que mesmo que pequenas variações de registro aconteçam parte do papel não fique aparente.

O trap é como um contorno das cores, resultando em um fio da mistura das duas cores que estão ao lado uma da outra.

O tamanho do trap varia de acordo com o sistema de impressão.

10.2.9. Tinta

A tinta é a substância aplicada sobre um suporte para a reprodução de uma imagem. É importante entender sobre as tintas de impressão, do que são feitas, seus processos de secagem e comportamento das tintas de acordo com o tipo de impressão e de suportes. Os principais componentes das tintas são:

- **Pigmentos**: São elementos muito finos moídos com a função de determinar a cor da tinta.
- **Veículos**: São elementos de ligação que têm como objetivo deixar a tinta homogênea.

Outros componentes fazem parte das tintas como secantes, retardadores, elementos contra decalque e contra a formação de películas na impressão e durante o armazenamento, também contra a abrasão e a granulação. Observe quais as características desejáveis nas tintas voltadas à impressão:

- Aderência.
- Boa cobertura.
- Opacidade.
- Secatividade.
- Transparência.

10.2.10. Papel

O papel tem grande importância no resultado do projeto. Para se escolher o mais adequado é importante conhecer as propriedades e características dos mesmos.

A matéria base para a fabricação do papel são as fibras vegetais provenientes de florestas, árvores cultivadas ou de papéis usados.

Para se produzir papel, os troncos de árvores são descascados e picados em pedaços pequenos (cavacos). Em seguida, para obter a pasta de celulose (pasta base para a produção do papel) a madeira pode passar por um processo químico ou mecânico. O método químico dá origem a um papel mais brilhante, mais resistente, mais estável e com qualidade maior. O inconveniente desse método é que também produz um papel com preço mais alto.

As principais características dos papéis são:
- **Estabilidade dimensional**: Trata-se da tendência que o papel apresenta em alterar seu tamanho em função da absorção ou perda de umidade. Os papéis que possuem alta instabilidade dimensional dificultam bastante o acerto de registro.
- **Formatos de papel**: Existem diversos padrões para determinar os formatos de papel e os mais usados no Brasil são os DIN, A, B, C e D e o BB. O ponto de partida para o corte é o A0 (1 m²). Os formatos originários do A0 se obtêm dobrando sucessivamente o A0.

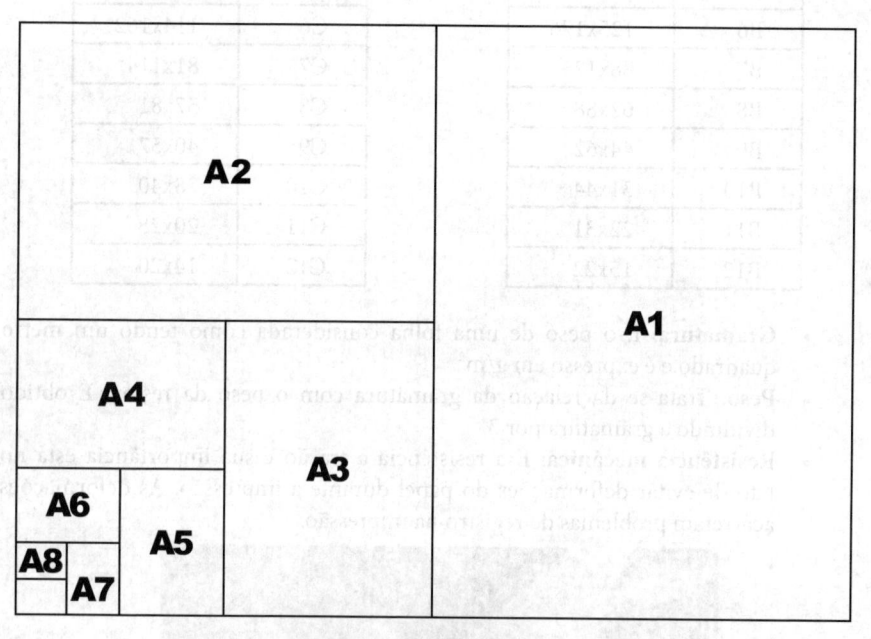

Série A	Formato mm
A0	841x1189
A1	594x841
A2	420x594
A3	297x420
A4	210x297
A5	148x210
A6	105x148
A7	74x105
A8	52x74
A9	37x52
A10	26x37
A11	18x26
A12	13x18

Série B	Formato mm
B0	1000x1414
B1	707x1000
B2	500x707
B3	353x500
B4	250x353
B5	176x250
B6	125x176
B7	88x125
B8	62x88
B9	44x62
B10	31x44
B11	22x31
B12	15x22

Série C	Formato mm
C0	917x1297
C1	648x917
C2	458x648
C3	324x458
C4	229x324
C5	162x229
C6	114x162
C7	81x114
C8	57x81
C9	40x57
C10	28x40
C11	20x28
C12	14x20

- **Gramatura**: É o peso de uma folha considerada como tendo um metro quadrado e é expresso em g/m^2.
- **Peso**: Trata-se da relação da gramatura com o peso da resma. É obtido dividindo a gramatura por 3.
- **Resistência mecânica**: É a resistência à tração e sua importância está no fato de evitar deformações do papel durante a impressão. As deformações acarretam problemas de registro na impressão.

Fabricação de papel.

Nos equipamentos de impressão brasileiros o formato 66x96 cm (formato BB) é o mais utilizado.

É importante a observação do sentido da fibra do papel para evitar problemas no momento da impressão. Os papéis que apresentam gramatura alta, quando dobrados no sentido contra fibra provocam o rompimento delas fazendo com que o acerto e registro sejam muito mais difíceis, uma vez que não há como compensar a dilatação nesse sentido da fibra.

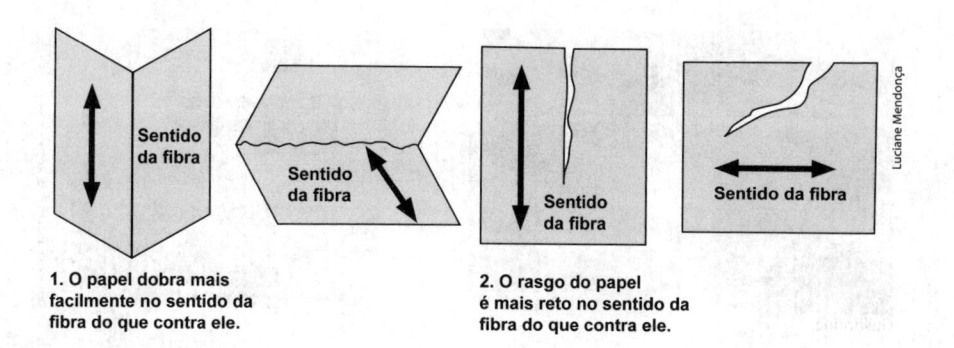

1. O papel dobra mais facilmente no sentido da fibra do que contra ele.

2. O rasgo do papel é mais reto no sentido da fibra do que contra ele.

10.3. Acabamento

É a fase de finalização do material que vai desde um corte simples até procedimentos mais elaborados como dobra, vinco, faca especial, entre tantas outras possibilidades.

Cada vez mais, os processos estão se encurtando e aproximando o designer do produto final.

A escolha de um acabamento baseia-se em vários fatores como durabilidade, praticabilidade, estética e custos.

10.3.1. Verniz e Plastificação

Tem a finalidade de aumentar brilho e proteger na hora da manipulação do impresso.

Plastificadora.

10.3.2. Corte

Os cortes são feitos em guilhotinas e alguns modelos possuem programações eletrônicas que possibilitam que os cortes repetitivos sejam automatizados. Também apresentam dispositivos de segurança para diminuir os riscos de acidentes.

O corte é o processo de refile do papel para que fique pronto para ser entregue ao cliente ou para que fique no formato para ser enviado à dobradeira.

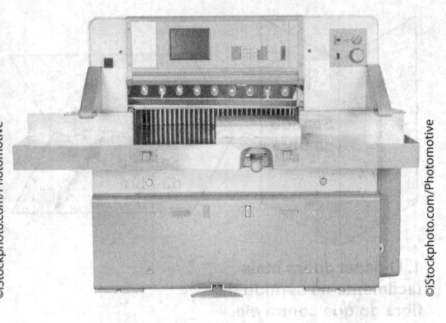

Guilhotina.

10.3.3. Dobra

Alguns materiais precisam ser dobrados depois de impressos e essa operação é realizada pela dobradeira que é capaz de fazer dobras simples ou múltiplas. Alguns equipamentos, além de dobrar fazem a colagem, o picote, o vinco e, ainda, o refile. Algumas gráficas possuem catálogos com modelos diferentes de dobra que devem ser determinadas na fase de projeto do material.

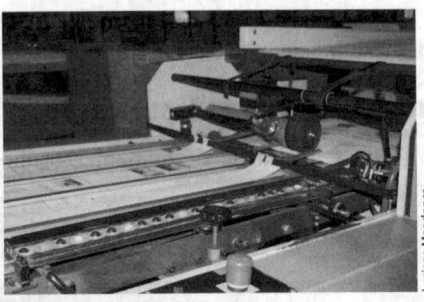

Dobradeira.

Dobradeira.

10.3.4. Relevo

O relevo trata-se de uma impressão tridimensional feita a partir de um molde de metal. Essas impressões podem ser em alto ou baixo relevo. Basicamente existem dois modelos de relevo: seco e americano. O seco é feito sem o uso de tinta sendo uma técnica de produção mais simples. Já quando o relevo apresenta a aplicação de tinta é chamado de relevo americano e utiliza o calor para a impressão. A área a ser impressa é coberta com uma camada fina de tinta úmida com um pó termoplástico. O pó, ao ser aquecido, torna-se líquido e, após resfriado solidifica-se.

Relevo seco.

Relevo Americano.

10.3.5. Montagem

A montagem se refere às folhas impressas de maneira que fiquem na sequência correta ao serem dobradas e refiladas. Depois das dobras feitas dá-se o nome de cadernos. Normalmente esses cadernos são formados por 4, 8, 16 ou 32 páginas.

10.3.6. Alceamento

É a junção dos cadernos que formarão o conjunto final.

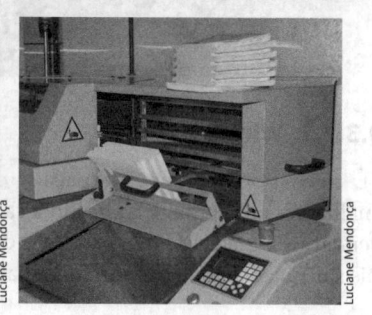

Alceadeira.

10.3.7. Costura e Grampo

Sua finalidade é unir os cadernos e pode ser feita com linha, cola ou grampos.

Costura.

Costura.

A encadernação tem a função de facilitar o manuseio do material, tornando as consultas mais dinâmicas e rápidas. Veja alguns dos principais tipos de encadernação a seguir.

10.3.7.1. Espiral

Normalmente é usada em trabalhos mais simples, possui opções diversas de cores e diâmetros de acordo com a quantidade de folhas utilizadas.

10.3.7.2. Wire-o

É um tipo de encadernação que usa arames semelhantes ao espiral. É indicado a cadernos, catálogos, calendários e materiais que precisem de um acabamento mais sofisticado e que proporcione maior durabilidade.

10.3.7.3. Hot-Melt

É a encadernação que também é chamada de lombada quadrada. Nesse modelo de encadernação as páginas são coladas na capa com a utilização de um tipo específico de cola quente. São feitas pequenas ranhuras nas laterais das páginas para que o miolo tenha maior fixação na capa.

10.3.7.4. Canoa (grampo)

Este tipo de encadernação é indicado nos casos de publicações com poucas páginas. Nela as folhas apresentam uma dobra central onde são colocados grampos. Folders, jornais, revistas, manuais, livretos são alguns dos materiais que podem ser encadernados dessa maneira.

10.3.7.5. Capa dura

Tipo de encadernação voltado à materiais que precisam ter uma durabilidade maior e acabamento mais refinado. As páginas são costuradas antes de serem encadernadas.

10.3.7.6. Brochura

Nesse modelo de encadernação os cadernos são costurados na lombada e, em seguida, colados a uma capa flexível.

10.3.8. Faca

A aplicação de faca se dá quando o acabamento exige cortes diferenciados acompanhados de vincos ou dobras. São feitas de lâminas de aço montadas sobre base de madeira. Observe nas imagens alguns modelos de facas aplicadas e abaixo uma matriz de faca:

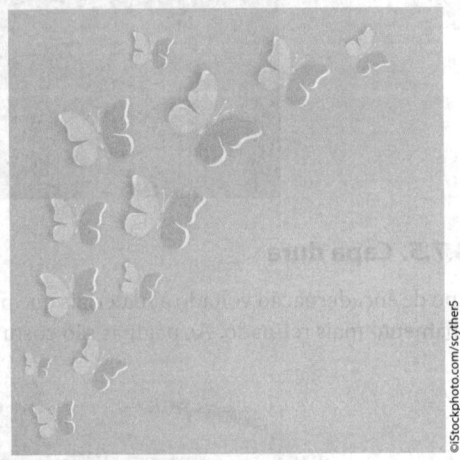

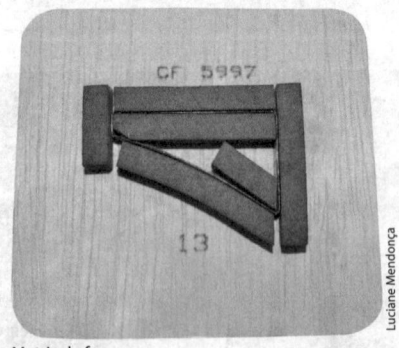

Matriz de faca.

10.3.9. Verniz

Atualmente um dos recursos muito utilizados é o verniz **U.V.** Trata-se de um acabamento com grande aplicabilidade que confere brilho e lisura ao impresso. Pode ser aplicado em toda a arte ou em pontos específicos. É chamado de **U.V.** em função do seu método de secagem ser feito através da radiação ultravioleta. Ainda considerando os vernizes, existem os texturizados que criam um efeito de relevo tornando a superfície do suporte diferenciada, e os aromáticos com a função de liberar aroma em áreas específicas do impresso. Nesse caso, o aroma é liberado com o rompimento das cápsulas ao serem friccionadas. Ainda existem os glitters que dão efeito cintilante proporcionando um apelo visual maior, os fluorescentes onde os pigmentos são ativados pela luz e no escuro produz uma cor amarela fluorescente e as raspadinhas voltadas para impressos de bilhetes.

Também existem laminação e plastificação das mais variadas formas. Por exemplo, a laminação fosca deixa o material com um aspecto aveludado. Já a laminação brilho, além de dar brilho, proporciona resistência à umidade.

Quanto à plastificação, sua finalidade é garantir maior durabilidade ao produto, brilho e beleza. Também pode ser fosca que além das funcionalidades citadas possibilita maior facilidade de leitura do material.

Muitos tipos de acabamentos podem ser utilizados juntos agregando valor e beleza aos produtos. Note que há uma infinidade de vernizes e laminações disponíveis para serem utilizadas de acordo com o que o projeto necessita.

10.3.10. Resumo do Fluxo de Trabalho

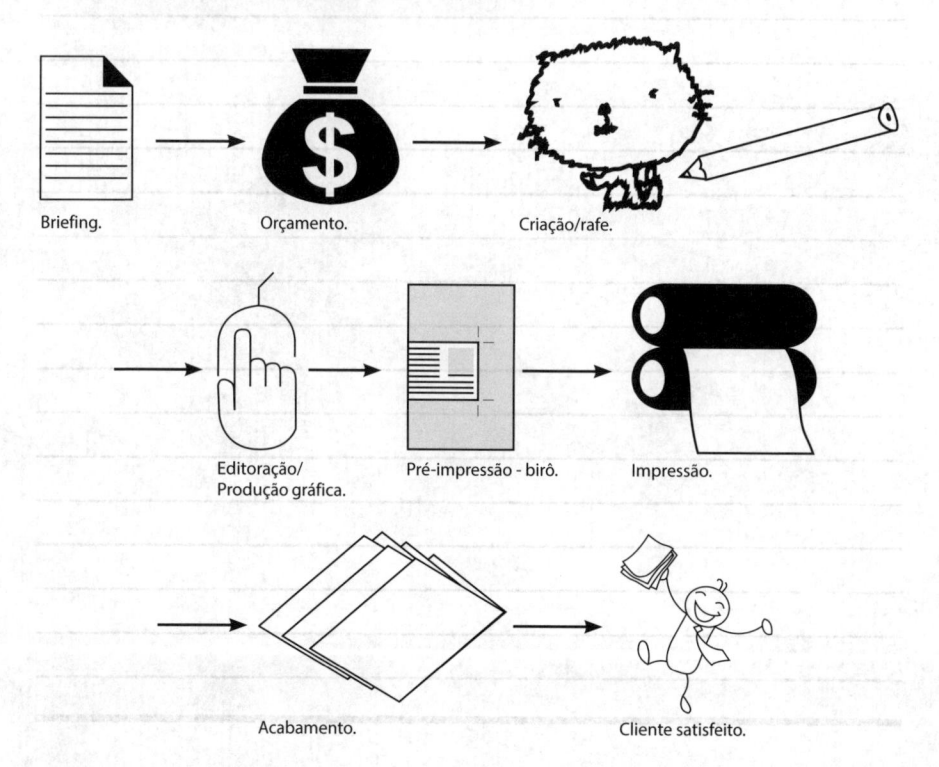

Briefing. → Orçamento. → Criação/rafe.

→ Editoração/Produção gráfica. → Pré-impressão - birô. → Impressão.

→ Acabamento. → Cliente satisfeito.

Anotações

11
CorelDRAW X6

- 11.1. **Criar um Documento**
  - 11.1.1. Adicionar Páginas ao Documento
  - 11.1.2. Configurar o Layout da Página
  - 11.1.3. Duplicando Páginas
  - 11.1.4. Excluir Páginas
  - 11.1.5. Escalas de Desenho
  - 11.1.6. Importar Conteúdo
- 11.2. **Linhas e Curvas**
  - 11.2.1. Desenho à Mão Livre
  - 11.2.2. Desenho de Linhas
  - 11.2.3. Desenho de Curvas
  - 11.2.4. Linhas de Fluxo e de Dimensão
  - 11.2.5. Linhas e Contornos – Definição de Cor
  - 11.2.6. Definir Estilo
  - 11.2.7. Pontas de Setas
  - 11.2.8. Formas – Cantos
  - 11.2.9. Polígonos e Estrelas
  - 11.2.10. Espirais
- 11.3. **Tabela**
- 11.4. **Modelagem de Formas**
  - 11.4.1. Edição de Nós
  - 11.4.2. Inserção e Remoção de Nós
- 11.5. **Janelas de Encaixe Cor**
- 11.6. **Criação de Estilos de Cor**
  - 11.6.1. Preenchimento Uniforme
  - 11.6.2. Preenchimento Gradiente
  - 11.6.3. Preenchimento com Textura
- 11.7. **Textos**
  - 11.7.1. Texto de Parágrafo
  - 11.7.2. Molduras Vinculadas
  - 11.7.3. Importar Texto
  - 11.7.4. Conversão de Textos em Curvas
  - 11.7.5. Ajustar Texto a Moldura
  - 11.7.6. Texto em Colunas
  - 11.7.7. Aplicar Capitulares
  - 11.7.8. Contornar Objetos com Texto
  - 11.7.9. Texto em Caminhos

11.8. Manipulação de Objetos
    11.8.1. Alterar a Ordem de Exibição dos Objetos
    11.8.2. Alinhamento e Distribuição de Objetos
    11.8.3. Camadas
    11.8.4. Código de Barras

11.9. Efeitos
    11.9.1. Transparência
    11.9.2. Espiral
    11.9.3. PowerClip
    11.9.4. Perspectiva
    11.9.5. Extrusões
    11.9.6. Chanfradura
    11.9.7. Sombreamento
    11.9.8. Efeito Envelope
    11.9.9. Objetos Misturados
    11.9.10. Inclinar e Esticar Objetos
    11.9.11. Aplicar Efeitos de Distorção

11. CorelDRAW X6

O **CorelDRAW** é um programa utilizado para a criação de ilustrações vetoriais. Permite a elaboração de desenhos simples à peças mais sofisticadas. Será apresentado os conceitos básicos desse programa que poderá ajudar na execução de seus projetos.

11.1. Criar um Documento

O **CorelDRAW X6** possibilita que o documento seja criado baseado em um modelo predefinido ou em um documento em branco. Acompanhe como criar um documento:
1. Em **Arquivo** clique em **Novo**;
2. A caixa de diálogo **Criar um novo documento** será exibida. Configure o documento de acordo com as necessidades do projeto a ser desenvolvido;

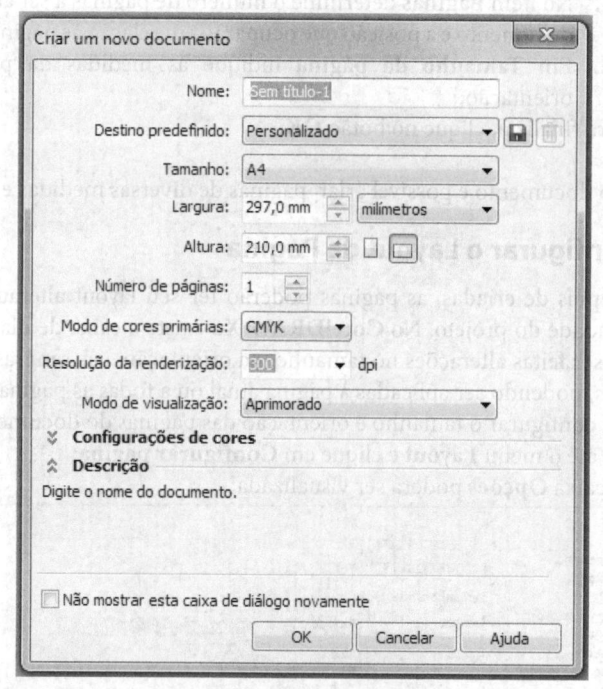

3. Em seguida, clique em **OK** para finalizar.

11.1.1. Adicionar Páginas ao Documento

Ao criar o documento é possível indicar o número de páginas a ser inserido. Caso seja necessário acrescentar mais páginas, siga os seguintes passos:
1. No menu **Layout** clique em **Inserir página**;

2. Na caixa de diálogo **Inserir páginas** faça:

- **2.1.** No item **Páginas** determine o número de páginas a ser adicionado ao documento e a posição que ocuparão em relação às páginas existentes;
- **2.2.** Em **Tamanho da página** indique as medidas da página e sua orientação;
3. Para finalizar, clique no botão **OK**.

No mesmo documento é possível criar páginas de diversas medidas e orientação.

11.1.2. Configurar o Layout da Página

Mesmo depois de criadas, as páginas poderão ter seu layout alterado de acordo com a necessidade do projeto. No **CorelDRAW X6** existe a caixa de diálogo **Opções** onde podem ser feitas alterações no tamanho, na orientação, nas sangras e em outras características, podendo ser aplicadas à página atual ou a todas as páginas.

Veja como configurar o tamanho e orientação das páginas do documento:

1. Vá até o menu **Layout** e clique em **Configurar página**;
2. A caixa **Opções** poderá ser visualizada;

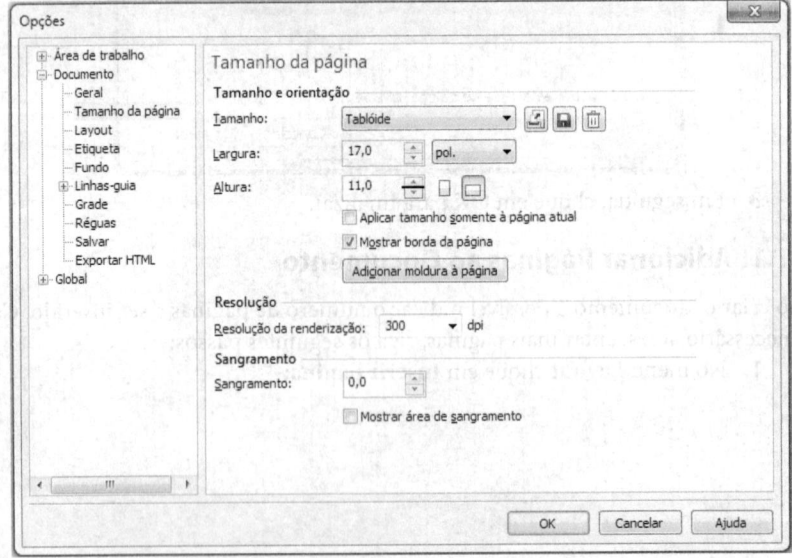

3. Nas opções mostradas à esquerda, escolha a opção **Tamanho da página**;
4. No campo **Tamanho** selecione uma predefinição de página ou clique na opção **Personalizado** e determine uma medida para a mesma;
5. Para modificar a orientação da página estão disponíveis os botões **Retrato** (▯) para a página vertical e **Paisagem** (▭) para a página horizontal;
6. Quando se tratar de um documento com mais de uma página é possível alterar o layout de maneira individual marcando a opção **Aplicar tamanho somente à página atual**;
7. Clique no botão **OK** para aplicar as alterações.

11.1.3. Duplicando Páginas

As páginas de um documento podem ser duplicadas para facilitar o trabalho, pois elementos que compõem o design como bordas e cabeçalhos podem ser utilizados novamente. Observe como duplicar páginas de um documento:

1. Faça a seleção da guia da página que será duplicada;
2. Em **Layout** clique em **Duplicar página**;
3. Na caixa de diálogo mostrada determine a posição da cópia em relação às outras páginas do documento. Especifique os elementos que serão copiados e, em seguida, clique em **OK**.

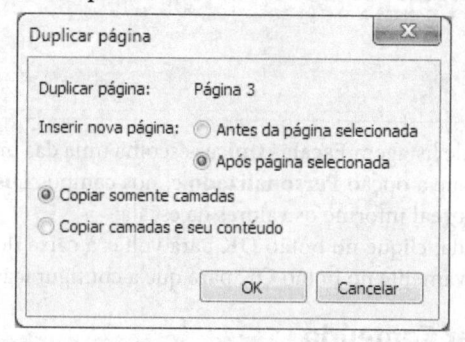

11.1.4. Excluir Páginas

Acompanhe como excluir uma ou mais páginas:
1. Em **Layout** clique na opção **Excluir página**;
2. Na caixa de diálogo indique a página ou o intervalo de páginas que deverá ser excluído; 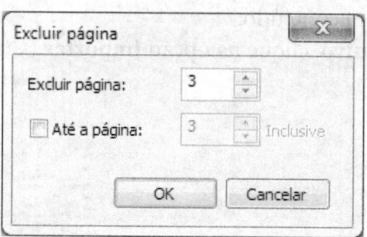
3. Em seguida, clique no botão **OK**.

11.1.5. Escalas de Desenho

Para facilitar o desenvolvimento de projetos maiores que ocupam grandes espaços é necessário determinar uma escala para a criação dos elementos em tamanho reduzido. Dessa maneira, ao desenhar algum projeto é possível criar uma escala onde cada centímetro desenhado corresponda a determinada medida no tamanho real.

Veja a seguir como configurar uma escala:
1. No menu **Ferramentas** clique em **Opções (Ctrl+J)**;
2. A caixa de diálogo **Opções** poderá ser visualizada. Clique em **Documento** e selecione a opção **Réguas**;
3. Clique no botão **Editar escala** para que a caixa de diálogo **Escala de desenho** seja visualizada;

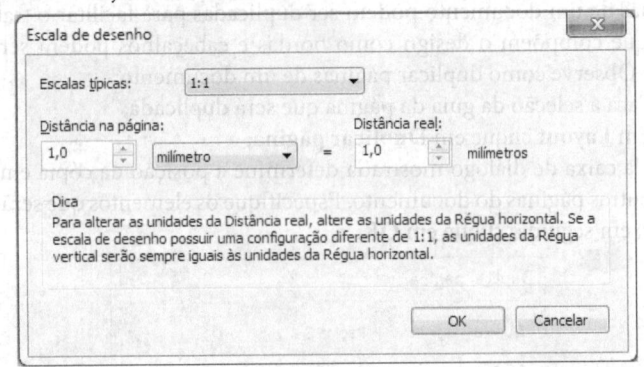

4. Na caixa de listagem **Escalas típicas** escolha uma das predefinições da lista, ou selecione a opção **Personalizado** e, nos campos **Distância na página** e **Distância real** informe os valores da escala;
5. Em seguida, clique no botão **OK** para voltar à caixa de diálogo anterior. E clique novamente no botão **OK** para que a configuração seja concluída.

11.1.6. Importar Conteúdo

O **CorelDRAW X6** possibilita que inúmeros tipos de conteúdo sejam importados, como imagens, textos ou folhas de estilos.

Um objeto ao ser importado deverá ser incorporado ou vinculado ao documento. Quando vinculado, toda edição executada no arquivo externo é aplicada de maneira automática ao arquivo importado.

Veja como importar um conteúdo:
1. No menu **Arquivo**, clique na opção **Importar (Ctrl+I)**;

2. Observe que será exibida a caixa de diálogo **Importar**;

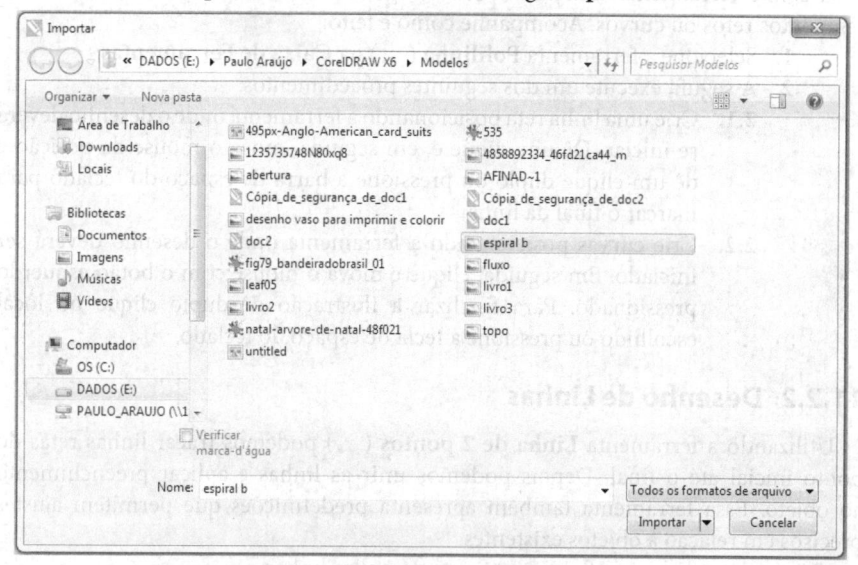

3. Indique qual o arquivo a ser importado. Selecione-o e faça algum desses procedimentos:
   3.1. Para incorporar o objeto, clique no botão **Importar**;
   3.2. Já para vincular o objeto ao documento, clique na seta ao lado do botão **Importar**. Em seguida, clique na opção **Importar como imagem vinculada externamente**.

11.2. Linhas e Curvas

As linhas são constituídas basicamente por dois pontos chamados de **nós** e ligados por um caminho. A **Caixa de Ferramentas** presente no **CorelDRAW X6** dispõe de ferramentas para o desenvolvimento de linhas retas ou curvas que possibilitam a criação de formas variadas.

11.2.1. Desenho à Mão Livre

As ferramentas de desenho à mão livre são indicadas para a elaboração de formas que apresentam mudanças repentinas no sentido de seu traçado. Para as formas livres existem as ferramentas **Mão livre (F5)** ( ) e **Polilinha** ( ).

Com a ferramenta **Mão livre (F5)** ( ) podemos criar formas retas ou curvas. Veja como utilizar essa ferramenta:
1. Selecione a ferramenta **Mão livre (F5)** ( ) na **Caixa de Ferramentas**;
2. Em seguida, realize algum dos procedimentos:
   2.1. Para criar uma linha reta posicione a ferramenta onde o desenho será iniciado. Em seguida, dê um clique e mova o mouse de posição. Clique novamente para marcar o final da linha;
   2.2. Para criar formas curvas clique e mova o mouse com o botão esquerdo pressionado, enquanto forma o desenho.

Já com a ferramenta **Polilinha** ( ) conseguimos desenhar formas com diversos segmentos retos ou curvos. Acompanhe como é feito:
1. Selecione a ferramenta **Polilinha** ( ) na **Caixa de Ferramentas**;
2. A seguir, execute um dos seguintes procedimentos:
    2.1. Crie uma linha reta posicionando a ferramenta onde o desenho deverá se iniciar. Dê um clique e, em seguida, mova o mouse de posição e dê um clique duplo ou pressione a barra de espaço do teclado para marcar o final da linha;
    2.2. Crie curvas posicionando a ferramenta onde o desenho deverá ser iniciado. Em seguida, clique e mova o mouse com o botão esquerdo pressionado. Para finalizar a ilustração dê duplo clique no local escolhido ou pressione a tecla de espaço do teclado.

11.2.2. Desenho de Linhas

Utilizando a ferramenta **Linha de 2 pontos** ( ) podemos traçar linhas retas do ponto inicial até o final. Depois podemos unir as linhas e aplicar preenchimento ao objeto. Essa ferramenta também apresenta predefinições que permitem ajustes precisos em relação à objetos existentes.

Veja como utilizar essa ferramenta para desenhar linhas:
1. Faça a seleção da ferramenta **Linha de 2 pontos** ( );
2. Posicione a ferramenta no documento, clique e mova o mouse com o botão esquerdo pressionado traçando a linha;
3. Libere o botão para que seja finalizado.

11.2.3. Desenho de Curvas

No **CorelDRAW X6** existem várias ferramentas para criação de inúmeros tipos de curvas, basta escolher a que mais se adequa às necessidades do projeto. A ferramenta **Bézier** ( ) é uma dessas que permite criar curvas.

Acompanhe como desenhar uma curva:
1. Na **Caixa de Ferramentas** faça a seleção da ferramenta **Bézier** ( );
2. Posicione a ferramenta no documento clicando no ponto inicial e no ponto final. Em seguida, clique e mova o mouse com o botão esquerdo pressionado para que o ângulo da curva seja criado;
3. Para finalizar a curva pressione a barra de espaço do teclado.

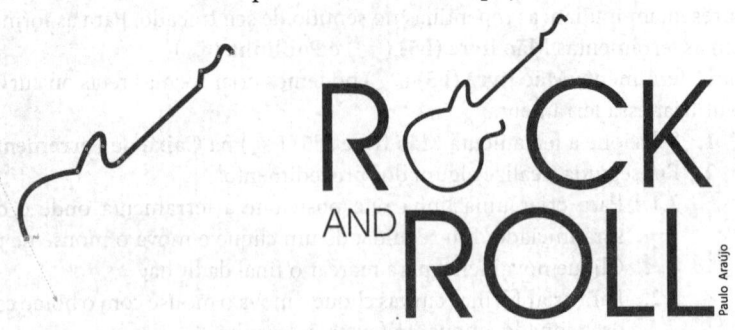

Já com a ferramenta **Caneta** ( ) podemos criar curvas em segmentos e visualizar a sua forma a cada segmento desenhado. Veja como fazer:
1. Selecione a ferramenta da **Caneta** ( );
2. Em seguida, execute um dos procedimentos:
    2.1. Para iniciar uma linha reta posicione a ferramenta no documento, clique no ponto inicial e, em seguida, no ponto final. Finalize clicando novamente, ou ainda, pressionando a barra de espaço do teclado;
    2.2. Para criar uma curva posicione a ferramenta no documento e clique no ponto inicial. Em seguida, clique no ponto final e mantenha pressionado o botão esquerdo do mouse, arraste-o para formar a curva. Finalize clicando novamente, ou ainda, pressionando a barra de espaço do teclado.

Utilizando a ferramenta **Curva com 3 pontos** ( ) é possível criar linhas curvas simples, arcos e semicírculos. Essa ferramenta traça uma reta do ponto inicial ao final e, em seguida, posiciona o ponto central. Veja como usá-la:
1. Na **Caixa de Ferramentas** faça a seleção da ferramenta **Curva com 3 pontos** ( );
2. Posicione a ferramenta no documento, clique com o botão esquerdo do mouse e mova-o até o ponto final da forma criando uma reta;
3. Solte o botão. Em seguida, deslize o mouse até que a curva adquira a forma desejada;
4. Clique novamente e finalize a forma.

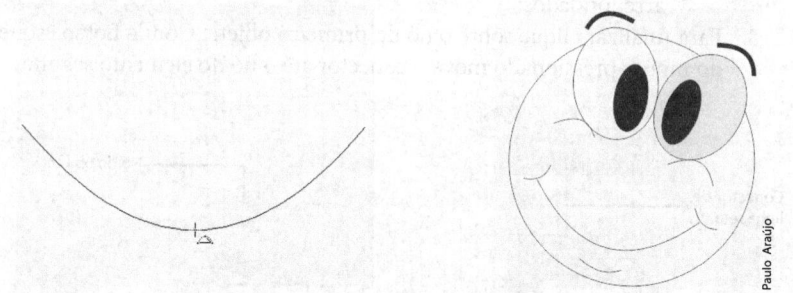

O CorelDRAW também apresenta a ferramenta **B-Spline** ( ) responsável em criar curvas. Através de pontos de controle criados por ela é possível alterar o ângulo das curvas. Veja no passo a passo, como criar formas com essa ferramenta:
1. Faça a seleção da ferramenta **B-Spline** ( );
2. Clique em uma área para dar início ao desenho;
3. Mova o mouse e, em seguida, dê um novo clique para acrescentar um ponto de controle. Crie pontos de controle para modificar o ângulo do segmento;
4. Para finalizar a forma dê clique duplo.

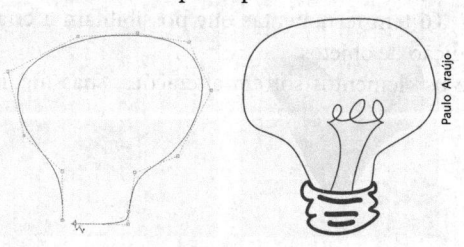

11.2.4. Linhas de Fluxo e de Dimensão

As linhas de fluxo e dimensão são elementos auxiliares para a interligação de objetos e o dimensionamento das formas.

As linhas de fluxo geralmente são usadas em fluxogramas ou diagramas, o que possibilita a conexão entre os elementos permitindo que sejam reposicionados.

Já as linhas de dimensão permitem determinar a distância entre dois pontos ou as medidas dos lados de uma ilustração. Esse recurso é bastante útil durante o processo de criação e elaboração de desenhos técnicos.

11.2.4.1. Criando Linhas de Fluxo

O **CorelDRAW X6** apresenta as ferramentas **Conector de linha reta** ( ), **Conector de ângulo reto** ( ) e **Conector redondo de ângulo reto** ( ) que criam diferentes modelos de linha de fluxo. Observe como utilizá-las:
1. Na janela de desenho crie as formas que serão interligadas;
2. Na **Caixa de Ferramentas** faça:
    2.1. Escolha a ferramenta **Conector de linha reta** ( ) para conectar formas com linhas retas;
    2.2. Já para conectar formas com linhas que apresentam segmentos horizontais e verticais selecione a ferramenta **Conector de ângulo reto** ( );
    2.3. Ou escolha a ferramenta **Conector redondo de ângulo reto** ( ) caso desejar conectar formas que irão se conectar com ângulos retos arredondados;
3. Para finalizar clique sobre o nó do primeiro objeto. Com o botão esquerdo do mouse pressionado mova o conector até o nó do elemento seguinte.

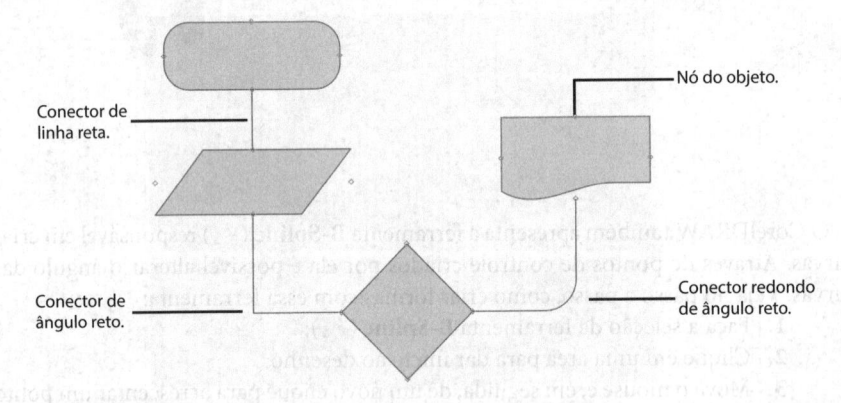

11.2.4.2. Linhas de Dimensão

O **CorelDRAW X6** tem ferramentas que possibilitam a criação de linhas retas e angulares para medição de objetos.

Nos casos onde os elementos sofrem alterações, suas medidas serão atualizadas automaticamente.

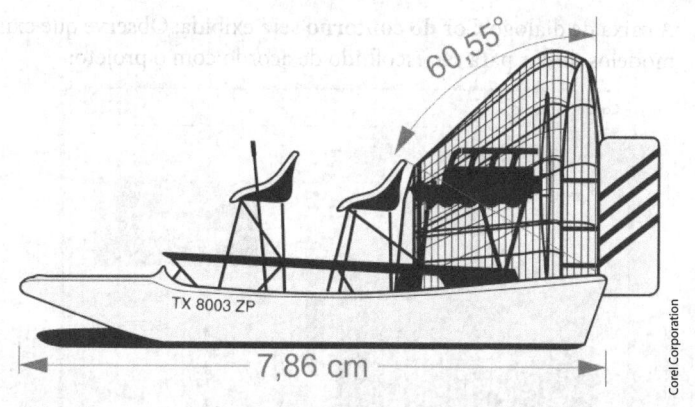

Observe a seguir como utilizar as linhas de dimensão:
1. Na **Caixa de Ferramentas** escolha uma das ferramentas de dimensão:
    1.1. Para criar linhas de dimensão paralela selecione a ferramenta **Dimensão paralela** ( );
    1.2. Selecione a ferramenta **Dimensão horizontal ou vertical** ( ) para criar linhas de dimensão verticais ou horizontais;
    1.3. Para criar linhas de dimensão angulares opte pela ferramenta **Dimensão angular** ( );
    1.4. Selecione a ferramenta **Dimensão de segmento** ( ) para que seja mostrada a distância entre os nós de um objeto ou entre dois elementos;
2. Depois clique para inserir o ponto inicial e mova o mouse com o botão esquerdo pressionado até o final da linha de dimensão;
3. Mova o ponteiro para marcar a posição da linha de dimensão e clique para que o texto seja acrescentado.

Para alterar as características de uma linha de dimensão já criada, selecione a ferramenta **Seleção** ( ) e marque a linha para ativar a **Barra de Propriedades**.

11.2.5. Linhas e Contornos – Definição de Cor

Depois de criada uma forma com as ferramentas do **CorelDRAW X6** pode-se alterar a cor do traçado. Veja como fazer isso:
1. Com a ferramenta **Seleção** ( ) marque o objeto a ser alterado;
2. Na **Caixa de Ferramentas** clique no grupo **Caneta de contorno** ( ) e escolha a **Cor do contorno** (**Shift+F12**) ( );

3. A caixa de diálogo **Cor do contorno** será exibida. Observe que existem três modelos de cor para ser escolhido de acordo com o projeto:

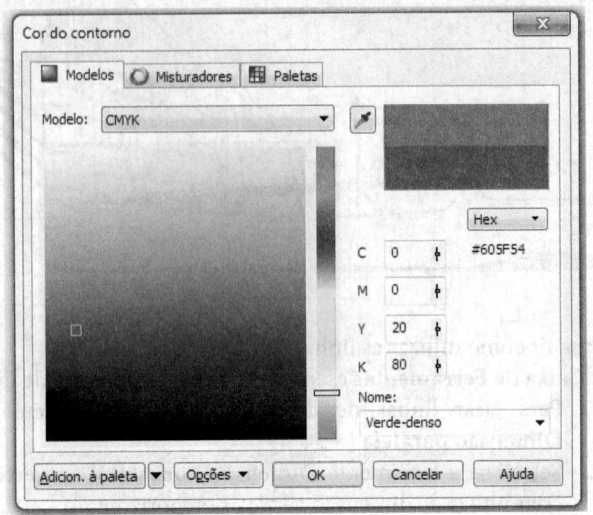

Modo de seleção Modelo.

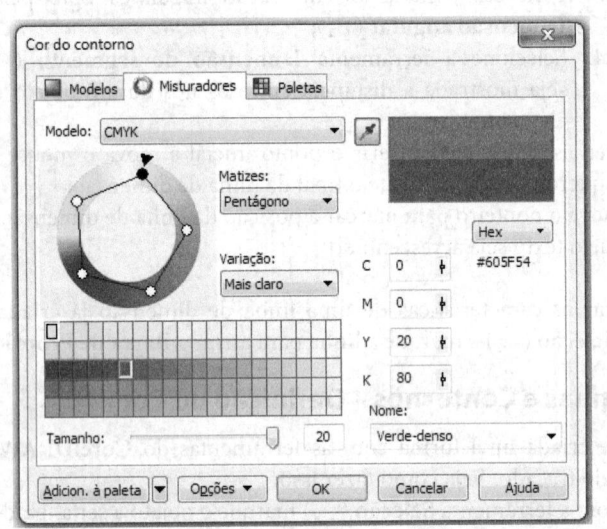

Modo de seleção Misturadores.

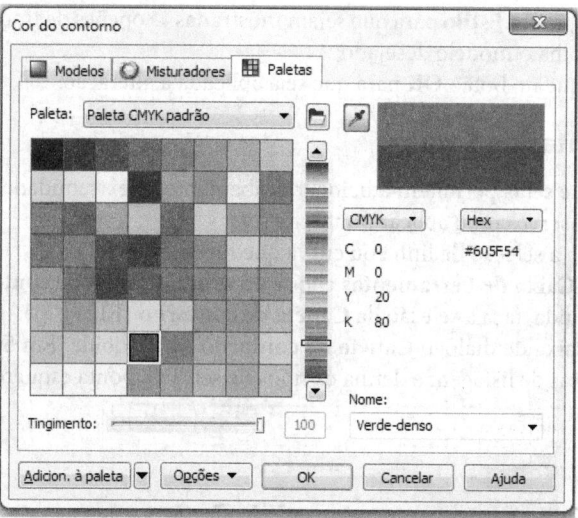

Modo de seleção Paletas.

4. Faça a seleção da cor desejada;
5. Clique em **OK** para que a cor seja aplicada.

11.2.6. Definir Estilo

O estilo das linhas pode ser alterado tanto em espessura quanto em estrutura: pontilhado e tracejado. Veja como fazer essas alterações:
1. Faça a seleção do objeto a ser alterado;
2. Na **Caixa de Ferramentas** clique no grupo **Caneta de contorno** ( ). Em seguida, selecione a **Caneta de contorno (F12)** ( );
3. A caixa de diálogo **Caneta de contorno** poderá ser visualizada;

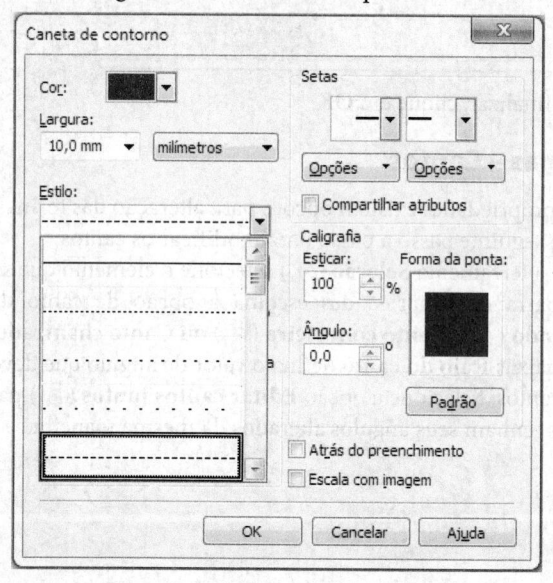

4. Clique em **Estilo** para que sejam mostradas as opções de traçado. Após isso, escolha o modelo desejado;
5. Clique no botão **OK** para que seja aplicada a alteração.

11.2.7. Pontas de Setas

As pontas de setas permitem adicionar acabamento às extremidades das linhas ou das curvas. Observe como aplicar pontas de seta:
1. Faça a seleção da linha ou curva que receberá o efeito;
2. Na **Caixa de Ferramentas** clique no grupo **Caneta de contorno** ( ). Em seguida, faça a seleção da **Caneta de contorno (F12)** ( );
3. A caixa de diálogo **Caneta de contorno** será exibida. Em **Setas** clique nas caixas de listagem e defina os tipos de setas da ponta esquerda e direita;

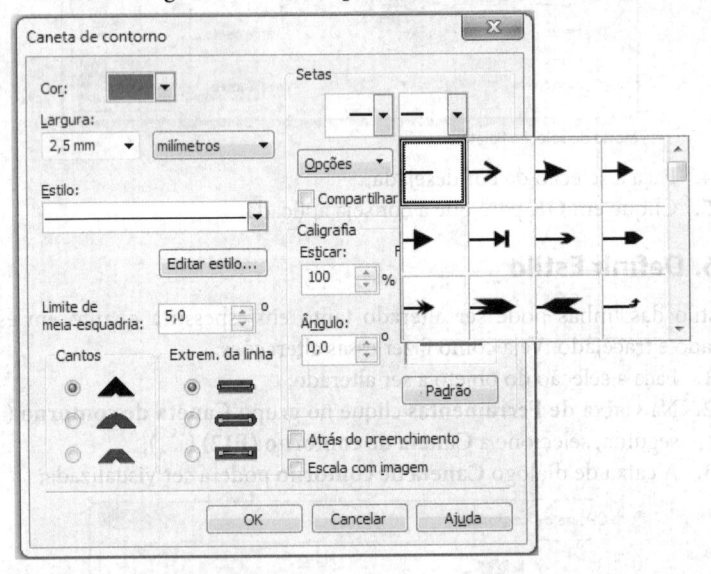

4. Para finalizar, clique em **OK**.

11.2.8. Formas – Cantos

Na barra de propriedades existem opções para alteração das formas dos cantos das imagens. Faça o seguinte passo a passo para modificar os cantos:
1. Com a ferramenta **Seleção** ( ) selecione o elemento que será alterado;
2. Na barra de propriedades escolha a opção de canto desejada: **Canto redondo** ( ), **Canto com vieira** ( ) ou **Canto chanfrado** ( );
3. Nas caixas **Raio do canto** defina o valor de ângulo que deverá ser aplicado aos cantos. Selecione a opção **Editar cantos juntos** ( ) para que todos os lados tenham seus ângulos alterados da mesma maneira.

Canto reto.   Canto redondo.   Canto vieira.   Canto chanfrado.

11.2.9. Polígonos e Estrelas

A ferramenta **Polígono (Y)** ( ) permite criar formas diversas em função da variação do número de cantos. Nessa categoria também estão disponíveis as ferramentas **Estrela** ( ) e **Estrela complexa** ( ).

Para criar polígonos siga o passo a passo:
1. Faça a seleção da ferramenta **Polígono (Y)** ( ) na **Caixa de Ferramentas**;
2. Na **Barra de Propriedades** indique o número de lados do polígono inserindo um valor na caixa **Pontos ou Lados**;

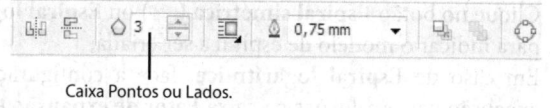

Caixa Pontos ou Lados.

3. Em seguida, clique e mova o mouse com o botão esquerdo pressionado criando a forma;
4. Solte o botão do mouse para finalizar a forma.

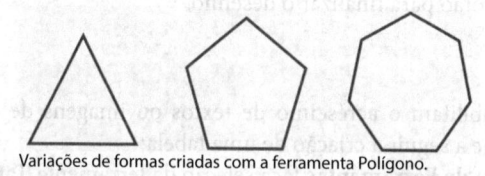

Variações de formas criadas com a ferramenta Polígono.

Agora veja como criar uma estrela:
1. Na **Caixa de Ferramentas** faça a seleção da ferramenta **Estrela complexa** ( );
2. Determine o número de lados da estrela adicionando um valor na caixa **Pontos ou Lados** na **Barra de Propriedades**;
3. Posicione o cursor no documento, clique e mova o mouse com o botão esquerdo pressionado, criando assim a forma.

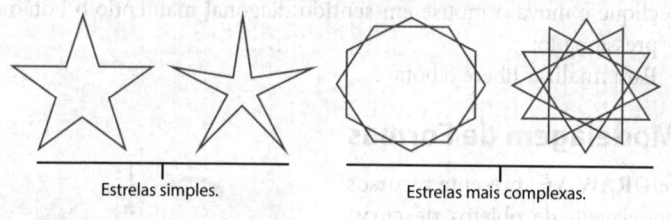

Estrelas simples.   Estrelas mais complexas.

11.2.10. Espirais

No **CorelDRAW X6** é possível criar espirais: **Simétricas** e **Logarítmicas**. As espirais simétricas se expandem de modo uniforme enquanto as espirais logarítmicas se expandem de maneira crescente.

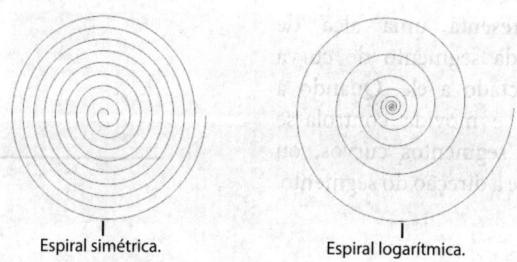

Espiral simétrica.   Espiral logarítmica.

Veja como desenhar espirais:
1. Na **Caixa de Ferramentas** clique na ferramenta **Espiral (A)** ( ). Observe que aparecerá uma barra de propriedades:

1 - Revolução de espiral.
2 - Espiral simétrica.
3 - Espiral logarítmica.
4 - Fator de expansão em espiral.

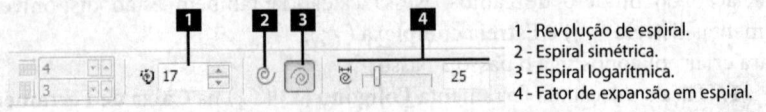

   2.1. Determine um valor na caixa **Revolução de espiral** para indicar o número de revoluções em círculo completo que o espiral terá;
   2.2. Clique no botão **Espiral simétrica** ( ) ou **Espiral logarítmica** ( ) para indicar o modelo de espiral a ser criada;
   2.3. Em caso de **Espiral logarítmica**, faça a configuração da taxa de expansão das revoluções na caixa **Fator de expansão em espiral**;
3. Posteriormente coloque o cursor no documento, clique e mova com o botão esquerdo pressionado para que a forma seja criada;
4. Solte o botão para finalizar o desenho.

11.3. Tabela

As tabelas possibilitam o acréscimo de textos ou imagens de acordo com cada projeto. Acompanhe a seguir a criação de uma tabela:
1. Na **Caixa de Ferramentas** faça seleção da ferramenta **Tabela** ( );
2. Determine na **Barra de Propriedades** o número de linhas e colunas da tabela nas caixas **Fileiras e colunas**;

Caixas Fileiras e colunas.   Opções de formatação da tabela.

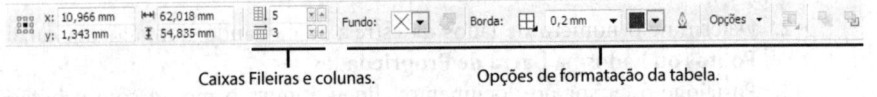

3. Coloque o cursor no documento. Em seguida, para desenhar a tabela clique e mova o mouse em sentido diagonal mantendo o botão esquerdo pressionado;
4. Para finalizar libere o botão.

11.4. Modelagem de Formas

O **CorelDRAW X6** apresenta recursos para a modelagem de objetos de curva que são formados por elementos denominados de **Nó** e **Alças de controle** e que permitem a alteração das formas. A linha entre dois nós é chamada de **Segmento**.

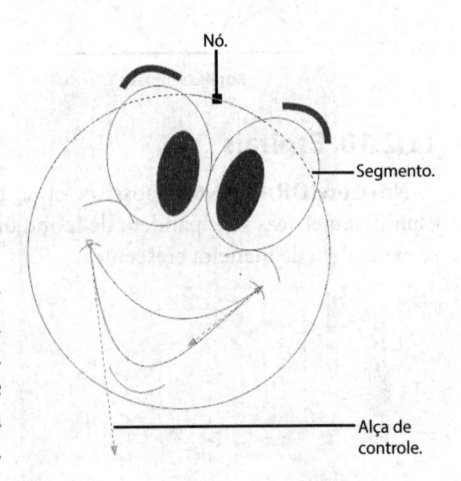

Cada nó apresenta uma alça de controle para cada segmento de curva que estiver conectado a ele. Quando a alça de controle é movida controla-se a suavidade dos segmentos curvos, ou ainda, modifica-se a direção do segmento.

Para alterar a forma de um objeto ou o objeto de texto deve-se convertê-lo em um objeto de curva. Observe como realizar essa ação:
1. Faça a seleção da forma com a ajuda da ferramenta **Seleção** ( );
2. No menu <u>O</u>rganizar escolha a opção **Con<u>v</u>erter em curvas (Ctrl+Q)**.

11.4.1. Edição de Nós

Com a ferramenta **Forma (F10)** ( ) é possível selecionar e editar os nós de um objeto. Para isso é necessário clicar com a ferramenta sobre o nó e manter a tecla <Shift> pressionada. Veja que ao selecionar um nó, as alças de controle são mostradas para que seja feita a modelagem da curvatura do segmento.

A forma do objeto curvo pode ser alterada da seguinte maneira:
1. Na **Caixa de Ferramentas** faça a seleção da ferramenta **Forma (F10)** ( );
2. Selecione o nó desejado;
3. Na **Barra de Propriedades** escolha o modelo de nó a ser utilizado: **Nó cúspide** ( ), **Suavizar nó** ( ) ou **Nó simétrico** ( );
4. Coloque o cursor do mouse sobre a alça de controle. Em seguida, clique e mova o mouse pressionado para que a curva do objeto seja alterada.

11.4.2. Inserção e Remoção de Nós

Quanto mais nós um objeto possui maior é o nível de controle sobre os segmentos Veja como acrescentar nós a um objeto:
1. Na **Caixa de Ferramentas** faça a seleção da ferramenta **Forma (F10)** ( );
2. Execute uma das seguintes ações:
    2.1. Clique sobre a linha na posição onde será adicionado o nó. Em seguida, clique no botão **Adicionar nós** ( ) da **Barra de Propriedades**;
    2.2. Dê um duplo clique sobre a linha para adicionar algum nó.

As formas que possuem um número grande de nós são mais difíceis de ser alterados. Caso seja necessário, veja como remover nós de uma forma:
1. Selecione na **Caixa de Ferramentas**, a ferramenta **Forma (F10)** ( );
2. Realize uma das operações a seguir:
    2.1. Clique sobre o nó a ser removido. Em seguida, clique no botão **Excluir nós** ( ) da **Barra de Propriedades**;
    2.2. Clique duas vezes sobre o nó.

A redução também pode ser feita de forma automática, eliminando os nós sobrepostos e suavizando os ângulos do objeto.
Veja a seguir como reduzir os nós de uma forma:
1. Selecione o objeto com a ajuda da ferramenta **Forma (F10)** ( );
2. Na barra de propriedades clique em **Selecionar todos os nós** ( );
3. Em seguida, clique no botão da caixa **Reduzir nós** e mova o controle deslizante para controlar a retirada dos nós.

Forma original.

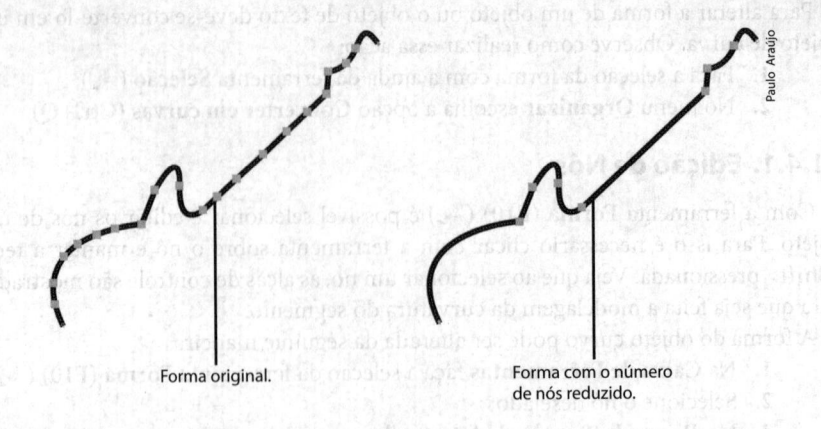

Forma com o número de nós reduzido.

Paulo Araújo

11.5. Janelas de Encaixe Cor

A **Janela de Encaixe Cor** apresenta algumas vantagens se comparada à caixa de diálogo **Preenchimento uniforme**. Para ser exibida clique no menu **Janela** e em **Janelas de encaixe** clique em **C**or.

A **Janela de Encaixe Cor** possui três botões onde pode ser escolhida a maneira de exibição com características específicas em cada uma.

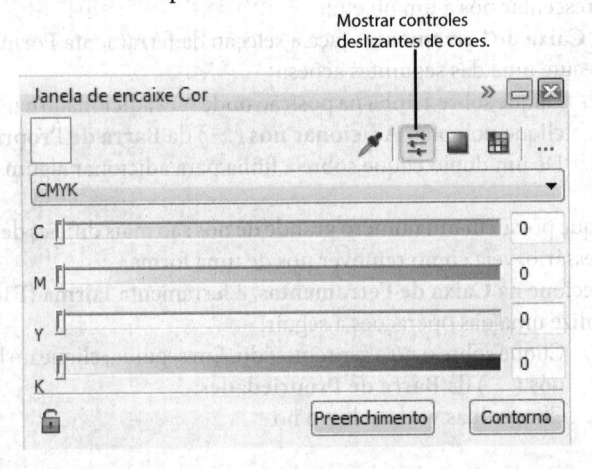

Mostrar controles deslizantes de cores.

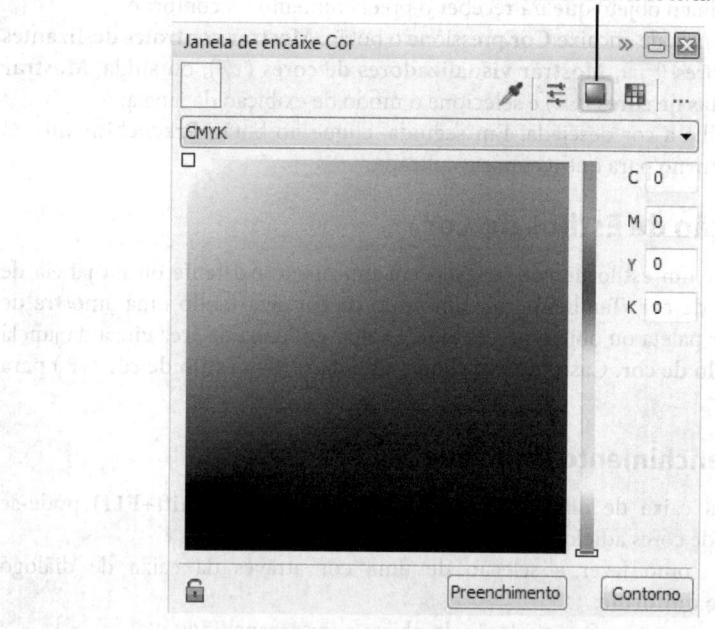

Mostrar visualizadores de cores.

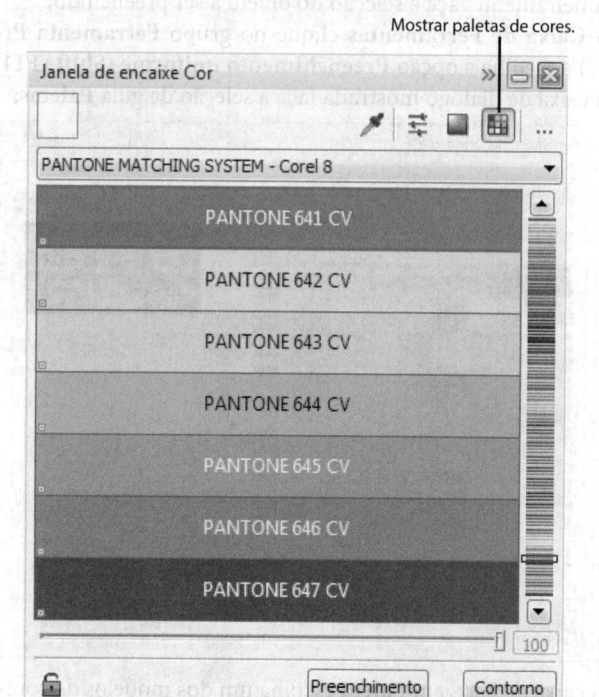

Mostrar paletas de cores.

Aplique cor a um objeto da seguinte maneira:
1. Escolha o objeto que irá receber o preenchimento ou contorno;
2. Na janela de encaixe **Cor** pressione o botão: **Mostrar controles deslizantes de cores** (), **Mostrar visualizadores de cores** (), ou ainda, **Mostrar paletas de cores** () e selecione o modo de exibição da janela;
3. Escolha a cor desejada. Em seguida, clique no botão **Preenchimento** ou **Contorno** para que a cor seja aplicada.

11.6. Criação de Estilos de Cor

Pode-se criar um estilo de cor baseado em um objeto existente ou na janela de encaixe **Estilos de cor**. Também criar um estilo de cor arrastando uma amostra de cor de qualquer paleta ou objeto preenchido e soltar em cima da área cinza da janela de encaixe **Estilo de cor**. Caso prefira, clique no botão **Novo estilo de cor** () para editar a cor.

11.6.1. Preenchimento Uniforme

Por meio da caixa de diálogo **Preenchimento uniforme (Shift+F11)** pode-se acessar paletas de cores adicionais e selecionar tom de cor desejado.

Acompanhe como fazer a seleção de uma cor através da caixa de diálogo **Preenchimento uniforme**:
1. Primeiramente faça a seleção do objeto a ser preenchido;
2. Na **Caixa de Ferramentas** clique no grupo **Ferramenta Preenchimento** () e escolha a opção **Preenchimento uniforme (Shift+F11)** ();
3. Na caixa de diálogo mostrada faça a seleção da guia **Paletas**;

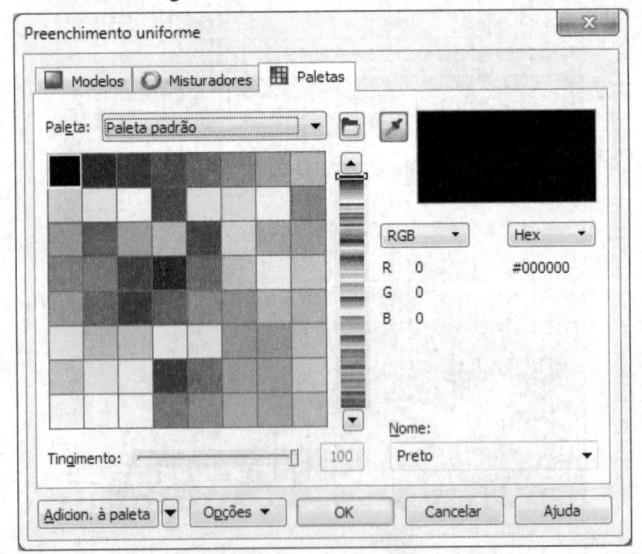

4. Na caixa de listagem **Paleta** escolha um dos modelos de cores disponíveis;
5. Também pode-se clicar na caixa de listagem **Nome** e escolher um na lista;
6. Para finalizar, clique em **OK** para que a cor seja aplicada.

11.6.2. Preenchimento Gradiente

O preenchimento de **Gradiente** também é chamado de degradê e é obtido através da progressão suave de duas ou mais cores, dando sensação de profundidade ao objeto.

O **CorelDRAW X6** apresenta quatro modos de gradiente: linear, radial, cônico e quadrado. Observe nos exemplos abaixo os modos de gradientes disponíveis:

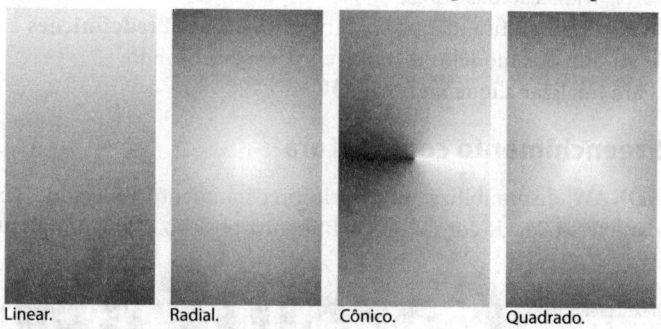

Linear.   Radial.   Cônico.   Quadrado.

Pode-se utilizar preenchimentos de gradientes predefinidos, preenchimentos de gradientes de duas cores ou personalizados. Veja a seguir como criar um preenchimento de gradiente utilizando duas cores:

1. Com a ferramenta **Seleção** ( ) marque o objeto que será preenchido;
2. Na caixa de ferramentas clique no grupo **Ferramenta Preenchimento** ( ) e selecione a opção **Preenchimento gradiente (F11)** ( );
3. A caixa de diálogo **Preenchimento gradiente** será exibida;

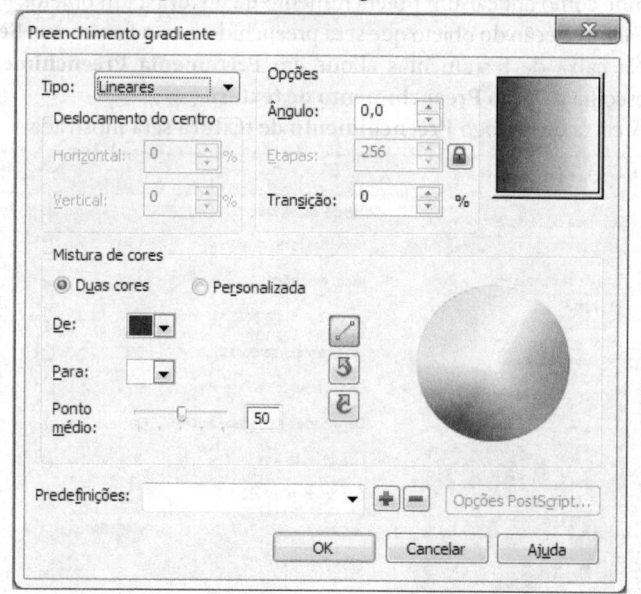

4. Em **Tipo** determine se o gradiente será linear, radial, cônico ou quadrado;
5. A seção **Opções** mostrará controles para a personalização do gradiente de acordo com o modelo escolhido;

6. Posteriormente, na seção **Mistura de cores** selecione a opção **Duas cores** e faça as configurações:
   6.1. Na caixa de listagem de cor **De** indique a cor do início do gradiente e na caixa de listagem **Para** selecione a cor que finalizará o mesmo;
   6.2. Mova o controle deslizante **Ponto médio** para determinar o ponto de transição das cores;
   6.3. Caso prefira, clique na caixa de listagem **Predefinições** e determine um dos modelos disponíveis para ser utilizado;
7. Para finalizar clique no botão **OK**.

11.6.3. Preenchimento com Textura

O **CorelDRAW** disponibiliza uma série preenchimento utilizando textura com diferentes características de cor do preenchimento, posição e tamanho dos ladrilhos.

Texto preenchido com textura.

Fique atento ao aplicar um preenchimento de **Textura** a um projeto, pois o arquivo terá um aumento considerável com relação ao tamanho e tempo gasto para impressão.

Acompanhe como aplicar um preenchimento de textura a um objeto:
1. Faça a seleção do objeto que será preenchido com a ferramenta **Seleção** ( );
2. Na caixa de ferramentas clique em **Ferramenta Preenchimento** ( ) e escolha a opção **Preenchimento de textura** ( );
3. A caixa de diálogo **Preenchimento de textura** será mostrada;

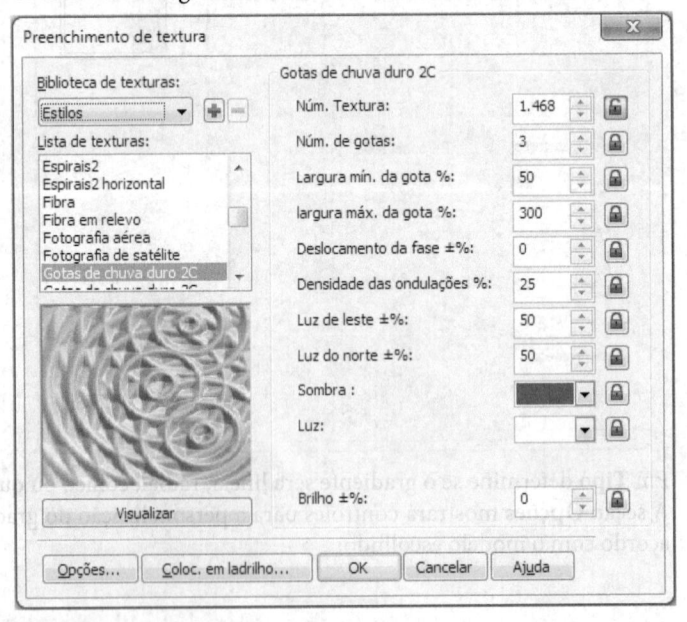

4. Em **Biblioteca de texturas** selecione uma das bibliotecas disponíveis;
5. Clique sobre a textura escolhida na caixa de listagem **Lista de texturas** para visualizar o modelo;
6. Após escolher a textura que será utilizada, clique em **OK**.

11.7. Textos

Os textos são elementos de grande valor para o design, pois além de informar também tem a função de elemento do design. O **CorelDRAW X6** disponibiliza diversos recursos para criação e edição dos textos.

11.7.1. Texto de Parágrafo

O texto de parágrafo normalmente é usado quando se trabalha com grande quantidade de texto. Veja como adicionar um texto de parágrafo ao documento:
1. Na caixa de ferramentas faça a seleção da ferramenta **Texto (F8)** ( );
2. Clique e mova o mouse com o botão esquerdo pressionado criando a moldura. Solte o botão e a forma é finalizada;
3. Observe que um cursor é mostrado automaticamente no quadro. Agora o texto já pode ser digitado normalmente.

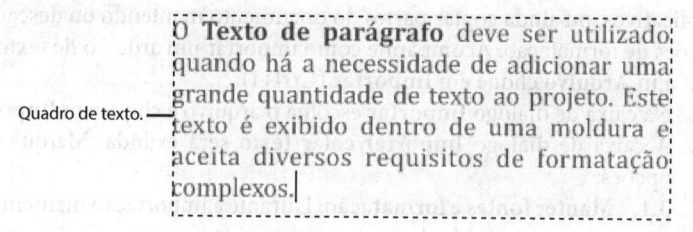

Quadro de texto. — O Texto de parágrafo deve ser utilizado quando há a necessidade de adicionar uma grande quantidade de texto ao projeto. Este texto é exibido dentro de uma moldura e aceita diversos requisitos de formatação complexos.

11.7.2. Molduras Vinculadas

Ao digitar um texto em uma moldura, o texto que ultrapassar o limite da borda inferior ficará oculto. O **CorelDRAW** exibirá a moldura com bordas vermelhas quando houver texto oculto, e também um ícone indicando que há texto oculto.

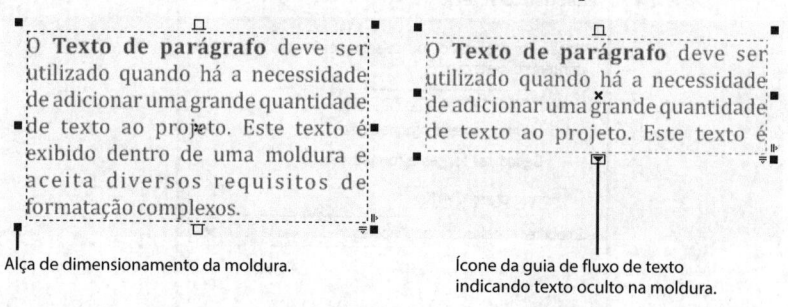

Alça de dimensionamento da moldura.

Ícone da guia de fluxo de texto indicando texto oculto na moldura.

Redimensione as molduras de texto para que o conteúdo ocupe o local adequado. Veja como:
1. Clique na ferramenta **Seleção** ( ) ou **Texto (F8)** ( );
2. Coloque o cursor do mouse sobre uma das alças de dimensionamento. Clique e mova com o botão esquerdo do mouse pressionado para alterar o tamanho da moldura.

Já para vincular uma moldura de texto a outra, siga os passos abaixo:
1. Clique sobre o ícone que indica o fluxo de texto (localizado na parte inferior da moldura). O mouse mostrará o formato de texto carregado (📋);
2. Em seguida, posicione o mouse no documento, clique e mova mantendo o botão esquerdo pressionado criando uma moldura vinculada.

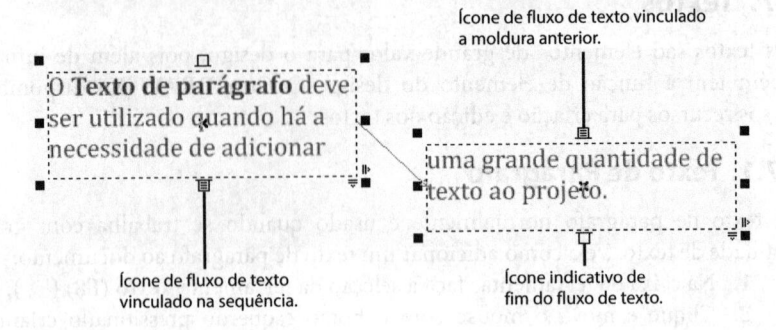

O **Texto de parágrafo** deve ser utilizado quando há a necessidade de adicionar uma grande quantidade de texto ao projeto.

Ícone de fluxo de texto vinculado na sequência.

Ícone de fluxo de texto vinculado a moldura anterior.

Ícone indicativo de fim do fluxo de texto.

11.7.3. Importar Texto

O **CorelDRAW X6** permite que sejam importados arquivos de textos completos de outros aplicativos, ou ainda copiar partes do documento mantendo ou descartando as informações de formatação. Acompanhe como importar um arquivo de texto:
1. Em **Arquivo** clique em **Importar (Ctrl+I)**;
2. Na caixa de diálogo **Importar** escolha o arquivo e clique em **Importar**;
3. A caixa de diálogo **Importar/colar texto** será exibida. Marque uma das opções:
    3.1. **Manter fontes e formatação:** Durante a importação mantém as fontes e formatações do documento;
    3.2. **Manter somente formatação:** Mantém somente a formatação ao importar um documento;
    3.3. **Descartar fontes e formatação:** Importa somente o texto descartando as caracterísitcas de formatação;

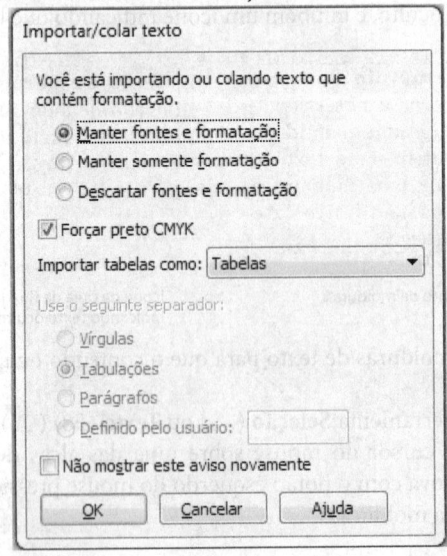

4. Clique em **OK**;
5. O cursor do mouse irá mostrar o formato de documento carregado. Siga um dos comandos a seguir:
   5.1. Clique e mova o mouse com o botão esquerdo pressionado. Assim, a moldura do texto será dimensionada;
   5.2. Pressione a tecla <**Enter**> para que o conteúdo seja centralizado na página;
   5.3. Pressione a barra de espaço do teclado para adicionar o documento na posição atual.

11.7.4. Conversão de Textos em Curvas

A conversão de um texto em curvas o transforma em objeto vetorial. Ao converter o texto, as características de formatação são mantidas, porém, convertê-lo em texto novamente não será possível.

As vantagens da conversão de textos em formas são:
- Permite que as formas dos caracteres sejam alterados através dos nós.
- Evita problemas com fontes ausentes no momento de envio do material para um prestador de serviço, ou ainda, evita problemas ao ser aberto em um computador que não apresenta as fontes que foram usadas.

Veja como converter um texto em curvas:
1. Faça a seleção da moldura de texto com a ferramenta **Seleção** ( );
2. No menu **Organizar** clique na opção **Converter em curvas (Ctrl+Q)**.

11.7.5. Ajustar Texto na Moldura

Trata-se de um recurso que otimiza espaço da moldura, ajustando o texto da melhor maneira possível. Ajuste o texto na moldura da seguinte maneira:
1. Com a ferramenta **Seleção** ( ) selecione a moldura do texto;
2. No menu **Texto** clique em **Moldura do texto de parágrafo**. Em seguida, clique em **Ajustar texto à moldura**.

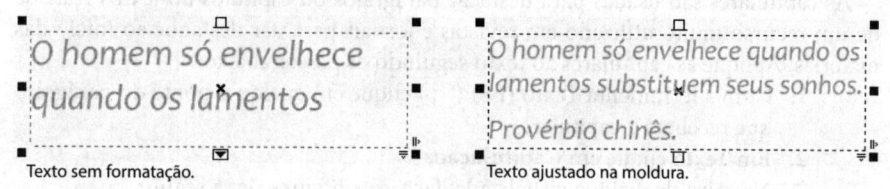

O homem só envelhece quando os lamentos

Texto sem formatação.

O homem só envelhece quando os lamentos substituem seus sonhos. Provérbio chinês.

Texto ajustado na moldura.

Veja que com a aplicação do recurso a fonte diminuiu de tamanho fazendo com que frase seja exibida por completo.

11.7.6. Texto em Colunas

Observe como aplicar colunas ao texto de parágrafo:
1. Selecione a ferramenta **Seleção** ( ). Em seguida, clique na moldura do texto a ser formatado;
2. No menu **Texto** clique em **Colunas**;

3. A caixa de diálogo **Configurações de coluna** será aberta;

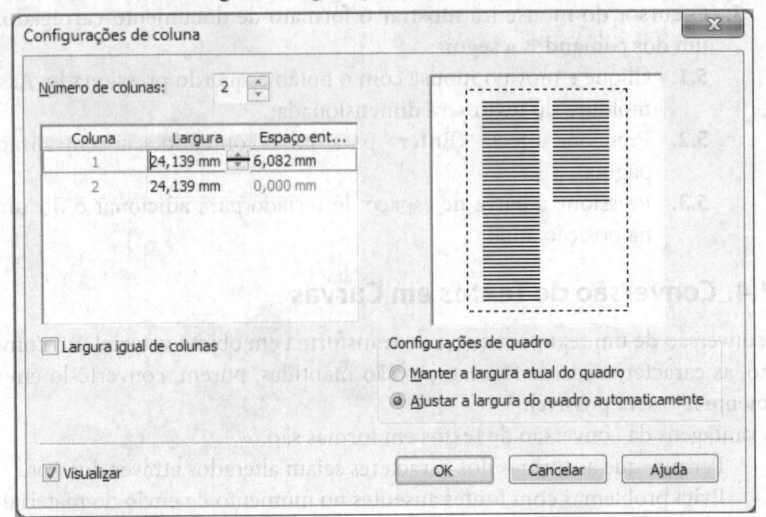

4. Em **Número de colunas** insira a quantidade de colunas que o texto deverá ter;
5. Clique sobre **Largura** e **Espaço entre colunas** e determine os espaços;
6. Marcando a opção **Largura igual de colunas** todas colunas ficam com a largura igual;
7. Em **Configurações de quadro** escolha entre **Manter a largura atual do quadro** ou **Ajustar a largura do quadro automaticamente** para o texto se ajustar de maneira correta;
8. Em **Visualizar** é possível acompanhar os ajustes;
9. Para finalizar, clique em **OK**.

11.7.7. Aplicar Capitulares

As capitulares são usadas para destacar parágrafos ou capítulos do texto. Trata-se de um recurso muito utilizado em revistas e jornais para dar destaque ao início das matérias. Aplique as capitulares ao texto seguindo os passos abaixo:
1. Com a ferramenta **Texto (F8)** (A) clique em qualquer ponto do parágrafo que receberá a capitular;
2. Em **Texto** clique em **Capitulação**;
3. Na caixa de diálogo visualizada, faça as configurações a seguir:

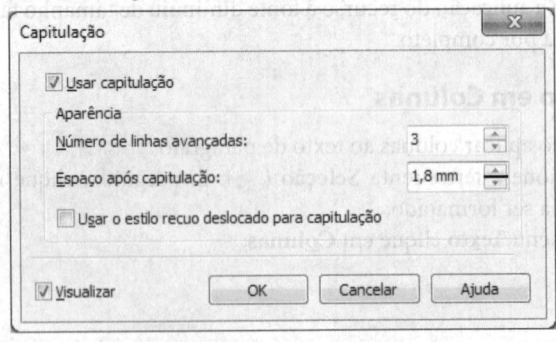

3.1. Para ativar as opções marque a caixa de seleção **Usar capitulação**;
3.2. Determine em **Número de linhas avançadas** a quantidade de linhas que a capitular deve ocupar;
3.3. Em **Espaço após capitulação** defina o espaçamento entre a capitular e o parágrafo;
3.4. Para deslocar o parágrafo para depois da capitular assinale a caixa de opção **Usar o estilo recuo deslocado para capitulação**;
3.5. Finalize clicando em **OK**.

Veja dois exemplos de capitulação aplicadas ao texto:

A Viena, apesar de jovem, conta com um parque gráfico de aproximadamente 2.000m². Ocupa uma posição de destaque e já se situa entre as maiores empresas no seu segmento. As sedes comercial, administrativa e produtiva encontram-se instaladas em Santa Cruz do Rio Pardo/SP. E para maior abrangência e aproximação com os grandes centros, conta com representações em outros Estados do Brasil.

Capitular padrão.

A Viena, apesar de jovem, conta com um parque gráfico de aproximadamente 2.000m². Ocupa uma posição de destaque e já se situa entre as maiores empresas no seu segmento. As sedes comercial, administrativa e produtiva encontram-se instaladas em Santa Cruz do Rio Pardo/SP. E para maior abrangência e aproximação com os grandes centros, conta com representações em outros Estados do Brasil.

Recuo deslocado para capitulação.

11.7.8. Contornar Objetos com Texto

O **CorelDRAW X6** permite que um objeto seja contornado com texto, sendo possível determinar o espaçamento entre o texto e o objeto. Veja como fazer:

1. Utilizando a ferramenta **Seleção** ( ) selecione o objeto que será ajustado ao texto;
2. Caso o painel **Propriedades do objeto** não seja exibido clique no menu **Janela** e, em **Janelas de encaixe** clique na opção **Propriedades do objeto (Alt+Enter)**;
3. Na janela exibida clique no botão **Resumo** ( ) para que sejam mostrados os controles necessários;

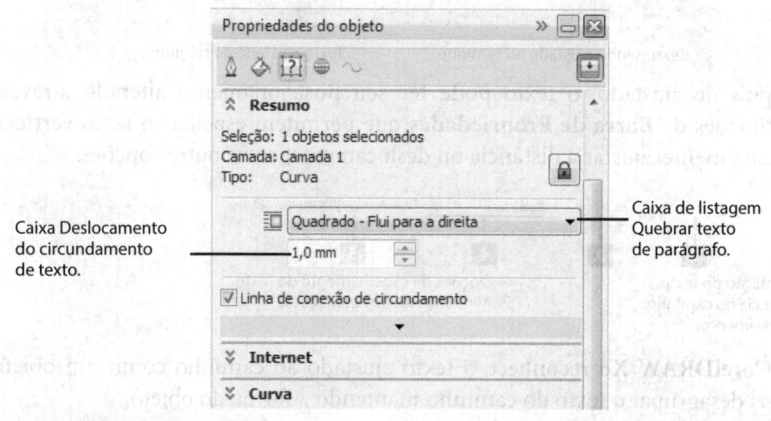

Caixa Deslocamento do circundamento de texto.

Caixa de listagem Quebrar texto de parágrafo.

4. Selecione o estilo de contorno do texto na caixa de listagem **Quebrar texto de parágrafo**;
5. Arraste o objeto sobre a moldura do texto para que se ajuste corretamente;
6. Defina o espaçamento entre o objeto e o texto na caixa **Deslocamento do circundamento de texto**.

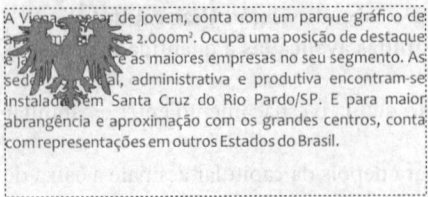

Objeto sendo arrastado para dentro da moldura. 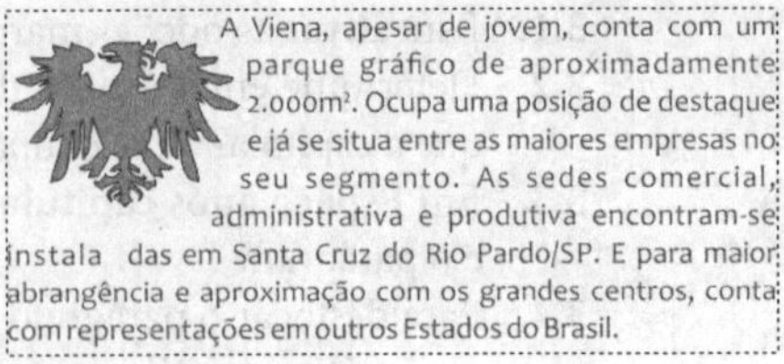   Objeto ajustado corretamente.

Veja o que fazer caso seja necessário remover o texto em contorno do objeto:
1. Selecione-o com o auxílio da ferramenta **Seleção** ( );
2. Na caixa de listagem **Quebrar texto de parágrafo** clique na opção **Nenhum**.

11.7.9. Texto em Caminhos

O **CorelDRAW X6** permite adicionar texto a caminhos abertos como linhas e elipses ou caminhos fechados como retângulos ou triângulos.

Para ajustar um texto ao caminho, siga os passos:
1. Crie o caminho que vai conter o texto;
2. Utilizando a ferramenta **Seleção** ( ) selecione o texto a ser ajustado ao caminho;
3. No menu **Texto** clique na opção **Ajustar texto ao caminho**;
4. Movimente o cursor sobre o caminho para que o texto se ajuste corretamente. Pressione o botão esquerdo do mouse para fixar o texto na posição.

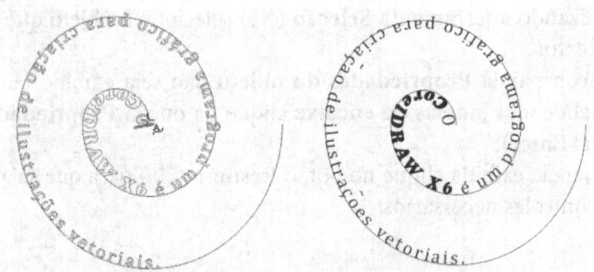

Texto sendo ajustado ao caminho.   Texto ajustado ao caminho.

Depois de ajustado, o texto pode ter seu posicionamento alterado através de predefinições da **Barra de Propriedades** que permitem espelhar o texto vertical ou horizontalmente, ajustar a distância ou deslocamento, entre outras opções.

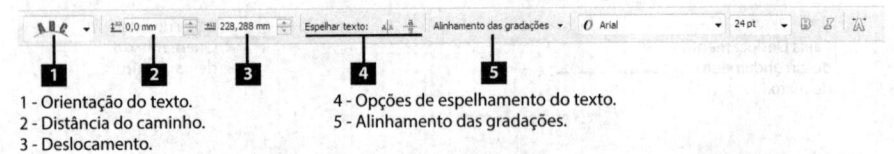

1 - Orientação do texto.
2 - Distância do caminho.
3 - Deslocamento.
4 - Opções de espelhamento do texto.
5 - Alinhamento das gradações.

O **CorelDRAW X6** reconhece o texto ajustado ao caminho como um objeto. É possível desagrupar o texto do caminho mantendo a forma do objeto.

Para separar o texto do caminho:
1. Selecione com a ferramenta **Seleção** ( ) o texto do caminho;
2. Em **Organizar** clique sobre a opção **Separar texto (Ctrl+K)**;
3. Clique sobre o texto e arraste-o para fora do caminho.

11.8. Manipulação de Objetos

Manipular objetos são ações cotidianas ao fazer o design de uma arte, pois através da manipulação de elementos simples é possível criar formas complexas e layouts criativos.

11.8.1. Alterar a Ordem de Exibição dos Objetos

Modifique a ordem de exibição dos objetos da seguinte maneira:
1. Selecione com a ferramenta **Seleção** ( ) o objeto que terá sua ordem de exibição alterada;
2. Em **O**rganizar clique em **O**rdenar e, em seguida, escolha uma das opções:
   2.1. **Para a frente da página (Ctrl+Início)** para que o objeto selecionado seja movido para a frente dos demais elementos;
   2.2. **Para trás da página (Ctrl+End)** para que o objeto selecionado seja movido para trás dos outros elementos;
   2.3. **Para frente da camada (Shift+PgUp)** para que o objeto selecionado seja enviado para frente dos demais elementos da camada ativa;
   2.4. **Para trás da camada (Shift+PgDn)** para que o objeto selecionado seja movido para trás dos demais elementos da camada ativa;
   2.5. **Avançar um (Ctrl+PgUp)** para que o objeto selecionado avance uma posição em relação aos demais empilhados;
   2.6. **Recuar um (Ctrl+PgDn)** para que o objeto selecionado recue uma posição em relação aos demais empilhados;
   2.7. **Na frente de** para que o objeto selecionado seja posicionado à frente de um objeto definido. Nesse caso o cursor do mouse assumirá o formato de uma seta espessa para definir o objeto;
   2.8. **Atrás** para que o objeto selecionado seja posicionado atrás do objeto definido. Neste caso a seta grossa também aparecerá para que o objeto seja determinado.

11.8.2. Alinhamento e Distribuição de Objetos

A distribuição de objetos aplica de maneira automática espaçamento entre os elementos baseando-se na largura, altura e pontos centrais.

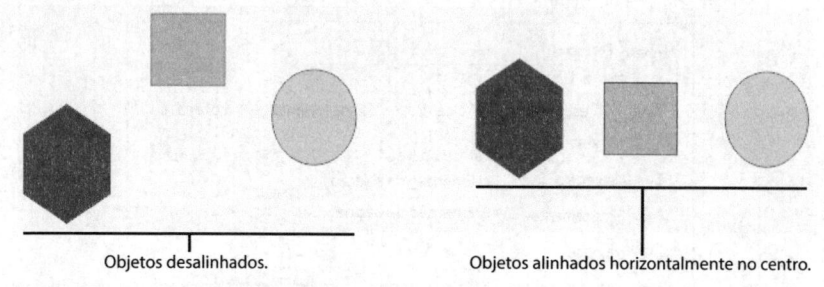

Objetos desalinhados.   Objetos alinhados horizontalmente no centro.

Veja como alinhar objetos entre si:
1. Com a ferramenta **Seleção** ( ) selecione os objetos que serão alinhados. Caso os objetos sejam selecionados um por vez, o último selecionado servirá como base para o alinhamento dos demais;

2. No menu **Organizar** clique em **Alinhar e distribuir** e, em seguida, clique na opção **Alinhar e distribuir**;
3. A caixa de diálogo **Alinhar e distribuir** será exibida. Na guia **Alinhar** faça as seguintes configurações;

[Caixa de diálogo Alinhar e distribuir - guia Alinhar]

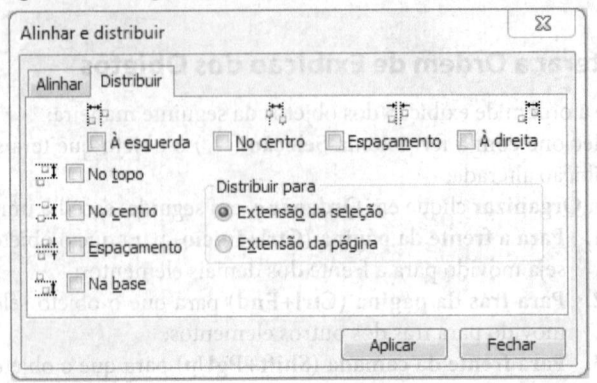

3.1. Para alinhar os objetos verticalmente marque a caixa de seleção **À esquerda**, **No centro** ou **À direita**;
3.2. Para alinhar os objetos horizontalmente marque a caixa de seleção **No topo**, **No centro** ou **Na base**;
3.3. Na caixa de listagem **Alinhar objetos** selecione a opção **Objetos ativos**;
4. Clique no botão **Aplicar**.

Acompanhe a seguir como distribuir objetos entre si:
1. Com a ferramenta **Seleção** ( ) selecione os objetos que serão distribuídos. Caso os objetos sejam selecionados um por vez, o último selecionado servirá como base para a distribuição dos demais;
2. No menu **Organizar** clique em **Alinhar e distribuir** e, em seguida, clique na opção **Alinhar e distribuir**;
3. A caixa de diálogo **Alinhar e distribuir** será exibida. Na guia **Distribuir** faça as seguintes configurações:

[Caixa de diálogo Alinhar e distribuir - guia Distribuir]

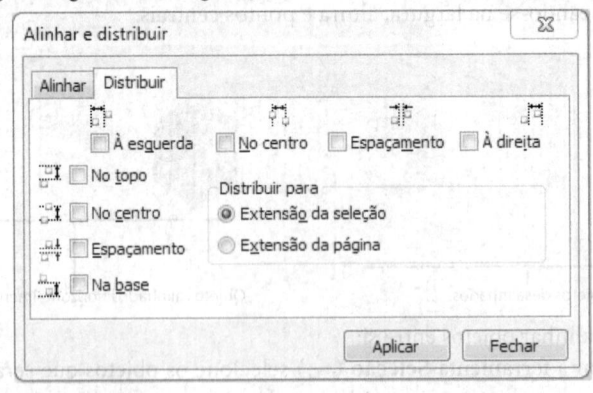

- **3.1.** Para distribuir os objetos verticalmente marque a caixa de seleção **À esquerda**, **No centro**, **Espaçamento** ou **À direita**;
- **3.2.** Para alinhar os objetos horizontalmente marque a caixa de seleção **No topo**, **No centro**, **Espaçamento** ou **Na base**;
- **3.3.** Na seção **Distribuir para** marque a opção **Extensão da seleção** para que os objetos sejam distribuídos utilizando os espaços entre si. Ou marque a opção **Extensão da página** para que a distribuição utilize como base a página do desenho;
4. Clique no botão **Aplicar**.

11.8.3. Camadas

O CorelDRAW X6 permite criar camadas para todas as páginas do documento, tanto pares quanto ímpares. Ao criar uma camada principal par todos os elementos dessa camada só serão exibidos em páginas pares. Veja a seguir como criar camadas:

1. Na janela de encaixe **Gerenciador de objetos** clique no botão **Opções do Gerenciador de objetos** (▶), no canto superior direito do painel;
2. No menu exibido clique em uma das seguintes opções:
   - **2.1.** Clique em **Nova camada** para inserir uma nova camada local na página ativa do documento;
   - **2.2.** Para criar uma nova camada principal aplicada à todas as páginas do documento clique em **Nova camada principal (todas as páginas)**;
   - **2.3.** Para criar uma camada principal que se aplique somente às páginas ímpares do documento clique em **Nova camada principal (páginas ímpares)**;
   - **2.4.** Clique em **Nova camada principal (páginas pares)** para criar uma camada principal que se aplique somente às páginas pares do documento.

Também é possível criar camadas através dos botões localizados no canto inferior esquerdo do painel **Gerenciador de objetos**.

11.8.4. Código de Barras

O **Código de barras** é formado por um conjunto de barras, espaços e, em alguns casos, números que são digitalizados e interpretados pelo computador. O CorelDRAW X6 possui um **Assistente de código de barras** que orienta o processo de criação de um código baseado em formatos padrões disponíveis.

Para adicionar um código de barras a um material siga os passos:
1. No menu **Editar** clique na opção **Inserir código de barras**;

2. A caixa de diálogo **Assistente de código de barras** será exibida;

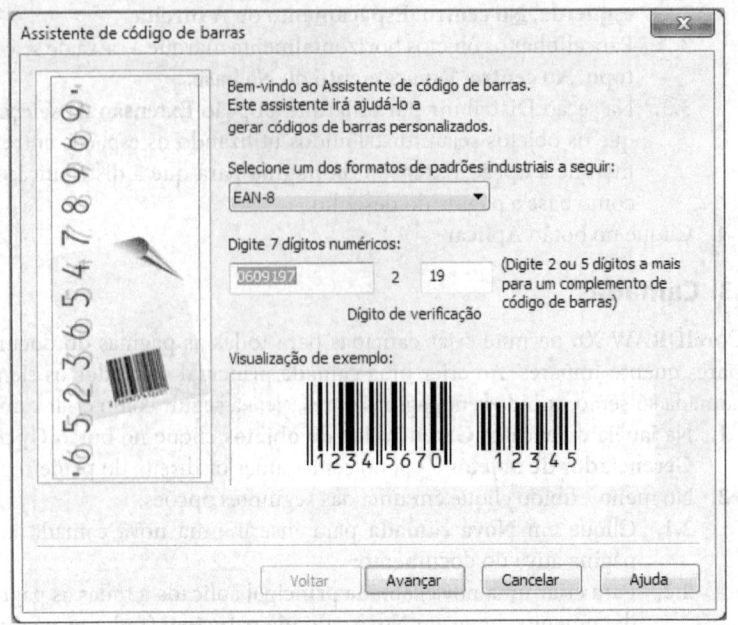

3. Na caixa de listagem **Selecione um dos formatos de padrões industriais a seguir** escolha o formato de código de barras que atenda aos padrões do produto;
4. Em seguida, digite os números para o código. Clique no botão **Avançar**;
5. Se necessário, faça os ajustes de resolução da impressora e proporção do objeto. Clique novamente no botão **Avançar**;
6. Ajuste as opções de formatação do código de barras. Clique em **Concluir**.

O código de barras será inserido no documento como sendo um objeto.

Exemplo de código de barras do tipo EAN-8 utilizado em embalagens pequenas.

11.9. Efeitos

O **CorelDRAW X6** apresenta uma ampla variedade de efeitos que podem ser utilizados por objetos vetoriais ou bitmaps.

11.9.1. Transparência

Quanto maior a transparência mais clara a imagem se torna. Para aplicar transparência a um objeto siga os passos abaixo:
1. Com o auxílio da ferramenta **Seleção** ( ) selecione o objeto;
2. Na caixa de ferramentas selecione a ferramenta **Transparência** ( );
3. Configure na **Barra de Propriedades** os seguintes elementos de personalização:

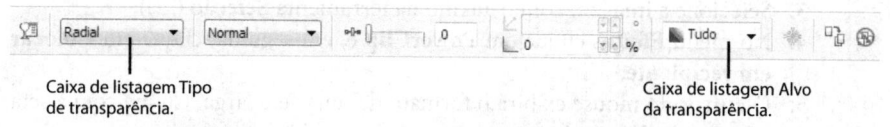

Caixa de listagem Tipo de transparência.

Caixa de listagem Alvo da transparência.

   3.1. Na caixa de listagem **Tipo de transparência** defina o padrão da transparência;
   3.2. Configure na caixa de listagem **Alvo da transparência** se o efeito será aplicado ao preenchimento, contorno ou ao objeto todo;
   3.3. Ajuste os demais controles como desejado.

11.9.2. Espiral

Este efeito arrasta o contorno do objeto formando um espiral. Suas características podem ser configuradas através da barra de propriedades. Para aplicar o efeito espiralado a um objeto siga os passos:
1. Com a ferramenta **Seleção** ( ) selecione o objeto;
2. Na **Caixa de Ferramentas** selecione a ferramenta **Espiralado** ( );
3. Posicione a ferramenta sobre a borda da forma e mantenha pressionado o botão esquerdo do mouse até que seja obtido o efeito desejado.

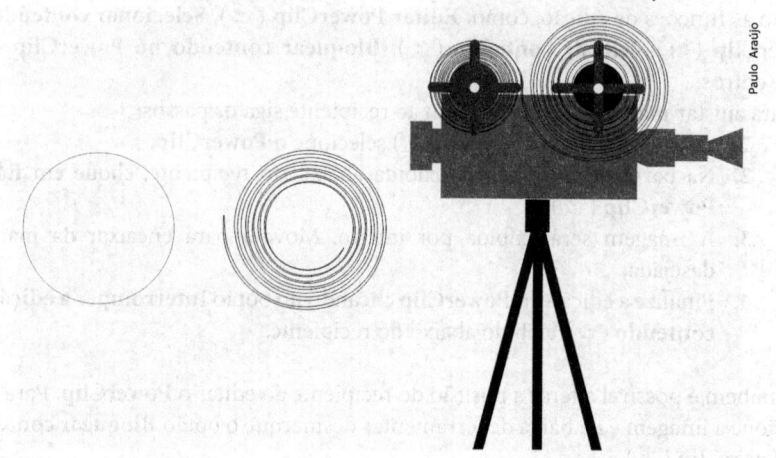

Altere a posição e a forma da espiral movendo o mouse e mantendo o botão pressionado.

11.9.3. PowerClip

Através deste recurso é possível adicionar objetos vetoriais ou bitmaps no interior de uma moldura ou de outros objetos. No caso de objetos maiores que o recipiente, partes do objeto ficarão ocultas.

Veja a seguir como adicionar um objeto a uma moldura através do **PowerClip**:
1. Crie a forma que será utilizada como recipiente;
2. Importe para o documento a imagem que será adicionada ao recipiente;
3. Selecione a imagem com o auxílio da ferramenta **Seleção** ( );
4. No menu **Efeitos** clique em **PowerClip** e, em seguida, clique em **Colocar em recipiente**;
5. O cursor do mouse exibirá o formato de uma seta larga. Clique com a seta no interior do recipiente para que a imagem seja adicionada.

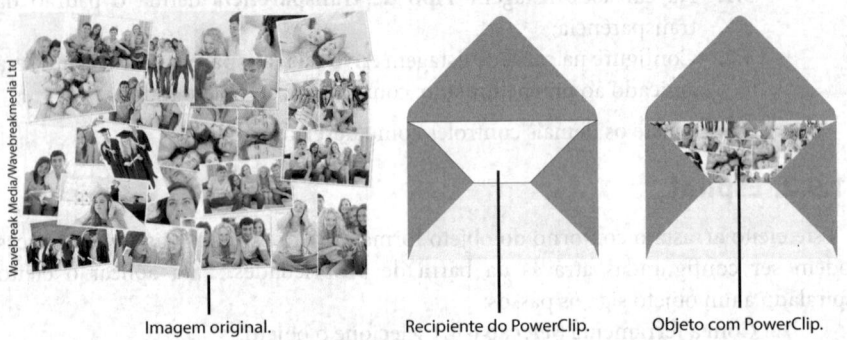

Imagem original.   Recipiente do PowerClip.   Objeto com PowerClip.

Geralmente a imagem é centralizada no recipiente, porém, é possível editar o **PowerClip** redefinindo a posição do objeto. Ao selecionar o **PowerClip** pode-se visualizar uma barra de ferramentas na parte inferior do recipiente que permite acesso rápido às funções de edição, como: **Editar PowerClip** ( ), **Selecionar conteúdo do PowerClip** ( ), **Extrair conteúdo** ( ), **Bloquear conteúdo no PowerClip** ( ) entre outros.

Para ajustar manualmente a imagem ao recipiente siga os passos:
1. Com a ferramenta **Seleção** ( ) selecione o **PowerClip**;
2. Na barra de ferramentas exibida abaixo do recipiente, clique em **Editar PowerClip** ( );
3. A imagem será exibida por inteiro. Mova-a para encaixar da maneira desejada;
4. Finalize a edição do **PowerClip** clicando no botão **Interromper a edição de conteúdo** ( ) exibido abaixo do recipiente.

Também é possível alterar a posição do recipiente ao editar o **PowerClip**. Para isso, selecione a imagem e na barra de ferramentas desmarque o botão **Bloquear conteúdo no PowerClip** ( ).

11.9.4. Perspectiva

O efeito de **Perspectiva** permite representar no plano bidimensional uma situação tridimensional criando a ilusão de distanciamento em uma ou duas direções.

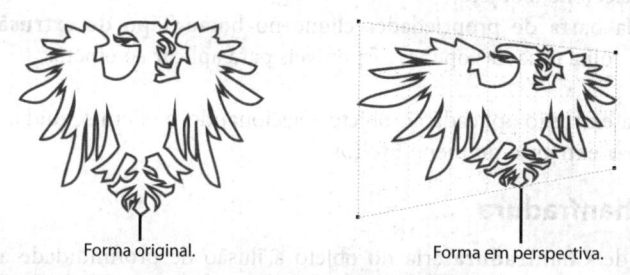

Forma original.   Forma em perspectiva.

O **CorelDRAW X6** não permite a aplicação desse efeito em bitmaps, texto de parágrafo ou símbolos. Veja a seguir como aplicar o efeito:
1. Selecione o objeto com a ferramenta **Seleção** ( );
2. No menu E_feitos clique na opção **Adi_cionar perspectiva**;
3. Posicione o cursor do mouse sobre um dos nós da forma, clique e arraste com o botão esquerdo pressionado para criar a perspectiva.

Para remover a perspectiva da forma basta selecioná-la e no menu **E_feitos** clicar na opção **Limp_ar perspectiva**.

11.9.5. Extrusões

Com este recurso é possível criar efeitos 3D ao projetar os pontos e uni-los para a criação de uma ilusão tridimensional.

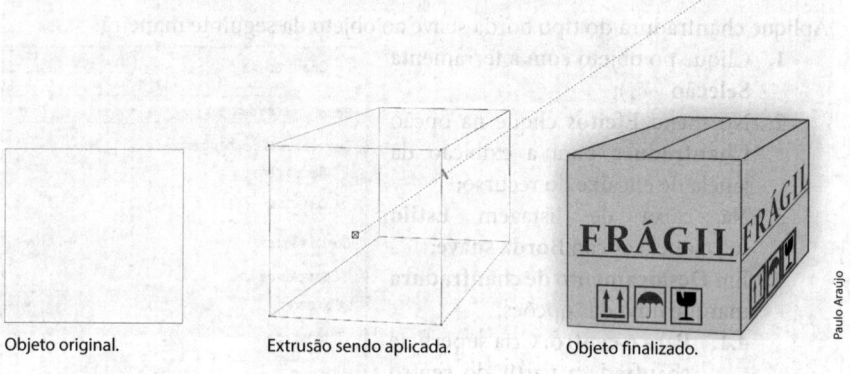

Objeto original.   Extrusão sendo aplicada.   Objeto finalizado.

Para aplicar uma extrusão ao objeto siga os passos:
1. Com o auxílio da ferramenta **Seleção** ( ) selecione o objeto;
2. Na caixa de ferramentas clique na ferramenta **Extrusão** ( );
3. Posicione o cursor sobre o objeto, clique e arraste o mouse com o botão esquerdo pressionado para aplicar o efeito.

A **Barra de Propriedades** possui controles que permitem incrementar a forma aplicando efeitos de iluminação, rotacionamento, entre outros.

Veja como modificar o ângulo de exibição da forma:
1. Selecione o objeto;
2. Na barra de propriedades clique no botão **Tipo de extrusão** (▭▾) e escolha uma das opções disponíveis para aplicar ao objeto.

Remova a extrusão aplicada ao objeto selecionando-o e, em seguida, clicando na opção **Limpar extrusão** do menu **Efeitos**.

11.9.6. Chanfradura

O efeito de **Chanfradura** cria no objeto a ilusão de profundidade ao tornar as bordas inclinadas ou recortadas em ângulo. Esse recurso não pode ser aplicado em objetos bitmaps.

O **CorelDRAW X6** disponibiliza dois tipos de chanfradura:
- **Borda suave:** Desenha superfícies chanfradas com sombreamento em algumas áreas.
- **Relevo:** Cria aparência de relevo ao objeto.

Objeto original.   Borda suave.   Relevo.

Aplique chanfradura do tipo borda suave ao objeto da seguinte maneira:
1. Clique no objeto com a ferramenta **Seleção** ( );
2. No menu **Efeitos** clique na opção **Chanfradura** para a exibição da janela de encaixe do recurso;
3. Na caixa de listagem **Estilo** selecione a opção **Borda suave**;
4. Em **Deslocamento de chanfradura** marque uma das opções:
   4.1. **Para o centro:** Cria superfície chanfrada a partir do centro do objeto;
   4.2. **Distância:** Permite que a largura da superfície chanfrada seja determinada;
5. Defina uma cor para a sombra na caixa **Cor da sombra**;

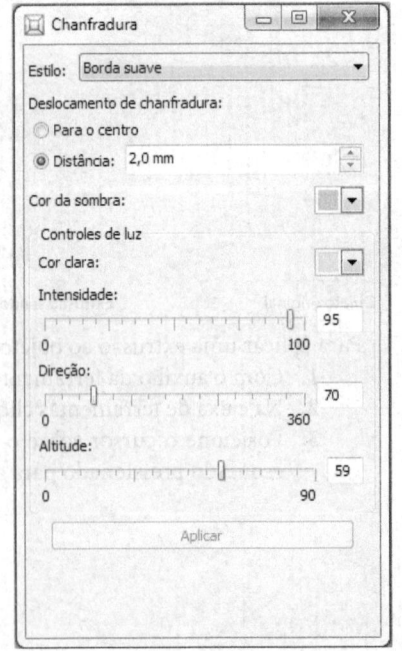

6. Selecione uma cor para o ponto de luz na caixa **Cor clara** e utilize os controles deslizantes para configurar a **Intensidade**, a **Direção** e a **Altitude** do ponto de luz;
7. Clique no botão **Aplicar** para visualizar o resultado.

O estilo **Relevo** baseia-se em duas sombras posicionadas em direções opostas para criar o efeito. Veja como aplicar o estilo de chanfradura a um objeto:
1. Utilize a ferramenta **Seleção** ( ) para selecionar o objeto;
2. No menu **Efeitos** clique na opção **Chanfradura** para a exibição da janela de encaixe do recurso;
3. Na caixa de listagem **Estilo** selecione a opção **Relevo**;
4. No campo **Distância** determine o valor da distância entre a borda do objeto e o efeito que será aplicado;
5. Defina uma cor para a sombra na caixa **Cor da sombra**;
6. Selecione uma cor para o ponto de luz em **Cor clara** e utilize os controles deslizantes para configurar a **Intensidade** e **Direção** do ponto de luz;
7. Clique no botão **Aplicar** para visualizar o resultado.

Para remover a chanfradura de um objeto basta selecioná-lo e, em seguida, clicar na opção **Limpar** efeito do menu **Efeitos**.

11.9.7. Sombreamento

O efeito de sombreamento simula a incidência de luz sobre o objeto a partir de uma das seguintes perspectivas: plana, à direita, à esquerda, na base e no topo.

Para aplicar um efeito de sombra siga os passos:
1. Com o auxílio da ferramenta **Seleção** ( ) selecione o objeto;
2. Na **Caixa de Ferramentas** clique em **Sombreamento** ( );
3. Em seguida, execute um dos seguintes passos:
    3.1. Selecione em **Predefinições** da **Barra de Propriedades** uma sombra para aplicar ao objeto;
    3.2. Posicione o cursor sobre o objeto, clique e arraste o mouse com o botão esquerdo pressionado na direção em que deseja que a sombra seja projetada.

Depois de aplicado ao objeto, o efeito de sombra poderá ser personalizado através das opções de configuração disponíveis na **Barra de Propriedades**.

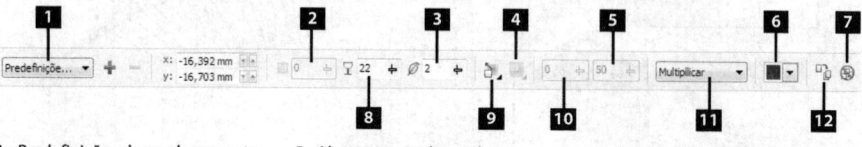

1 - Predefinições de sombreamento.
2 - Ângulo do sombreamento.
3 - Enevoamento de sombra.
4 - Borda do enevoamento.
5 - Alongamento de sombra.
6 - Cor de sombra.
7 - Limpar sombreamento.
8 - Opacidade de sombreamento.
9 - Direção do enevoamento.
10 - Esmaecimento de sombra.
11 - Operação de transparência.
12 - Copiar propriedades de sombra.

Para remover o sombreamento selecione o objeto e no menu **Efeitos** clique em **Limpar sombreamento** ou no botão **Limpar sombreamento** ( ) da **Barra de Propriedades**.

11.9.8. Efeito Envelope

Através da ferramenta **Envelope** ( ) é possível modelar a forma de objetos, como textos, molduras de texto de parágrafo e formas vetoriais abertas ou fechadas. O envelope é formado por nós que ao serem movidos alteram a forma do objeto. Ou também pode-se personalizar uma forma utilizando uma predefinição de envelope.

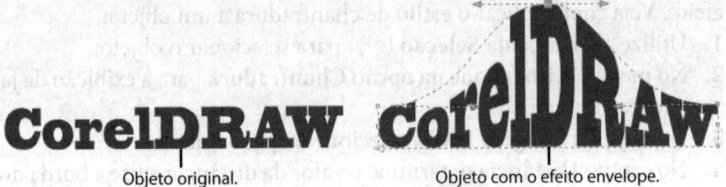

Objeto original.   Objeto com o efeito envelope.

Veja a seguir como aplicar o efeito envelope a um objeto:
1. Utilize a ferramenta **Seleção** ( ) e selecione o objeto;
2. Na caixa de ferramentas clique em **Envelope** ( );
3. Para dar forma ao objeto execute um dos seguintes passos:
    3.1. Selecione na caixa de listagem **Predefinições** da **Barra de Propriedades** uma forma pronta de envelope e aplique ao objeto;
    3.2. Clique sobre os nós do envelope e com o botão esquerdo pressionado, arraste-os para moldar o objeto.

Esse efeito pode ser removido através da opção **Limpar envelope** do menu **Efeitos**.

11.9.9. Objetos Misturados

A mistura cria uma progressão de forma, tamanho e preenchimento de um objeto a outro. O **CorelDRAW X6** possibilita a criação de diversos tipos de misturas através das opções presentes na **Barra de Propriedades**.

Para criar uma mistura de linha reta siga os passos:
1. Na caixa de ferramentas, selecione a ferramenta **Misturar** ( );
2. Clique sobre o primeiro objeto e com o botão esquerdo do mouse pressionado arraste o cursor até a outra forma;
3. Solte o botão para que a mistura seja criada.

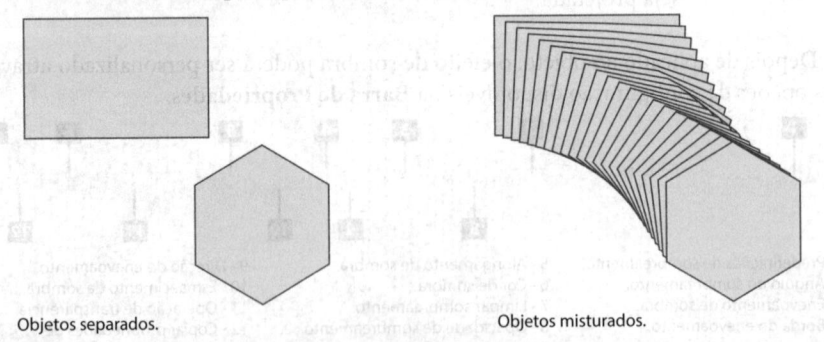

Objetos separados.   Objetos misturados.

É possível também aplicar a mistura a um caminho de maneira que a progressão acompanhe a curva do objeto utilizado como caminho.

Mistura. —

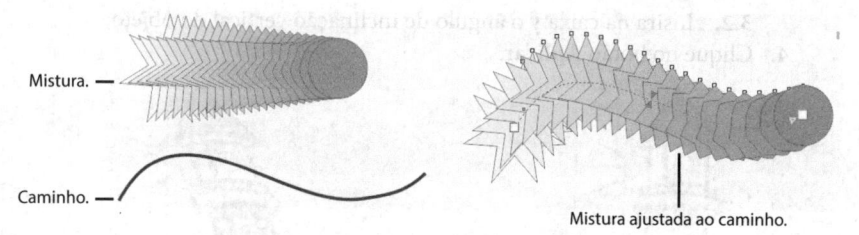

Caminho. —

Mistura ajustada ao caminho.

Veja como proceder para ajustar a mistura a um caminho:
1. Crie o objeto que será utilizado como caminho;
2. Utilizando a ferramenta **Seleção** ( ) selecione uma mistura pronta;
3. Na barra de propriedades clique no botão **Propriedades do caminho** ( ) e no menu exibido clique em **Novo caminho**;

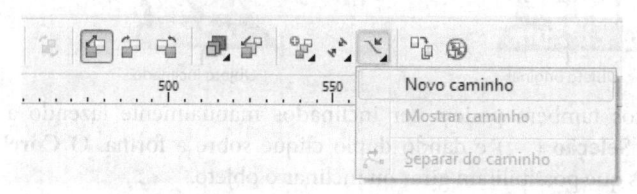

4. O cursor do mouse se transformará em uma seta curva. Clique sobre o caminho que receberá a mistura;
5. Clique e mova o retângulo branco das extremidades da mistura mantendo o botão esquerdo do mouse pressionado. Assim, as formas serão ajustadas corretamente.

O **CorelDRAW X6** permite a criação de misturas compostas arrastando o novo objeto para a parte inicial ou final da mistura com a ferramenta **Misturar** ( ).

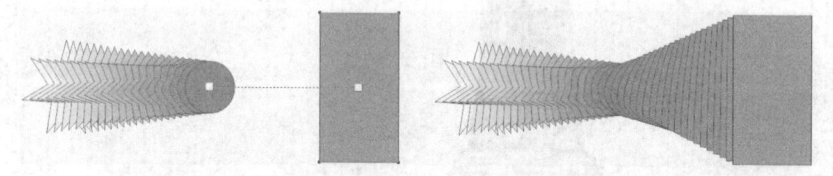

Após criar a mistura pode-se determinar o número de progressões entre as formas modificando o valor da caixa de opção **Misturar objetos** da **Barra de Propriedades**. Também é possível alterar o ângulo das misturas através da caixa **Misturar direção**.

11.9.10. Inclinar e Esticar Objetos

Os efeitos de distorção permitem a criação de formas personalizadas ao inclinar ou esticar os objetos. A principal vantagem quando se trabalha com formas vetoriais é que estas podem ser modificadas sem que percam sua qualidade gráfica.
Incline um objeto da seguinte maneira:
1. Selecione o objeto que será inclinado;
2. Em <u>O</u>rganizar clique em **Transformações** e, em seguida, em **In<u>c</u>linar**;
3. Será exibida a janela de encaixe **Transformações**. Proceda da seguinte forma:
   3.1. Defina na caixa **x** o ângulo de inclinação horizontal do objeto;

3.2. Insira na caixa **y** o ângulo de inclinação vertical do objeto;
4. Clique no botão **Aplicar**.

Objeto original.   Objeto inclinado.

Os objetos também podem ser inclinados manualmente fazendo a seleção da ferramenta **Seleção** ( ) e dando duplo clique sobre a forma. O **CorelDRAW X6** exibirá alças que possibilitam girar ou inclinar o objeto.

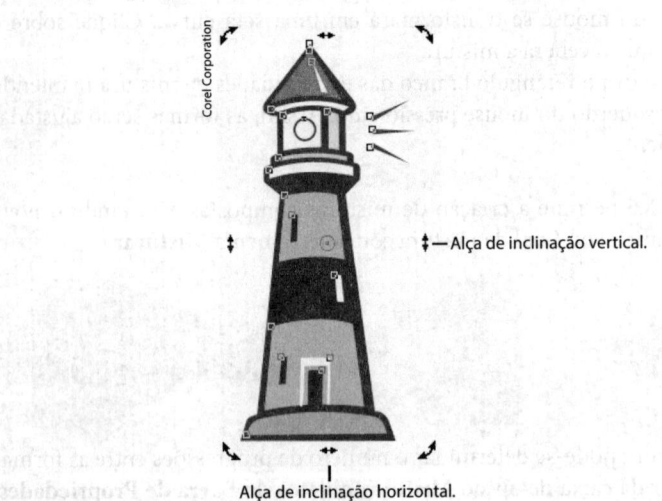

— Alça de inclinação vertical.

Alça de inclinação horizontal.

Posicione o cursor do mouse sobre uma das alças de inclinação. Com o botão esquerdo do mouse pressionado arraste-a para alterar o ângulo de inclinação do objeto.

Observe a seguir como esticar ou diminuir um objeto:
1. Selecione o objeto que será modificado;
2. No menu **Organizar** clique em **Transformações** e, em seguida, clique em **Tamanho (Alt+F10)**;
3. Na janela de encaixe **Transformações** faça o seguinte:
    3.1. Desmarque a caixa de seleção da opção **Proporcional**;
    3.2. Defina na caixa **x** a medida horizontal do objeto;
    3.3. Insira na caixa **y** a medida vertical do objeto;
4. Clique no botão **Aplicar**.

Para esticar o objeto manualmente selecione-o e, em seguida, posicione o cursor do mouse sobre uma das alças de dimensionamento exibidas. Clique e arraste o mouse com o botão esquerdo pressionado. Solte o botão para finalizar a alteração.

11.9.11. Aplicar Efeitos de Distorção

A ferramenta **Distorcer** ( ) disponibiliza três tipos de efeitos:

- **Distorção de empurrar e puxar:** Empurra as bordas para dentro ou para fora da forma.

- **Serrilhar distorção:** Aplica um efeito dentado às bordas do objeto. A amplitude e a frequência do efeito podem ser configurados.

- **Torcer distorção:** Gira o objeto criando um efeito de espiral. É possível definir a direção do espiral, o grau e a quantidade de rotação.

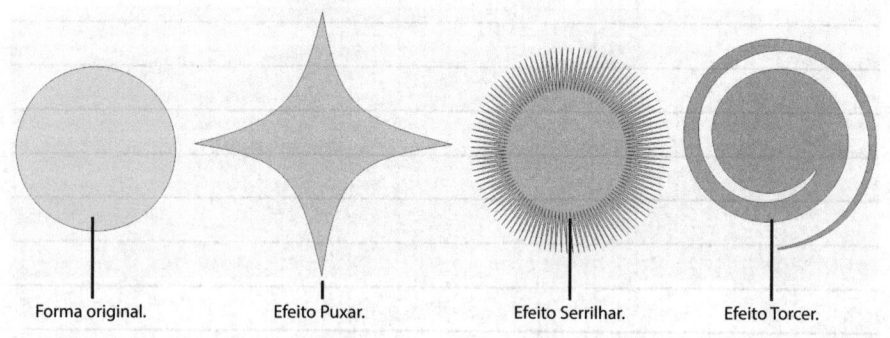

Forma original.   Efeito Puxar.   Efeito Serrilhar.   Efeito Torcer.

Através da barra de propriedades é possível definir o efeito de distorção que será aplicado além de outras configurações.

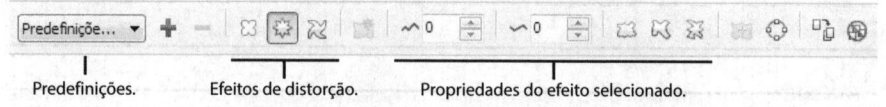

Predefinições.   Efeitos de distorção.   Propriedades do efeito selecionado.

Observe a seguir como aplicar efeitos de distorção aos objetos:

1. Selecione na caixa de feramentas a ferramenta **Distorcer** ( );
2. Em seguida, execute um dos seguintes procedimentos:
    2.1. Na **Barra de Propriedades** escolha o efeito ajustando conforme a necessidade. Posicione a ferramenta sobre o objeto, clique e mova o mouse com o botão esquerdo pressionado. Solte o botão para finalizar;
    2.2. Clique no botão **Predefinições** e, no menu exibido selecione uma das opções disponíveis.

Para remover o efeito de distorção basta selecionar o objeto e, em seguida, no menu **Efeitos** clicar na opção **Limpar distorção**, ou clicar no botão **Limpar distorção** ( ) da **Barra de Propriedades**.

Anotações

12
Adobe Illustrator CS6

12.1. **Criação de um Documento**
12.2. **Linhas e Pontos de Direção**
    12.2.1. Ponto Âncora
    12.2.2. Ferramenta Lápis
    12.2.3. Ferramenta Caneta
    12.2.4. Grades
    12.2.5. Traçado da Imagem
12.3. **Apagar Desenhos**
12.4. **Comando Dividir Objetos Abaixo**
    12.4.1. Ferramenta Faca
    12.4.2. Dividir um Objeto em uma Grade
12.5. **Bloquear e Desbloquear Objetos**
12.6. **Refletir Objetos**
12.7. **Pathfinder**
12.8. **Alinhar e Distribuir Objetos**
12.9. **Máscara de Recorte**
12.10. **Aplicar Cor Através do Painel Ferramentas**
    12.10.1. Aplicar Cor Utilizando o Painel Cor
    12.10.2. Editar as Cores de um Gradiente
    12.10.3. Recolorir Arte
    12.10.4. Aplicar Amostra
12.11. **Camadas**
    12.11.1. Ocultar Camadas
12.12. **Inserir Texto de Ponto**
    12.12.1. Inserir Texto de Área
    12.12.2. Texto em Caminho
    12.12.3. Utilizando Caixas de Texto
    12.12.4. Ajustar Título pela Largura Total da Área de Texto
12.13. **Formatar Parágrafos de Texto**
    12.13.1. Formatar o Alinhamento do Texto
    12.13.2. Hifenização do Texto
    12.13.3. Transparência de Texto
    12.13.4. Conversão de Texto em Contorno
12.14. **Tipos de Gráficos**
    12.14.1. Criar Gráfico
    12.14.2. Largura de Colunas
    12.14.3. Editar o Tipo do Gráfico
    12.14.4. Editar Cores do Gráfico
    12.14.5. Adicionar Rótulos aos Gráficos
    12.14.6. Adicionar Imagens e Símbolos aos Gráficos

12.15. Adicionar Imagem
    12.15.1. Vínculo da Imagem
    12.15.2. Alterar o Modo de Cor
    12.15.3. Transparência na Imagem

12.16. Efeitos do Photoshop
    12.16.1. Efeitos em Objetos
    12.16.2. Efeitos em Imagens
    12.16.3. Remoção de Efeitos
    12.16.4. Brilho Interno ou Externo
    12.16.5. Difusão às Bordas do Objeto

12.17. Objetos 3D e Perspectiva
    12.17.1. Objetos 3D
    12.17.2. Girar Objetos em Três Dimensões
    12.17.3. Opções de Rotação 3D
    12.17.4. Opções de Extrusão e Bisel
    12.17.5. Sombreamento de Superfície
    12.17.6. Objetos em Perspectiva
    12.17.7. Desenhar com Grade de Perspectiva
    12.17.8. Anexar Objetos à Perspectiva

12. Adobe Illustrator CS6

O **Adobe Illustrator** é um programa de ilustração vetorial da **Adobe**. Com o programa é possível desenvolver projetos de desenhos vetoriais, livros, revistas, cartazes, logotipos, folders, cartões, convites, entre outros.

12.1. Criação de um Documento

A criação do documento deve ser de acordo com o projeto a ser desenvolvido. Veja como criar um novo documento:

1. Clique no menu **Arquivo**, em seguida, clique em **Novo (Ctrl+N)**;
2. Será exibida a caixa de diálogo **Novo documento**;

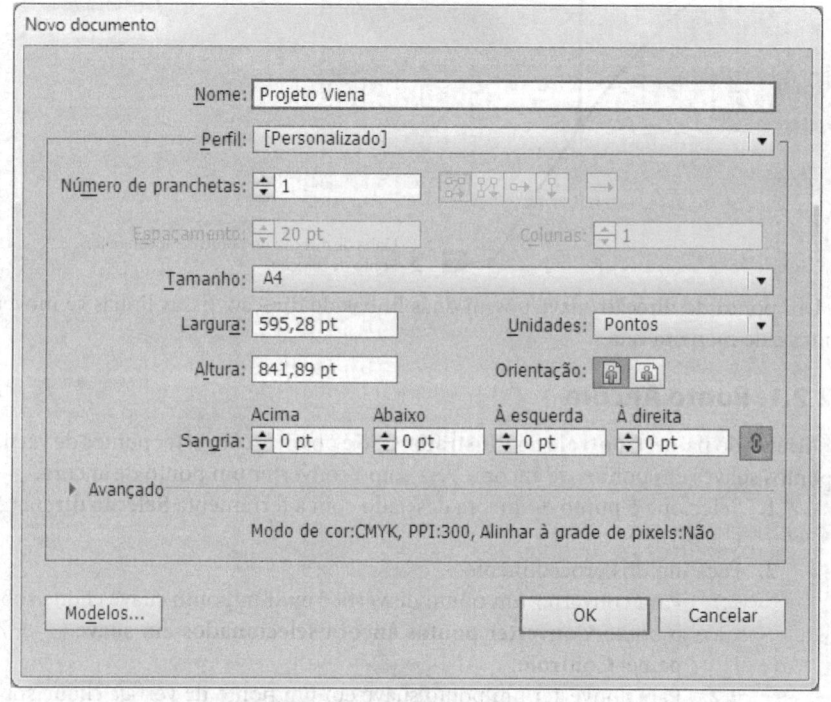

3. Faça as configurações necessárias e clique em **OK**;
4. O novo documento será criado, pronto para edição.

12.2. Linhas e Pontos de Direção

Quando um ponto de ancoragem é selecionado ele exibe alças de direção. O ângulo e o comprimento das linhas são capazes de determinar a forma e os segmentos curvos.

Para isso é preciso selecionar o ponto de ancoragem que conecta segmentos curvos com a ferramenta **Seleção direta (A)** ( ) e arrastar os pontos de direção para remodelar as curvas.

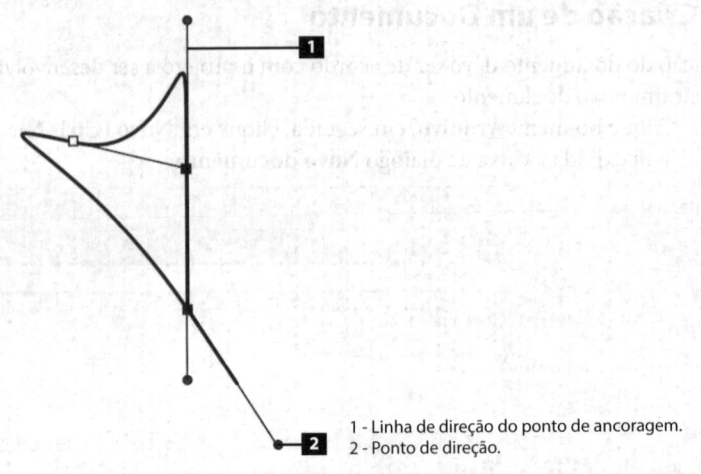

1 - Linha de direção do ponto de ancoragem.
2 - Ponto de direção.

Um ponto de direção suave possui duas linhas de direção. Essas linhas se movem juntas e de maneira reta.

12.2.1. Ponto Âncora

Através do painel **Controle** do **Illustrator CS6** é possível converter pontos de vértice e pontos suaves em pontos de âncora. Veja como converter um ponto de âncora:

1. Selecione o ponto de âncora desejado com a ferramenta **Seleção direta (A)** ( );
2. Faça um dos procedimentos:
    2.1. Para converter um ponto de vértice em um ponto suave clique sobre o botão **Converter pontos âncora selecionados em suave** ( ), no painel **Controle**;
    2.2. Para converter um ponto suave em um ponto de vértice clique sobre o botão **Converter pontos âncora selecionados em canto** ( ), no painel **Controle**.

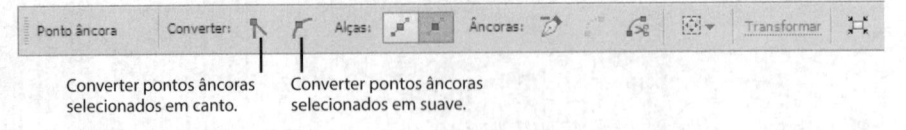

Converter pontos âncoras selecionados em canto.
Converter pontos âncoras selecionados em suave.

Veja o resultado:

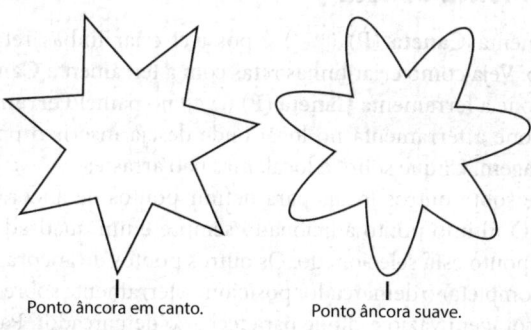

Ponto âncora em canto.   Ponto âncora suave.

12.2.2. Ferramenta Lápis

Com a ferramenta **Lápis (N)** ( ) é possível desenhar demarcadores abertos e fechados criando esboços de modo rápido.

Para criar uma ilustração com a ferramenta **Lápis (N)** ( ) siga os passos:
1. No painel **Ferramentas** selecione a ferramenta **Lápis (N)** ( );
2. Para desenhar posicione a ferramenta onde deseja iniciar o desenho e arraste-a com o botão esquerdo do mouse pressionado.

Os pontos de ancoragem são definidos automaticamente quando a ferramenta é utilizada. É possível ajustar os demarcadores depois que eles estiverem concluídos.

12.2.2.1. Ligar Demarcadores com a Ferramenta Lápis

Com a ferramenta **Lápis (N)** ( ) pode-se editar demarcadores e adicionar linhas e formas a qualquer ilustração. Para conectar demarcadores realize os passos a seguir:
1. Com a ferramenta **Seleção (V)** ( ) selecione os demarcadores que se conectarão;
2. Selecione a ferramenta **Lápis (N)** ( ) no painel **Ferramentas**;
3. Posicione o ponteiro em uma das extremidades do demarcador para continuar e arraste-o na direção do outro demarcador.

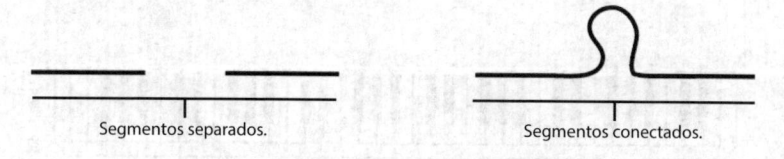

Segmentos separados.   Segmentos conectados.

12.2.3. Ferramenta Caneta

Com a ferramenta **Caneta (P)** ( ) é possível criar linhas retas e curvas com bastante precisão. Veja como criar linhas retas com a ferramenta **Caneta (P)** ( ):
1. Selecione a ferramenta **Caneta (P)** ( ) no painel **Ferramentas**;
2. Posicione a ferramenta no local onde deseja inserir o primeiro ponto de ancoragem. Clique sobre o local, mas não arraste;
3. Clique sobre outros locais para definir pontos de ancoragem para linhas retas. O último ponto adicionado sempre é um quadrado sólido e indica que o ponto está selecionado. Os outros pontos de ancoragem são vazados;
4. Para completar o demarcador posicione a ferramenta sobre o primeiro ponto de ancoragem vazio e clique para fechar o demarcador. Para completar um demarcador de forma aberta pressione <**Enter**>.

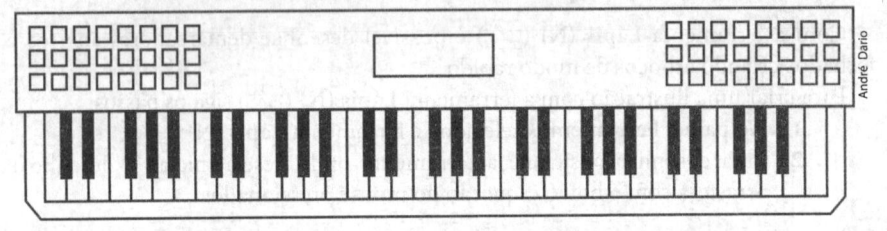

Pode-se desenhar uma curva adicionando um ponto de ancoragem onde a curva muda de direção e arrastando as linhas de direção que formam a curva. É o comprimento e a inclinação de cada linha que determina a forma da curva.

Para desenhar segmentos de curva faça:
1. No painel **Ferramentas** selecione a ferramenta **Caneta (P)** ( );
2. Posicione a ferramenta onde deseja iniciar a curva, clique e arraste para definir a inclinação do segmento;
3. Aparecerá o primeiro ponto e a ferramenta se transformará em uma seta preta ( ). Solte o botão do mouse;
4. Posicione a **Caneta (P)** ( ) onde será criado o novo ponto, para em seguida inclinar a linha;
5. Clique sobre o ponto de direção e arraste até criar a curva. Solte o botão do mouse para criar o novo segmento curvo. Finalize pressionando <**Enter**>.

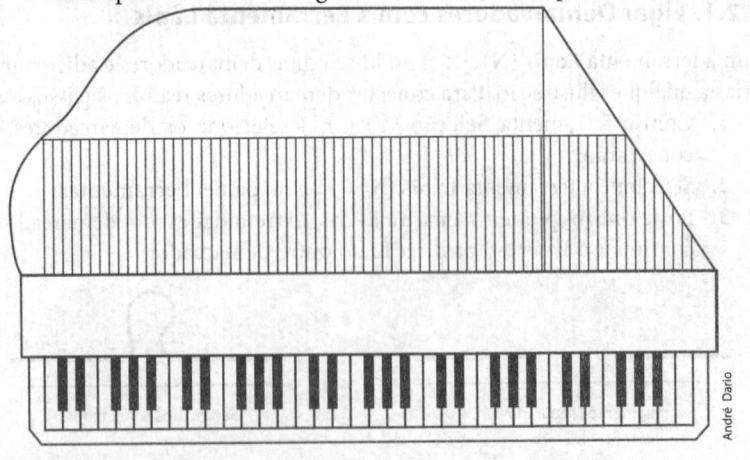

12.2.4. Grades

As grades são ferramentas importantes para criar ilustrações. Para desenhar grades no **Illustrator CS6** faça os seguintes procedimentos:

1. Pressione o botão esquerdo do mouse sobre a ferramenta **Segmento de linha** (\) ( ) e no menu exibido clique sobre **Grade retangular** ( );
2. Clique e arraste a grade até atingir o tamanho desejado;
3. Para desenhar a grade com base em valores específicos clique sobre o local no qual deseja inserir a grade;
4. Será exibida a caixa de diálogo **Opções de ferramenta Grade retangular**;

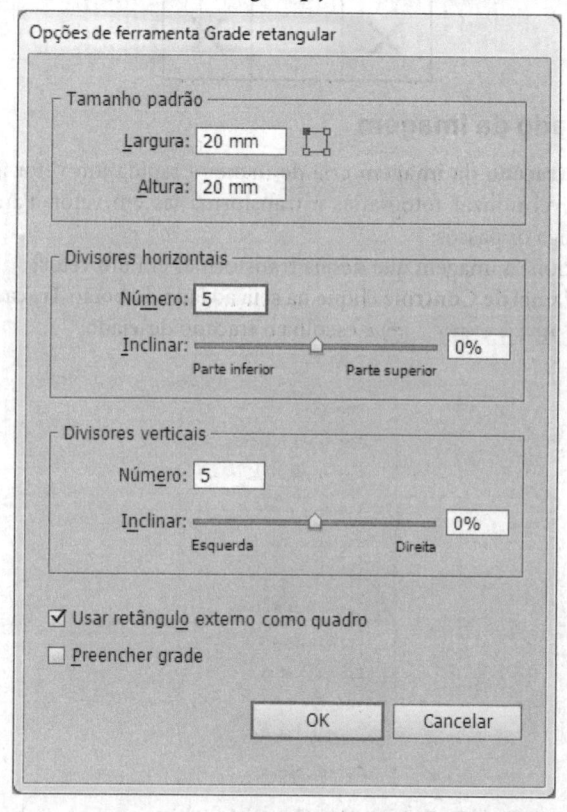

4.1. No localizador de pontos de referência ( ) clique sobre um dos quadrados para definir a partir de qual ponto a grade será desenhada;
4.2. No grupo **Tamanho padrão** digite o valor para a largura e altura da grade, nos campos **Largura** e **Altura**;
4.3. No grupo **Divisores horizontais** digite a quantidade de divisores no campo **Número**. Arraste o controle deslizante **Inclinar** para inclinar a grade para a parte inferior ou superior;
4.4. Faça o mesmo no campo **Número** e no controle deslizante **Inclinar** do grupo **Divisores verticais**;
4.5. Marque a opção **Usar retângulo externo como quadro** para substituir os segmentos superior, inferior, esquerdo e direito por um objeto retangular separado;

4.6. Marque a opção **Preencher grade** para preencher a grade com a cor do preenchimento atual;
4.7. Clique em **OK**.

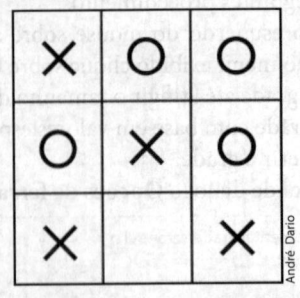

12.2.5. Traçado da Imagem

O comando **traçado da imagem** cria de maneira rápida um vetor a partir de um bitmap. É possível utilizar fotografias e transformá-las em vetor. Para realizar esse procedimento siga os passos:

1. Selecione a imagem que deseja transformar em um vetor;
2. No **Painel de Controle** clique na seta ao lado do botão **Traçado da imagem** (Traçado da imagem ▼) e escolha o traçado desejado;

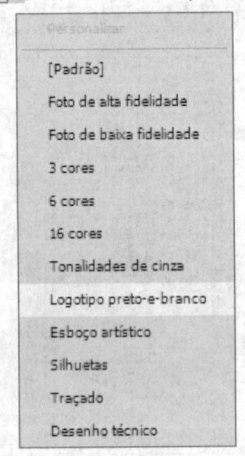

   Personalizar
   [Padrão]
   Foto de alta fidelidade
   Foto de baixa fidelidade
   3 cores
   6 cores
   16 cores
   Tonalidades de cinza
   Logotipo preto-e-branco
   Esboço artístico
   Silhuetas
   Traçado
   Desenho técnico

3. Novamente no **Painel de Controle** clique sobre o botão **Expandir** (Expandir) para que a imagem se transforme em um vetor.

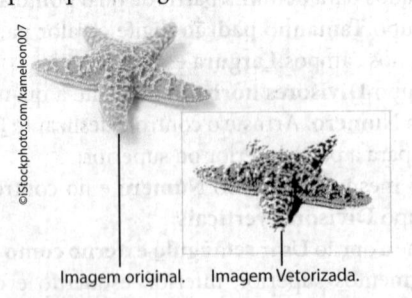

Imagem original.   Imagem Vetorizada.

Após ser transformada em vetor, a imagem permite alteração.

12.3. Apagar Desenhos

No **Illustrator CS6** é possível apagar partes de uma ilustração utilizando a ferramenta **Borracha (Shift+E)** ( ). Veja como apagar um desenho passo a passo:
1. Selecione o objeto que deseja apagar com a ferramenta **Seleção (V)** ( );
2. Clique na ferramenta **Borracha (Shift+E)** ( );
3. Arraste a ferramenta sobre a área que deseja apagar.

12.4. Comando Dividir Objetos Abaixo

O comando **Dividir objetos abaixo** utiliza um objeto selecionado para cortar outros objetos. Observe como utilizar esse comando:
1. Coloque um objeto sobre outro e selecione o objeto de cima;

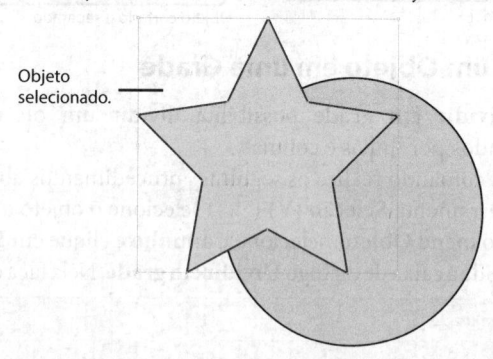

2. Clique sobre o menu **Objeto** e selecione a opção **Caminho**. Em seguida, clique sobre a opção **Dividir objetos abaixo**;
3. Selecione o objeto sobreposto com a ferramenta **Seleção (V)** ( ) e arraste-o para visualizar o resultado.

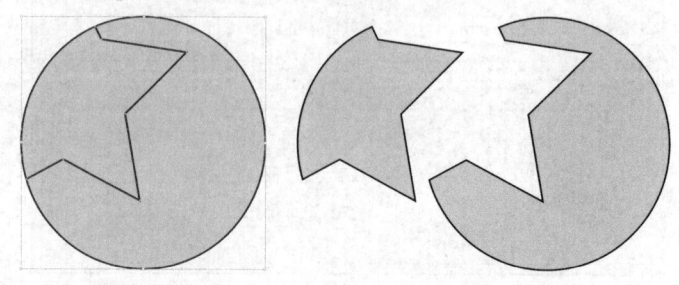

12.4.1. Ferramenta Faca

A ferramenta **Faca** ( ) corta objetos a mão livre dividindo-os em faces preenchidas. Acompanhe como cortar objetos com a ferramenta **Faca** ( ):
1. Clique sobre a ferramenta **Borracha (Shift+E)** ( ) e mantenha-a pressionada para visualizar e selecionar a ferramenta **Faca** ( );
2. Faça um dos procedimentos a seguir:
    2.1. Para cortar com caminho curvo arraste o ponteiro sobre o objeto;
    2.2. Para cortar com caminho reto mantenha a tecla <Shift> pressionada e arraste o ponteiro sobre o objeto;

3. Para separar o objeto recortado selecione a parte desejada com a ferramenta **Seleção (V)** ( ) e arraste-a.

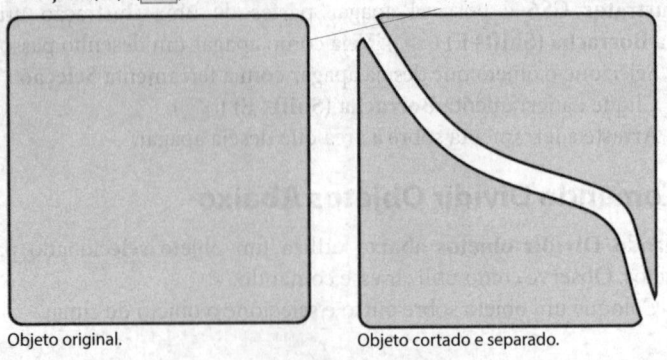

Objeto original.   Objeto cortado e separado.

12.4.2. Dividir um Objeto em uma Grade

O comando **Dividir em grade** possibilita dividir um ou mais objetos em retangulares, separados por linhas e colunas.

Para utilizar esse comando realize os seguintes procedimentos abaixo:
1. Com a ferramenta **Seleção (V)** ( ) selecione o objeto a ser dividido;
2. Clique no menu **Objeto**, selecione **Caminho** e clique em **Dividir em grade**;
3. Será exibida a caixa de diálogo **Dividir em grade**. Nela faça os procedimentos:

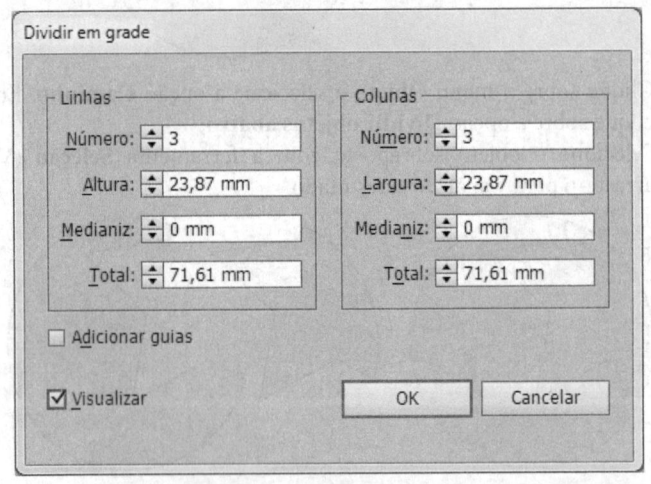

3.1. No grupo **Linhas** selecione o número de linhas da grade utilizando o campo **Número**;
3.2. No campo **Altura** digite a altura da linha;
3.3. No campo **Medianiz** digite um valor para a medianiz se desejar;
3.4. Em **Total** digite o tamanho total das linhas;
3.5. No grupo **Colunas**, no campo **Número**, digite o número de colunas desejadas;
3.6. Em **Largura** digite a largura de cada coluna;
3.7. Caso desejar, digite um valor no campo **Medianiz**;
3.8. No campo **Total** digite um valor final para o tamanho das colunas;

4. Marcando a opção **Adicionar guias** é possível visualizar as guias no objeto;
5. Marque a opção **Visualizar** para ter uma prévia da grade;
6. Para finalizar clique sobre o botão **OK**.

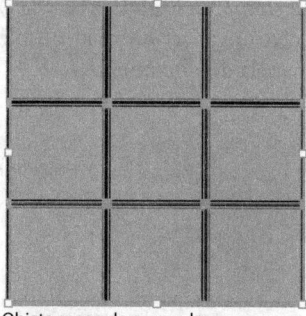

Objeto separado em grades.

12.5. Bloquear e Desbloquear Objetos

É possível bloquear a posição de imagens e objetos no **Illustrator CS6**. Ao bloquear um objeto, o software impede que ele seja movido, dimensionado ou alterado de qualquer forma. Veja como bloquear um objeto:

1. Selecione o objeto a ser bloqueado;
2. No menu **Objeto** clique sobre a opção **Bloquear** e, em seguida, clique em **Seleção (Ctrl+2)**.

Já para desbloquear qualquer objeto faça o seguinte:

1. Clique sobre o menu **Objeto**;
2. No menu exibido clique sobre a opção **Desbloquear tudo (Alt+Ctrl+2)**.

12.6. Refletir Objetos

É possível refletir objetos de várias maneiras. Para refletir um objeto utilizando a ferramenta **Transformação livre (E)** ( ) faça os procedimentos a seguir:

1. Selecione o objeto com a ferramenta **Seleção (V)** ( );
2. Faça a seleção da ferramenta **Transformação livre (E)** ( );
3. Arraste uma alça da caixa delimitadora até ela ultrapassar a borda ou alça oposta do objeto ajustando o nível de reflexão desejado.

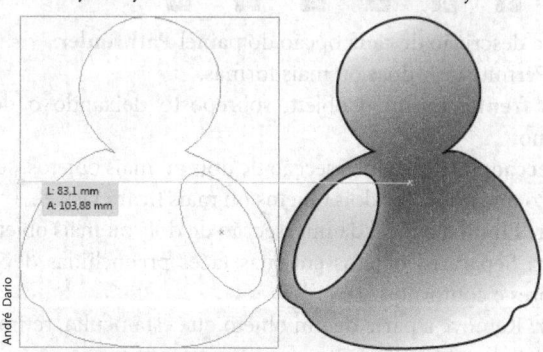

Também é possível refletir um objeto utilizando a ferramenta **Refletir** ( ), para isso faça o seguinte:
1. Selecione o objeto que deseja refletir com a ferramenta **Seleção (V)** ( );
2. Faça a seleção da ferramenta **Refletir (O)** ( ) no painel **Ferramentas**;
3. Para desenhar o eixo invisível no qual o objeto será refletido clique em qualquer local da janela do documento;

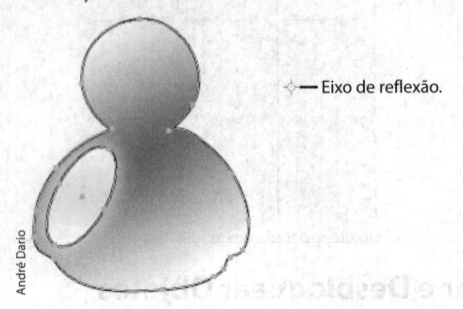

— Eixo de reflexão.

4. Clique sobre outro local do documento para refletir o objeto.

12.7. Pathfinder

O painel **Pathfinder** permite juntar objetos usando vários métodos de combinação. Para abrir o painel siga os passos abaixo:
1. Na **Barra de Menus** clique sobre o menu **Janela**;
2. No menu exibido, clique em **Pathfinder (Shift+Ctrl+F9)**;
3. O painel será exibido.

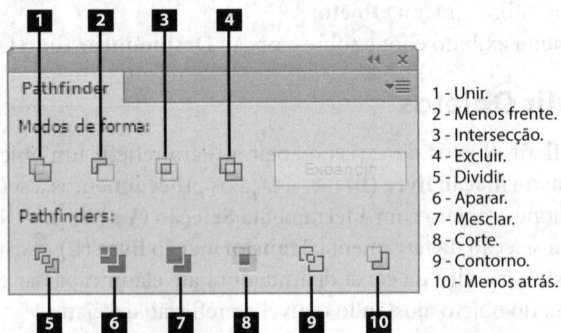

1 - Unir.
2 - Menos frente.
3 - Intersecção.
4 - Excluir.
5 - Dividir.
6 - Aparar.
7 - Mesclar.
8 - Corte.
9 - Contorno.
10 - Menos atrás.

Veja a seguir a descrição de cada opção do painel **Pathfinder**:
- **Unir:** Permite unir duas ou mais formas.
- **Menos frente:** Exclui o objeto sobreposto deixando o de trás com seu contorno.
- **Intersecção:** Realiza a intersecção de dois ou mais objetos, sendo que apenas o espaço que possui os dois objetos ou mais ficará visível.
- **Excluir:** Elimina o local da intersecção de dois ou mais objetos.
- **Dividir:** Separa os objetos em suas faces preenchidas deixando evidentes suas cores e contornos.
- **Aparar:** Remove a parte de um objeto que está oculta, retira todos os traços e não mescla partes de objetos com a mesma cor.

- **Mesclar:** Remove a parte oculta de um objeto preenchido, retira todos os traçados e mescla todos os objetos adjacentes ou sobrepostos que estão preenchidos com a mesma cor.
- **Corte:** Divide o trabalho artístico nas suas faces preenchidas, exclui todas as partes do trabalho que estão fora do limite superior na extremidade do objeto e também remove os traçados.
- **Contorno:** Divide o objeto em segmentos de linhas componentes ou bordas.
- **Menos atrás:** Subtrai os objetos na parte traseira do objeto através da extremidade frontal.

Combine objetos através do painel **Pathfinder** com o seguinte passo a passo:
1. Com a ferramenta **Seleção (V)** ( ) selecione todos os objetos que deseja combinar;
2. No painel **Pathfinder** clique sobre o método de combinação desejado.

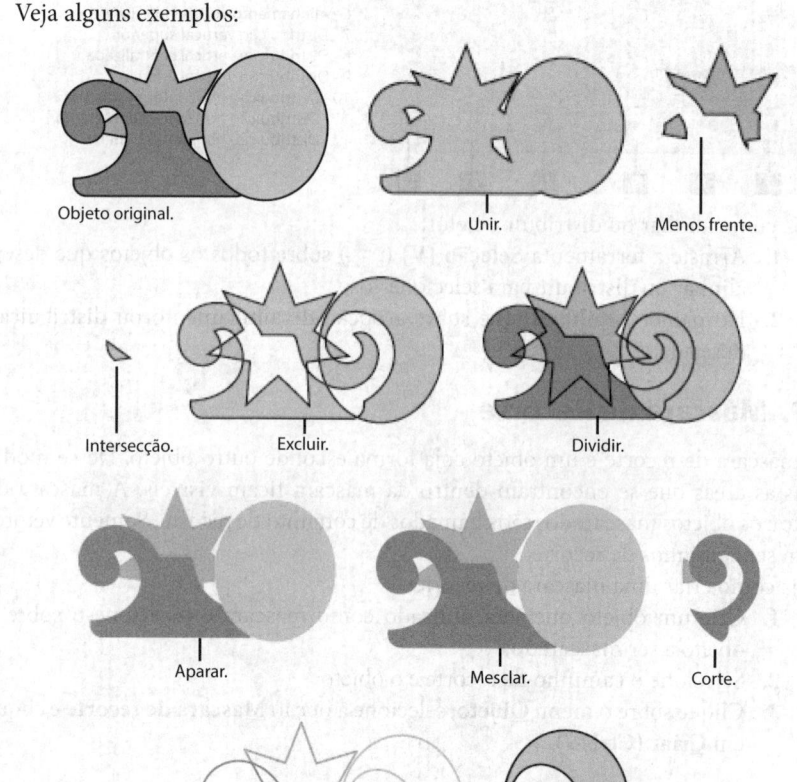

Veja alguns exemplos:

12.8. Alinhar e Distribuir Objetos

A opção mais fácil para alinhar e distribuir objetos no **Illustrator CS6** é utilizando o painel **Alinhar**. Os objetos são alinhados de acordo com um eixo especificado, mas também é possível alinhá-los utilizando suas bordas como referência. Para visualizar o painel **Alinhar** no **Illustrator CS6**:
1. Clique sobre o menu **Janela**;
2. No menu apresentado clique em **Alinhar (Shift+F7)**.

Veja quais são as ferramentas do painel **Alinhar**:

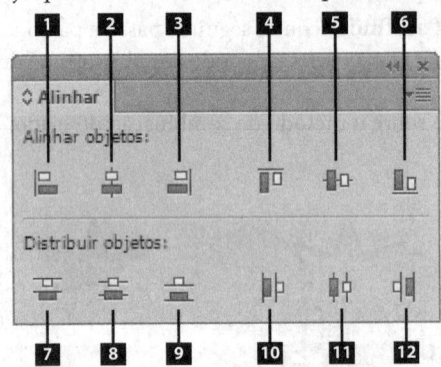

1 - Alinhamento horizontal à esquerda.
2 - Alinhamento horizontal centralizado.
3 - Alinhamento horizontal à direita.
4 - Alinhamento vertical superior.
5 - Alinhamento vertical centralizado.
6 - Alinhamento vertical inferior.
7 - Distribuição vertical superior.
8 - Distribuição vertical centralizada.
9 - Distribuição vertical inferior.
10 - Distribuição horizontal à esquerda.
11 - Distribuição horizontal centralizada.
12 - Distribuição horizontal à direita.

Veja como alinhar ou distribuir objetos:
1. Arraste a ferramenta **Seleção (V)** ( ) sobre todos os objetos que deseja alinhar ou distribuir para selecioná-los;
2. No painel **Alinhar** clique sobre a opção de alinhamento ou distribuição desejada.

12.9. Máscara de Recorte

A máscara de recorte é um objeto cuja forma esconde outro objeto. Desse modo, apenas as áreas que se encontram dentro da máscara ficam visíveis. A máscara de recorte e os objetos mascarados são chamados de conjunto de recorte. Somente vetores podem ser caminhos de recorte.

Veja como criar uma máscara de recorte:
1. Crie um objeto que será utilizado como máscara e posicione-o sobre o objeto a ser mascarado;
2. Selecione o caminho de recorte e o objeto;
3. Clique sobre o menu **Objeto**, selecione a opção **Máscara de recorte** e clique em **Criar (Ctrl+7)**.

Imagem original.   Camada de recorte.

Imagem mascarada.

É possível liberar objetos de uma máscara de recorte redistribuindo os objetos da maneira que desejar na ilustração. Para realizar essa operação, siga os passos:
1. Selecione a máscara de recorte com a ferramenta **Seleção (V)** ( );
2. Clique sobre o menu **Objeto**, selecione a opção **Máscara de recorte** e clique em **Liberar (Alt+Ctrl+7)**;
3. Os objetos serão liberados da máscara de recorte.

12.10. Aplicar Cor Através do Painel Ferramentas

É possível aplicar cor de maneira rápida com a utilização do painel **Ferramentas** da seguinte maneira:
1. Com a ferramenta **Seleção (V)** ( ) selecione o objeto a ser colorido;
2. No painel **Ferramentas** selecione a caixa **Preenchimento (X)** se deseja preencher o objeto com cor. Ou selecione a caixa **Traçado (X)** para especificar uma cor do contorno do objeto;

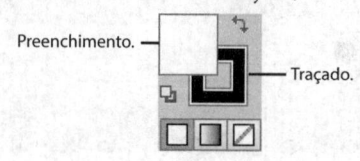

Preenchimento. — Traçado.

3. Clique duas vezes sobre a caixa **Preenchimento (X)** ou **Traçado (X)** para abrir a janela **Seletor de cores**;

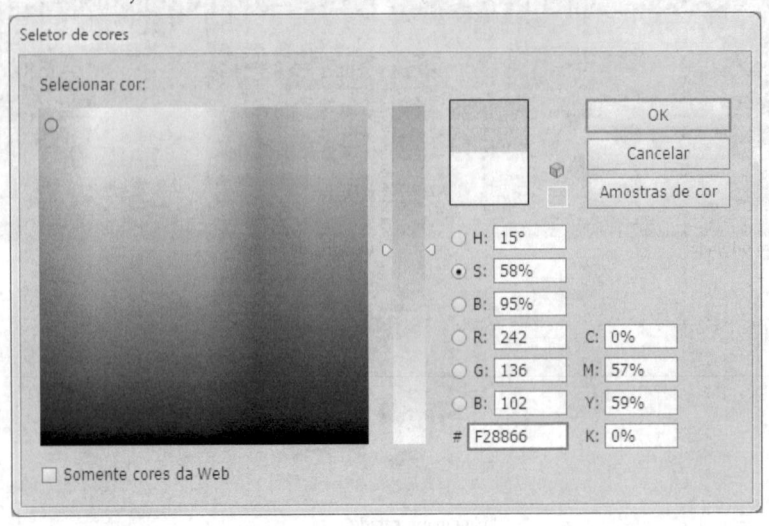

4. Selecione a cor desejada no campo **Selecionar cor** e clique em **OK**;
5. A cor será aplicada ao objeto.

12.10.1. Aplicar Cor Utilizando o Painel Cor

Também é possível aplicar cores nos objetos através do painel **Cor** com facilidade e rapidez. Caso o painel não esteja visível siga os passos:
1. Clique sobre o menu **Janela**;
2. No menu exibido clique sobre a opção **Cor (F6)**.

Veja como fazer para aplicar cor através do painel **Cor**:
1. Com a ferramenta **Seleção (V)** ( ) selecione o objeto a ser colorido;
2. No painel **Ferramentas** selecione **Preenchimento (X)** para preencher todo o objeto ou **Traçado (X)** para aplicar cor ao contorno do objeto;
3. No painel **Cor**, no **Espectro de cor** clique sobre a cor desejada.

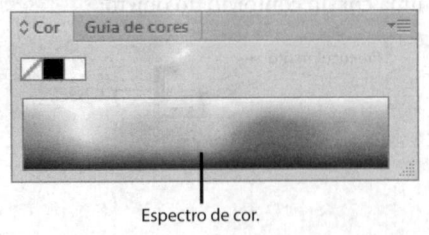

Espectro de cor.

12.10.2. Editar as Cores de um Gradiente

Há duas maneiras de editar as cores de um gradiente no **Illustrator CS6**: através da ferramenta **Gradiente (G)** ( ) ou do painel **Gradiente**.

Veja como editar as cores de um gradiente com a ferramenta **Gradiente (G)** (▢):
1. Crie um objeto na prancheta;
2. No painel **Ferramentas** selecione a caixa **Preenchimento (X)** e, em seguida, selecione a ferramenta **Gradiente (G)** (▢);
3. Clique sobre o objeto criado na prancheta. Uma barra de gradiente será exibida sobre o objeto juntamente com a cor de gradiente padrão do **Illustrator CS6**;

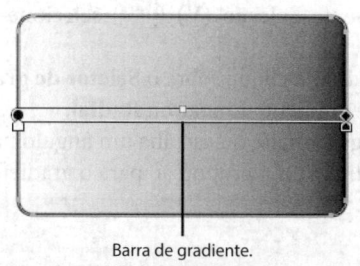

Barra de gradiente.

4. Adicione um novo ponto de cor ao gradiente, movendo o ponteiro do mouse na parte inferior da barra de gradiente. Quando o ponteiro se tornar um ícone de adição clique duas vezes com o botão esquerdo do mouse;
5. Será exibido um painel com diversas cores, clique sobre a cor escolhida, ou ainda, na paleta cor determine as porcentagens de cor desejada;

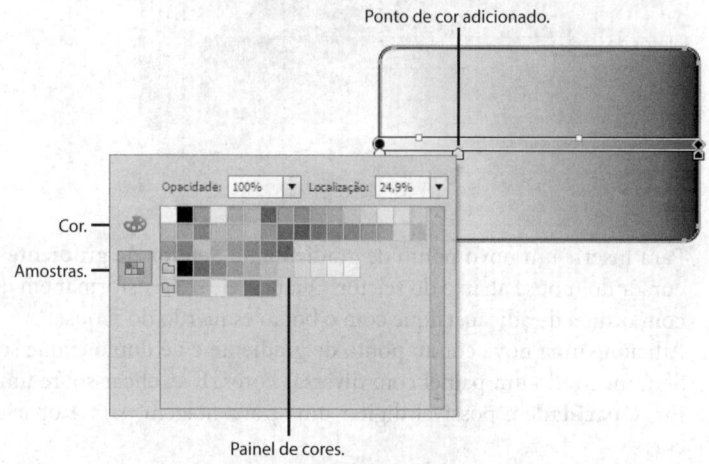

Ponto de cor adicionado.

Cor.
Amostras.

Painel de cores.

6. Clique e arraste o ponto de cor sobre a barra de gradiente para posicionar a cor no objeto. Faça esses procedimentos para cada cor adicionada.

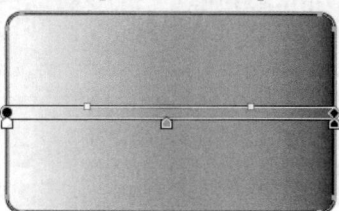

Também é possível editar as cores de gradiente através do painel **Gradiente**. Caso o painel não esteja visível siga os procedimentos abaixo:
1. Clique sobre o menu **Janela**;
2. No menu exibido clique em **Gradiente (Ctrl+F9)**;
3. O painel será exibido.

Veja como editar as cores de gradiente através do painel:
1. Com a ferramenta **Seleção (V)** ( ) selecione o objeto no qual deseja aplicar o gradiente;
2. No painel **Gradiente** clique sobre o **Seletor de gradiente** e no campo **Tipo** selecione entre gradiente **Linear** ou **Radial**;
3. No campo **Ângulo** digite ou escolha um ângulo para o gradiente;
4. Caso desejar, digite uma proporção para o gradiente no campo **Proporção**;

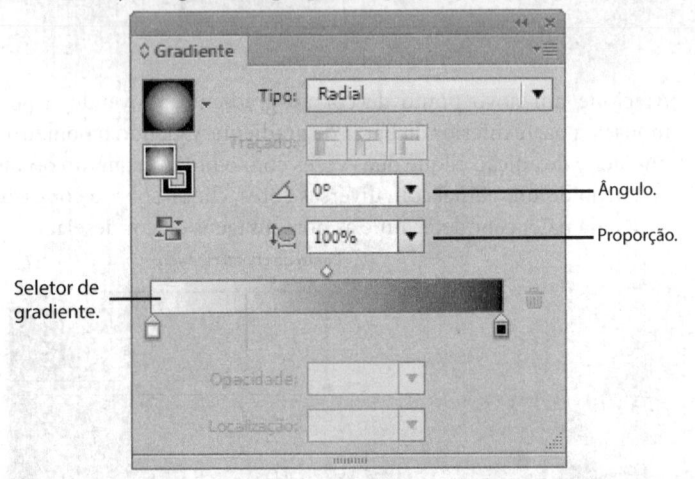

5. Para inserir um novo ponto de gradiente no **Seletor de gradiente** mova o cursor do mouse abaixo do seletor. Quando ele se transformar em uma seta com o sinal de adição, clique com o botão esquerdo do mouse;
6. Adicione uma nova cor ao ponto de gradiente e dê duplo clique sobre ele. Será mostrado um painel com diversas cores. É só clicar sobre uma delas. Em **Opacidade** é possível digitar uma porcentagem para a opacidade da cor;

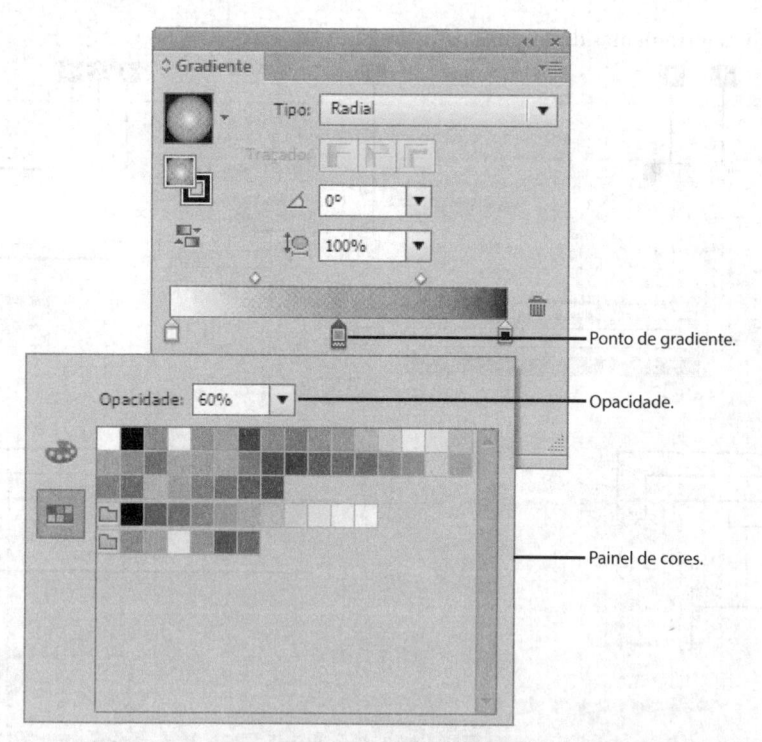

7. Realize quantas operações desejar até o gradiente ficar da maneira desejada.

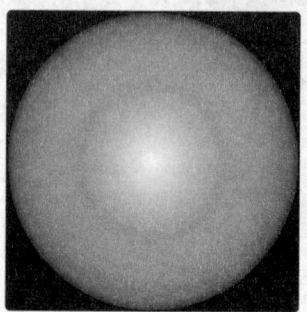

12.10.3. Recolorir Arte

A caixa de diálogo **Recolorir arte** possui inúmeras ferramentas para recolorir totalmente qualquer objeto criado no **Illustrator CS6**. Para abrir a caixa de diálogo clique sobre o botão **Recolorir arte** ( ) no **Painel de Controle**.

Veja as ferramentas desta caixa de diálogo:

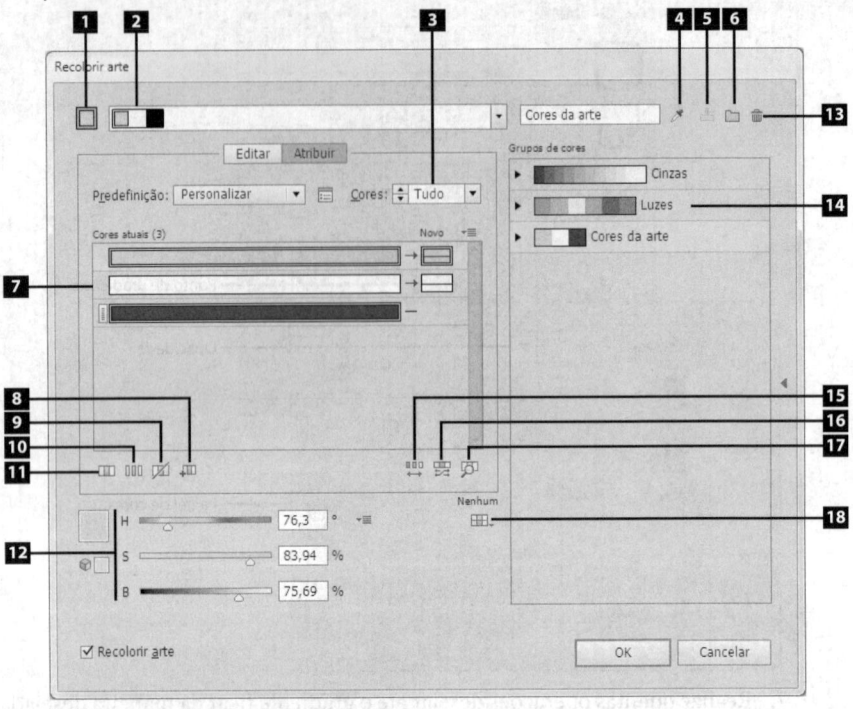

1 - Definir cor atual como cor base.
2 - Cores ativas.
3 - Cores.
4 - Obter cores da arte selecionada.
5 - Salvar alterações no grupo de cores.
6 - Novo grupo de cores.
7 - Cores atuais.
8 - Nova linha.
9 - Excluir as cores selecionadas para que não sejam recoloridas.
10 - Separar cores em linhas diferentes.
11 - Mesclar cores em uma linha.
12 - Padrão de cor HSB.
13 - Excluir grupo de cores.
14 - Grupo de cores.
15 - Alterar aleatoriamente a ordem das cores.
16 - Alterar aleatoriamente a saturação e o brilho.
17 - Clique nas cores acima para localizá-las na arte.
18 - Limita o grupo de cores às cores existentes em uma biblioteca de amostras.

Veja a seguir a descrição das opções da caixa de diálogo **Recolorir arte**:
- **Definir cor atual como cor base:** Define a cor atual baseada nas cores ativas.
- **Cores ativas:** Nesta área é possível visualizar as cores do objeto, como também conjuntos de harmonias de cores.
- **Cores:** Determina quantas cores aparecerão na arte recolorida.
- **Obter cores da arte selecionada:** Grava todas as cores da arte selecionada na caixa de diálogo.
- **Salvar alterações no grupo de cores:** Salva as alterações realizadas no grupo.
- **Novo grupo de cores:** Possibilita salvar um novo grupo de cores.
- **Cores atuais:** Mostra as cores atuais da ilustração.

- **Nova linha:** Cria uma linha de cor que é visualizada no grupo **Cores atuais**.
- **Excluir as cores selecionadas para que não sejam recoloridas:** Exclui uma cor impossibilitando colori-la com outra cor.
- **Separar cores em linhas diferentes:** Separa duas ou mais cores em uma nova linha.
- **Mesclar cores em uma linha:** Mescla cores em uma única linha de cor.
- **Padrão de cor HSB:** Permite alterar a cor de uma linha através do modo de cor HSB.
- **Excluir grupo de cores:** Exclui um ou mais grupos de cores.
- **Grupo de cores:** Exibe diversos grupos de cores e harmonias que podem ser utilizadas para recolorir a ilustração.
- **Alterar aleatoriamente a ordem das cores:** Altera de maneira aleatória as cores da ilustração.
- **Alterar aleatoriamente a saturação e o brilho:** Possibilita alterar aleatoriamente a saturação e o brilho das cores da ilustração.
- **Clique nas cores acima para localizá-las na arte:** Ferramenta que permite clicar em qualquer cor no grupo **Cores atuais** e, assim, a cor selecionada será visualizada na arte.
- **Limita o grupo de cores às cores existentes em uma biblioteca de amostras:** Permite limitar o grupo de cores existentes na ilustração.

12.10.4. Aplicar Amostra

O painel **Amostras** é muito simples de ser utilizado. Através dele é possível armazenar suas cores e tons favoritos e aplicá-los em qualquer elemento de uma ilustração.

Para aplicar uma cor de amostra através do painel **Amostras** siga o passo a passo:
1. Selecione o objeto no qual uma cor será aplicada com a ferramenta **Seleção** (▶);
2. No painel **Ferramentas** selecione a caixa **Preenchimento (X)** ou **Traçado (X)** para especificar se é o preenchimento ou o traçado que será formatado;
3. No painel **Amostras** clique sobre a amostra que deseja aplicar ao objeto;
4. A cor será aplicada ao objeto selecionado.

12.10.4.1. Criar Amostra de Cor

As amostras de cor podem ser de cores especiais ou de escala. O **Illustrator CS6** possui várias amostras predefinidas no painel **Amostras**, contudo é possível criar amostras personalizadas. Observe como criar uma amostra de cor:
1. Abra o painel **Amostras**;
2. Clique sobre o botão **Nova amostra** (▫). A caixa de diálogo **Nova amostra** será exibida;
3. Na caixa mostrada realize os seguintes procedimentos:
    - 3.1. No campo **Nome da amostra** digite um nome para a nova cor;
    - 3.2. Na caixa de seleção **Tipo de cor** determine o modelo de cor que será utilizado na amostra;
    - 3.3. Caso desejar criar uma amostra de cor de processo global marque a opção **Global**;

3.4. Na opção **Modo de cores** selecione o modelo desejado e crie a cor através dos controles deslizantes da caixa de diálogo;
3.5. Clique em **OK**;

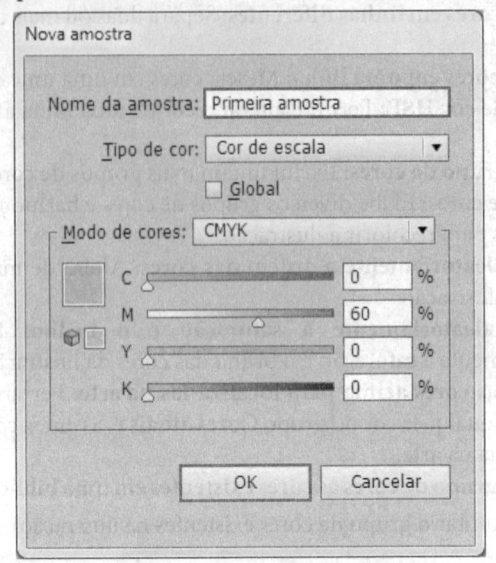

4. A nova amostra será exibida no painel **Amostras**.

Quando uma cor é criada, um cubo de alerta ( ) pode ser exibido. Isso significa que essa cor não é segura para ser exibida na Web. Para tornar a cor segura basta clicar sobre o cubo. Assim, uma cor segura mais próxima será apresentada.

12.11. Camadas

Adicionar novas camadas a um documento possibilita organizar os elementos da ilustração. Para criar uma nova camada siga os passos:
1. Exiba o painel **Camadas (F7)**;
2. Siga um dos procedimentos:
   2.1. Para criar uma nova camada na parte superior da lista do painel **Camadas** clique sobre o botão **Criar nova camada** ( );
   2.2. Caso queira criar uma camada acima da última existente mantenha a tecla <Ctrl> pressionada e clique no botão **Criar nova camada** ( ).

12.11.1. Ocultar Camadas

As camadas ocultas não são exibidas na prancheta, não podem ser impressas e nem editadas. Para ocultar uma camada faça os procedimentos:
1. Exiba o painel **Camadas** através do comando <F7>;
2. Clique no comando **Alternar a visibilidade** ( );
3. O ícone do comando será escondido indicando que a camada está oculta.

Camada oculta.

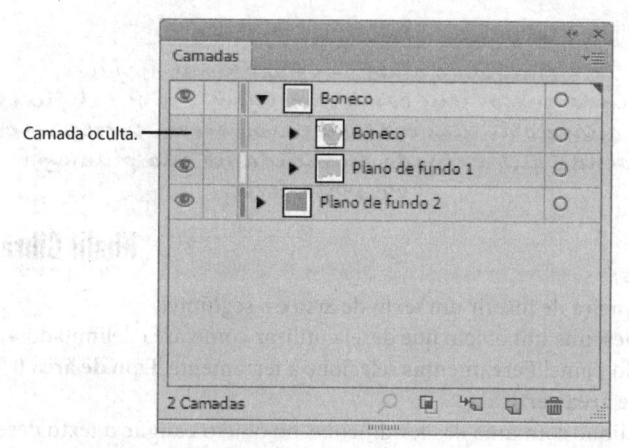

Para exibir a camada clique novamente no comando **Alterna a visibilidade** ( ).

12.12. Inserir Texto de Ponto

O texto de ponto é formado por uma linha de texto horizontal ou vertical que começa em um local estabelecido e aumenta conforme os caracteres são digitados. Nesse tipo de texto cada linha é independente, ela aumenta ou diminui conforme é editada, mas não há quebra para a próxima linha.

Veja como inserir o texto de ponto através do passo a passo:
1. No painel **Ferramentas** selecione a ferramenta **Tipo (T)** (T) ou **Tipo vertical** (↓T);
2. Clique no local onde deseja iniciar a digitação do texto;
3. Digite o texto.

Adobe Illustrator CS6

12.12.1. Inserir Texto de Área

O texto de área utiliza os limites de um objeto para controlar o fluxo de caracteres de maneira horizontal ou vertical. Quando o texto atinge um limite, ele é quebrado automaticamente para se ajustar em uma área definida. Essa maneira de inserir texto é útil quando deseja criar um ou mais parágrafos.

Veja como aplicar um texto de parágrafo:
1. No painel **Ferramentas** selecione a ferramenta **Tipo (T)** (T);
2. Mantenha o botão esquerdo do mouse pressionado e arraste-o sobre a prancheta para criar a caixa de texto. Solte o botão do mouse;

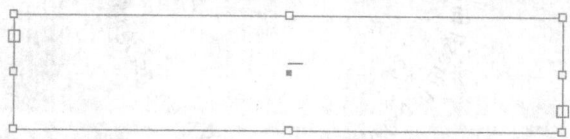

3. Digite o texto.

> *- Quando o amor vos fizer sinal, segui-o;*
> *ainda que os seus caminhos sejam duros e difíceis.*
> *E quando as suas asas vos envolverem, entregai-vos;*
> *ainda que a espada escondida na sua plumagem*
> *vos possa ferir.*
>
> **Khalil Gibran**

Outra maneira de inserir um texto de área é a seguinte:
1. Desenhe um objeto que deseja utilizar como área delimitadora;
2. No painel **Ferramentas** selecione a ferramenta **Tipo de área** (T) ou **Tipo de área vertical** (T);
3. Clique com uma das ferramentas no objeto e digite o texto desejado.

> As opor-tunida-des multiplicam-se à medida que são agarradas. Sun Tzu.

12.12.2. Texto em Caminho

Os textos podem ser aplicados a uma linha (aberta) ou a uma forma geométrica (fechada). Para aplicar um texto ao longo de um caminho siga o passo a passo:
1. Desenhe uma forma ou uma linha para servir de caminho para o texto;
2. No painel **Ferramentas** selecione a ferramenta **Tipo no caminho** ( );
3. Clique sobre o caminho desenhado e digite o texto.

12.12.3. Utilizando Caixas de Texto

As caixas de texto podem ser separadas e vinculadas. Ao vinculá-las, o fluxo do texto é ajustado de maneira automática, quando o tamanho das caixas é alterado.

Para utilizar mais de uma caixa de texto faça os procedimentos abaixo:
1. No painel **Ferramentas** selecione a ferramenta **Tipo (T)** (T);
2. Clique e arraste a ferramenta sobre a prancheta criando uma caixa de texto;
3. No painel **Ferramentas** selecione a ferramenta **Seleção (V)** (▶);
4. Clique sobre o ponto de saída da caixa de texto e, em seguida, clique em qualquer outro lugar do documento;
5. Será criada uma caixa de texto idêntica a primeira e vinculada a ela;
6. Selecione novamente a ferramenta **Tipo (T)** (T) e digite o texto desejado.

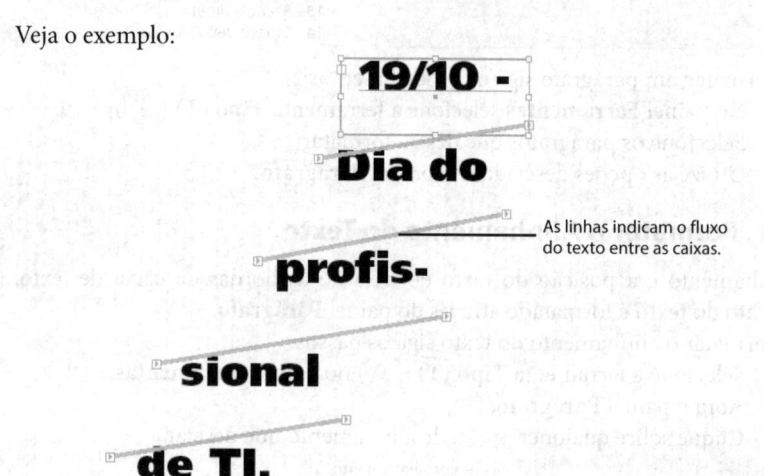

Veja o exemplo:

As linhas indicam o fluxo do texto entre as caixas.

12.12.4. Ajustar Título pela Largura Total da Área de Texto

É possível ajustar textos ao tamanho exato da caixa de texto sem a necessidade de realizar configurações manuais. Ele será ajustado com base no espaço entre os caracteres.

Para realizar essa operação siga os passos:
1. Selecione a ferramenta **Tipo (T)** (T) no painel **Ferramentas**;
2. Selecione o texto que deseja ajustar;
3. Clique sobre o menu **Tipo** e, em seguida, clique em **Ajustar título**;
4. O texto será ajustado de acordo com o tamanho de sua caixa.

12.13. Formatar Parágrafos de Texto

Os parágrafos dos textos podem ser formatados com o uso de comandos do painel **Parágrafo**, que pode ser aberto através do **Painel de Controle** ou **Janela**.

A formatação de parágrafo consiste na configuração do alinhamento, recuo e espaçamento entre os parágrafos. Para exibir o painel **Parágrafo** siga os passos:
1. Clique sobre o menu **Janela**;

2. Selecione a opção **Tipo**. Em seguida, clique em **Parágrafo** (Alt+Ctrl+T).

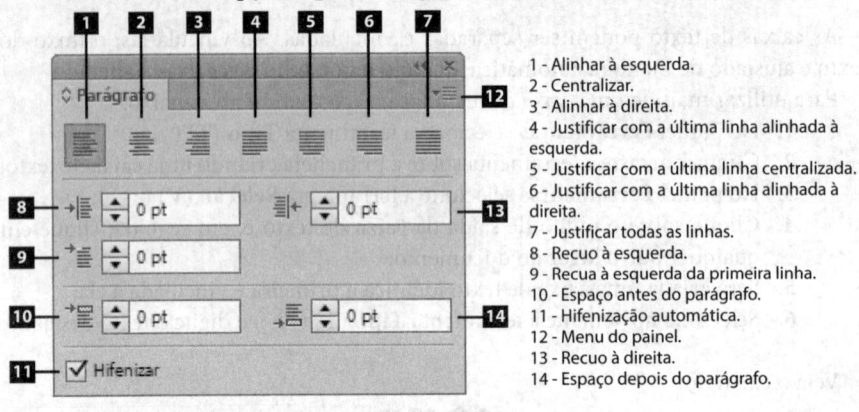

1 - Alinhar à esquerda.
2 - Centralizar.
3 - Alinhar à direita.
4 - Justificar com a última linha alinhada à esquerda.
5 - Justificar com a última linha centralizada.
6 - Justificar com a última linha alinhada à direita.
7 - Justificar todas as linhas.
8 - Recuo à esquerda.
9 - Recua à esquerda da primeira linha.
10 - Espaço antes do parágrafo.
11 - Hifenização automática.
12 - Menu do painel.
13 - Recuo à direita.
14 - Espaço depois do parágrafo.

Para formatar um parágrafo siga os procedimentos:
1. No painel **Ferramentas** selecione a ferramenta **Tipo (T)** (T);
2. Selecione os parágrafos que deseja formatar;
3. Utilize as opções desejadas no painel **Parágrafo**.

12.13.1. Formatar o Alinhamento do Texto

O alinhamento é a posição do texto em relação às bordas da caixa de texto. O alinhamento do texto é formatado através do painel **Parágrafo**.

Para formatar o alinhamento do texto siga os passos:
1. Selecione a ferramenta **Tipo (T)** (T) no painel **Ferramentas**;
2. Abra o painel **Parágrafo**;
3. Clique sobre qualquer opção de alinhamento que desejar.

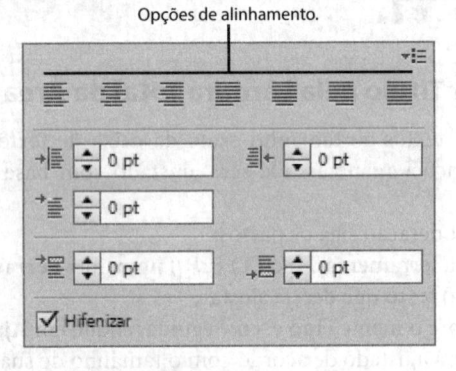

Opções de alinhamento.

12.13.2. Hifenização do Texto

A hifenização é utilizada para separar uma palavra em sílabas caso ela não caiba no final de uma linha.

Para hifenizar o texto realize os seguintes procedimentos:
1. Selecione a caixa de texto com a ferramenta **Seleção (V)** (▶);
2. Abra o painel **Parágrafo**;
3. Marque a caixa **Hifenizar** para que o texto seja hifenizado.

> Em todo o momento de atividade mental acontece em nós um duplo fenômeno de percepção: ao mesmo tempo que tempos consciência dum estado de alma, temos diante de nós, impressionando-nos os sentidos que estão virados para o exterior, uma paisagem qualquer, entendendo por paisagem, para conveniência de frases, tudo o que forma o mundo exterior num determinado momento da nossa percepção.

— Texto hifenizado.

> Em todo o momento de atividade mental acontece em nós um duplo fenômeno de percepção: ao mesmo tempo que tempos consciência dum estado de alma, temos diante de nós, impressionando-nos os sentidos que estão virados para o exterior, uma paisagem qualquer, entendendo por paisagem, para conveniência de frases, tudo o que forma o mundo exterior num determinado momento da nossa percepção.
>
> Fernando Pessoa

— Texto sem hifenização.

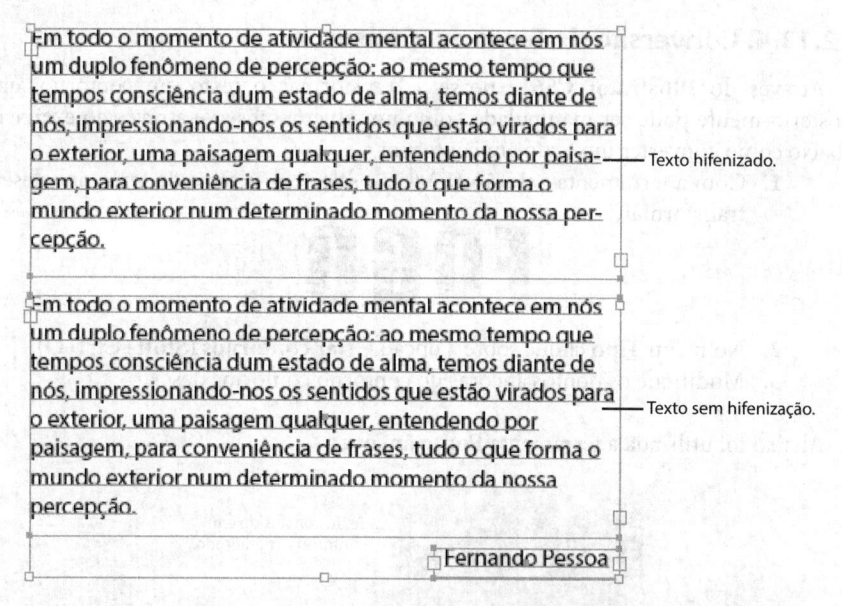

Caso queira hifenizar parágrafos específicos selecione os parágrafos que serão hifenizados e, então, marque a caixa de seleção **Hifenizar** no painel **Parágrafo**.

12.13.3. Transparência de Texto

É possível adicionar transparência ao texto. Veja como fazer:
1. Com a ferramenta **Seleção (V)** ( ) selecione o texto que ficará transparente;
2. No **Painel de Controle**, no campo **Opacidade** clique sobre a seta da caixa e escolha o grau de transparência desejado.

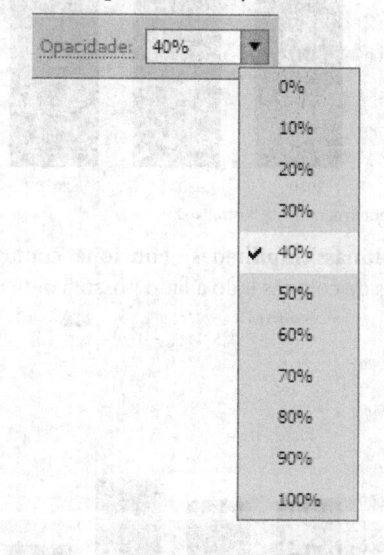

12.13.4. Conversão de Texto em Contorno

Através do **Illustrator CS6** é possível transformar o texto em contorno, que posteriormente pode ser manipulado como um objeto. Observe através do exercício abaixo como converter um texto em contorno:

1. Com a ferramenta **Seleção (V)** ( ) selecione a caixa do texto que deseja transformar;

FOGO

2. No menu **Tipo** clique sobre a opção **Criar contornos (Shift+Ctrl+O)**;
3. Modifique os pontos âncoras do contorno conforme desejar.

Abaixo foi utilizada a ferramenta **Ponto âncora**.

FOGO — Texto convertido em contorno e modificado.

12.14. Tipos de Gráficos

O **Illustrator CS6** possibilita criar diversos tipos de gráficos e personalizá-los. Veja quais são os gráficos disponíveis no programa:

- **Gráfico de colunas:** É utilizado para mostrar informações em determinados períodos de tempo e também para comparar dados.

Quantidade de chuvas nos últimos três anos.

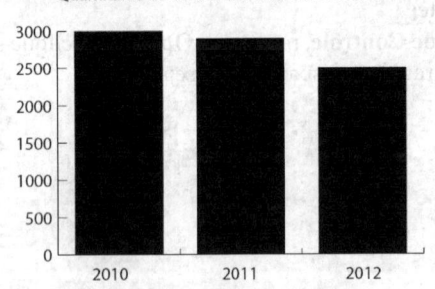

*Dados meramente ilustrativos.

- **Gráfico de colunas empilhadas:** Funciona como o gráfico de colunas, porém, ao invés de colunas lado a lado possui colunas empilhadas.

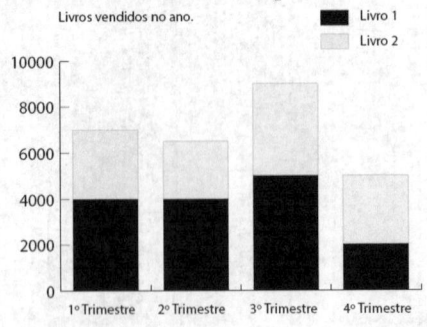

Livros vendidos no ano.
Livro 1
Livro 2

- **Gráfico de barras:** O gráfico de barras é utilizado principalmente para comparar dados individuais. Esse tipo de gráfico é eficaz quando a barra possui um eixo longo e quando valores são expressos em espaço de tempo.

- **Gráfico de barras empilhadas:** Realiza a comparação de valores através de barras empilhadas.

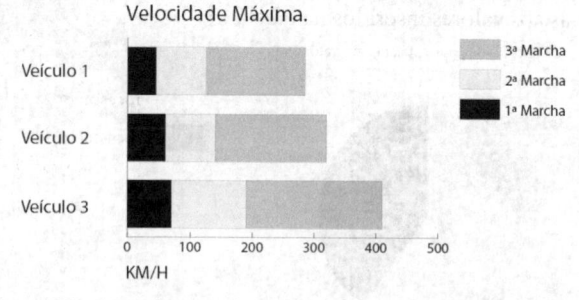

- **Gráfico de linhas:** São aqueles que mostram dados em determinados espaços de tempo. Os dados nos gráficos de linhas ficam dispostos com os valores no eixo vertical e o espaço de tempo no eixo horizontal.

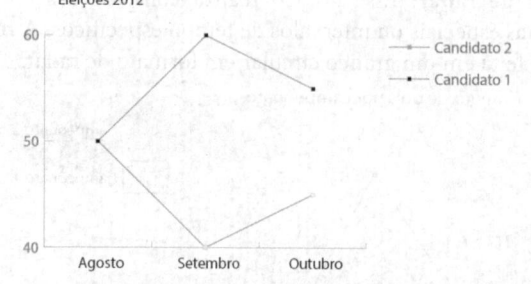

- **Gráfico de áreas:** Representa valores de modo semelhante ao gráfico de linhas, contudo, dá ênfase as variações de valores e totais através do preenchimento das áreas.

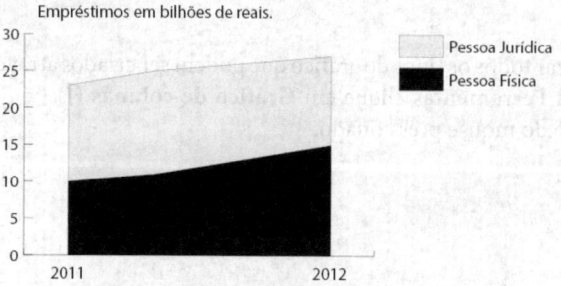

- **Gráfico de dispersão:** O gráfico de dispersão é utilizado para demonstrar relações numéricas e sequências de valores em duas coordenadas (X e Y).

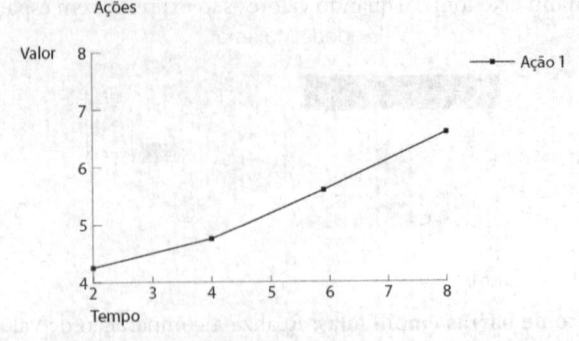

- **Gráfico de pizza:** Cria gráficos com formato circular e com porcentagens relativas aos valores inseridos na tabela.

- **Gráfico de radar:** Esse gráfico realiza comparações entre conjuntos de categorias especiais ou intervalos de tempo específicos. A representação dos dados é feita em um gráfico circular em formato de radar.

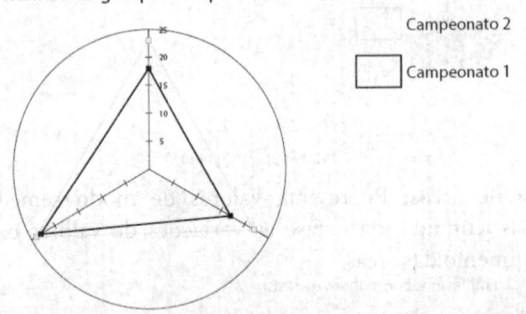

Para visualizar todos os tipos de gráfico que podem ser criados através do **Illustrator CS6**, no painel **Ferramentas** clique em **Gráfico de colunas (J)** ( ) e mantenha o botão esquerdo do mouse pressionado.

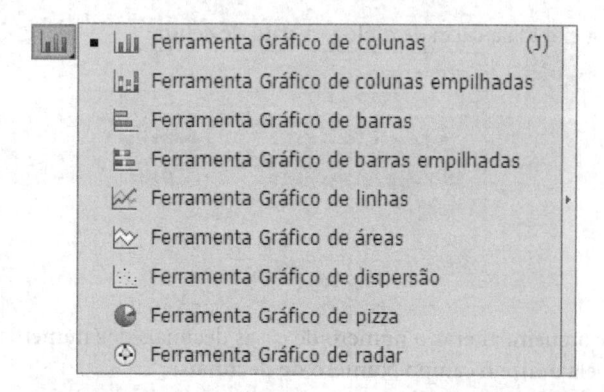

- Ferramenta Gráfico de colunas (J)
- Ferramenta Gráfico de colunas empilhadas
- Ferramenta Gráfico de barras
- Ferramenta Gráfico de barras empilhadas
- Ferramenta Gráfico de linhas
- Ferramenta Gráfico de áreas
- Ferramenta Gráfico de dispersão
- Ferramenta Gráfico de pizza
- Ferramenta Gráfico de radar

12.14.1. Criar Gráfico

Os gráficos permitem comunicar informações estatísticas visualmente. Veja como criar um gráfico no programa:

1. No painel **Ferramentas** selecione o tipo de gráfico a ser utilizado;
2. Clique e arraste o botão esquerdo do mouse sobre a prancheta para determinar o tamanho da área utilizada pelo gráfico;
3. Será exibida a janela **Dados do gráfico**. Nela siga um dos procedimentos:

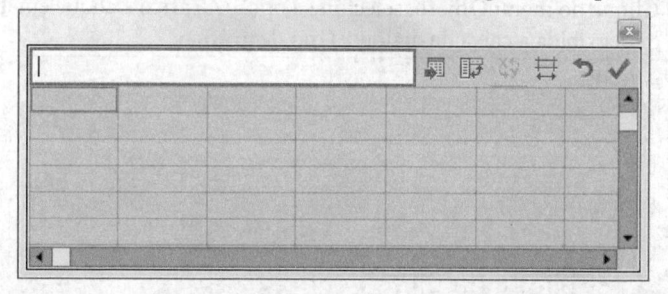

   3.1. Digite os dados que deseja representar nas células da planilha;
   3.2. Clique sobre o botão **Importar dados** (🗔) para inserir dados;
4. Após inserir todos os dados na planilha clique sobre o botão **Aplicar** (✔);
5. Clique sobre o botão **Fechar** (✖) para fechar a janela **Dados do gráfico**. O gráfico será criado de acordo com os dados inseridos na planilha.

12.14.2. Largura de Colunas

É possível ajustar a largura da coluna da janela **Dados do gráfico** para visualizar todos os dígitos dos números contidos nas células.

Para ajustar a largura das colunas manualmente posicione o ponteiro do mouse na borda da coluna que deseja ajustar. O ponteiro se transformará em uma seta dupla, clique e arraste a alça da coluna até a posição desejada. Também é possível ajustar a largura de todas as células em uma única vez. Para isso, siga os procedimentos:

1. Na janela **Dados do gráfico** clique no botão **Estilo de célula** (🗒);

2. Será exibida a caixa de diálogo **Estilo de célula**;

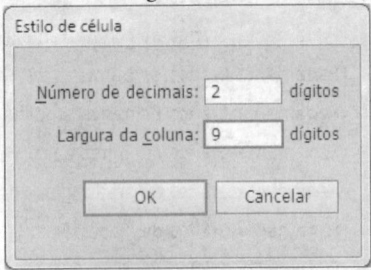

3. Caso queira alterar o número de casas decimais dos números inseridos na tabela utilize o campo **Número de decimais**;
4. No campo **Largura da coluna** determine o tamanho da largura da coluna;
5. Clique no botão **OK** e veja que a largura das células será modificada.

12.14.3. Editar o Tipo do Gráfico

É possível alterar o tipo do gráfico depois de construído. Alguns tipos de gráfico conseguem distribuir as informações de maneira mais eficaz que outros. Acompanhe como alterar o tipo do gráfico:
1. Selecione o gráfico a ser modificado com a ferramenta **Seleção (V)** ( );
2. Clique no menu **Objeto**, selecione a opção **Gráfico** e clique em **Tipo**;
3. Será exibida a caixa de diálogo **Tipo de gráfico**;

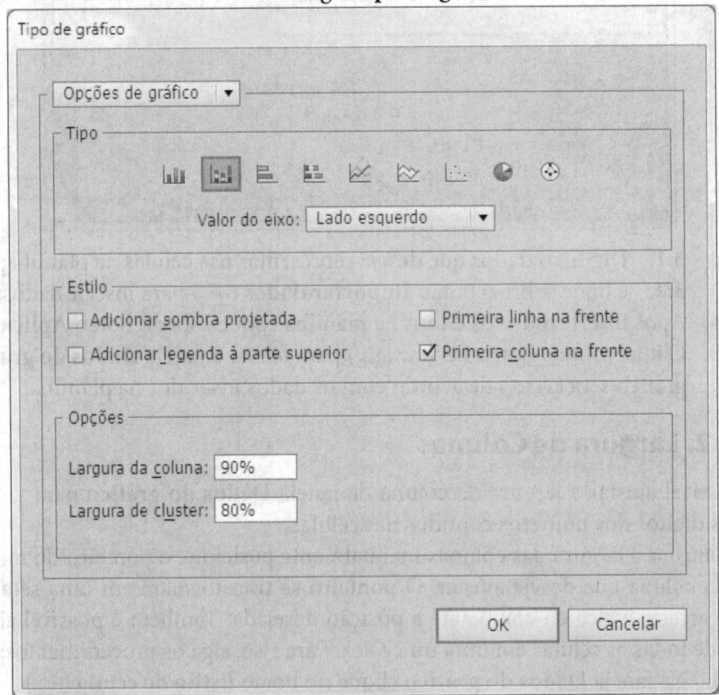

4. No campo **Tipo** clique sobre o modelo de gráfico desejado. Clique em **OK**. O gráfico será modificado de acordo com o tipo escolhido.

12.14.4. Editar Cores do Gráfico

Veja como modificar as cores do gráfico através do passo a passo:
1. Com a ferramenta **Seleção (V)** ( ) clique duas vezes sobre o gráfico. Ele será exibido no modo de isolamento;
2. No painel **Ferramentas** selecione **Seleção direta (A)** ( ) e clique sobre a parte do gráfico que deseja colorir;
3. Utilize o painel **Cor** ou painel **Guia de cores** para criar a cor para o gráfico;
4. Selecione as demais partes do gráfico e repita os procedimentos para colorir;
5. Saia do modo de isolamento para finalizar a ação.

12.14.5. Adicionar Rótulos aos Gráficos

Os rótulos são palavras, letras ou números que descrevem cada categoria de dados em um gráfico. Para inserir rótulos aos gráficos siga o passo a passo:
1. Selecione o gráfico que deseja criar no painel **Ferramentas**. Clique e arraste o cursor do mouse sobre a prancheta para definir o tamanho do gráfico;
2. Na janela **Dados do gráfico** digite os nomes dos campos que deseja como rótulo (primeira linha). Nas demais células digite os dados do gráfico;

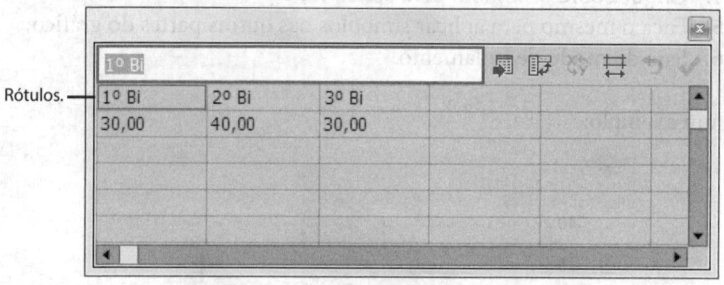

3. Clique sobre o botão **Aplicar** ( ) para criar o gráfico.

Veja o gráfico com os rótulos inseridos:

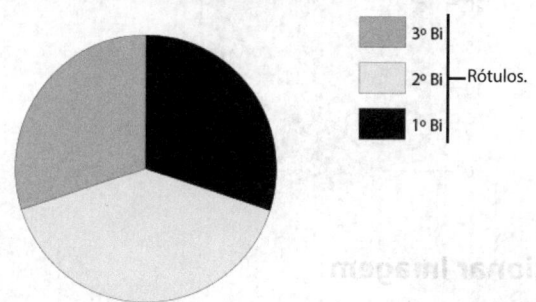

12.14.6. Adicionar Imagens e Símbolos aos Gráficos

No **Illustrator CS6** é possível adicionar imagens e símbolos para personalizar os gráficos criados. Para adicionar símbolos ao gráfico realize os procedimentos a seguir:
1. Com a ferramenta **Seleção (V)** ( ) clique duas vezes sobre o gráfico. O mesmo será exibido no modo de isolamento;

2. No painel **Ferramentas** selecione a ferramenta **Seleção direta (A)** ( ) e clique sobre a parte do gráfico a ser editada;
3. No menu **Janela** selecione a opção **Bibliotecas de estilos de gráfico** e clique sobre a biblioteca desejada;

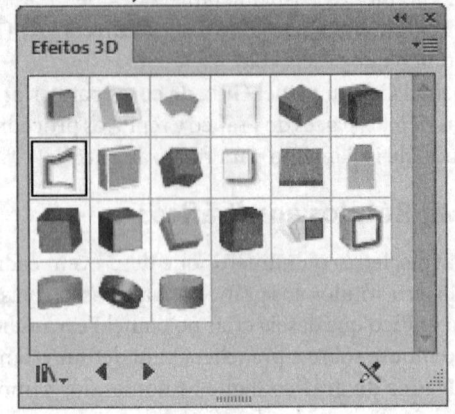

4. Clique sobre o símbolo para aplicá-lo;
5. Faça o mesmo para aplicar símbolos nas outras partes do gráfico;
6. Saia do modo de isolamento.

Veja um exemplo:

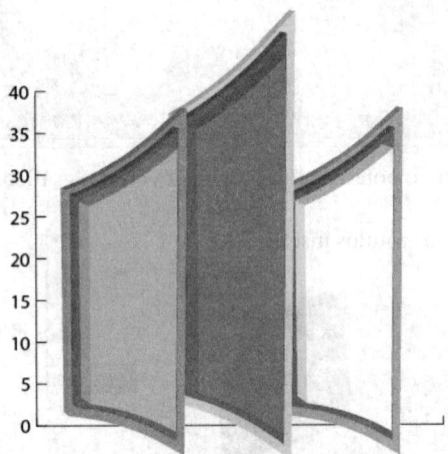

12.15. Adicionar Imagem

A melhor forma de adicionar imagens no **Illustrator CS6** é utilizando o comando **Inserir** do menu **Arquivo**. Após inserir a imagem é possível utilizar o painel **Vínculos** para identificar, selecionar ou atualizar a imagem. Para inserir uma imagem siga os passos abaixo:
1. No menu **Arquivo** clique em **Inserir**;
2. Será exibida a caixa de diálogo **Inserir**. Localize e selecione a imagem desejada;
3. Clique sobre o botão **Inserir**.

A imagem será inserida ao documento. Ela pode ser ajustada e reposicionada utilizando-se a ferramenta **Seleção (V)** ( ).

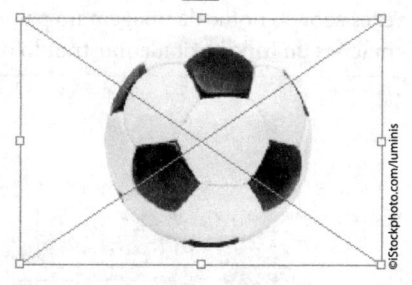

Quando a imagem é selecionada são exibidas duas linhas diagonais sobre ela. Essas linhas indicam que a imagem é apenas uma exibição do arquivo. Ela pode estar vinculada ou incorporada.

12.15.1. Vínculo da Imagem

A verificação dos vínculos das imagens é realizada através do painel **Links**, que permite verificar e gerenciar as imagens vinculadas ou incorporadas ao arquivo.

Para exibir o painel clique sobre o menu **Janela** e, em seguida, clique em **Links**.

O painel **Links** utiliza ícones para demonstrar o estado de cada imagem no arquivo do **Illustrator CS6**. Veja o exemplo:

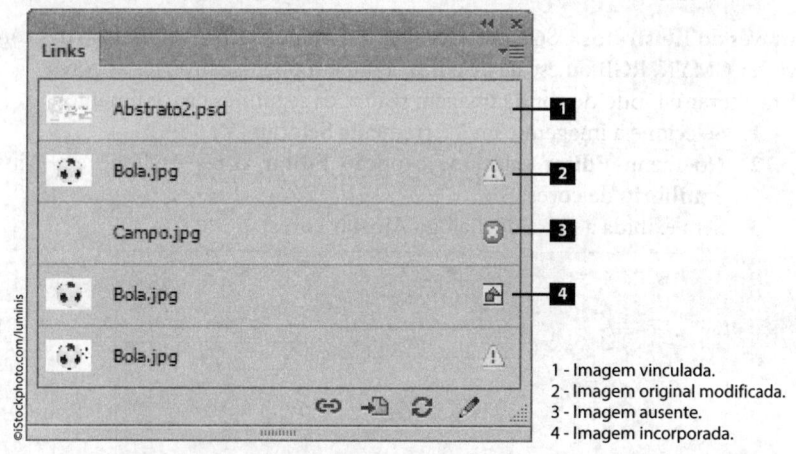

1 - Imagem vinculada.
2 - Imagem original modificada.
3 - Imagem ausente.
4 - Imagem incorporada.

Veja uma pequena descrição sobre os ícones de estado das imagens:
- **Atualizado:** Um arquivo atualizado mostra apenas seu nome no painel.
- **Modificado:** O arquivo modificado é aquele que possui uma versão mais recente do que aquele instalado no computador. É o caso de arquivo do **Illustrator CS6** em um computador com **Illustrator CS5** instalado.
- **Ausente:** Neste tipo de estado o arquivo não se encontra mais na pasta de onde ele foi importado – pode ter sido movido para outro lugar.
- **Incorporado:** A incorporação do conteúdo de um arquivo faz com que não seja preciso fazer outra operação de gerenciamento do vínculo.

O **Illustrator CS6** exibe os dados da imagem, como nome, localização e tamanho da imagem inserida no documento. Para visualizar essas informações faça o seguinte:
1. Clique duas vezes sobre o nome da imagem no painel **Links**;
2. A caixa **Informações do link** é exibida mostrando os dados da imagem;

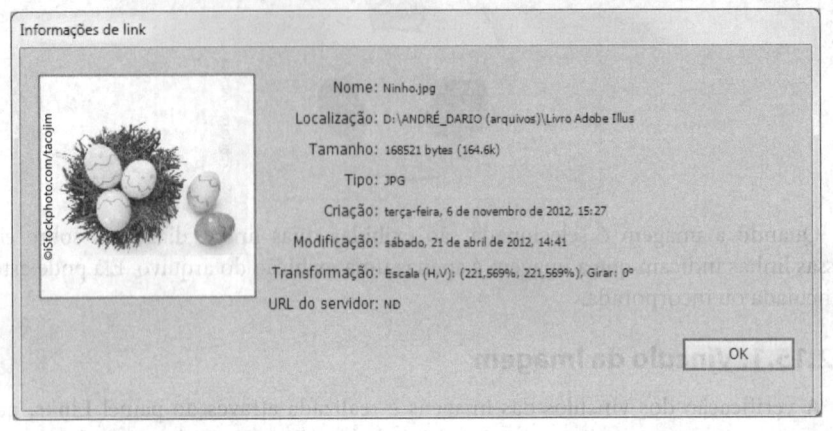

3. Clique sobre o botão **OK** para fechar a caixa de diálogo. A imagem será revinculada.

12.15.2. Alterar o Modo de Cor

Através do **Illustrator CS6** é possível alterar o modo de cor, o equilíbrio das cores e converter CMYK, RGB ou escala de cinza. Também pode-se inverter as cores.

Para alterar o modo de cor da imagem realize os seguintes procedimentos:
1. Selecione a imagem com a ferramenta **Seleção (V)** ( );
2. No menu **Editar** selecione a opção **Editar cores** e clique em **Ajustar equilíbrio de cores**;
3. Será exibida a caixa de diálogo **Ajustar cores**;

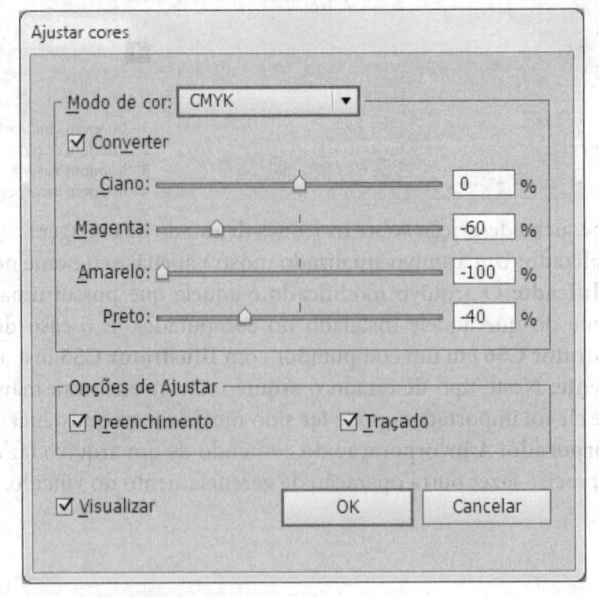

4. Na caixa de listagem **Modo de cor** selecione o modo desejado e depois clique sobre a opção **Converter**;
5. Ajuste as cores do modo escolhido arrastando os controles deslizantes ou inserindo a porcentagem de cada cor à direita de cada barra;
6. No grupo **Opções de Ajustar** selecione a opção **Preenchimento** e a opção **Traçado** para ajustar a cor de ambos;
7. Selecione a opção **Visualizar** para verificar as alterações;
8. Clique em **OK**.

12.15.3. Transparência na Imagem

As imagens adicionadas ao **Illustrator CS6** podem ser personalizadas com transparência através pelo **painel de Controle** ou do painel **Transparência**.

Veja como aplicar transparência a uma imagem através do **Painel de Controle**:
1. Com a ferramenta **Seleção (V)** selecione a imagem desejada;
2. No **Painel de Controle** clique sobre a caixa de seleção do campo **Opacidade** e escolha o valor desejado.

Para aplicar transparência na imagem através do painel **Transparência** faça o seguinte:
1. Clique sobre o menu **Janela** e escolha **Transparência** (**Ctrl+Shift+F10**). O painel será exibido;

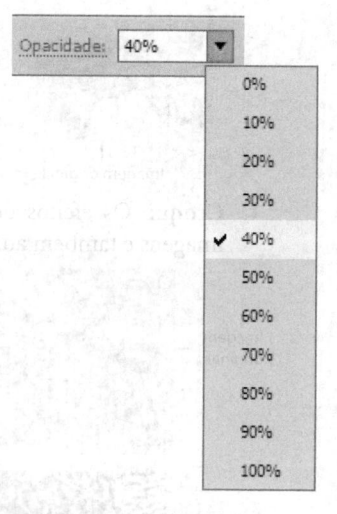

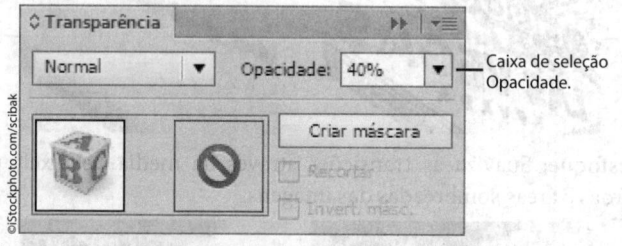

Caixa de seleção Opacidade.

2. Na caixa de seleção **Opacidade** selecione o grau de transparência desejado.

Imagem original.

Imagem com opacidade de 40%.

12.16. Efeitos do Photoshop

Esses efeitos podem ser aplicados tanto em vetores como em bitmaps, são efeitos de rasterização que podem tornar tanto vetores como bitmaps mais agradáveis e auxiliar muito na criação de vários tipos de projetos.

Veja alguns efeitos e suas principais características:

- **Artístico:** Aplica efeitos artísticos em objetos e imagens como **Afresco, Aquarela, Lápis de cor**, entre muitos outros.

Imagem original.   Afresco.   Néon.

- **Croqui:** Os efeitos de croqui utilizam o preto e branco para redesenhar imagens e também adicionam texturas.

Imagem original.   Arestas rasgadas.

Estampa.   Papel molhado.

- **Desfoque:** Suaviza as transições através da média de pixels próximos às bordas e áreas sombreadas das imagens.

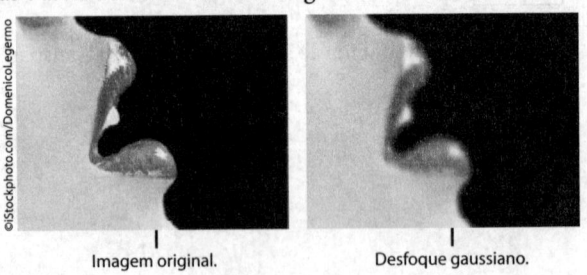

Imagem original.   Desfoque gaussiano.

- **Distorção:** Distorce e remodela a imagem. Com as opções: **Brilho difuso**, **Marola** ou **Vidro**.

Imagem original.   Brilho difuso.   Marola.   Vidro.

- **Estilização:** Esse grupo apresenta o efeito **Arestas brilhantes** que causa o aumento do contraste da imagem.

Imagem original.   Arestas brilhantes.

- **Pixelização:** Define uma seleção ao agrupar pixels de valores de cor semelhantes utilizando as opções: **Cristalizar**, **Meia-Tinta**, **Meio-Tom em Cores** ou **Pontilhar**.

Imagem original.   Cristalizar.   Meia-Tinta.   Meio-Tom em cores.   Pontilhar.

- **Textura:** Os efeitos de textura aplicam profundidade e texturas diversas na imagem. As opções de textura são: **Bordado**, **Craquelé**, **Granulado**, **Ladrilhos do Mosaico**, **Texturizador** e **Vitral**.

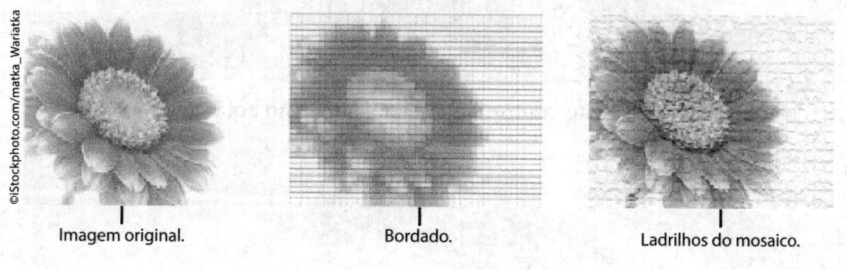

Imagem original.   Bordado.   Ladrilhos do mosaico.

- **Traçados de Pincel:** Cria uma aparência artística utilizando efeitos de traçado de tinta e pincel. As opções desse tipo de efeito são: **Arestas Acentuadas, Hachuras, Rastro de Tinta, Respingo, Sumi-e, Traçado Angular, Traçado Borrifado** e **Traçado Escuro**.

| Imagem original. | Arestas Acentuadas. | Hachura. | Respingo. |

12.16.1. Efeitos em Objetos

Os objetos de vetores podem ser modificados com diversos tipos de efeitos, principalmente com o grupo **Efeitos do Illustrator** localizados no menu **Efeitos**.

Veja como aplicar um efeito:

1. Com a ferramenta **Seleção (V)** ( ) selecione o objeto de vetor;
2. No menu **Efeito** selecione o efeito desejado e clique sobre uma de suas opções;
3. Será exibida uma caixa de diálogo com diversas configurações relacionadas ao efeito;

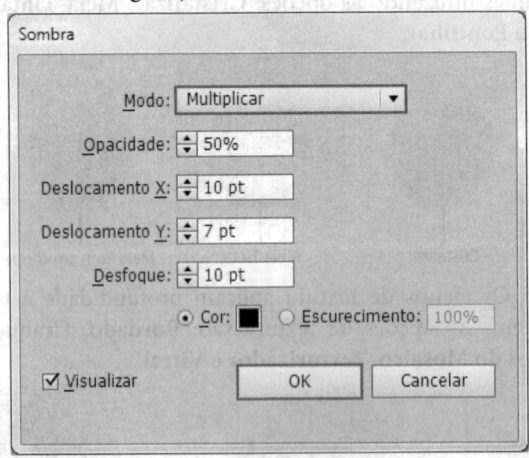

4. Configure o efeito conforme desejar e clique no botão **OK**.

O efeito será aplicado ao objeto de vetor.

Sombra aplicada ao objeto.

12.16.2. Efeitos em Imagens

Os efeitos mais interessantes para serem aplicados são os do grupo **Efeitos do Photoshop**, do menu **Efeito**. São efeitos específicos para serem aplicados a bitmaps.

Para aplicar um efeito a uma imagem siga os passos:

1. Com a ferramenta **Seleção (V)** ( ) selecione a imagem que receberá o efeito;
2. No menu **Efeito** selecione o efeito desejado do grupo **Efeitos do Photoshop** e clique sobre uma das opções de efeito;
3. Será exibido o painel **Galeria de efeitos**. Configure-o através das opções ao lado direito e veja o resultado ao lado esquerdo;

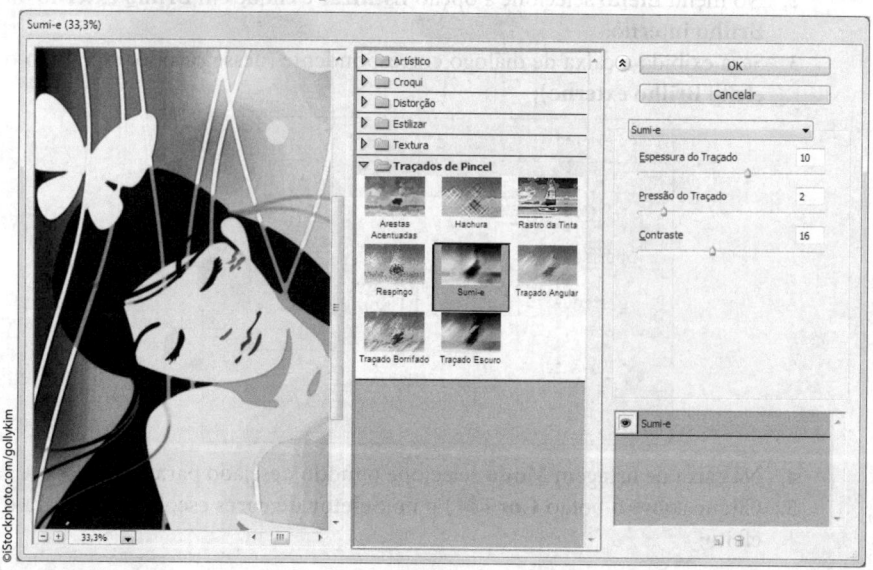

4. Clique no botão **OK**. O efeito será aplicado a imagem.

Efeito Sumi-e aplicado a imagem.

12.16.3. Remoção de Efeitos

Através do painel **Aparência** é possível remover um efeito de um objeto, texto ou bitmap. Para remover um efeito realize os seguintes procedimentos:
1. Com a ferramenta **Seleção (V)** ( ) selecione o objeto que apresenta o efeito a ser excluído;
2. No painel **Aparência** clique sobre a linha que possui o nome do efeito;
3. Clique sobre o botão **Excluir item selecionado** ( ). O efeito será excluído.

12.16.4. Brilho Interno ou Externo

Para aplicar brilho a uma ilustração realize os seguintes procedimentos:
1. Com a ferramenta **Seleção (V)** ( ) clique no objeto que receberá o efeito;
2. No menu **Efeito** selecione a opção **Estilizar** e clique em **Brilho externo** ou **Brilho interno**;
3. Será exibida a caixa de diálogo correspondente (nesse caso foi escolhido o efeito **Brilho externo**);

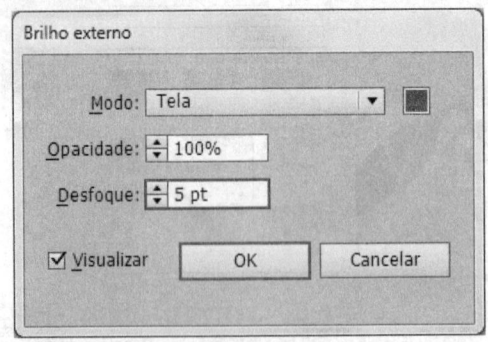

4. Na caixa de listagem **Modo** selecione o modo desejado para o efeito;
5. Clique sobre o botão **Cor** ( ) e no **Seletor de cores** escolha a cor para o efeito;

6. No campo **Opacidade** determine a porcentagem de opacidade para o efeito;
7. Faça o mesmo no campo **Desfoque** digitando a quantidade de pontos desejados para o desfoque do efeito;
8. Marque a caixa de **Visualizar** para ver o resultado. Clique no botão **OK**.

12.16.5. Difusão às Bordas do Objeto

A difusão aplica um intenso brilho transparente nas bordas do objeto proporcionando um efeito de grande luminosidade. Veja como aplicá-la:
1. Com a ferramenta **Seleção (V)** ( ) selecione o objeto que receberá o efeito;
2. No menu **Efeito** selecione a opção **Estilizar** e, em seguida, clique em **Difusão**;
3. A caixa de diálogo **Difusão** será exibida;

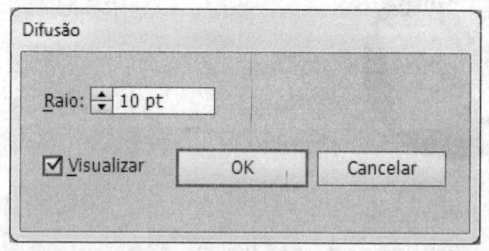

4. No campo **Raio** digite o valor desejado;
5. Marque a opção **Visualizar** para ver o resultado do efeito;
6. Clique em **OK**.

12.17. Objetos 3D e Perspectiva

Através do **Illustrator CS6** é possível criar diversos objetos tridimensionais (3D) com a ferramenta **Grade de perspectiva** ( ).

12.17.1. Objetos 3D

Os objetos 3D possuem o componente profundidade em sua composição. Diferentemente dos objetos bidimensionais (2D) que possuem os eixos X (largura) e Y (altura), os objetos 3D possuem três eixos gráficos que são X (largura), Y (altura) e Z (Profundidade). Veja a imagem abaixo:

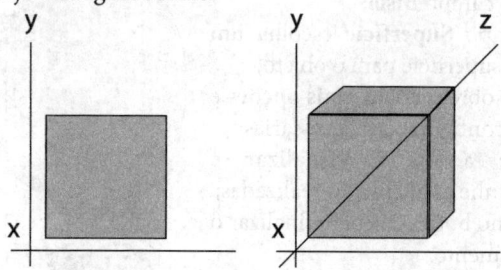

12.17.1.1. Criar Objetos 3D por Extrusão

A extrusão permite estender um objeto de duas dimensões, adicionando o eixo Z ao objeto e criando a sensação de profundidade. Para criar um objeto 3D através da extrusão siga os passos:

1. Selecione o objeto de duas dimensões (2D) que deseja transformar em um objeto de três dimensões (3D);
2. No menu **Efeito** selecione a opção **3D** e clique em **Extrusão e bisel**;
3. Será exibida a caixa de diálogo **Opções de Extrusão e bisel 3D**;

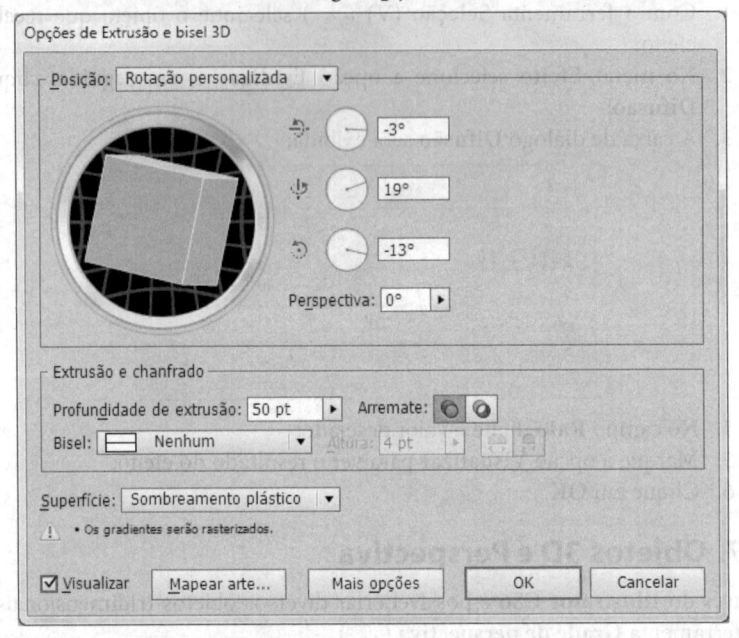

4. No campo **Posição** selecione o tipo de rotação desejada para o objeto ou clique sobre o cubo da caixa de diálogo e arraste-o até a posição desejada;
5. No campo **Perspectiva** digite o grau da perspectiva;
6. Em **Profundidade de extrusão** digite o valor desejado. Depois selecione o **Arremate** a ser utilizado;
7. Se desejar, escolha uma opção de bisel no campo **Bisel**;
8. No campo **Superfície** escolha um tipo de superfície para o objeto;
9. Clique sobre o botão **Mais opções** e faça as configurações necessárias;
10. Marque a opção **Visualizar** e acompanhe as alterações realizadas;
11. Clique no botão **OK** para finalizar o procedimento.

Objeto criado em três dimensões.

12.17.1.2. Criar Objetos 3D por Revolução

A revolução cria um caminho ou perfil em direção circular ao redor do eixo Y (altura). Dessa maneira cria objetos de três dimensões (3D). Para criar um objeto 3D por revolução realize os procedimentos a seguir:

1. Selecione o objeto de duas dimensões (2D) que deseja transformar em três dimensões (3D);

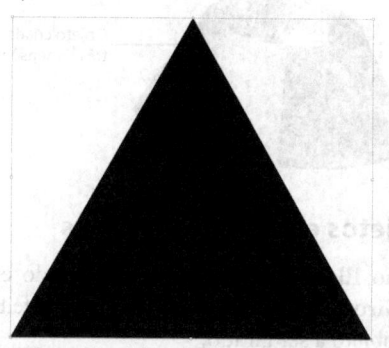

2. No menu **Efeito** selecione a opção **3D** e clique em **Revolução**;
3. Será exibida a caixa de diálogo **Opções de Revolução 3D**;

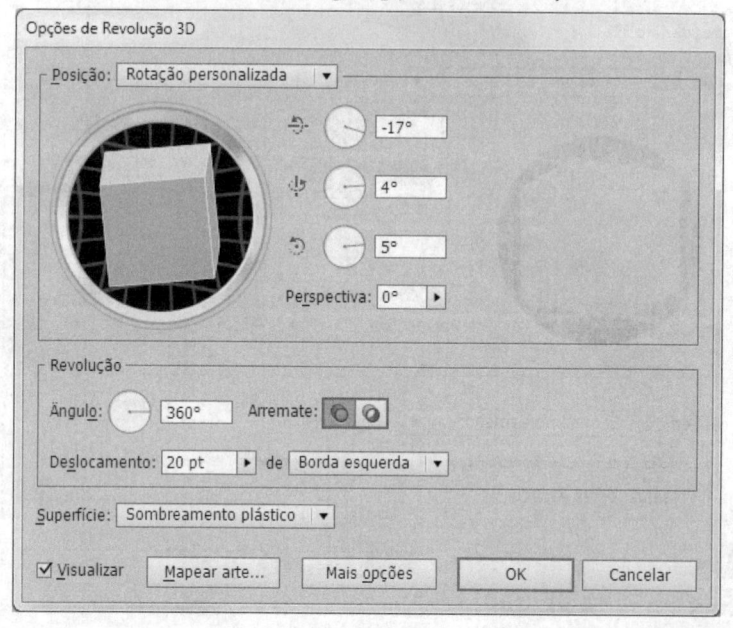

4. No campo **Posição** selecione uma das opções de posição predefinidas ou clique sobre o cubo na caixa de diálogo e gire-o até a posição desejada;
5. Em **Perspectiva** digite um ângulo desejado para a perspectiva do objeto;
6. No grupo **Revolução,** no campo **Ângulo** digite o ângulo para a revolução e clique sobre uma das duas opções no campo **Arremate** que são: **Ativar o arremate para uma aparência sólida** ( ) ou **Desativar o arremate para uma aparência vazia** ( );

7. Digite o tamanho do deslocamento do objeto no campo **Deslocamento** e escolha uma das opções **Borda esquerda** ou **Borda direita**;
8. Na caixa de listagem **Superfície** determine uma opção para o objeto;
9. Clique sobre o botão **Mais opções** e configure todas as opções necessárias;
10. Marque a opção **Visualizar** para verificar todos os resultados;
11. Clique em **OK**.

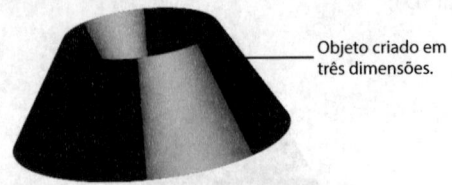

Objeto criado em três dimensões.

12.17.2. Girar Objetos em Três Dimensões

Um objeto criado no **Illustrator CS6** pode ser girado em três dimensões (3D) utilizando o comando **Giro** do menu **Efeito**. Para criar esse efeito siga os procedimentos:
1. Selecione o objeto a ser girado;
2. No menu **Efeito** selecione a opção **3D** e clique sobre a opção **Giro**;
3. Será exibida a caixa de diálogo **Opções de Giro 3D**;

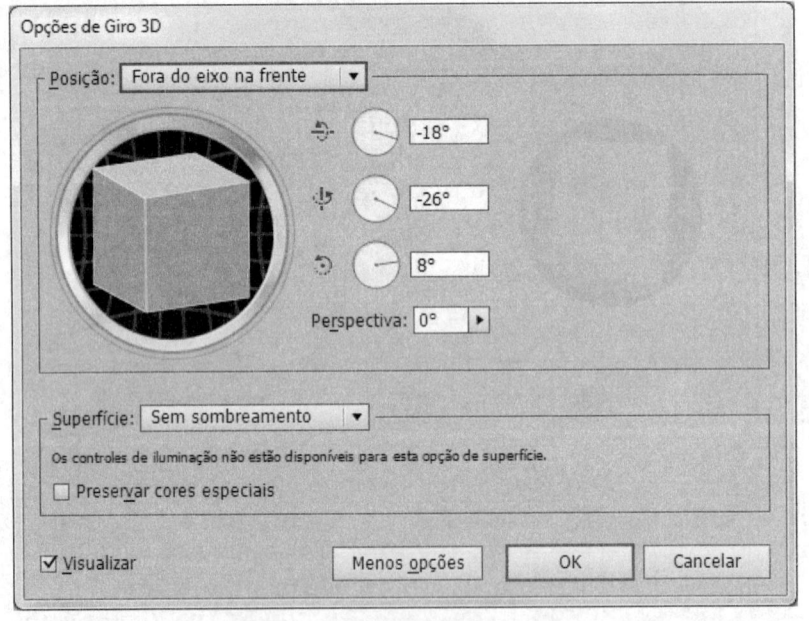

4. Na caixa de listagem **Posição** selecione a posição em que deseja girar o objeto ou arraste o cubo da caixa de listagem para girar o objeto;
5. Digite o grau de perspectiva no campo **Perspectiva**;
6. No campo **Superfície** selecione uma das opções: **Sem sombreamento** ou **Sombreamento difuso**;
7. Selecione a opção **Preservar cores especiais** caso queira preservá-las;
8. Marque a opção **Visualizar** para verificar as alterações e clique em **OK** para finalizar o procedimento.

Veja um exemplo:

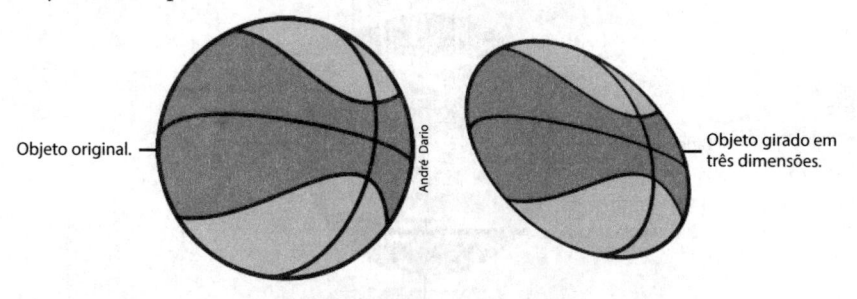

Objeto original.

Objeto girado em três dimensões.

André Dario

12.17.3. Opções de Rotação 3D

Existem várias maneiras de alterar a posição de rotação de um objeto 3D. Essa alteração permite visualizar o objeto de formas diferentes ao longo de seus eixos. Veja quais são elas:
- Em uma das caixas de diálogo de opções 3D clique sobre o menu **Posição** e selecione a posição desejada.

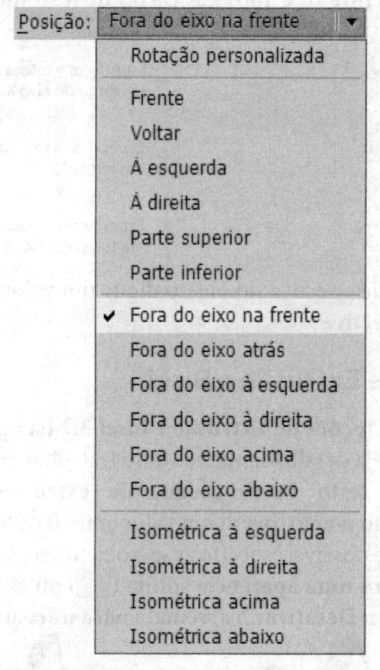

| Posição: | Fora do eixo na frente ▼ |

Rotação personalizada

Frente
Voltar
À esquerda
À direita
Parte superior
Parte inferior

✓ Fora do eixo na frente
Fora do eixo atrás
Fora do eixo à esquerda
Fora do eixo à direita
Fora do eixo acima
Fora do eixo abaixo

Isométrica à esquerda
Isométrica à direita
Isométrica acima
Isométrica abaixo

- Para criar uma rotação personalizada arraste a face do cubo de rastreio. A face do cubo é representada pela cor azul, as faces superior e inferior são cinza claro, os lados cinza médio e a face traseira é cinza escuro.

Lado do cubo. — Face do cubo.

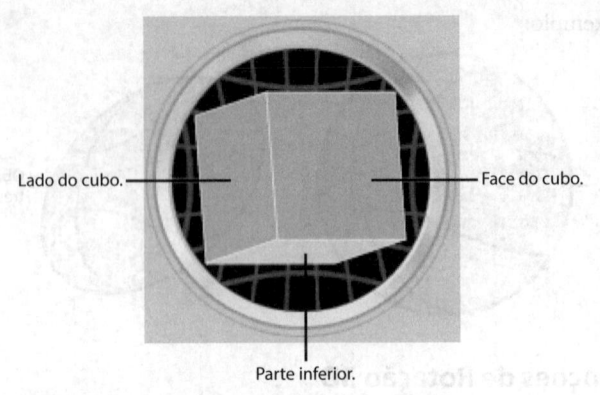

Parte inferior.

- Se desejar restringir a rotação ao longo de um eixo global pressione a tecla <Shift> e arraste a face do cubo de rastreio horizontalmente.
- Para restringir a rotação ao redor do eixo do objeto arraste uma das bordas do cubo de rastreio. O cursor do mouse se transformará em uma seta dupla e a borda do cubo muda de cor identificando qual eixo é girado.
- Digite valores entre 0° e 180° nas caixas de texto do eixo **X** (horizontal), **Y** (vertical) ou **Z** (profundidade).

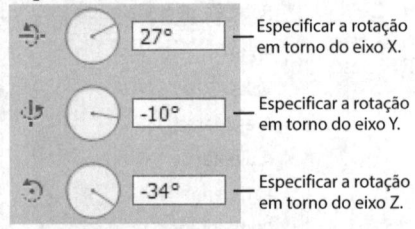

27° — Especificar a rotação em torno do eixo X.
-10° — Especificar a rotação em torno do eixo Y.
-34° — Especificar a rotação em torno do eixo Z.

- Para ajustar a perspectiva do objeto digite um valor entre 0° e 180° na caixa de texto **Perspectiva**.

12.17.4. Opções de Extrusão e Bisel

Na caixa de diálogo **Opções de Extrusão e bisel 3D** há opções de modificação de extrusão e chanfrado. Veja detalhadamente como trabalhar com essas opções:
- Na caixa de texto **Profundidade de extrusão** é possível adicionar profundidade ao objeto. Insira um valor entre 0 e 2000 pontos nessa caixa.
- Em **Arremate** é possível especificar se o objeto será sólido clicando em **Ativar o arremate para uma aparência sólida** ( ) ou especificar se o objeto será oco clicando em **Desativar o arremate para uma aparência vazia** ( ).

Objeto com aparência sólida.

Objeto com aparência vazia.

- No campo **Bisel** clique e selecione o tipo de bisel desejado;

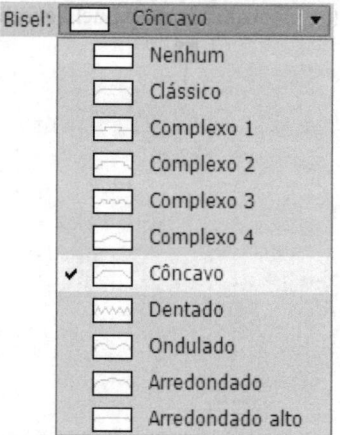

  Bisel:
  - Nenhum
  - Clássico
  - Complexo 1
  - Complexo 2
  - Complexo 3
  - Complexo 4
  - ✓ Côncavo
  - Dentado
  - Ondulado
  - Arredondado
  - Arredondado alto

- Na caixa de texto **Altura** é possível definir a altura do bisel digitando um tamanho entre 1 a 100 pontos.
- Para aplicar o bisel clique sobre o botão **Aplicação do bisel: o bisel é adicionado ao objeto original** ( ). Caso seja necessário removê-lo, clique no botão **Remoção do bisel: o bisel é removido do objeto original** ( ).

12.17.5. Sombreamento de Superfície

As opções de sombreamento de superfície são aplicadas através de duas caixas de diálogo: **Opções de Extrusão e bisel 3D** ou **Opções de Revolução 3D**. Sua aplicação é feita na caixa de listagem **Superfície** e possui as seguintes opções:
- **Esboço:** Cria o contorno do objeto e deixa a superfície transparente.
- **Sem sombreamento:** Não adiciona novas propriedades a superfície do objeto. Dessa forma, o objeto 3D fica com a mesma cor do objeto 2D original.
- **Sombreamento Difuso:** Faz a luz do objeto ser refletida de maneira suave e difusa.
- **Sombreamento Plástico:** Faz com que o objeto reflita mais luz como se fosse um material brilhante e reluzente.

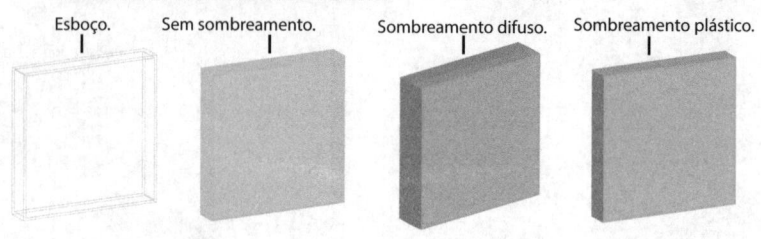

Esboço.   Sem sombreamento.   Sombreamento difuso.   Sombreamento plástico.

12.17.6. Objetos em Perspectiva

No **Illustrator CS6** é possível desenhar objetos em perspectiva sem a necessidade de utilizar os efeitos tridimensionais existentes no programa.

Através da ferramenta **Grade de perspectiva (Shift+P)** ( ) pode-se desenhar representações ao longo de uma superfície plana como estradas, cubos e horizontes.

Para exibir a **Grade de perspectiva** no documento clique sobre a ferramenta **Grade de perspectiva (Shift+P)** ( ) localizada no painel **Ferramentas**.

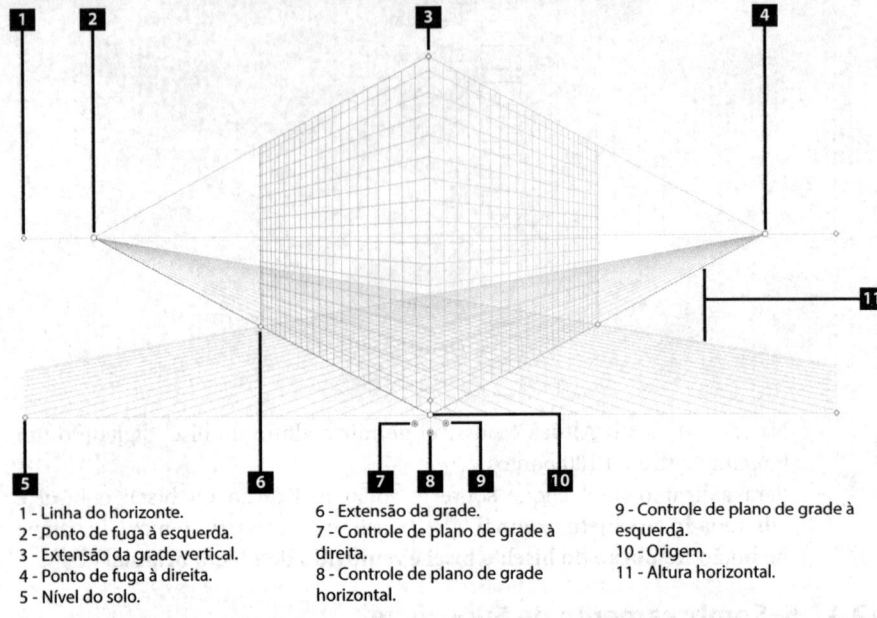

1 - Linha do horizonte.
2 - Ponto de fuga à esquerda.
3 - Extensão da grade vertical.
4 - Ponto de fuga à direita.
5 - Nível do solo.
6 - Extensão da grade.
7 - Controle de plano de grade à direita.
8 - Controle de plano de grade horizontal.
9 - Controle de plano de grade à esquerda.
10 - Origem.
11 - Altura horizontal.

Além da **Grade de perspectiva de dois pontos** mostrada, o programa possui outros dois tipos de **Grade de perspectiva**: a **Grade de perspectiva de um ponto** e a **Grade de perspectiva de três pontos**. Para inseri-las ao documento realize os seguintes procedimentos:

1. Crie um novo documento;
2. No menu **Exibir** escolha a opção **Grade de perspectiva** e faça os procedimentos abaixo:
    2.1. Selecione a opção **Perspectiva de um ponto** e clique em [**1P – Exibição normal**] para exibir a grade de perspectiva de um ponto;

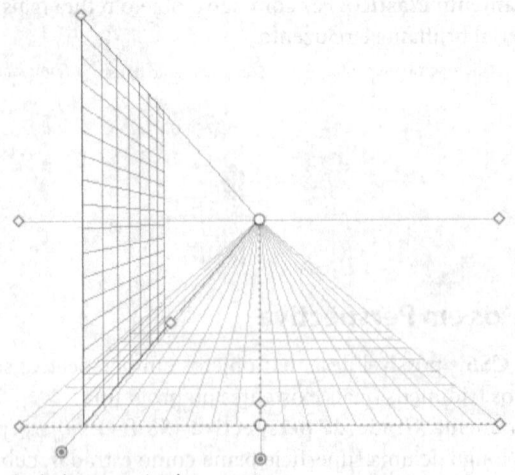

Grade de perspectiva de um ponto.

274 QUALIFICAÇÃO TÉCNICA EM DESIGN GRÁFICO

2.2. Selecione a opção **Perspectiva de dois pontos** e clique sobre a opção [2p-Exibição normal] para exibir a grade de dois pontos;

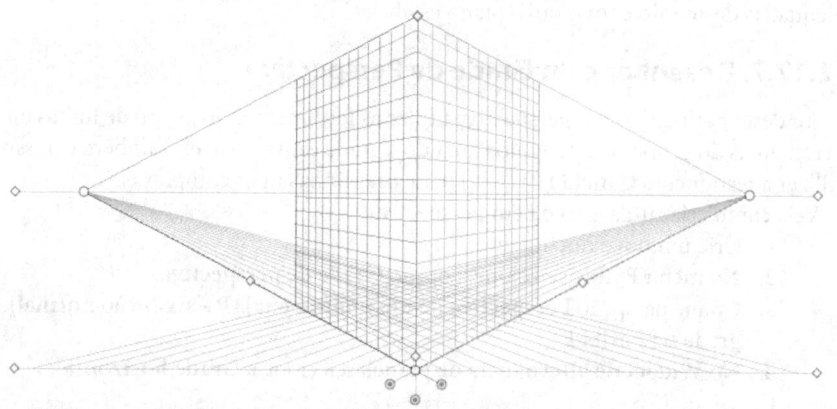

Grade de perspectiva de dois pontos.

2.3. Selecione a opção **Perspectiva de três pontos** e clique sobre a opção [3P-Exibição normal] para exibir a grade de três pontos.

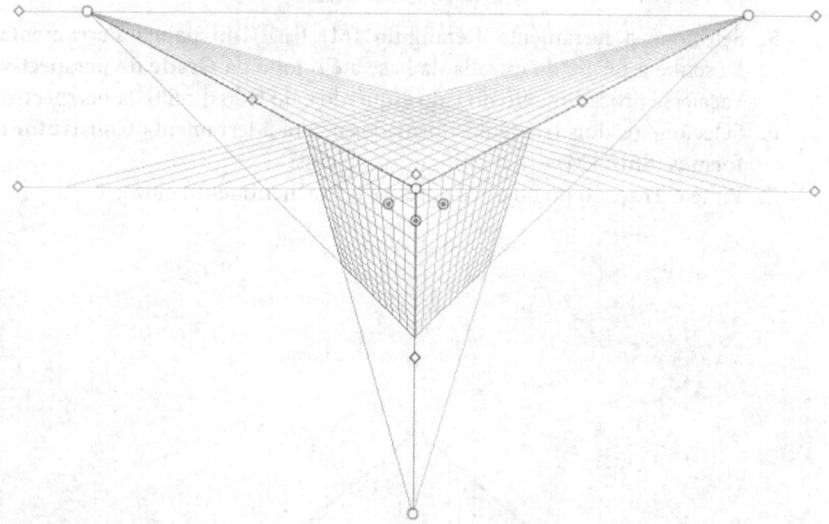

Grade de perspectiva de três pontos.

Para desenhar ou inserir um objeto ao lado esquerdo da grade é preciso selecionar a **Grade esquerda** do **Widget de alternância de planos**. Para desenhar ou inserir objetos ao lado direito da grade selecione a **Grade direita** do **Widget de alternância de planos**. Por fim, para desenhar objetos horizontais na grade de três pontos é preciso selecionar a **Grade horizontal** do **Widget**.

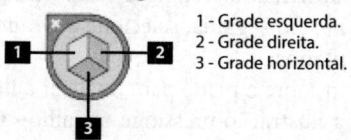

1 - Grade esquerda.
2 - Grade direita.
3 - Grade horizontal.

Widget de alternância de planos.

Para personalizar a **Grade de perspectiva** utilize os pontos de fuga e a extensão da grade. Para isso basta clicar sobre eles e arrastá-los. As linhas em perspectiva ficam adequadas de acordo com o novo plano estabelecido.

12.17.7. Desenhar com Grade de Perspectiva

Ao desenhar objetos em perspectiva utilize as ferramentas do grupo de linhas ou as ferramentas do grupo de retângulos quando a grade estiver visível. Também é possível utilizar a ferramenta **Caneta (P)** ( ) para criar linhas mais complexas.

Veja como criar uma estrada em perspectiva:
1. Crie um novo documento;
2. No menu **Exibir** selecione a opção **Grade de perspectiva**;
3. Clique na opção **Perspectiva de um ponto** e em [1P – Exibição normal]. A grade será exibida;
4. No **Widget de alternância de planos** selecione a **Grade horizontal**;

Grade horizontal selecionada.

5. Selecione a ferramenta **Retângulo (M)** ( ) no painel **Ferramentas**. Desenhe a forma da estrada da base até o topo da **Grade de perspectiva**. Faça esse procedimento do lado esquerdo e do lado direito da perspectiva;
6. Selecione os dois triângulos formados e com a ferramenta **Construtor de formas (Shift+M)** ( ) unifique os objetos;
7. Pinte o **Traçado** do objeto de preto e o **Preenchimento** cinza;

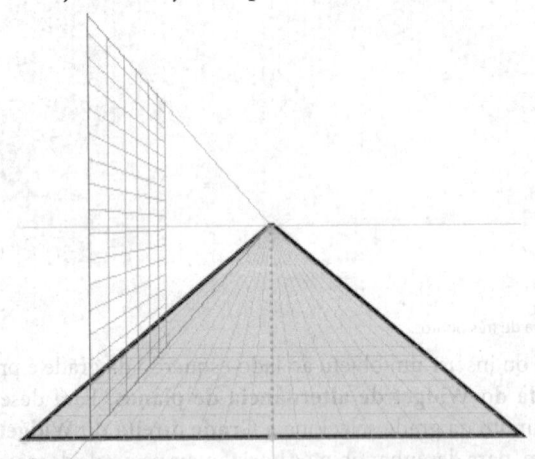

8. No painel **Ferramentas** selecione a ferramenta **Seleção de perspectiva (Shift+V)** ( ) e, em seguida, selecione a **Grade esquerda** do **Widget de alternância de planos**;
9. Desenhe o objeto sobre o plano para finalizar a ilustração da estrada;
10. Após terminar a ilustração pressione o atalho <Ctrl+Shift+I> para que a grade fique invisível.

Estrada em perspectiva.

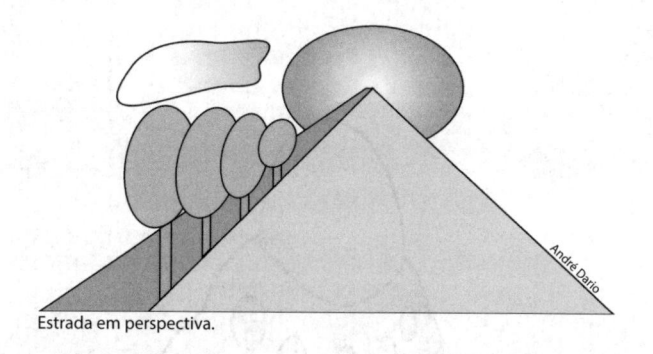

12.17.8. Anexar Objetos à Perspectiva

Caso já exista um objeto e for preciso colocá-lo em algum plano de perspectiva, o **Illustrator CS6** permite realizar esse procedimento sem dificuldades.

Para anexar objetos à perspectiva siga os passos:
1. Desenhe a ilustração que será anexada a **Grade de perspectiva**;

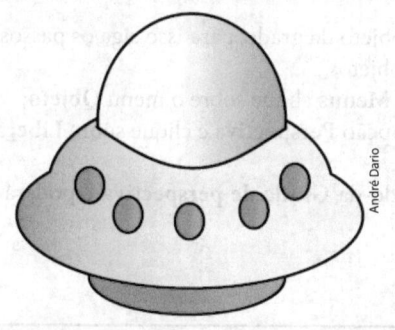

2. No painel **Ferramentas** clique sobre o botão **Grade de perspectiva (Shift+P)** ( ) para que a grade seja exibida;
3. Ainda no painel **Ferramentas** selecione a ferramenta **Seleção (V)** ( );
4. Selecione o plano ao qual deseja anexar o objeto através do **Widget de alternância de planos**;
5. No menu **Objeto** selecione a opção **Perspectiva** e, em seguida, clique em **Associar ao plano ativo**;
6. O objeto será anexado à perspectiva.

Grade esquerda selecionada.

É possível liberar o objeto da grade, para isso siga os passos:
1. Selecione o objeto;
2. Na **Barra de Menus** clique sobre o menu **Objeto**;
3. Selecione a opção **Perspectiva** e clique sobre **Liberar com perspectiva**.

O objeto será liberado da **Grade de perspectiva** e poderá ser utilizado como um objeto normal.

Anotações

13
Adobe Photoshop CS6

- **13.1. Criar uma Imagem**
  - 13.1.1. Tamanho
- **13.2. Seleção de Áreas e Imagens**
  - 13.2.1. Ferramenta Laço Magnético
  - 13.2.2. Ferramenta Seleção Rápida
  - 13.2.3. Ferramenta Varinha Mágica
  - 13.2.4. Refinar as Arestas
- **13.3. Preparação de Imagens Digitalizadas**
  - 13.3.1. Corrigir uma Imagem
  - 13.3.2. Pincel de Recuperação
  - 13.3.3. Ferramenta Correção
  - 13.3.4. Remoção de Olhos Vermelhos
  - 13.3.5. Mover Objetos com o Reconhecimento de Conteúdo
  - 13.3.6. Filtro Máscara de Nitidez
  - 13.3.7. Ajustar a Nitidez em Áreas Distintas da Imagem
  - 13.3.8. Saturação de Cor
  - 13.3.9. Substituição de Cor
  - 13.3.10. Redimensionamento, Inclinação, Distorção, Perspectiva e Deformação
- **13.4. Conversão do Modo de Cor**
  - 13.4.1. Painel Informações
  - 13.4.2. Níveis
  - 13.4.3. Correspondência de Cor
- **13.5. Ferramenta Caneta**
  - 13.5.1. Ferramenta Caneta de Forma Livre
  - 13.5.2. Ferramenta Caneta Magnética
- **13.6. Ferramenta Pincel História da Arte**
- **13.7. Ferramenta Borracha Mágica**
  - 13.7.1. Ferramenta Borracha de Plano de Fundo
- **13.8. Criar um Pincel a Partir de Imagem**
  - 13.8.1. Pincel de Mistura
- **13.9. Configurações do Degradê**
  - 13.9.1. Salvar Predefinições de Degradê
- **13.10. Criar Camadas e Grupos**
  - 13.10.1. Transformar Plano de Fundo em Camada
  - 13.10.2. Duplicar Camadas
  - 13.10.3. Máscaras de Camada e de Vetor
  - 13.10.4. Adicionar Máscaras de Camadas
  - 13.10.5. Adicionar Máscaras de Vetor

13.11. Menu Filtros
- 13.11.1. Filtro Correção de Lente
- 13.11.2. Filtro Dissolver
- 13.11.3. Filtro Pintura a Óleo
- 13.11.4. Filtros de Desfoque
- 13.11.5. Efeitos de Iluminação
- 13.11.6. Filtros de Distorção
- 13.11.7. Filtros de Estilização
- 13.11.8. Filtros de Pixelização
- 13.11.9. Filtros de Ruído
- 13.11.10. Filtros de Nitidez
- 13.11.11. Galeria de Filtros

13.12. Inserir Textos
- 13.12.1. Texto de Ponto
- 13.12.2. Texto de Parágrafo
- 13.12.3. Converter Textos
- 13.12.4. Camada de Texto
- 13.12.5. Painel Parágrafo
- 13.12.6. Ajuste Automático da Hifenização
- 13.12.7. Texto com Sombra Projetada
- 13.12.8. Preenchimento do Texto com Imagem
- 13.12.9. Distorcer o Texto
- 13.12.10. Inserir Tipos ao Longo do Demarcador

13.13. Automatização de Tarefas
- 13.13.1. Painel Ações
- 13.13.2. Gravar Ação
- 13.13.3. Reproduzir Ações

13. Adobe Photoshop CS6

O **Photoshop** trata-se de um software de edição de imagens e é considerado líder em sua categoria. Thomas e John Knoll iniciaram o desenvolvimento do **Photoshop** em 1987, sendo lançado em 1990 pela Adobe. O Photoshop inicialmente foi concebido para manipular imagens voltadas à impressão, porém, com o advento da internet, está sendo cada dia mais utilizado para a edição e produção de imagens, além de animações. O **Photoshop** utiliza recursos do mundo real como desenhos sobre folhas transparentes (denominadas de máscaras) e técnicas de pintura para facilitar o trabalho de usuários.

13.1. Criar uma Imagem

Ao criar uma imagem é possível determinar as características do arquivo de maneira simples e intuitiva. Veja como criar a imagem seguindo os passos abaixo:
1. No menu **Arquivo** clique em **Novo (Ctrl+N)**;
2. A caixa de diálogo **Novo** será exibida:

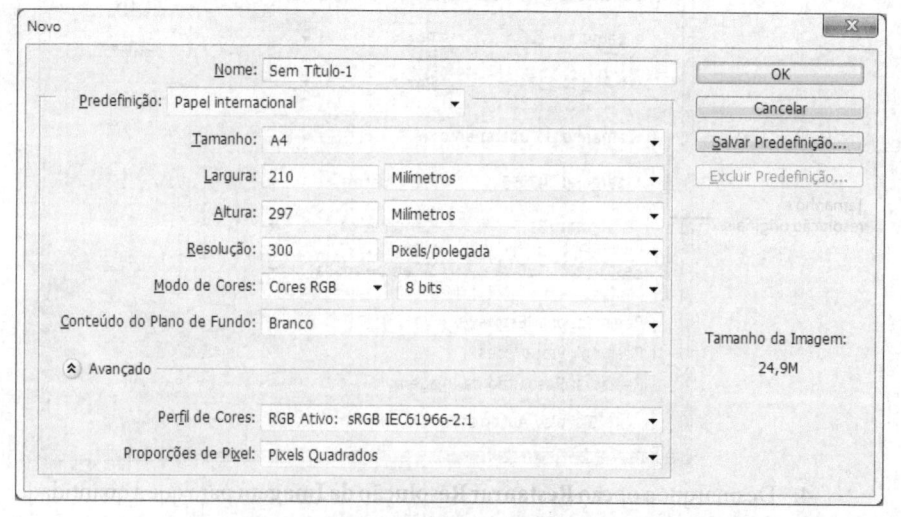

3. No campo da opção **Nome** digite um nome para a nova imagem;
4. Em **Predefinição** selecione uma das opções disponibilizadas pelo programa ou selecione a opção **Personalizado** e faça os ajustes como desejar;
5. Para criar uma predefinição com as medidas personalizadas clique no botão **Salvar Predefinição**, após finalizar os ajustes do documento. Na caixa de diálogo que será exibida dê um nome à predefinição e selecione as opções que deseja incluir. Clique no botão **OK**;
6. Finalize a criação da imagem clicando no botão **OK**.

13.1.1. Tamanho

O tamanho dos arquivos de imagens pode variar de acordo com o formato que são salvos. Características como o método de compactação utilizado pelos formatos **JPEG**, **GIF** ou **PNG**, por exemplo, permitem que imagens que possuam resoluções idênticas tenham tamanhos de arquivos diferentes. O número de canais de cores utilizados e a quantidade de camadas também influenciam de modo direto no tamanho final dos arquivos.

Ao modificar a resolução de um arquivo, a altura e a largura são ajustadas automaticamente para acomodar os pixels da imagem.

Observe a seguir a relação entre o tamanho da imagem e a sua resolução através da caixa de diálogo **Tamanho da imagem**:

1. Abra no **Photoshop CS6** uma imagem da sua preferência;
2. No menu **Imagem** clique em **Tamanho da imagem (Alt+Ctrl+I)**;
3. A caixa de diálogo **Tamanho da imagem** será exibida;

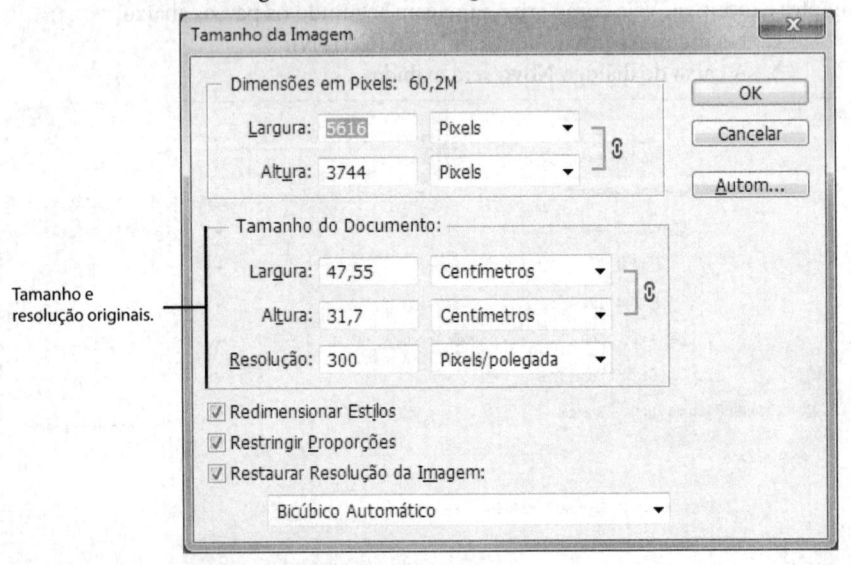

Tamanho e resolução originais.

4. Desmarque a opção **Restaurar Resolução da Imagem** para que a quantidade de dados da imagem não seja alterada;

5. Altere o valor do campo **Resolução** para 150 pixels por polegada. Observe que ao modificar o valor do campo **Resolução**, os valores dos campos **Largura** e **Altura** são ajustados proporcionalmente;

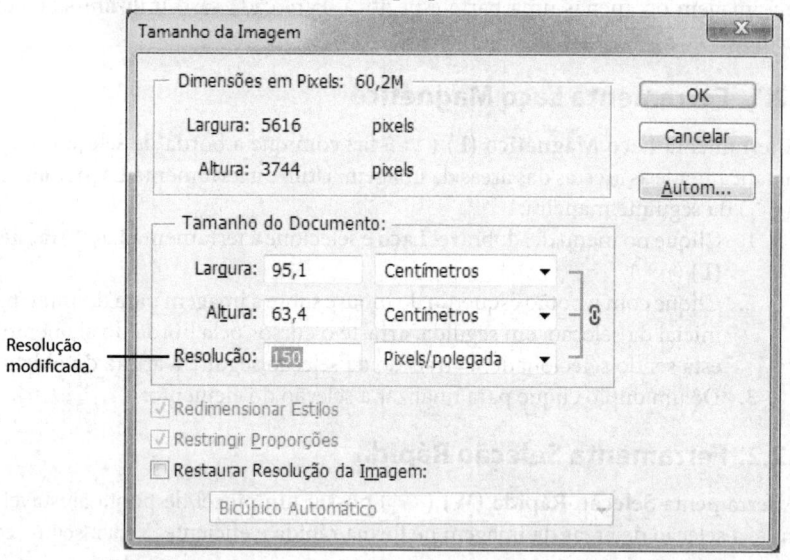

Resolução modificada.

6. Em seguida, altere o valor do campo **Largura** ou **Altura**. Nesse caso, o valor que será ajustado automaticamente é o do campo **Resolução**.

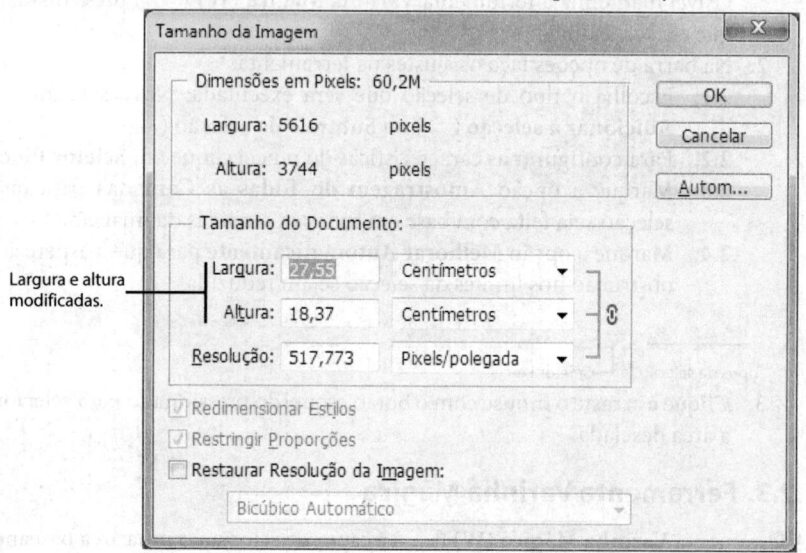

Largura e altura modificadas.

13.2. Seleção de Áreas e Imagens

Dependendo do tipo de ajuste ou efeito que será aplicado é necessário selecionar toda a imagem ou apenas uma parte específica. Para cada caso utilizam-se recursos específicos.

13.2.1. Ferramenta Laço Magnético

A ferramenta **Laço Magnético (L)** ( ) faz com que a borda de seleção se ajuste automaticamente às arestas das áreas da imagem. Utilize a ferramenta **Laço Magnético (L)** ( ) da seguinte maneira:
1. Clique no menu desdobrável **Laço** e selecione a ferramenta **Laço Magnético (L)** ( );
2. Clique com o botão esquerdo do mouse sobre a imagem para definir o ponto inicial da seleção, em seguida, arraste o cursor pela borda do elemento que está sendo selecionado. O traçado da seleção seguirá a aresta do objeto;
3. Dê um duplo clique para finalizar a seleção do elemento.

13.2.2. Ferramenta Seleção Rápida

A ferramenta **Seleção Rápida (W)** ( ) possui um pincel de ponta ajustável que permite a seleção de áreas da imagem de forma rápida e eficiente. Veja a seguir como utilizar essa ferramenta:
1. Selecione a ferramenta **Seleção Rápida (W)** ( ). Caso ela não esteja visível mantenha a ferramenta **Varinha Mágica (W)** ( ) pressionada até que ela seja exibida;
2. Na barra de opções faça os ajustes na ferramenta:
    2.1. Escolha o tipo de seleção que será executada: **Nova seleção** ( ), **Adicionar à seleção** ( ) ou **Subtrair da seleção** ( );
    2.2. Para configurar as características do pincel clique em **Seletor Pincel**;
    2.3. Marque a opção **Amostragem de Todas as Camadas** para que a seleção seja feita com base em todas as camadas da imagem;
    2.4. Marque a opção **Melhorar Automaticamente** para que a aspereza e a obstrução nos limites da seleção sejam reduzidas;

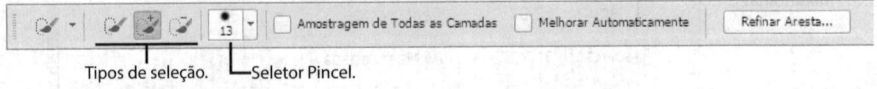

Tipos de seleção.   Seletor Pincel.

3. Clique e arraste o mouse com o botão esquerdo pressionado para selecionar a área desejada.

13.2.3. Ferramenta Varinha Mágica

A ferramenta **Varinha Mágica (W)** ( ) é capaz de selecionar uma área baseando-se na semelhança entre o pixel selecionado e as cores adjacentes. Veja como selecionar uma área da imagem utilizando essa ferramenta:
1. Selecione a ferramenta **Varinha Mágica (W)** ( ). Caso ela não esteja visível mantenha a ferramenta **Seleção Rápida (W)** ( ) pressionada até que ela seja exibida;

2. Na barra de opções faça os ajustes na ferramenta:

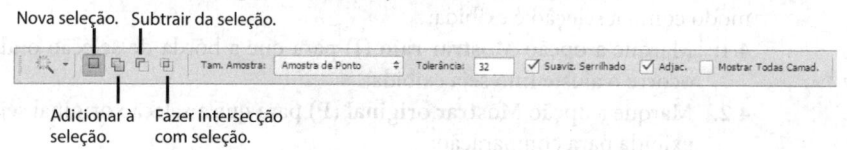

Nova seleção. Subtrair da seleção.

Adicionar à seleção. Fazer intersecção com seleção.

2.1. Clique em uma das opções: **Nova seleção** (▢), **Adicionar à seleção** (▣), **Subtrair da seleção** (▣) ou **Fazer intersecção com seleção** (▣);
2.2. Defina na caixa **Tolerância** um valor entre 0 e 255 para a abrangência da faixa de cores dos pixels que serão selecionados;
2.3. Marque a opção **Suaviz. Serrilhado** para deixar as arestas das seleções mais suaves;
2.4. Marque a opção **Adjac.** para que apenas as cores próximas ao pixel selecionado sejam adicionadas à seleção;
2.5. Para que a seleção atinja todas as camadas da imagem marque a opção **Mostrar Todas Camad.**;
3. Clique sobre um ponto da imagem para que a ferramenta efetue a seleção.

13.2.4. Refinar as Arestas

Ao refinar as arestas de seleção torna-se possível a extração de objetos com maior facilidade, pois há uma melhoria considerável na qualidade das bordas de seleção, permitindo a identificação de tonalidades da imagem e facilitando sua edição. Acompanhe a seguir como executar o ajuste fino em uma seleção:

1. Crie a seleção a ser refinada;
2. No menu **Selecionar** clique em **Refinar Aresta (Alt+Ctrl+R)** ou clique no botão **Refinar Aresta** (Refinar Aresta...) exibido na barra de opções;
3. A caixa de diálogo **Refinar Aresta** será exibida;

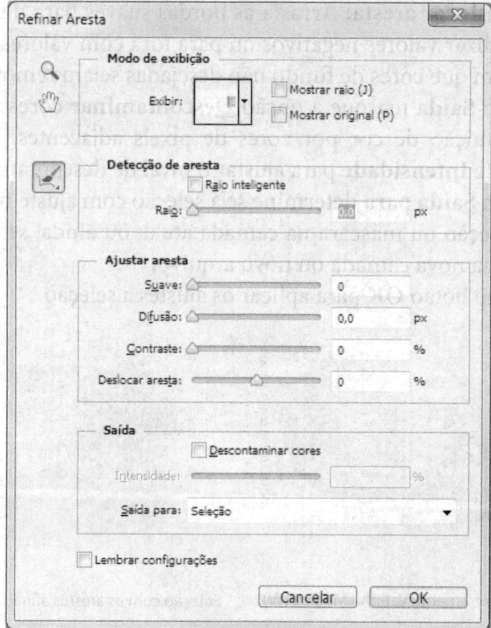

ADOBE PHOTOSHOP CS6

4. Em **Modo de exibição** selecione uma das opções disponíveis para alterar o modo como a seleção é exibida;
   4.1. Marque a opção **Mostrar raio (J)** para que a borda de seleção onde ocorre o ajuste fino seja exibida;
   4.2. Marque a opção **Mostrar original (P)** para que a seleção original seja exibida para comparação;
5. Com o auxílio das ferramentas **Refinar raio (E)** (⬚) e **Apagar refinamentos (E)** (⬚) é possível efetuar com precisão o ajuste da área da borda;

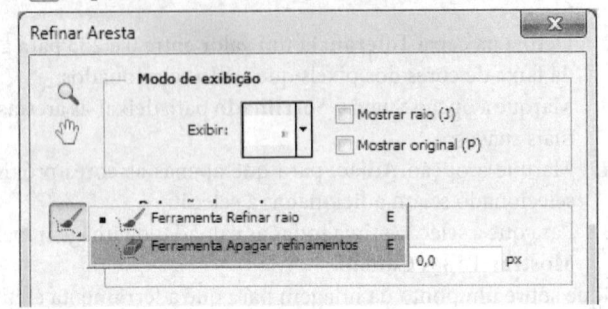

6. Em **Detecção de aresta** marque a opção **Raio inteligente** para ajustar de modo automático o raio de bordas existentes. Caso a borda possua aresta uniformemente suave ou irregular recomenda-se desmarcar essa opção;
   6.1. Utilize o controle deslizante de **Raio** para determinar o tamanho da borda que receberá o ajuste fino da borda. Deve-se utilizar um raio maior para arestas suaves e um raio menor para arestas nítidas;
7. Na seção **Ajustar aresta** configure os controles deslizantes de:
   7.1. **Suave:** Diminui áreas irregulares da borda de seleção;
   7.2. **Difusão:** Cria um desfoque na transição entre a seleção e os pixels;
   7.3. **Contraste:** Cria transições mais abruptas entre a seleção e os pixels;
   7.4. **Deslocar aresta:** Arrasta as bordas suaves para dentro da seleção ao utilizar valores negativos ou para fora com valores positivos. Isso faz com que cores de fundo não desejadas sejam removidas;
8. Na seção **Saída** marque a opção **Descontaminar cores** para que seja feita a substituição de cor por cores de pixels adjacentes. Utilize o controle deslizante **Intensidade** para ajustar o nível de descontaminação;
   8.1. Em **Saída para** determine se a seleção com ajuste fino se tornará uma seleção ou máscara na camada atual, ou ainda, se deve dar origem a uma nova camada ou novo arquivo;
9. Clique no botão **OK** para aplicar os ajustes à seleção.

Seleção criada com a ferramenta Varinha Mágica (W).   Seleção com as arestas afinadas.

13.3. Preparação de Imagens Digitalizadas

Através do comando **Cortar e Corrigir Fotos** é possível criar no **Photoshop CS6** arquivos diferentes a partir da digitalização de várias imagens em uma única etapa. Recomenda-se deixar um espaço entre elas. Veja a seguir como proceder:

1. Abra o arquivo com as imagens digitalizadas e que serão separadas;
2. Faça a seleção de cada imagem a ser separada. Mantenha a tecla <**Shift** > pressionada para selecionar mais de uma imagem;

3. No menu **Arquivo** clique em **Automatizar** e, em seguida, clique na opção **Cortar e corrigir fotos**;
4. Automaticamente o **Photoshop CS6** irá criar um arquivo distinto para cada imagem.

13.3.1. Corrigir uma Imagem

A ferramenta **Régua (I)** (▭) auxilia no posicionamento de imagens ou objetos de maneira precisa além de calcular a distância entre dois pontos. A medição é feita através de uma linha não imprimível e o resultado é exibido na barra de opções.

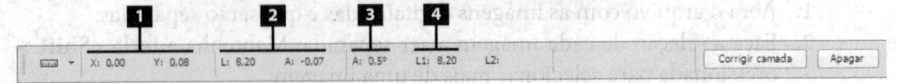

1 - Localização inicial (X,Y).
2 - Distâncias horizontal (L) e vertical (A) em relação ao ponto inicial (X,Y).
3 - Ângulo medido em relação ao eixo (A).
4 - Comprimento total percorrido.

Para posicionar corretamente uma imagem execute os seguintes passos:
1. No painel **Ferramentas** selecione a ferramenta **Régua (I)** (▭);
2. Com base em algum elemento da imagem clique e arraste a ferramenta com o botão esquerdo do mouse pressionado. Uma linha é traçada;

Linha de marcação de posição.

3. Clique no botão **Corrigir camada** (da barra de opções) para que a imagem seja corrigida.

A ferramenta **Régua (I)** (󰁖) possibilita também executar a medição da distância entre dois objetos. Veja como:
1. No painel **Ferramentas** selecione a ferramenta **Régua (I)** (󰁖);
2. Posicione a ferramenta no ponto inicial e, com o botão esquerdo do mouse pressionado, arraste até o ponto final soltando o botão para finalizar;
3. Visualize o resultado na barra de opções.

13.3.2. Pincel de Recuperação

Através da ferramenta **Pincel de Recuperação (J)** (󰁖) é possível corrigir imagens removendo imperfeições existentes. A ferramenta permite preencher pontos de imperfeição com amostras de pixels copiadas de outras áreas da imagem ou a partir de um determinado padrão. A ferramenta faz com que a textura, luminosidade, transparência e sombreamento das amostras de pixels sejam mescladas de maneira uniforme com o restante da imagem, fator que a diferencia do **Carimbo (S)** (󰁖).

Utilize o pincel de recuperação da seguinte maneira:
1. Selecione a ferramenta **Pincel de Recuperação (J)** (󰁖);
2. Utilize as opções disponíveis na barra de opções para ajustá-la;
3. Para definir o ponto de amostra posicione a ferramenta sobre a imagem e mantendo a tela <**Alt**> pressionada clique ou arraste a ferramenta com o botão esquerdo do mouse pressionado. Se desejar, utilize o painel **Origem do clone** para determinar mais quatro amostras e ajustar posicionamento;
4. Posicione o mouse sobre a área a ser corrigida. Dê um clique ou clique e mova o mouse com o botão esquerdo pressionado para alterar uma área maior.

Imagem original.

Abelhas mescladas de maneira uniforme com o restante da imagem.

13.3.2.1. Pincel de Recuperação para Manchas

A ferramenta **Pincel de Recuperação para Manchas (J)** (󰁖) elimina manchas e demais imperfeições das imagens de modo rápido e preciso. Não necessita de uma amostra para recuperar a imagem, o ajuste é feito capturando de maneira automática amostras da imagem ao redor da área que está sendo corrigida.

Para efetuar ajustes em uma imagem com essa ferramenta siga os passos abaixo:
1. Selecione a ferramenta **Pincel de Recuperação para Manchas (J)** ( );
2. Ajuste na barra de opções o tamanho do pincel e o modo de mesclagem;
3. Ainda na barra de opções defina uma das opções de **Tipo**:
   - **3.1. Corresp. por Proximidade:** Utiliza os pixels ao redor da seleção para localizar a área da imagem que será utilizada como amostra;
   - **3.2. Criar Textura:** Cria uma textura a partir de todos os pixels da seleção para correção da área afetada;
   - **3.3. Sensível a conteúdo:** Compara o conteúdo ao redor da seleção para melhor preenchimento da área corrigida. Mantém sombras e arestas;

Modo de mesclagem.

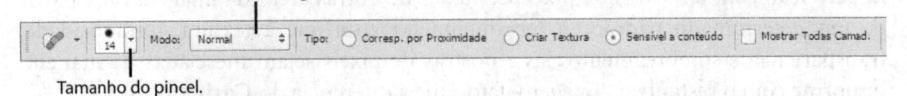

Tamanho do pincel.

4. Em seguida posicione a ferramenta sobre a área afetada e dê um clique ou clique e arraste a ferramenta para corrigir uma área maior.

Imagem original.   Imagem corrigida.

13.3.3. Ferramenta Correção

Através da ferramenta **Correção (J)** ( ) é possível eliminar uma área selecionada substituindo-a por pixels de outra área ou por um padrão de modo semelhante a ferramenta **Pincel de Recuperação para Manchas (J)** ( ). Acompanhe a seguir como eliminar uma área da imagem:
1. Selecione no painel **Ferramentas** a ferramenta **Correção (J)** ( ) e selecione a área que será removida;

Área que será removida.

2. Em seguida, pressione a tecla <Delete> para que seja exibida a caixa de diálogo **Preencher**. Nela faça o seguinte:

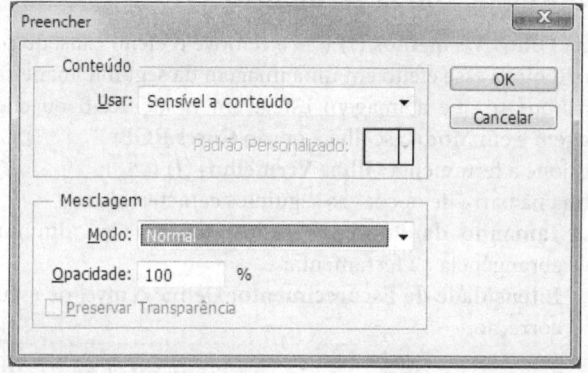

   2.1. Em **Usar** selecione a opção **Sensível a conteúdo**;
   2.2. Na opção **Modo** selecione **Normal** e ajuste a **Opacidade** em 100%;
   2.3. Clique no botão **OK**;
3. A seleção será removida e o **Photoshop CS6** fará o correto preenchimento da área afetada;

4. Pressione as teclas <Ctrl+D> para remover a seleção e visualizar o resultado.

13.3.4. Remoção de Olhos Vermelhos

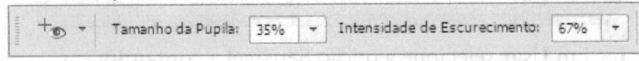

A ferramenta **Olhos Vermelhos (J)** ( ) remove o efeito causado pelo reflexo do flash na retina. Remova esse efeito em uma imagem da seguinte maneira:
1. Certifique-se que a imagem esteja em modo **RGB** ou clique no menu **Imagem** e em **Modo** escolha a opção **Cores RGB**;
2. Selecione a ferramenta **Olhos Vermelhos (J)** ( );
3. Defina na barra de opções as seguintes características:
    3.1. **Tamanho da Pupila:** Permite aumentar ou diminuir a área de abrangência da ferramenta;
    3.2. **Intensidade de Escurecimento:** Define o nível de escurecimento da correção; 
4. Em seguida, clique sobre os olhos vermelhos.

Caso o resultado não seja satisfatório desfaça a operação, ajuste novamente as configurações da barra de opções e repita o último passo.

13.3.5. Mover Objetos com o Reconhecimento de Conteúdo

A ferramenta **Mover Sensível a Conteúdo (J)** ( ) permite mover ou duplicar um elemento selecionado para outra parte da imagem. Quando a ferramenta é utilizada para mover um elemento, o **Photoshop CS6** automaticamente recompõe o espaço que o elemento original ocupava através da mesclagem dos pixels adjacentes.

Acompanhe a seguir como reposicionar um elemento da imagem:
1. Selecione no painel **Ferramentas** a ferramenta **Mover Sensível a Conteúdo (J)** ( );
2. Na barra de opções selecione a opção **Mover** da caixa de listagem **Modo** e selecione o nível de precisão da ferramenta em **Adaptação**;

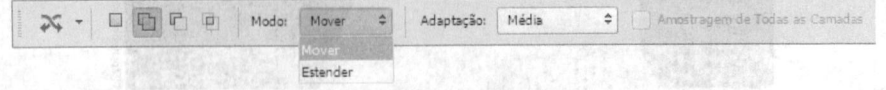

3. Em seguida, faça a seleção da área que será reposicionada;

Elemento da imagem que será reposicionado.

4. Coloque a ferramenta sobre a área selecionada, clique e mova o mouse com o botão esquerdo pressionado. Solte o botão para fixá-lo na posição desejada;
5. Ao final do processamento a imagem será reposicionada e a área original preenchida com a mesclagem dos pixels adjacentes.

13.3.6. Filtro Máscara de Nitidez

Esse filtro aumenta a nitidez da imagem ao ampliar o contraste das suas arestas. Arquivos com diversas camadas precisam ter a camada que receberá o filtro selecionada. Aplique o filtro **Máscara de Nitidez** da seguinte maneira:
1. Abra o arquivo e selecione a camada que receberá o filtro;
2. No menu **Filtro** clique em **Tornar Nítido** e, em seguida, em **Máscara de Nitidez**;

3. A caixa de diálogo **Máscara de Nitidez** será exibida. Nela ajuste os seguintes elementos:

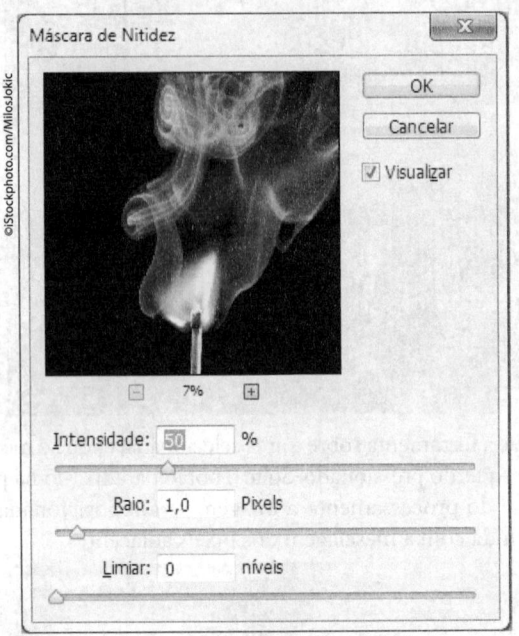

3.1. **Intensidade:** Ajusta o valor que determina a quantidade de contraste dos pixels. Em imagens de alta resolução é recomendável utilizar uma intensidade entre 150% e 200%;
3.2. **Raio:** Determina o número de pixels ao redor das arestas responsáveis pelo ajuste da nitidez. Em imagens de alta resolução é recomendável utilizar um valor entre 1 e 2;
3.3. **Limiar:** Determina o quanto os pixels ajustados devem ser diferentes dos pixels adjacentes, evitando que os pixels ajustados sejam considerados arestas e sejam ajustados também. Para evitar o aumento de ruído na imagem recomenda-se a utilização de valores entre 2 e 20;
3.4. Clique no botão **OK**.

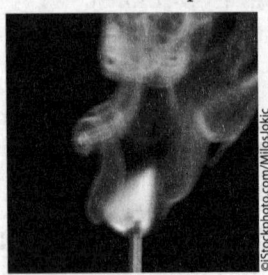

Imagem desfocada.

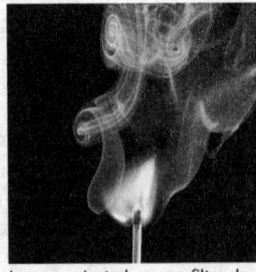

Imagem ajustada com o filtro de nitidez.

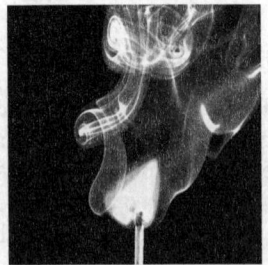

Halo ao redor das arestas provocado por excesso no ajuste da nitidez.

Caso ocorra um excesso de saturação nas áreas claras da imagem é possível amenizá-la da seguinte maneira:
1. No menu **Editar** clique em **Atenuar Máscara de Nitidez (Shift+Ctrl+F)**;
2. A caixa de diálogo **Atenuar** será exibida. Em seguida, selecione a opção **Luminosidade** na caixa de listagem **Modo**;

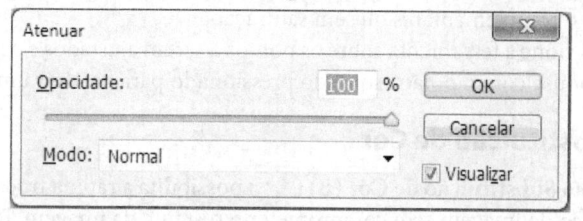

3. Em **Opacidade** mova o controle deslizante até obter um resultado satisfatório;
4. Clique no botão **OK**.

13.3.7. Ajustar a Nitidez em Áreas Distintas da Imagem

O **Photoshop CS6** permite ajustar a nitidez de modo seletivo, aumentando o contraste em pontos específicos da imagem. Acompanhe a seguir como ajustar a nitidez de pontos específicos de uma imagem com a ferramenta **Nitidez** (△):
1. No painel **Ferramentas** selecione a ferramenta **Nitidez** (△). Caso ela não esteja visível clique sobre a ferramenta **Desfoque** (◊) ou na ferramenta **Borrar** ( ) e mantenha o botão esquerdo do mouse pressionado;
2. Execute os seguintes ajustes na barra de opções da ferramenta:

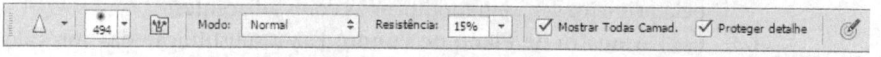

   2.1. Selecione no seletor **Predefinições do pincel** ( ), o tipo e espessura de pincel adequado ao trabalho;
   2.2. Em **Modo** determine como a pintura será mesclada aos pixels da imagem;
   2.3. Em **Resistência** ajuste a intensidade da nitidez;
   2.4. Marque a opção **Mostrar Todas Camad.** para que o ajuste seja feito em todas as camadas da imagem;
   2.5. Marque a opção **Proteger detalhe** para realçar os detalhes da imagem;
3. Em seguida, posicione a ferramenta sobre os pontos da imagem que serão ajustados e clique ou mova o mouse com o botão esquerdo pressionado para corrigir uma área maior.

13.3.8. Saturação de Cor

A saturação é responsável por determinar a vivacidade ou palidez de uma cor. A ferramenta **Esponja (O)** ( ) permite aplicar modificações sutis à cor de uma área específica da imagem. Para ajustar a saturação siga os passos abaixo:
1. Selecione a ferramenta **Esponja (O)** ( );
2. Na barra de opções faça os seguintes ajustes:
   2.1. Selecione em **Predefinições do pincel** ( ) um tipo e espessura de pincel adequado ao trabalho;

2.2. Em **Modo** selecione a opção **Remover saturação** para tornar a cor mais pálida ou **Saturar** para torná-la mais intensa;

2.3. Ajuste a intensidade da ferramenta movendo o controle deslizante da opção **Fluxo**;

2.4. Marque a opção **Vibratilidade** para suavizar a transição entre as cores complementares ou sem saturação;

3. Posicione a ferramenta sobre os pontos a serem ajustados e clique ou arraste o mouse com o botão esquerdo pressionado para corrigir uma área maior.

13.3.9. Substituição de Cor

A ferramenta **Substituição de Cor (B)** ( ) possibilita a rápida troca da cor de um ponto específico da imagem sem comprometer o restante da imagem. Porém, deve-se observar que não é possível utilizar essa ferramenta em imagens de bitmaps, cores indexadas ou multicanal. Acompanhe a seguir como fazer a substituição das cores:

1. Selecione no painel **Ferramentas** a ferramenta **Substituição de Cor (B)** ( );
2. Na barra de **Ferramentas** selecione no **Predefinições do pincel** ( ) um tipo e espessura de pincel adequado ao trabalho;
3. Em **Modo** selecione a opção **Cor**;
4. Na opção **Amostragem** selecione um dos seguintes métodos:
   4.1. ( ) **Contínua:** Obtém as amostras de forma contínua ao mover a ferramenta sobre a imagem;
   4.2. ( ) **Uma Vez:** Substitui a cor apenas da área que possui a cor clicada pela primeira vez, sem modificar as cores adjacentes;
   4.3. ( ) **Amostra de Plano de Fundo:** Faz a substituição das cores do plano de fundo da imagem;
5. Em **Limites** selecione uma das seguintes opções:
   5.1. **Não adjacente:** Faz a substituição da amostra de cor sempre que ela estiver sob a ferramenta;
   5.2. **Adjacente:** Substitui as cores próximas a que está sob a ferramenta;
   5.3. **Indicação de Arestas:** Substitui as áreas ligadas com a amostra de cor. Esta opção preserva a nitidez dos elementos;
6. Para definir a cor que a ferramenta irá utilizar modifique a cor de primeiro plano utilizada pelo **Photoshop CS6**;
7. Clique sobre a cor que será substituída na imagem;
8. Em seguida, clique e arraste o mouse sobre a imagem com o botão esquerdo pressionado para que seja feita a substituição da cor.

13.3.10. Redimensionamento, Inclinação, Distorção, Perspectiva e Deformação

O **Photoshop CS6** permite que as imagens sejam transformadas manualmente ou através da adição de valores. Para aplicar os efeitos de transformação faça o seguinte:

1. Selecione a imagem, camada ou seleção que apresenta o elemento a ser transformado;

2. No menu **Editar** clique em **Transformação** e, em seguida, execute um dos seguintes passos:
   2.1. Para alterar o tamanho clique em **Redimensionar** e mova uma das alças da caixa delimitadora com a tecla <**Shift**> pressionada para que o redimensionamento seja feito proporcionalmente;

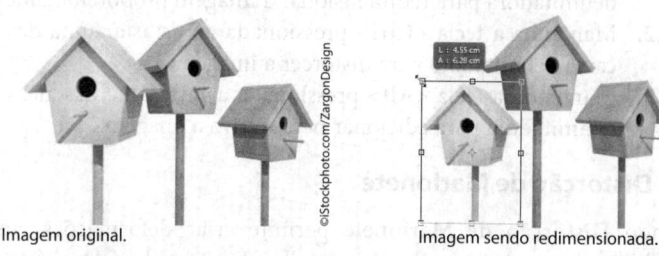

   Imagem original.   Imagem sendo redimensionada.

   2.2. Para girar o elemento clique na opção **Girar**, posicione o cursor do lado de fora da caixa delimitadora e, com o botão esquerdo do mouse pressionado gire até obter a posição desejada;
   2.3. Para alterar a inclinação clique em **Inclinar**, posicione o cursor sobre uma das alças da caixa delimitadora, clique e arraste lateralmente o mouse com o botão esquerdo pressionado;
   2.4. Para distorcer a imagem clique na opção **Distorcer**, posicione o cursor sobre uma das alças da caixa delimitadora, clique e arraste para obter o resultado desejado;
   2.5. Para deformar a imagem clique em **Deformar** e, em seguida, clique em uma das predefinições disponíveis na barra de opções ou clique em **Personalizada** e ajuste o efeito manualmente.

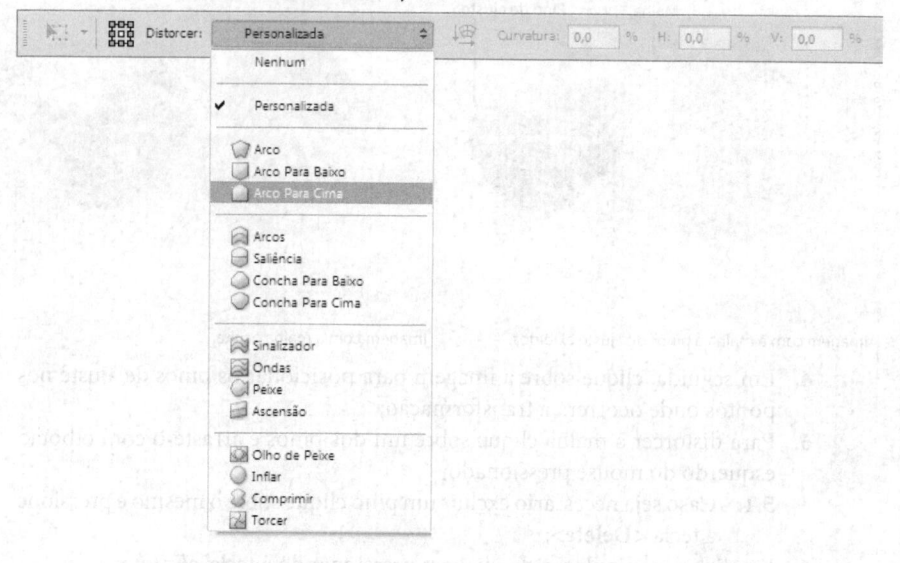

Através do comando **Transformação Livre (Ctrl+T)** é possível executar transformações de modo rápido e contínuo. Veja como proceder:
1. No menu **Editar** clique na opção **Transformação Livre (Ctrl+T)**;
2. Em seguida, faça o seguinte:
    2.1. Mantendo a tecla <Shift> pressionada mova uma das alças da caixa delimitadora para redimensionar a imagem proporcionalmente;
    2.2. Mantenha a tecla <Ctrl> pressionada ao arrastar uma das alças da caixa delimitadora para distorcer a imagem;
    2.3. Mantendo a tecla <Alt> pressionada arraste uma das alças da caixa delimitadora para adicionar perspectiva a imagem.

13.3.10.1. Distorção de Marionete

O comando **Distorção de Marionete** permite criar deformações em pontos específicos da imagem. Através de uma malha é possível efetuar retoques em transformações totais. Acompanhe como aplicar o efeito de distorção de marionete:
1. Selecione a imagem ou camada que receberá o efeito;
2. No menu **Editar** clique em **Distorção de Marionete**;
3. Ajuste as seguintes características na barra de opções:
    3.1. Determine o nível de elasticidade da malha em **Modo**;
    3.2. Em **Densidade** ajuste o espaçamento de pontos da malha. Mais pontos aumentam a precisão, porém, torna o processo mais lento;
    3.3. Em **Expansão** determine o valor da expansão ou retração da aresta externa da malha;
    3.4. Para visualizar a malha marque a opção **Mostrar malha**. Quando desmarcada essa opção, somente os pinos de ajuste são exibidos;

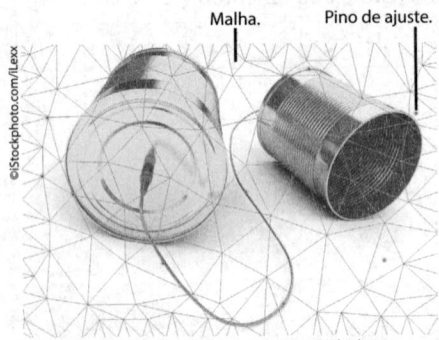

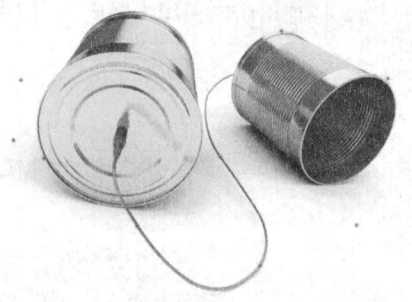

Malha. Pino de ajuste.

Imagem com a malha e pinos de ajuste exibidos.   Imagem com a malha oculta.

4. Em seguida, clique sobre a imagem para posicionar os pinos de ajuste nos pontos onde ocorrerá a transformação;
5. Para distorcer a malha clique sobre um dos pinos e arraste-o com o botão esquerdo do mouse pressionado;
    5.1. Caso seja necessário excluir um pino clique sobre o mesmo e pressione a tecla <Delete>;
6. Finalize a manipulação da imagem pressionando a tecla <Enter>.

Imagem original.   Imagem distorcida.

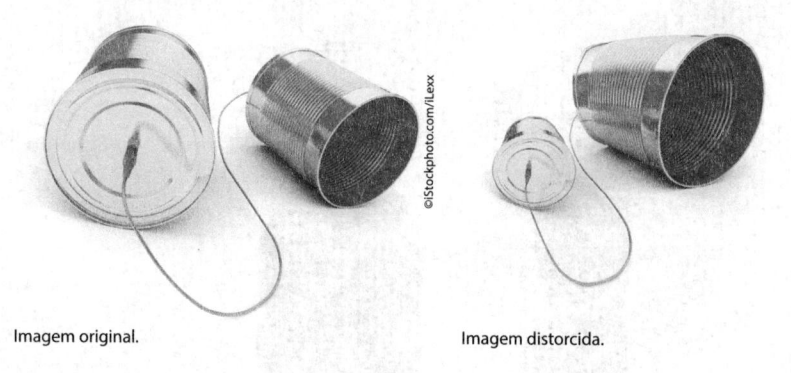

13.3.10.2. Filtro Dissolver

Acompanhe a seguir como aplicar o filtro a uma imagem:
1. Faça a seleção do ponto da imagem ou camada que receberá o filtro;
2. No menu **Filtro** clique em **Dissolver (Shift+Ctrl+X)**;
3. Será exibida a caixa de diálogo **Dissolver**;

4. Em **Opções de Ferramenta** faça os ajustes necessários no pincel;
5. Em seguida, selecione uma das ferramentas disponíveis. Posicione-a sobre o ponto da imagem a ser distorcida, clique e arraste o botão esquerdo do mouse pressionado;
6. Se necessário, clique no botão **Reconstruir** para recuperar partes distorcidas;
7. Para finalizar clique no botão **OK**.

Imagem original.   Imagem modificada com a ferramenta Deformação Progressiva.

13.4. Conversão do Modo de Cor

O **Photoshop CS6** permite que o modo de cor de uma imagem seja convertido para outro, porém, seus valores de cor serão alterados de forma permanente. Isso se deve ao fato que durante a conversão os valores de cores que não se encaixem ao novo modo são descartados e não é possível recuperá-los. Antes de efetuar a conversão alguns cuidados devem ser tomados. Veja quais:

- Faça uma cópia de segurança da imagem antes de convertê-la.
- Execute o maior número possível de modificações na imagem ainda em seu formato original.
- Faça o achatamento das camadas da imagem antes da conversão. O modo como as camadas interagem entre si muda quando o modo de cor é alterado.

Acompanhe a seguir como efetuar a conversão de um modo de cor:
1. No menu **Imagem** clique em **Modo**;
2. No menu exibido clique sobre o modo de cor desejado.

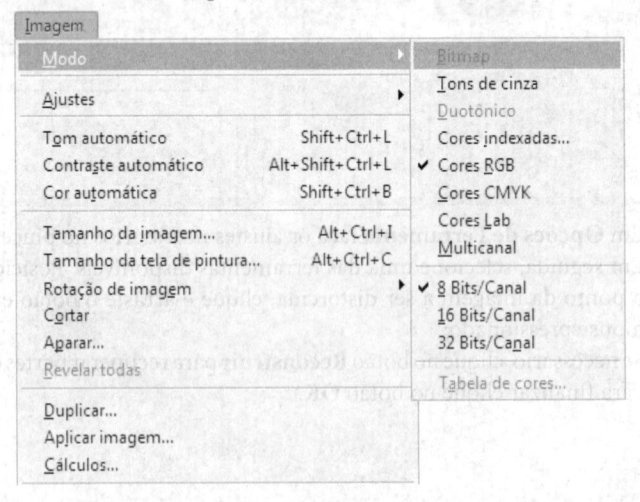

13.4.1. Painel Informações

Através deste painel é possível obter informações sobre valores de cor. Informações adicionais são exibidas no painel de acordo com a ferramenta utilizada.

Para exibir o painel acesse o menu **Janela** e clique na opção **Informações (F8)**.

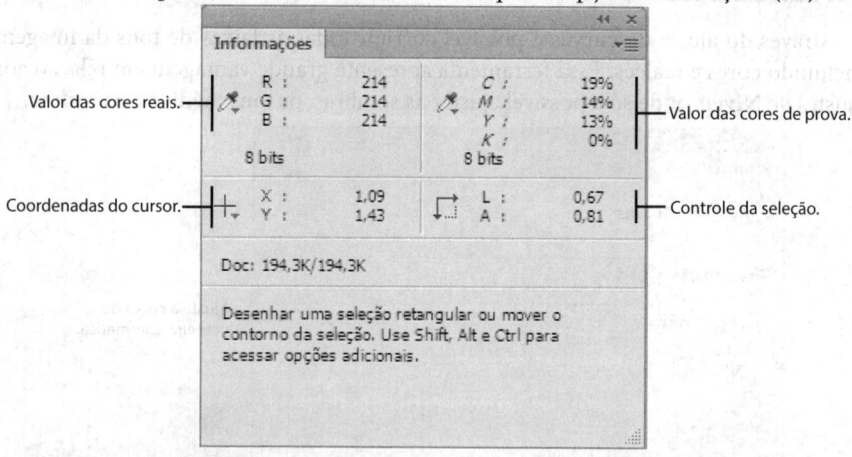

- Valor das cores reais.
- Coordenadas do cursor.
- Valor das cores de prova.
- Controle da seleção.

O menu do painel **Informações** possui o item **Opções de painel**. Ao selecionar essa opção, será exibida a caixa de diálogo **Opções do painel Informações** onde é possível configurar os elementos exibidos no painel.

13.4.2. Níveis

O ajuste dos níveis possibilita corrigir tons e cores de uma imagem com níveis predeterminados, ou ainda, ajustar manualmente a intensidade das sombras, tons médios e realces em todas as cores ou em apenas uma cor específica.

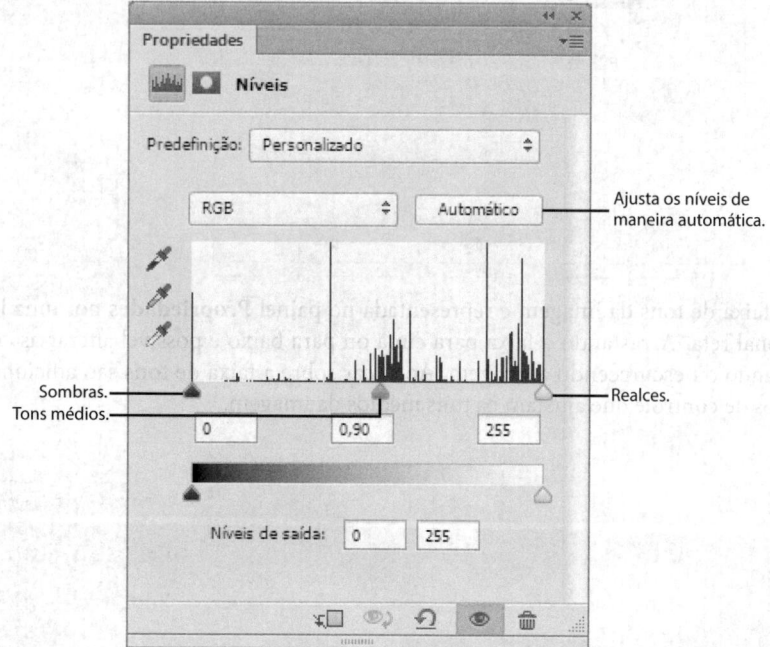

- Ajusta os níveis de maneira automática.
- Sombras.
- Tons médios.
- Realces.

Os controles deslizantes das sombras e dos realces fazem o mapeamento dos pontos brancos e pretos para os ajustes dos níveis de saída da imagem. Já o controle de tons médios é responsável pelo ajuste da gama da imagem.

13.4.2.1. Curvas

Através do ajuste de curvas é possível corrigir todas as faixas de tons da imagem incluindo cores e realces. Essa ferramenta apresenta grande vantagem em relação aos ajustes de **Níveis** onde só é possível ajustar as sombras, os tons médios e os realces.

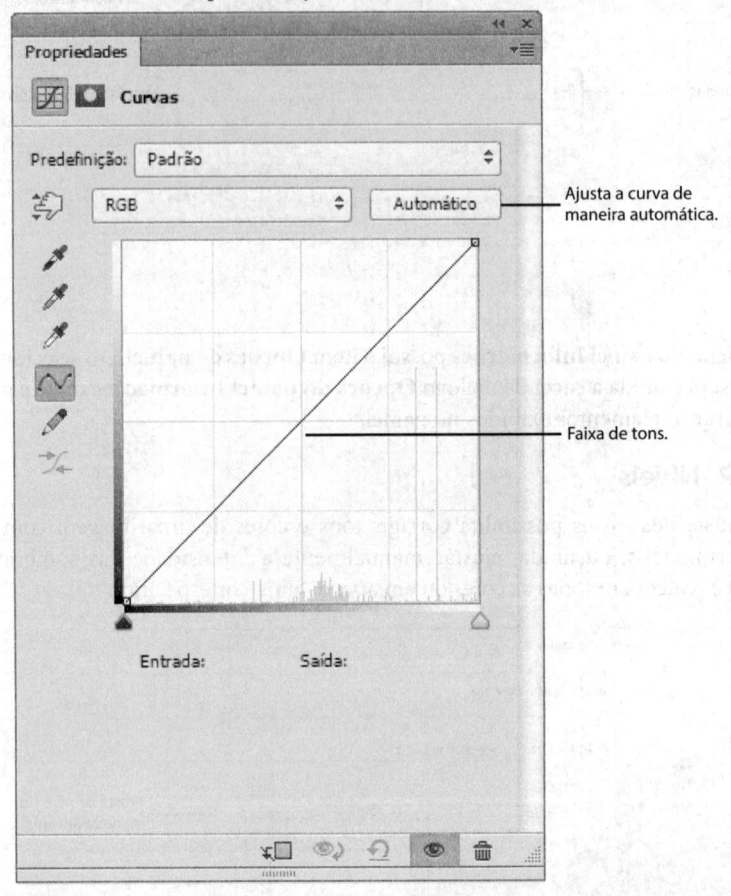

A faixa de tons da imagem é representada no painel **Propriedades** por uma linha diagonal reta. Arrastando a faixa para cima ou para baixo é possível alterar as cores, clareando ou escurecendo a imagem. Ao clicar sobre a faixa de tons são adicionados pontos de controle que ajustam os tons médios da imagem.

13.4.2.2. Matiz e Saturação

Ao selecionar essa opção, o painel **Propriedades** exibirá controles deslizantes que permitem ajustar três características básicas da imagem: a intensidade da cor (**Matiz**), sua palidez ou vivacidade (**Saturação**) e também a possibilidade de clarear ou escurecer cores individualmente, ou ainda, a imagem toda (**Luminosidade**).

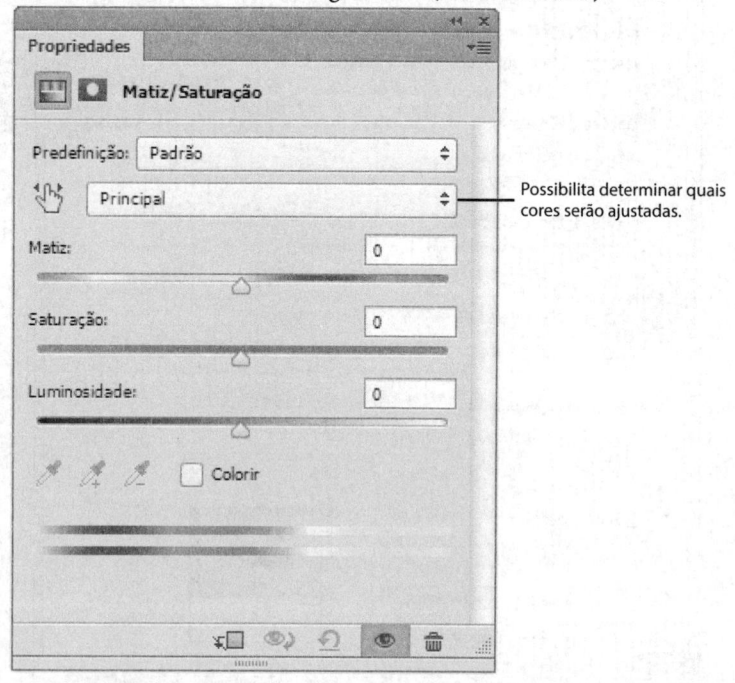

Para ajustar a imagem basta arrastar um dos controles deslizantes até a obtenção do resultado desejado ou digitar os valores em suas respectivas caixas de texto.

13.4.3. Correspondência de Cor

O comando **Corresponder Cor** possibilita fazer a correspondência entre cores de diversas imagens ou até mesmo entre camadas ou seleções de uma mesma imagem. É um recurso utilizado quando se quer aproximar a tonalidade de imagens diferentes, como tons de pele. Para efetuar a correspondência de cor siga os passos abaixo:

1. Abra a imagem que será alterada e também a imagem que será utilizada como base de cor;

Imagem base.   Imagem que receberá o ajuste.

2. Com a ferramenta **Mover (V)** ( ) clique sobre a imagem que será alterada para torná-la ativa;
3. No menu **Imagem** clique em **Ajustes** e escolha a opção **Corresponder cor**;
4. Será exibida a caixa de diálogo **Corresponder Cor**;

5. Na seção **Estatísticas de Imagem** determine na caixa de listagem **Origem** qual a imagem a ser utilizada como base para a correspondência de cor;

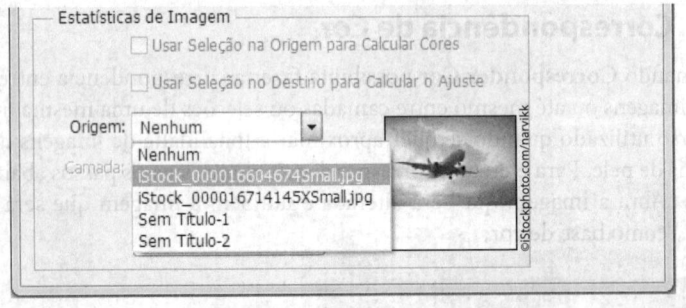

6. Na seção **Opções da Imagem** utilize os controles disponíveis para ajustar a imagem como desejar;
7. Em seguida, clique no botão **OK** para finalizar.

13.5. Ferramenta Caneta

Para criar segmentos curvos basta adicionar um ponto de ancoragem e por ele o segmento terá sua direção alterada. Em seguida, arrastar o cursor na direção que a curva será formada. Desenhe segmentos curvos da seguinte maneira:
1. Selecione a ferramenta **Caneta (P)** ( );
2. Posicione a ferramenta onde será adicionado o primeiro ponto do segmento e clique com o botão esquerdo do mouse;
3. Mova o cursor até o ponto final do segmento. Clique novamente e mova o cursor com o botão esquerdo do mouse pressionado para formar a curva;

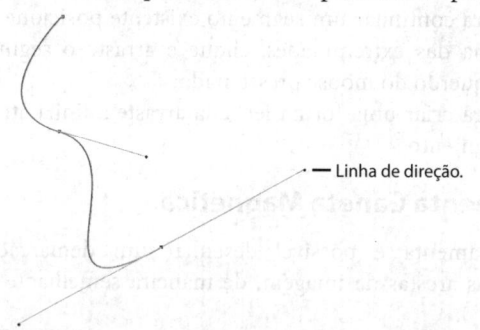

— Linha de direção.

    3.1. Mantenha a tecla <**Shift**> pressionada enquanto arrasta o mouse para limitar o ângulo de inclinação da curva em múltiplos de 45 graus;
    3.2. Arraste o mouse no sentido contrário a linha de direção anterior para desenhar uma curva em formato de "C";
    3.3. Arraste o mouse no mesmo sentido da linha anterior para criar uma curva em forma de "S";
4. Para finalizar a curva basta executar um dos seguintes procedimentos:
    4.1. Para criar um demarcador de curva aberta pressione a tecla <**Esc**>;
    4.2. Para criar um demarcador de curva fechada posicione o ponteiro do mouse sobre o primeiro ponto de ancoragem criado e clique sobre ele.

Forma criada com a ferramenta Caneta.

13.5.1. Ferramenta Caneta de Forma Livre

Através da ferramenta **Caneta de Forma Livre (P)** (🖋) podemos criar formas como se um lápis sobre o papel estivesse sendo usado. Conforme a forma é criada o **Photoshop CS6** automaticamente distribui os pontos de ancoragem.

Veja a seguir como utilizar essa ferramenta:
1. No painel de **Ferramentas** selecione a ferramenta **Caneta de Forma Livre (P)** (🖋);
2. Em seguida, posicione o cursor onde a forma será criada. Clique e arraste o mouse com o botão esquerdo pressionado. Solte o botão para finalizar;
    2.1. Para continuar um segmento existente posicione a ferramenta sobre uma das extremidades, clique e arraste o segmento com o botão esquerdo do mouse pressionado;
    2.2. Para criar uma forma fechada arraste a linha até o ponto inicial do segmento.

13.5.2. Ferramenta Caneta Magnética

Com essa ferramenta é possível desenhar um demarcador que se ajuste automaticamente às arestas da imagem, de maneira semelhante à ferramenta **Laço Magnético (L)** (🔗).

Para que seja possível utilizar a ferramenta é necessário executar os seguintes passos:
1. Selecione a ferramenta **Caneta de Forma Livre (P)** (🖋) e na barra de opções marque a opção **Magnético**;
2. Clique na imagem para definir o ponto inicial e, em seguida, apenas mova o cursor seguindo as arestas da imagem;
    2.1. Caso o contorno não se ajuste a aresta clique para adicionar um ponto de fixação manualmente;
    2.2. Ao criar um ponto de fixação indesejado pressione a tecla <**Delete**> para removê-lo;
3. Para finalizar o demarcador basta:
    3.1. Pressionar a tecla <**Enter**> para finalizar um demarcador aberto;
    3.2. Clicar sobre o ponto inicial para finalizar um demarcador fechado.

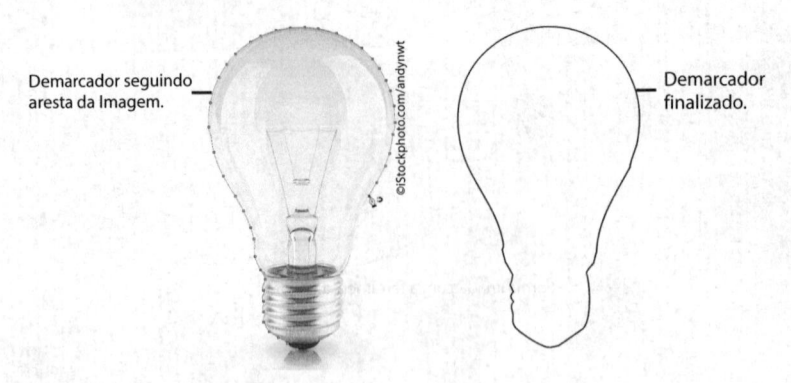

Demarcador seguindo aresta da Imagem.

Demarcador finalizado.

13.6. Ferramenta Pincel História da Arte

A ferramenta **Pincel História da Arte (Y)** ( ) permite pintar uma imagem com traços baseados em um estado do painel **Histórico** ou instantâneo. Caso o painel não esteja visível clique no menu **Janela** e, em seguida, na opção **Histórico**.

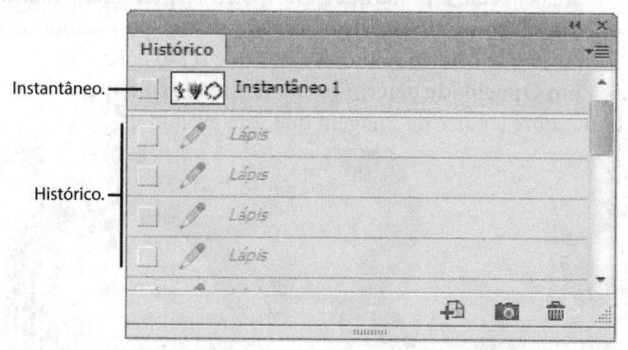

Para pintar uma imagem utilizando a ferramenta **Pincel História da Arte (Y)** ( ) siga os passos abaixo:

1. No painel **Histórico** clique no retângulo à direita do ícone. Ele representa o histórico ou instantâneo que será utilizado como base da ferramenta **Pincel História da Arte (Y)** ( ). Um ícone será exibido para indicar sua seleção;
2. Em seguida, selecione a ferramenta **Pincel História da Arte (Y)** ( );
3. Na barra de opções faça os ajustes necessários na ponta do pincel;
4. Para pintar, clique e arraste o mouse com o botão esquerdo pressionado.

Imagem original.

Imagem editada com a ferramenta Pincel História da Arte.

13.7. Ferramenta Borracha Mágica

A ferramenta **Borracha Mágica (E)** ( ) permite excluir todos os pixels semelhantes de uma imagem tornando-os transparentes ou substituindo-os pela cor do plano de fundo (caso a camada esteja com o atributo de transparência bloqueado).

Apague os pixels semelhantes de uma imagem da seguinte maneira:

1. Selecione a ferramenta **Borracha Mágica (E)** ( );

2. Na barra de opções faça os seguintes ajustes:
    2.1. Em **Tolerância** determine uma faixa de cores a ser excluída;
    2.2. Marque **Suavização de Serrilhado** para suavizar as arestas;
    2.3. Marque a opção **Adjacente** para apagar apenas os pixels ao redor da área clicada. Desmarque para apagar os pixels semelhantes;
    2.4. Marque a opção **Mostrar Todas Camad.** para capturar amostras de cores que determinarão as áreas que serão apagadas;
    2.5. Em **Opacidade** determine a intensidade com que será apagada;
3. Clique sobre a parte da imagem que será excluída.

Imagens originais.   Imagem com pixels semelhantes excluídos.

13.7.1. Ferramenta Borracha de Plano de Fundo

Através da ferramenta **Borracha de Plano de Fundo (E)** ( ) é possível excluir áreas da imagem até chegar a transparência, mantendo intactas as bordas de um objeto.

A ferramenta **Borracha de Plano de Fundo (E)** ( ) possui o ponto ativo no centro do pincel. Ele é responsável pela captura da cor que será excluída.

Acompanhe a seguir como utilizar essa ferramenta:
1. No painel **Camadas** selecione a camada que possui a área a ser excluída;
2. Selecione a ferramenta **Borracha de Plano de Fundo (E)** ( );
3. Na barra de opções abra o seletor **Predefinições do Pincel** e ajuste características como dureza, tamanho e espaçamento;
4. Selecione uma das seguintes opções de **Amostragem** na barra de opções:
    4.1. Clique em **Contínua** ( ) para que a ferramenta capture as amostras de cor que serão excluídas com o arrastar do mouse;
    4.2. Clique em **Uma Vez** ( ) para que sejam excluídas apenas as áreas que possuam a cor selecionada pela primeira vez;
    4.3. Clique em **Amostra de Plano de Fundo** ( ) para excluir somente as áreas que apresentem a cor de plano de fundo atual;
5. Ainda na barra de opções, faça os seguintes ajustes em **Limites**:
    5.1. Selecione a opção **Não-adjacente** para apagar a cor desejada;
    5.2. Para apagar áreas interligadas selecione a opção **Adjacente**;
    5.3. Para apagar áreas interligadas por uma mesma cor preservando a nitidez das arestas selecione a opção **Indicação de Arestas**;
6. Clique e arraste o mouse sobre a imagem com o botão esquerdo pressionado para obter o resultado desejado.

13.8. Criar um Pincel a Partir de Imagem

O **Photoshop CS6** permite criar uma ponta de pincel personalizada a partir da seleção de uma imagem ou parte dela. Para criar siga os passos:
1. Utilizando uma das ferramentas de seleção disponíveis selecione a imagem que será o molde da nova ponta do pincel;

2. No menu **Editar**, clique em **Definir predefinição de pincel**;
3. Na caixa de diálogo exibida adicione um nome para a nova ponta do pincel e clique no botão **OK**.

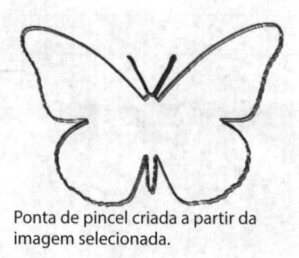

Ponta de pincel criada a partir da imagem selecionada.

13.8.1. Pincel de Mistura

A ferramenta **Pincel de mistura (B)** ( ) possui a capacidade de simular técnicas de pintura. Esta ferramenta dispõe de dois poços de pintura: um reservatório e uma aceleração. O reservatório é responsável pelo armazenamento da cor final inserida na tela, já a aceleração faz com que o conteúdo seja misturado continuamente com as cores da tela. Para utilizar essa ferramenta siga os passos abaixo:
1. Selecione a ferramenta **Pincel de mistura (B)** ( );
2. Na barra de opções faça os seguintes ajustes:
   - 2.1. Selecione em **Predefinições do pincel** as características da ponta do pincel – tamanho e dureza;
   - 2.2. Clique no botão **Carregar pincel após cada traçado** ( ) para encher o pincel com a cor do reservatório;

- **2.3.** Clique no botão **Limpar o pincel após cada traçado** (☒) para remover a tinta do pincel;
3. Ainda na barra de opções, utilize o controle deslizante para definir as características de pintura:
   - **3.1. Molhado** (Molh.: 33% ▼): Ajusta a quantidade de tinta que o pincel retira da tela;
   - **3.2. Carregar** (Carr.: 66% ▼): Determina a quantidade de tinta no pincel;
   - **3.3. Mistura** (Mist.: 99% ▼): Ajusta a taxa de mistura das cores na tela;
   - **3.4. Fluxo** (Fluxo: 100% ▼): Determina a intensidade da tinta na tela;
4. Clique e arraste o mouse com o botão esquerdo pressionado para desenhar.

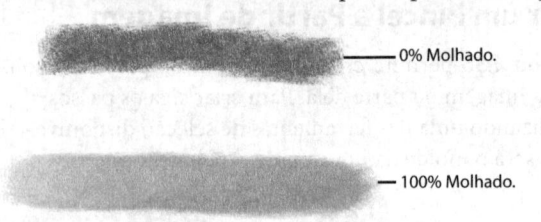

— 0% Molhado.

— 100% Molhado.

13.9. Configurações do Degradê

O **Editor de gradiente** possibilita personalizar as predefinições de degradê disponíveis para aplicação imediata ou salvá-las como um novo modelo. Para exibir o **Editor de gradiente** siga os passos:
1. No painel de **Ferramentas** selecione a ferramenta **Degradê** (▮);
2. Na barra de opções clique sobre o **Seletor de degradê** para que o **Editor de gradiente** seja exibido.

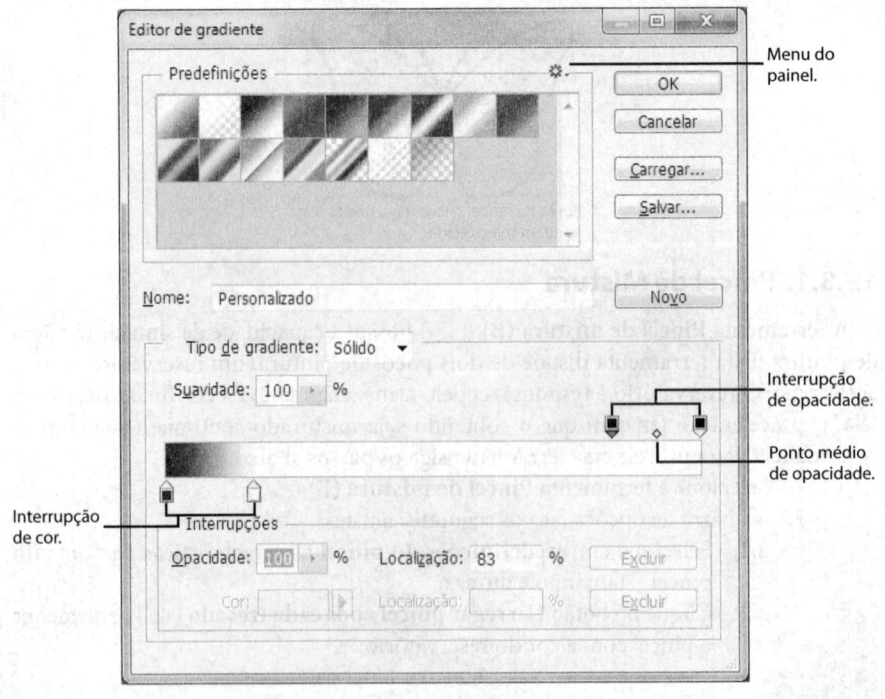

13.9.1. Salvar Predefinições de Degradê

Para salvar um conjunto de predefinições de degradê como uma biblioteca siga os passos:
1. No painel de **Ferramentas** selecione a ferramenta **Degradê** ( );
2. Na barra de opções clique sobre o **Seletor de degradê** para que o **Editor de gradiente** seja exibido;
3. Em seguida, clique no botão **Salvar**;
4. Na caixa de diálogo **Salvar** adicione o nome para a predefinição no campo **Nome**. Clique no botão **Salvar**.

13.10. Criar Camadas e Grupos

O **Photoshop CS6** dispõe de vários modos para criação de camadas e grupos. É possível, por exemplo, utilizar o menu do programa ou os botões do painel **Camadas**.

Para criar uma camada a partir do menu siga os passos:
1. No menu **Camada** clique em **Nova** e, em seguida, na opção **Camada** (Ctrl+Shift+N);
2. A caixa de diálogo **Nova Camada** será exibida;

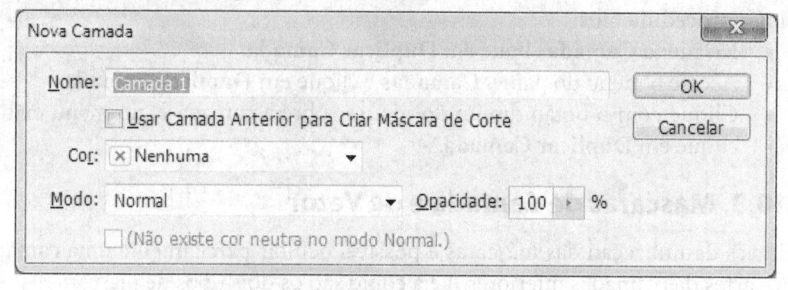

3. No campo **Nome** digite um nome para a nova camada;
4. Marque a opção **Usar Camada Anterior para Criar Máscara de Corte** para que seja criada uma máscara a partir do conteúdo da camada abaixo;
5. Em **Cor** determine um preenchimento para a nova camada;
6. Em **Modo** selecione um tipo de mesclagem para a camada;
7. Em **Opacidade** determine o nível de transparência da camada;
8. Clique no botão **OK**.

Para criar um novo grupo de camada a partir do menu siga os passos:
1. No menu **Camada** clique em **Nova** e, em seguida, na opção **Grupo a partir de Camadas**;
2. A caixa de diálogo **Novo Grupo a partir de Camadas** será exibida;

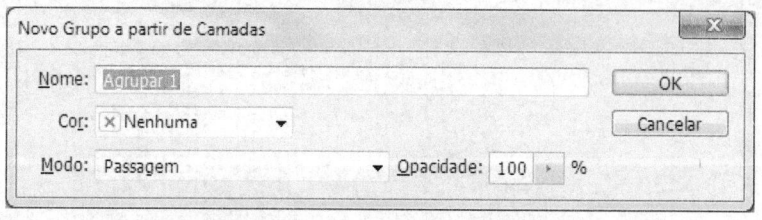

3. Faça os ajustes necessários e clique no botão **OK**.

13.10.1. Transformar Plano de Fundo em Camada

O **Plano de Fundo** não pode ter seu modo de mesclagem nem seu valor de opacidade modificados, também não é possível modificar sua ordem de empilhamento.

Entretanto, há a possibilidade de desbloquear essa camada transformando-a em uma camada regular. Veja como proceder:

1. No painel **Camadas** clique duas vezes com o botão esquerdo do mouse sobre a camada **Plano de Fundo**;
2. A caixa de diálogo **Nova Camada** será exibida. Faça os seguintes ajustes:
   - 2.1. No campo **Nome** digite um nome para a nova camada;
   - 2.2. Na caixa de seleção **Cor** determine uma cor para a camada;
   - 2.3. Selecione em **Modo** uma opção de mesclagem para a nova camada;
   - 2.4. Em **Opacidade** defina um valor de porcentagem para ajustar o nível de preenchimento da camada;
   - 2.5. Clique no botão **OK**.

13.10.2. Duplicar Camadas

Para duplicar uma camada selecione-a no painel **Camadas** e execute um dos seguintes procedimentos:
- No menu **Camada** clique em **Duplicar Camada**.
- Acesse o menu do painel **Camadas** e clique em **Duplicar Camada**.
- Clique com o botão direito do mouse sobre a camada e, no menu exibido, clique em **Duplicar Camada**.

13.10.3. Máscaras de Camada e de Vetor

Através da utilização das máscaras é possível ocultar parcialmente uma camada e exibir partes das camadas inferiores. Veja como são os dois tipos de máscaras:
- **Máscaras de camadas:** Formadas por imagens do tipo bitmap que dependem de resolução e podem ser editadas com as ferramentas de pintura e seleção.
- **Máscaras de vetor:** Não dependem de resolução e podem ser criadas com o auxílio de uma ferramenta de forma ou caneta.

Por não serem destrutivas, as máscaras de camada e de vetor permitem efetuar a reedição do conteúdo sem perder os pixels ocultos. Para criar uma máscara na camada **Plano de Fundo** é necessário a conversão da mesma em uma camada regular.

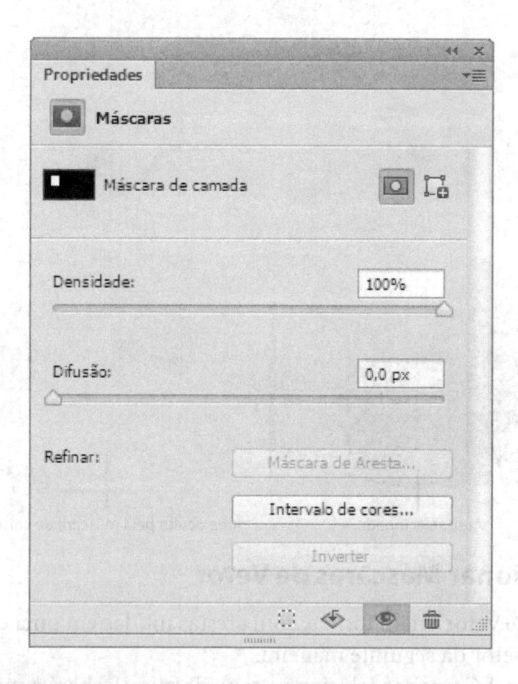

13.10.4. Adicionar Máscaras de Camadas

Quando uma máscara de camada é adicionada pode-se determinar se as camadas ficarão ocultas ou serão exibidas. Para adicionar uma máscara que exiba ou oculte toda a camada siga os passos:
1. Acesse o menu **S̲elecionar** e clique na opção **Cance̲lar Seleção (Ctrl+D)** para certificar que nenhuma parte da imagem esteja selecionada;
2. No painel **Camadas** selecione a camada ou grupo que receberá a máscara;
3. Em seguida, execute um dos procedimentos:
    - 3.1. Para criar uma máscara que exiba a camada inteira clique no botão **Adicionar máscara de camada** (▣) disponível no canto inferior do painel **Camadas**;
    - 3.2. Crie uma máscara que oculte a camada inteira, mantendo pressionada a tecla <Alt> e clicando no botão **Adicionar máscara de camada** (▣).

Veja a seguir como criar uma máscara que exiba ou oculte uma parte da camada:
1. No painel **Camadas** selecione a camada ou grupo que receberá a máscara;
2. Faça a seleção de uma área da imagem e, em seguida, execute um dos seguintes procedimentos:
    - 2.1. Clique no botão **Adicionar máscara de camada** (▣), do painel **Camadas**, para criar uma máscara que exiba a seleção;
    - 2.2. Pressionando <Alt>, clique no botão **Adicionar máscara de camada** (▣) para criar uma máscara que oculte a seleção.

Área selecionada.　　Área oculta pela máscara de camada.

13.10.5. Adicionar Máscaras de Vetor

As **Máscaras de vetor** criam formas com arestas nítidas em uma camada. Adicione uma máscara de vetor da seguinte maneira:
1. No painel **Camadas** selecione a camada que receberá a máscara de vetor;
2. Em seguida, execute um dos seguintes procedimentos:
    2.1. No menu **Camada** clique em **Máscara de vetor** e, em seguida, clique em **Revelar todas** para criar uma máscara que exiba a camada inteira;
    2.2. No menu **Camada** clique em **Máscara de vetor** e, em seguida, clique em **Ocultar todas** para criar a máscara que oculte a camada inteira.

Crie uma máscara de vetor que oculte uma parte da camada seguindo os passos:
1. Faça a seleção da camada que receberá a máscara de vetor;
2. Utilizando uma das ferramentas de caneta ou forma crie um demarcador sobre a parte da imagem que se manterá visível;

Demarcador ao redor da imagem.

3. No menu **Camada** clique em **Máscara de vetor** e, em seguida, na opção **Demarcador atual**.

13.11. Menu Filtros

Um filtro pode ser aplicado a um objeto inteligente ou a uma camada. Para que o filtro seja aplicado a camada inteira é necessário que ela esteja selecionada ou ativa. Acompanhe a seguir como aplicar um filtro a uma imagem:
1. Selecione a camada ou parte da imagem que irá receber o filtro;
2. No menu **Filtro** acesse um dos submenus e escolha um filtro disponível. Em alguns casos é necessário configurar as características do filtro.

Através da caixa de diálogo é possível obter uma visualização prévia do efeito.

13.11.1. Filtro Correção de Lente

O filtro **Correção de Lente** executa correções de falhas comuns de lente como desvio cromático, distorção para fora e para dentro e vinheta. Através desse filtro também é possível girar uma imagem ou efetuar correções de perspectiva. Veja a seguir como aplicar o filtro a uma imagem:
1. Abra a imagem que será ajustada;
2. No menu **Filtro** clique em **Correção de lente (Shif+Ctrl+R)**;

3. A caixa de diálogo **Correção de Lente** será exibida;

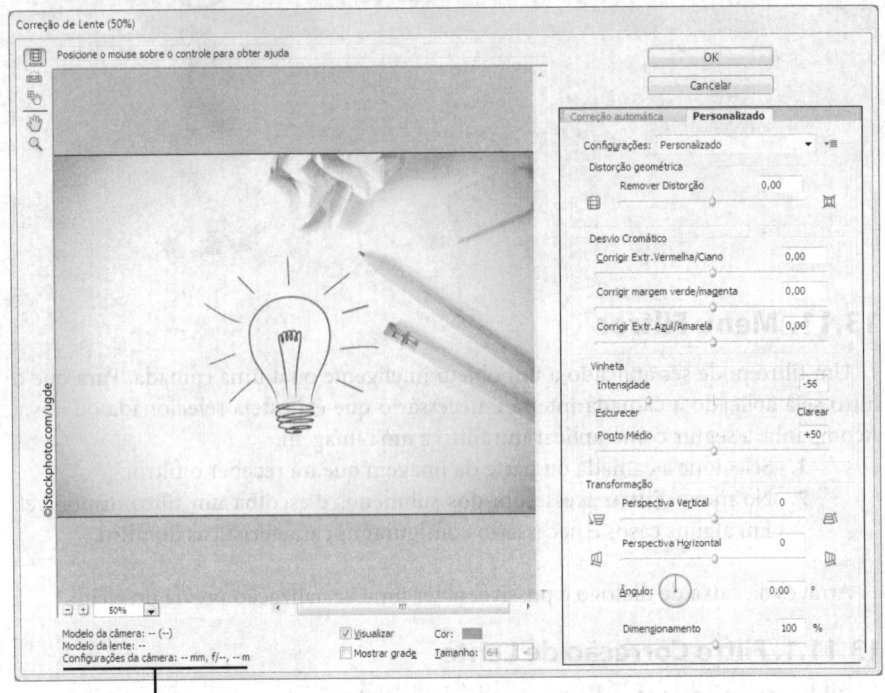

Predefinições da câmera detectadas pelo filtro.

4. Caso as definições da câmera que gerou a imagem sejam detectadas pelo **Photoshop CS6**, os ajustes serão executados de modo automático;
5. Para configurar a imagem manualmente ou refinar a correção automática acesse a guia **Personalizado** no canto superior direito da caixa de diálogo e ajuste as seguintes características:
    5.1. Se desejar, selecione em **Configurações** uma das predefinições disponíveis para aplicar na imagem ou utilizar como ponto de partida;
    5.2. Arraste o controle deslizante da opção **Remover Distorção** para corrigir a distorção de lente, tornando retas as linhas horizontais e as verticais curvas;
    5.3. Utilize os controles deslizantes da seção **Desvio Cromático** para fazer a compensação das cores através do ajuste dos canais de cor;
    5.4. Ajuste os controles deslizantes da seção **Vinheta** para definir o nível de clareamento ou escurecimento das bordas da imagem;
    5.5. Em **Transformação** utilize os controles deslizantes para ajustar a perspectiva, inclinação e escala da imagem;
6. Clique no botão **OK**.

Imagem original.   Imagem com Correção de Lente.

13.11.2. Filtro Dissolver

Com o filtro **Dissolver** é possível puxar, girar, empurrar, refletir, diminuir ou expandir partes de uma imagem. Acompanhe a seguir como aplicar o filtro:
1. Abra a imagem que receberá o filtro;
2. No menu **Filtro** clique em **Dissolver (Shif+Ctrl+X)**;
3. A caixa de diálogo **Dissolver** será exibida;

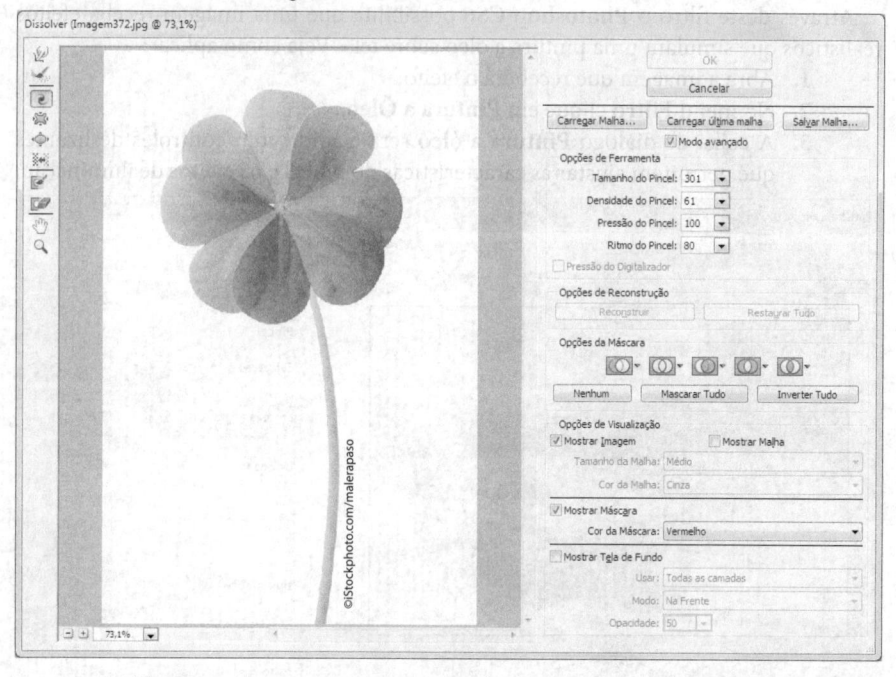

4. Selecione no canto superior esquerdo da caixa de diálogo a ferramenta com o efeito desejado;
5. Faça os ajustes da ferramenta utilizando as opções disponíveis no canto direito da caixa de diálogo;
6. Posicione a ferramenta sobre a imagem na janela de visualização e, em seguida, clique ou arraste o mouse com o botão esquerdo pressionado;
7. Clique no botão **OK** para aplicar o efeito na imagem original.

Veja a seguir alguns resultados obtidos através da aplicação do filtro **Dissolver**:

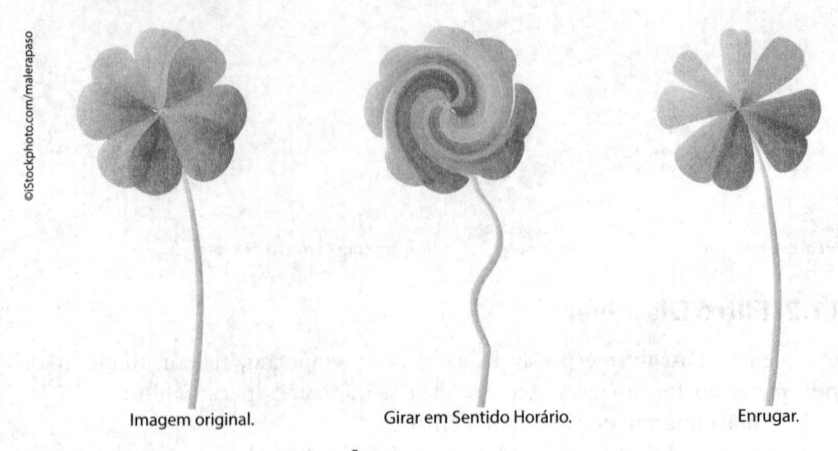

Imagem original.   Girar em Sentido Horário.   Enrugar.

13.11.3. Filtro Pintura a Óleo

Através deste filtro o **Photoshop CS6** possibilita que uma imagem receba efeitos realísticos que simulam uma pintura a óleo sobre tela. Veja como aplicar:

1. Abra a imagem que receberá o efeito;
2. No menu **Filtro** clique em **Pintura a Óleo**;
3. A caixa de diálogo **Pintura a óleo** será exibida com controles deslizantes que permitem ajustar as características do pincel e os efeitos de iluminação;

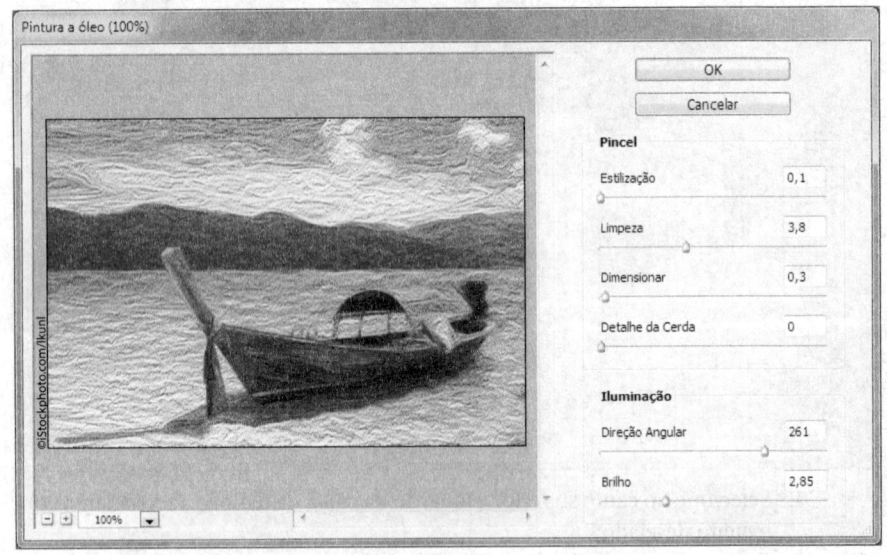

4. Faça os ajustes como desejar e, em seguida, clique no botão **OK** para que o filtro seja aplicado.

Imagem original.    Imagem com filtro Pintura a Óleo.

13.11.4. Filtros de Desfoque

Os filtros de **Desfoque** fazem a suavização das transições criando pixels intermediários entre as arestas sólidas e as áreas sombreadas de uma imagem ou seleção. O **Photoshop CS6** dispõe de um grupo de filtros de desfoque que possibilita diferentes tipos de ajustes. Para que seja possível a aplicação desse tipo de filtro à uma imagem ou camada específica é necessário desmarcar a opção **Bloquear Pixels Transparentes** (☐) no painel **Camadas**.

Para aplicar um dos filtros de desfoque a uma imagem basta seguir os passos:
1. Abra a imagem que receberá o filtro;
2. No menu **Filtro**, clique em **Desfoque**;
3. No menu exibido clique sobre um dos filtros disponíveis;
4. Na caixa de diálogo exibida faça os ajustes necessários para obter o efeito desejado;
5. Clique no botão **OK**.

13.11.5. Efeitos de Iluminação

Com o filtro **Efeitos de Iluminação** é possível aplicar efeitos de luz em imagens RGB e em arquivos em tons de cinza para criar efeitos que lembram 3D.

Acompanhe a seguir como aplicar o filtro a uma imagem:
1. Abra a imagem que receberá a aplicação do filtro;
2. No menu **Filtro** clique em **Acabamento** e, em seguida, em **Efeitos de Iluminação**;
3. A barra de propriedades será exibida no canto superior da tela;

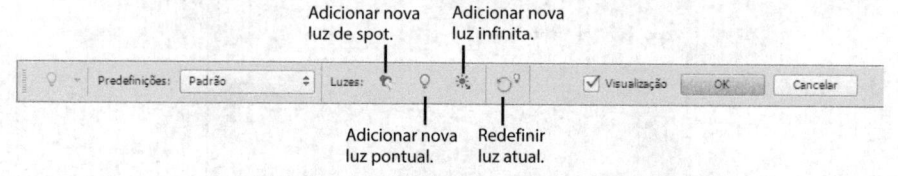

    Adicionar nova luz de spot.   Adicionar nova luz infinita.

    Adicionar nova luz pontual.   Redefinir luz atual.

    3.1. Em **Predefinições** escolha um dos modelos de iluminação predefinidos ou selecione **Padrão** para criar um modelo personalizado;
    3.2. Em **Luzes** clique nos botões para adicionar efeitos na imagem;

4. Ao selecionar um efeito de luz é possível modificar diversas características. O **Photoshop CS6** disponibiliza dois modos de seleção de um efeito:
   4.1. Utilizando a ferramenta **Seleção** ( ) selecione as luzes individuais que deverão ser ajustadas diretamente na imagem;
   4.2. Clique sobre o nome do efeito no painel **Luzes** para selecioná-lo;

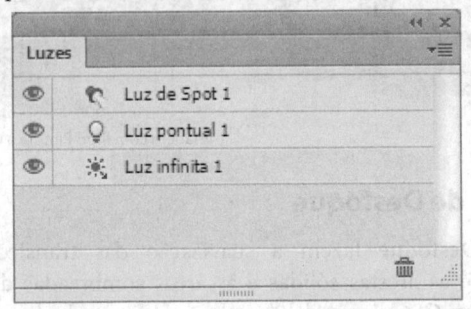

5. O painel **Propriedades** disponibiliza opções de configuração dos efeitos de luz;

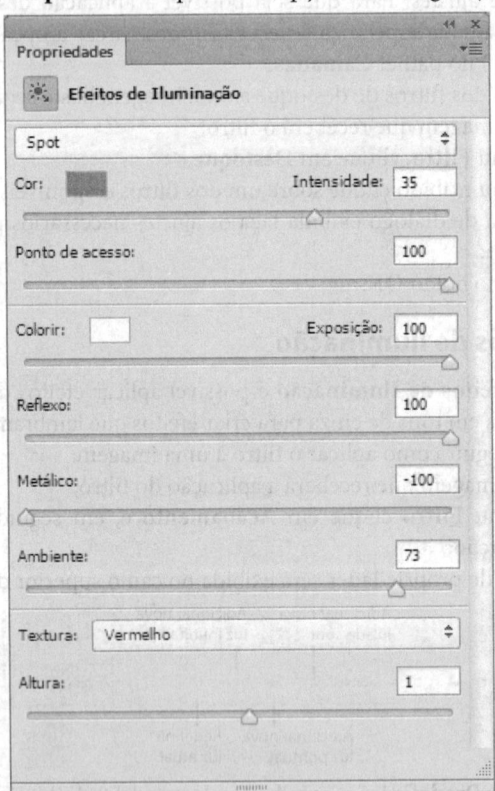

6. Para modificar o tipo de luz aplicado selecione em **Efeitos de Iluminação** uma das opções disponíveis:
   6.1. **Ponto:** Aplica um efeito de lâmpada fazendo com que a luz brilhe em todas as direções a partir de um ponto acima da imagem;

- **6.2. Spot:** Adiciona um feixe de luz elíptico à imagem como se estivesse utilizando holofotes para iluminar o ambiente;
- **6.3. Infinito:** Faz com que a luz brilhe a partir do plano todo reproduzindo a incidência da luz solar na imagem;
7. Em seguida, ajuste as demais características dos conjuntos de luzes:
   - **7.1.** Clique em **Cor** para determinar uma cor para o feixe de luz;
   - **7.2.** Arraste o controle deslizante ou digite um valor no campo **Intensidade** para ajustar o nível de cor do feixe de luz;
   - **7.3.** Ajuste em **Ponto de acesso** o tamanho do feixe de luz;
   - **7.4.** Clique em **Colorir** para adicionar uma cor à iluminação total;
   - **7.5.** Ajuste os detalhes de realces e sombras arrastando o controle deslizante ou digitando um valor no campo **Exposição**;
   - **7.6.** Em **Reflexo** controle a quantidade de luz refletida pelas superfícies;
   - **7.7.** Determine em **Metálico** qual o elemento possuirá maior índice de reflexo: a luz ou o objeto sobre o qual a luz se projeta;
   - **7.8.** Em **Ambiente** ajuste a combinação do feixe de luz com uma fonte de iluminação externa;
   - **7.9.** Selecione em **Textura** um canal de textura para aplicar à imagem. Arraste o controle deslizante ou digite um valor no campo **Altura** para ajustar a altura do mapa de textura;
8. Clique em **OK** ou em **Cancelar** para retornar à imagem original.

Veja a seguir exemplos de aplicação dos efeitos de iluminação:

Imagem original.

Imagem com efeito Spot.

Imagem com efeito Ponto.

Imagem com efeito Infinito.

13.11.6. Filtros de Distorção

Através dos **Filtros de Distorção** é possível criar efeitos tridimensionais, como inflando, sugando, arrastando ou distorcendo os pixels.

Para aplicar um dos efeitos de distorção na imagem siga os procedimentos:
1. Abra a imagem que irá receber o filtro de distorção;
2. Acesse o menu **Filtro** e clique em **Distorção**;
3. No menu exibido clique em um dos tipos de distorção disponíveis;
4. Será exibida a caixa de diálogo do filtro selecionado. Nela faça os ajustes necessários para obter o resultado desejado;
5. Clique no botão **OK**.

13.11.7. Filtros de Estilização

Com os **Filtros de Estilização** é possível reproduzir efeitos de pintura. Os filtros podem ser utilizados para realçar as arestas de cor da imagem, suavizar o foco, agrupar os pixels semelhantes em blocos, entre outros recursos.

Aplique um dos filtros de estilização da seguinte maneira:
1. Abra a imagem que irá receber o filtro;
2. Acesse o menu **Filtro** e clique em **Estilização**;
3. No menu exibido clique em uma das opções de filtros disponíveis;
4. Será exibida a caixa de diálogo do filtro selecionado. Nela faça os ajustes necessários para obter o resultado desejado;
5. Clique no botão **OK**.

13.11.8. Filtros de Pixelização

Os **Filtros de Pixelização** possuem como principal característica a possibilidade de agrupar em células os pixels com cores semelhantes. Para aplicar um dos filtros em uma imagem siga os passos:
1. Abra a imagem que irá receber o filtro de **Pixelização**;
2. Acesse o menu **Filtro** e clique em **Pixelização**;
3. No menu exibido clique em uma das opções de filtro disponíveis;
4. Será exibida a caixa de diálogo do filtro selecionado;
5. Faça os ajustes necessários para obter o resultado desejado;
6. Clique no botão **OK**.

13.11.9. Filtros de Ruído

Através dos **Filtros de Ruído** é possível adicionar ruídos ou pixels coloridos que são espalhados de forma aleatória na imagem. Ao aplicá-los em uma imagem, os filtros criam texturas e, em alguns casos, removem áreas que apresentam problemas como riscos ou poeiras.

Aplique um dos **Filtros de Ruído** na imagem da seguinte maneira:
1. Abra a imagem que irá receber o filtro;
2. Acesse o menu **Filtro** e clique em **Ruído**;
3. No menu exibido clique em uma das opções de filtro disponíveis;

4. Com exceção do filtro **Remover Manchas**, que não disponibiliza opções de ajuste, será exibida a caixa de diálogo do filtro selecionado;
5. Faça os ajustes necessários para obter o resultado desejado;
6. Clique no botão **OK**.

13.11.10. Filtros de Nitidez

Os **Filtros de Nitidez** são capazes de melhorar a definição das arestas nas imagens geradas através de uma câmera digital ou obtidas através de um scanner. Veja a seguir como aplicar um dos filtros de nitidez a uma imagem:
1. Abra a imagem que será ajustada;
2. No menu **Filtro** clique em **Tornar Nítido** e, em seguida, clique em uma das opções disponíveis;
3. Com exceção do filtro **Tornar Arestas Nítidas** será exibida a caixa de diálogo do filtro com as opções de ajuste de suas características;
4. Faça os ajustes necessários e clique no botão **OK**.

Imagem original.

Imagem com aplicação do filtro Máscara de Nitidez.

13.11.11. Galeria de Filtros

A **Galeria de Filtros** é uma excelente opção para a aplicação dos mesmos, pois em uma única caixa de diálogo encontram-se grande parte dos filtros de efeitos organizados em categorias, controles para ajustar suas características, além da visualização em tempo real do resultado. A galeria permite ainda aplicar mais de um filtro na imagem ou aplicar um filtro individual repetidamente.

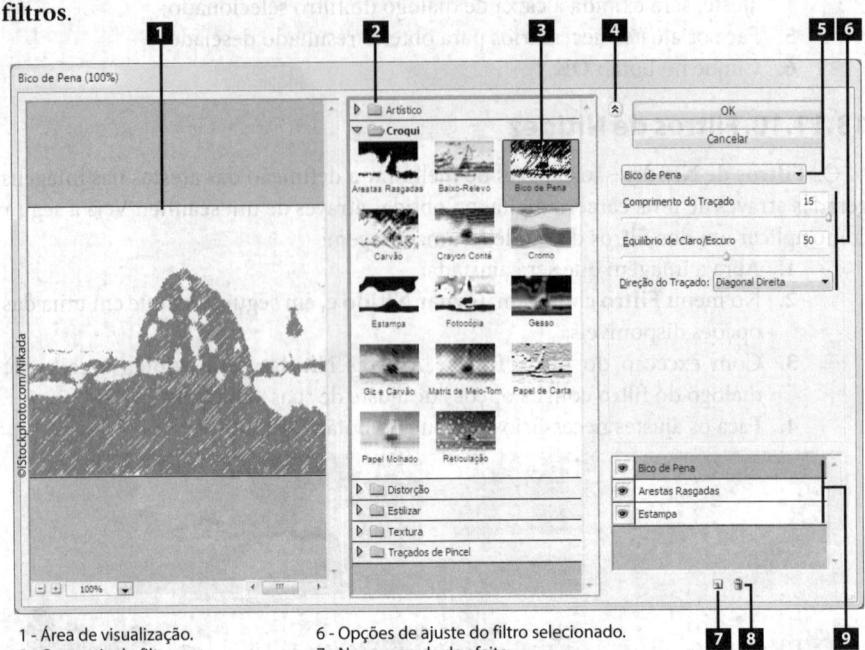

Para acessar a galeria clique no menu **F**iltro e, em seguida, na opção **G**aleria de filtros.

1 - Área de visualização.
2 - Categoria do filtro.
3 - Filtro selecionado.
4 - Mostrar/Ocultar miniaturas de filtro.
5 - Menu Filtro.
6 - Opções de ajuste do filtro selecionado.
7 - Nova camada de efeito.
8 - Excluir camada de efeito.
9 - Lista dos efeitos aplicados.

13.11.11.1. Filtros Artísticos

A **Galeria de Filtros** disponibiliza na categoria **Artístico** opções de filtros que permitem aplicar efeitos de pintura com técnicas variadas.

13.11.11.2. Filtros Croqui

Através dos filtros de **Croqui**, o **Photoshop CS6** disponibiliza recursos capazes de aplicar efeitos de textura que dão profundidade às arestas de imagem ou a aparência de desenho à mão livre. A maioria dos filtros dessa categoria utiliza as cores do primeiro plano e do plano de fundo para criar os efeitos.

13.11.11.3. Filtros Distorção

Através dos filtros de **Distorção** é possível aplicar texturas e efeitos de luminosidade aos elementos da imagem. Os filtros desta categoria possuem como característica principal a utilização de grande quantidade de memória do computador para sua aplicação.

13.12. Inserir Textos

Os textos podem ser inseridos de três maneiras distintas, cada uma indicada para um tipo de aplicação. São elas:

- **Texto de ponto:** Formado por uma linha de texto horizontal ou vertical que se inicia ao clicar na imagem com uma das ferramentas de texto. Este modo é indicado para adicionar poucas palavras ou frases curtas.

Coragem

- **Texto de parágrafo:** Controla o fluxo de texto horizontal ou vertical através de limites que podem sofrer alterações no seu tamanho. Quando há a necessidade de textos com um ou mais parágrafos esta é a melhor opção.

> O Adobe Photoshop é o programa de edição de imagens mais importante da atualidade. Sua fama se consolidou devido ao grande número de recursos que o programa disponibiliza, seja para editar imagens ou criar formas e layouts.

- **Texto em demarcador:** Permite adicionar um texto que flui através das arestas de um demarcador aberto ou fechado, criado por uma ferramenta de caneta ou de forma. O texto pode ser inserido tanto na horizontal como verticalmente, resultando em um ajuste paralelo em relação à linha de base.

13.12.1. Texto de Ponto

Quando um **Texto de ponto** é inserido, uma linha de texto independente é criada e seu tamanho aumenta ou diminui conforme o texto é digitado ou editado sem que haja quebra para a linha seguinte.

Para adicionar esse tipo de texto siga os passos abaixo:

1. Selecione a ferramenta **Texto Horizontal** (T) ou **Texto Vertical** (IT) no **Painel de Ferramentas**;
2. Clique no documento onde deseja adicionar o texto para que o ponto de inserção seja exibido;
3. A barra de opções será exibida no canto superior da janela disponibilizando opções básicas de formatação de fonte e alinhamento do texto. Se desejar, utilize os painéis **Caractere** e **Parágrafo** para obter mais opções;

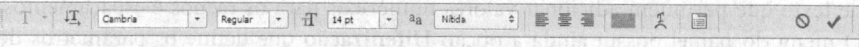

4. Em seguida, digite o texto normalmente;
5. Tecle **<Enter>** para finalizar ou clique no botão **Confirmar** (✓) da barra de opções.

13.12.2. Texto de Parágrafo

Os textos de parágrafo são adicionados em caixas delimitadoras que podem ser ajustadas dependendo do tamanho do conteúdo.

Adicione **Texto de Parágrafo** a uma imagem da seguinte maneira:
1. Selecione a ferramenta **Texto Horizontal** (T) ou **Texto Vertical** (IT) no **Painel de Ferramentas**;
2. Em seguida, execute um dos procedimentos:
    - 2.1. Com o botão esquerdo pressionado, clique e arraste o mouse diagonalmente para desenhar a caixa delimitadora;
    - 2.2. Com a tecla <Alt> pressionada clique sobre o desenho. A caixa de diálogo **Tamanho do Texto de Parágrafo** será exibida. Adicione os valores para a largura e a altura da caixa delimitadora e clique em **OK**;
3. A barra de opções será exibida no canto superior da janela disponibilizando opções básicas de formatação de fonte e alinhamento do texto. Se desejar, utilize os painéis **Caractere** e **Parágrafo** para obter mais opções;
4. Digite o texto. Para iniciar um novo parágrafo pressione a tecla <**Enter**>;
5. Para finalizar, clique no botão **Confirmar** (✓) da barra de opções ou pressione a tecla <**Enter**> do teclado numérico.

13.12.3. Converter Textos

Ao converter um **Texto de Ponto** em **Texto de Parágrafo** é possível ajustar o fluxo de caracteres redimensionando a caixa delimitadora. Também é possível fazer com que cada linha de um texto de parágrafo fique em um fluxo independente. Para isso, basta converter o **Texto de Parágrafo** em **Texto de Ponto**. Acompanhe a seguir como efetuar a conversão:
1. No painel **Camadas** selecione a camada de texto que será convertida;
2. No menu **Tipo** clique em **Converter para texto de ponto** ou **Converter para Texto de Parágrafo**.

13.12.4. Camada de Texto

Todo texto adicionado a um documento do **Photoshop CS6** fica contido em uma camada que pode ser selecionada no painel **Camadas**, ter seu conteúdo editado ou receber comandos de camada.

Ao efetuar modificações em uma camada de texto que necessite ser rasterizada, os contornos dos textos que são baseados em vetores serão convertidos com base em valores de pixels. Deste modo, o texto deixará de apresentar os contornos vetoriais e não será possível editá-lo como texto.

13.12.5. Painel Parágrafo

Através do painel **Parágrafo** é possível aplicar ajustes precisos de alinhamento e recuo a colunas e parágrafos. Além dos botões de alinhamento, o painel possui caixas de texto que permitem adicionar valores numéricos para os recuos e espaçamentos. O menu do painel possui ainda a opção **Hifenização** que define os parâmetros de utilização deste recurso. Acesse o painel, clicando em **Janela** e na opção **Parágrafo**.

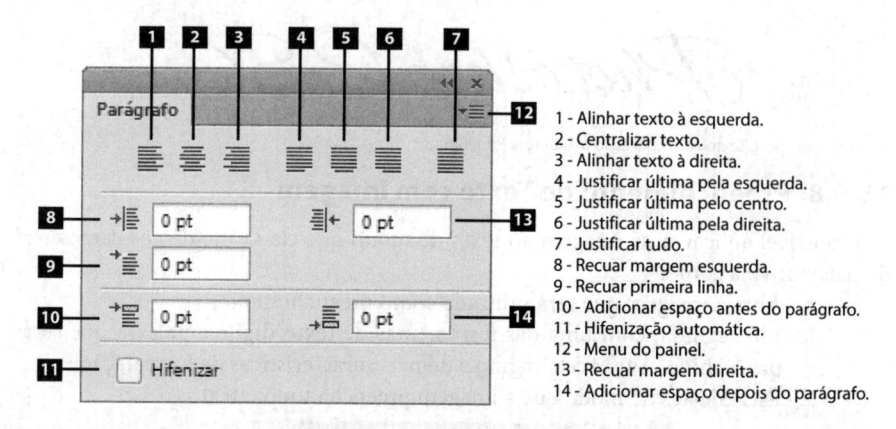

1 - Alinhar texto à esquerda.
2 - Centralizar texto.
3 - Alinhar texto à direita.
4 - Justificar última pela esquerda.
5 - Justificar última pelo centro.
6 - Justificar última pela direita.
7 - Justificar tudo.
8 - Recuar margem esquerda.
9 - Recuar primeira linha.
10 - Adicionar espaço antes do parágrafo.
11 - Hifenização automática.
12 - Menu do painel.
13 - Recuar margem direita.
14 - Adicionar espaço depois do parágrafo.

13.12.6. Ajuste Automático da Hifenização

A hifenização automática pode ser utilizada da seguinte maneira:
1. Selecione a camada de texto ou parágrafo específico que será hifenizado;
2. No painel **Parágrafo** marque a caixa de seleção da opção **Hifenizar**.

Para personalizar o modo como a hifenização será executada clique em **Hifenização** no menu do painel **Parágrafo** e faça os ajustes como desejar.

13.12.7. Texto com Sombra Projetada

O efeito de **Sombra Projetada** cria uma sombra que se projeta em uma direção determinada dando ao texto a impressão de profundidade, da seguinte maneira:
1. Selecione a camada de texto que receberá o efeito de sombreamento;
2. No canto inferior do painel **Camadas** clique no botão **Adicionar um estilo de camada** (fx) e escolha a opção **Sombra projetada**;
3. A caixa de diálogo **Estilo de camada** será exibida. Marque a caixa de seleção da opção **Visualizar** para acompanhar os efeitos do ajuste no texto;

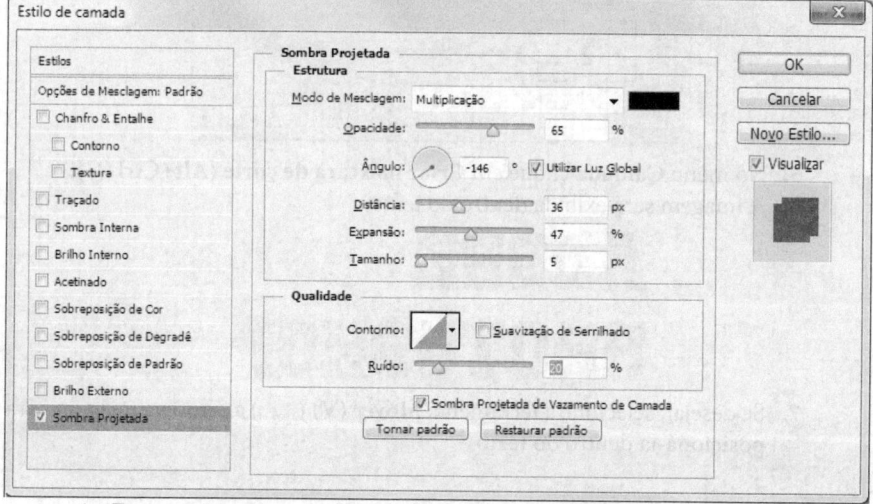

4. Faça os ajustes necessários e clique no botão **OK**.

Texto com aplicação de Sombra Projetada.

13.9.8. Preenchimento do Texto com Imagem

É possível aplicar uma imagem ao texto de modo que ela se molde aos caracteres da palavra. Veja como:

1. Abra a imagem que será utilizada como preenchimento;
2. Em seguida, com uma das ferramentas de texto digite a palavra que será preenchida. Ajuste o tamanho e demais características de formatação;
3. Faça ajustes de modo que a imagem preencha todo o texto;

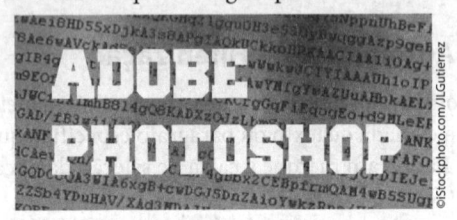

4. No painel **Camadas** posicione a camada de texto abaixo da camada da imagem. Caso a imagem utilizada seja o plano de fundo dê um clique duplo sobre a camada para transformá-la em uma camada regular;

5. No menu **Camada** clique em **Criar máscara de corte (Alt+Ctrl+G)**;
6. A imagem será exibida dentro do texto;

7. Se desejar, selecione a ferramenta **Mover (V)** ( ) a arraste a imagem para posicioná-la dentro do texto.

13.12.9. Distorcer o Texto

O **Photoshop CS6** dispõe de efeitos que permitem aplicar distorções em fontes bitmaps e textos com **Falso Negrito** através da caixa de diálogo **Distorcer Texto**. Para aplicar distorção ao texto siga os passos:
1. Selecione no painel **Camadas** a camada de texto que receberá a distorção;
2. Faça a seleção de uma das ferramentas de texto do painel **Ferramentas**;
3. Na barra de opções clique no botão **Criar texto distorcido** (🗛);
4. A caixa de diálogo **Distorcer Texto** será exibida. Faça os seguintes ajustes:

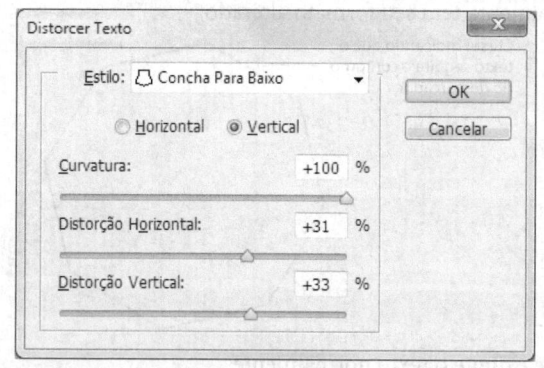

    4.1. Selecione no menu da opção **Estilo** a distorção que será aplicada;
    4.2. Determine em que direção o efeito será aplicado, marcando a caixa de seleção da opção **Horizontal** ou **Vertical**;
    4.3. Ajuste o nível de distorção do efeito arrastando o controle deslizante ou digitando um valor de porcentagem na caixa da opção **Curvatura**;
    4.4. Aplique perspectiva à deformação arrastando os controles deslizantes ou digitando um valor de porcentagem nas caixas das opções **Distorção Horizontal** e **Distorção Vertical**;
5. Clique no botão **OK** para aplicar a distorção.

Texto original.   Texto com estilo de deformação Concha Para Baixo.

Acompanhe a seguir como remover a distorção de uma camada de texto:
1. Selecione no painel **Camadas** a camada que possui o texto distorcido;
2. Faça a seleção de uma das ferramentas de texto no painel **Ferramentas**;
3. Na barra de opções clique no botão **Criar texto distorcido** (🗛);
4. Na caixa de diálogo **Distorcer Texto**, clique no menu desdobrável da opção **Estilo** e escolha a opção **Nenhum**;
5. Clique no botão **OK**.

13.12.10. Inserir Tipos ao Longo do Demarcador

É possível fazer com que um texto flua através de um demarcador aberto ou fechado criado por uma ferramenta de caneta ou de forma. O texto pode ser inserido tanto na horizontal como na vertical. Veja como proceder:

1. Crie o demarcador ao qual o texto irá se moldar;
2. No painel **Ferramentas** selecione a ferramenta **Texto Horizontal** (T) ou **Texto Vertical** (↓T);
3. Em seguida, posicione o ponteiro do mouse sobre a borda do demarcador. A ferramenta terá seu formato alterado;

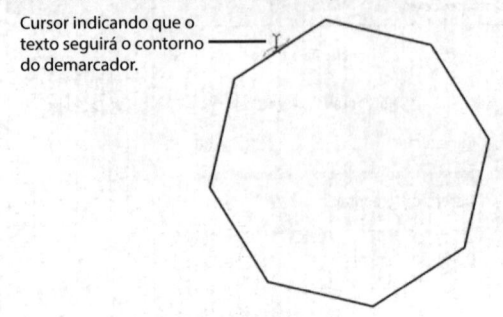

Cursor indicando que o texto seguirá o contorno do demarcador.

4. Clique e digite o texto normalmente;
5. Ao final da digitação clique sobre o botão de confirmação (✓) da barra de opções. 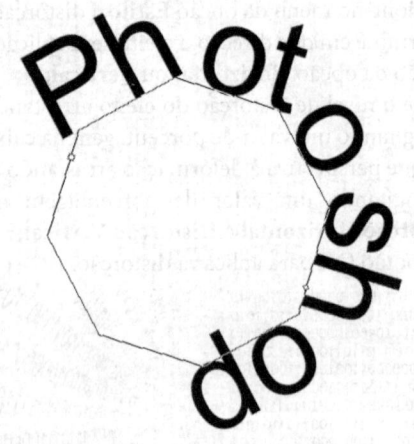

13.13. Automatização de Tarefas

Através do recurso **Ações**, o **Photoshop CS6** disponibiliza um conjunto de comandos com tarefas predefinidas que automatizam a execução de trabalhos repetitivos. Essas tarefas também podem ser personalizadas ou servir de base para a criação de novas ações.

13.13.1. Painel Ações

O painel **Ações** é responsável pelo armazenamento das ações disponíveis no **Photoshop CS6**. Através dele é possível gravar, reproduzir, editar ou excluir ações individualmente. Para exibir esse painel basta acessar o menu **Janela** e, em seguida, clicar na opção **Ações (Alt+F9)**.

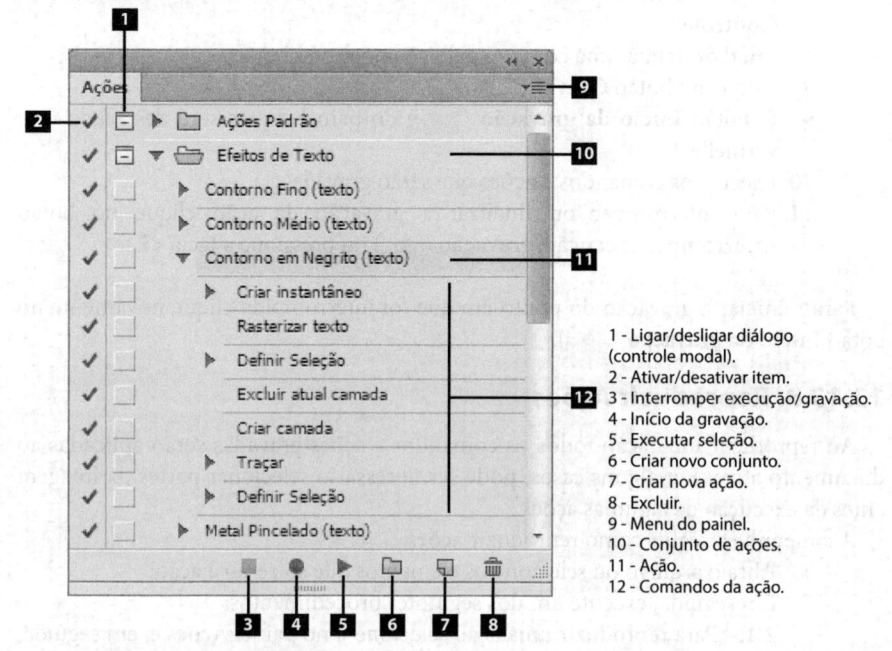

1 - Ligar/desligar diálogo (controle modal).
2 - Ativar/desativar item.
3 - Interromper execução/gravação.
4 - Início da gravação.
5 - Executar seleção.
6 - Criar novo conjunto.
7 - Criar nova ação.
8 - Excluir.
9 - Menu do painel.
10 - Conjunto de ações.
11 - Ação.
12 - Comandos da ação.

13.13.2. Gravar Ação

Ao criar uma nova **Ação**, os comandos e ferramentas utilizados são adicionados à ação até que a gravação seja finalizada. Como as ações poderão ser executadas em arquivos com tamanhos diferentes, recomenda-se definir as unidades de medida das réguas para porcentagem. Desse modo, a ação será aplicada de maneira proporcional, respeitando a posição relativa da imagem.
1. Crie um novo arquivo ou abra um arquivo existente;
2. Em seguida, clique no botão **Criar nova ação** ( ) no canto inferior do painel **Ações** ou acesse o menu do painel e clique em **Nova ação**;
3. A caixa de diálogo **Nova Ação** será exibida;

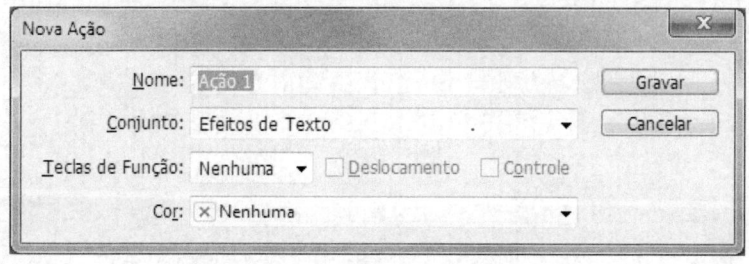

4. Em **Nome** adicione um nome para a nova ação;
5. Determine o grupo que a nova ação fará parte selecionando uma das opções do menu desdobrável **Conjunto**;
6. Em **Teclas de Função** atribua um atalho de teclado para a nova ação. Selecionando uma das teclas de função disponíveis é possível utilizar as teclas <Shift> e <Ctrl> ao marcar as caixas de seleção **Deslocamento** e **Controle**;
7. Em **Cor** defina uma cor para exibição no modo botão;
8. Clique no botão **Gravar**;
9. O botão **Início da gravação** (●) do painel **Ações** será destacado (em vermelho);
10. Execute os comandos e ações que serão gravadas;
11. Para interromper ou finalizar a gravação da ação clique no botão **Interromper execução/gravação** (■) ou pressione a tecla <Esc>.

Para reiniciar a gravação do ponto em que foi interrompida clique novamente no botão **Início da gravação** (●).

13.13.3. Reproduzir Ações

Ao reproduzir uma ação todos os comandos e ações gravadas serão aplicadas ao documento ativo. Em alguns casos, pode ser necessário selecionar partes da imagem antes da execução de algumas ações.

Acompanhe a seguir como reproduzir ações:
1. Abra o arquivo ou selecione os elementos que sofrerão a ação;
2. Em seguida, execute um dos seguintes procedimentos:
    2.1. Para reproduzir uma ação selecione-a no painel **Ações** e, em seguida, clique no botão **Executar seleção** (▶);
    2.2. Caso tenha sido atribuído um atalho de teclado para a ação pressione a combinação de teclas para que a ação seja executada automaticamente;
    2.3. Para reproduzir parte de uma ação selecione o comando a partir de onde a ação deve iniciar e clique em **Executar seleção** (▶);
    2.4. Para reproduzir um único comando da ação selecione-o, mantenha a tecla <Ctrl> pressionada e clique no botão **Executar seleção** (▶).

Anotações

Anotações

14
Adobe InDesign CS6

14.1. Criar Documento
    14.1.1.   Configurar Predefinições de um Novo Documento
    14.1.2.   Página-mestre
    14.1.3.   Pacote do Documento

14.2. Painel Páginas
    14.2.1.   Inserir Página
    14.2.2.   Mover Página
    14.2.3.   Excluir Página

14.3. Painel Camadas

14.4. Caixa de Texto
    14.4.1.   Inserir Caixa de Texto
    14.4.2.   Cantos Dinâmicos
    14.4.3.   Dividir Texto e Colunas
    14.4.4.   Fluxo de Texto Manual
    14.4.5.   Fluxo de Texto Automático
    14.4.6.   Localizar e Alterar Texto
    14.4.7.   Ancorar Objetos
    14.4.8.   Texto em Contorno

14.5. Correção Ortográfica

14.6. Exportar Textos

14.7. Alterando a Fonte
    14.7.1.   Localizando e Alterando Fontes Ausentes
    14.7.2.   Formatação de Caracteres
    14.7.3.   Kerning e Tracking

14.8. Formatação de Parágrafos
    14.8.1.   Alinhamento Vertical
    14.8.2.   Alinhamento Horizontal
    14.8.3.   Espaçamento Acima e Abaixo do Parágrafo
    14.8.4.   Hifenização
    14.8.5.   Capitulares
    14.8.6.   Quebra de Linhas
    14.8.7.   Contorno e Preenchimento do Texto
    14.8.8.   Aplicar Gradiente ao Texto
    14.8.9.   Aplicar Efeitos ao Texto
    14.8.10. Aplicar Imagem ao Texto
    14.8.11. Tabulação

14.9. Ferramenta Conta-Gotas

14.10. Criar Estilos Manualmente
    14.10.1. Estilos Marcadores e Numeração

- 14.10.2. Editar Estilos de Parágrafos e Caracteres
  - 14.10.3. Quebrar Vínculo entre Texto e Estilo
- **14.11. Tabelas**
  - 14.11.1. Painel Tabela
  - 14.11.2. Transformar Texto em Tabela
  - 14.11.3. Alterar Tamanho das Células, Linhas e Colunas
  - 14.11.4. Inserir Linhas e Colunas
  - 14.11.5. Aplicar Bordas à Tabela
  - 14.11.6. Aplicar Preenchimento à Tabela
  - 14.11.7. Excluir Tabela
- **14.12. Converter Forma**
- **14.13. Opções de Canto**
  - 14.13.1. Painel Traçado
  - 14.13.2. Adicionar Formas Iniciais e Finais
- **14.14. Painel Amostra**
  - 14.14.1. Criar uma Amostra de Cor
  - 14.14.2. Criar uma Amostra de Tinta Mista
- **14.15. Importar Imagens**
  - 14.15.1. Painel Vínculos
- **14.16. Inserir Legenda a Partir de Imagens**
- **14.17. Bloquear e Desbloquear Imagens**
- **14.18. Borda**
- **14.19. Efeitos**
- **14.20. Configurar Opacidade**
- **14.21. Criar uma Biblioteca de Objetos**
- **14.22. Numerar Páginas, Capítulos e Parágrafos do Livro**
- **14.23. Sumário**
  - 14.23.1. Criar um Sumário

14. Adobe InDesign CS6

O **Adobe InDesign CS6** é um software destinado ao desenvolvimento editorial. Com o **Adobe InDesign** é possível criar, editar, diagramar, visualizar e publicar trabalhos voltados para diferentes tipos de segmentos, como livros, revistas, cartazes, e-books, entre outros.

O **Adobe InDesign CS6** oferece uma gama de ferramentas que permite realizar trabalhos de alta qualidade sem perda de tempo. O programa é excelente para criar e adaptar layouts que se ajustam facilmente em qualquer tipo de mídia ou dispositivo.

14.1. Criar Documento

Para criar um documento é necessário definir qual o tipo que será criado e realizar configurações básicas.

Para criar um documento realize os procedimentos:
1. Abra o programa;
2. Na tela de boas-vindas do programa, no grupo **Criar novo** clique sobre o tipo de documento que deseja criar;

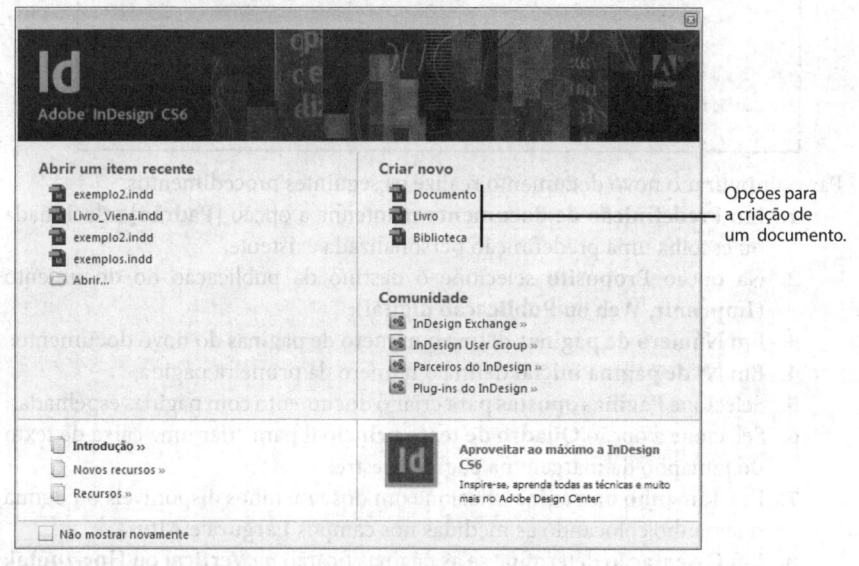

3. Será exibida a caixa de diálogo **Novo documento**.

14.1.1. Configurar Predefinições de um Novo Documento

Após criar um documento é de extrema importância fazer as suas configurações. Essas configurações são realizadas na caixa de diálogo **Novo documento**.

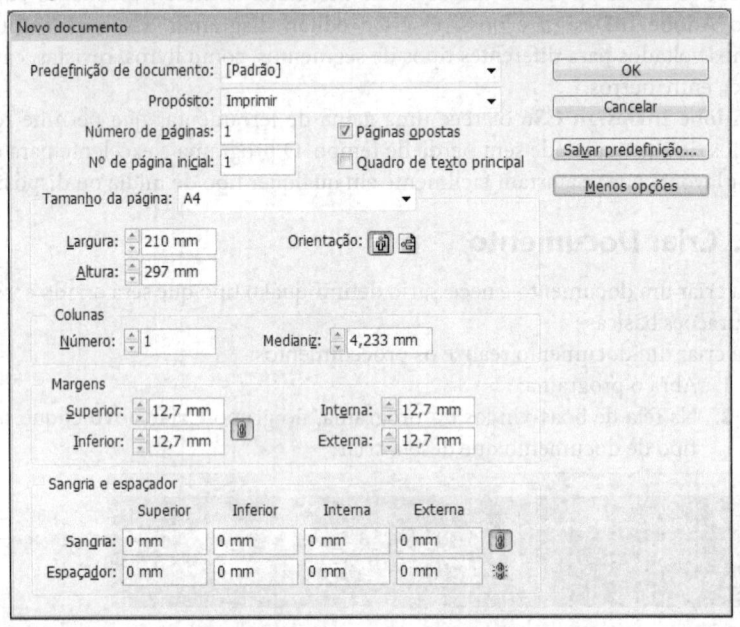

Para configurar o novo documento realize os seguintes procedimentos:
1. Em **Predefinição de documento** mantenha a opção [**Padrão**] selecionada ou escolha uma predefinição personalizada existente;
2. Na opção **Propósito** selecione o destino da publicação do documento (**Imprimir**, **Web** ou **Publicação digital**);
3. Em **Número de páginas** defina o número de páginas do novo documento;
4. Em **Nº de página inicial** defina o número da primeira página;
5. Selecione **Páginas opostas** para criar o documento com páginas espelhadas;
6. Selecione a opção **Quadro de texto principal** para criar uma caixa de texto do tamanho da margem na página-mestre;
7. Em **Tamanho da página** selecione um dos tamanhos disponíveis ou defina o tamanho colocando as medidas nos campos **Largura** e **Altura**;
8. Em **Orientação** determine se as páginas ficarão na **Vertical** ou **Horizontal**;
9. No grupo **Colunas**, na opção **Número** defina em quantas colunas a página será dividida e em **Medianiz** defina o espaçamento entre as colunas;
10. Em **Margens** defina as margens da página completando os campos **Superior**, **Inferior**, **Interna** e **Externa**;
11. Clique em **Mais opções** para visualizar mais opções de configuração;
12. No grupo **Sangria e espaçador**, no campo **Sangria** defina a sangria do documento, ou seja, o quanto o layout poderá ultrapassar os limites de corte da página e em **Espaçador** defina as medidas para as áreas de marcas personalizadas e informações de impressão;

13. Se desejar salvar as predefinições para poder utilizá-las em outro documento, clique em **Salvar predefinição**;
14. Será exibida a caixa de diálogo **Salvar predefinição**;

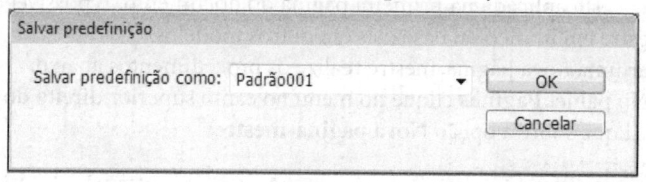

15. Digite um nome para a predefinição e clique em **OK** para salvá-la;
16. Clique em **OK** para criar o documento.

14.1.2. Página-mestre

Uma página-mestre é uma espécie de um plano de fundo com textos ou elementos que estarão presentes em várias páginas do documento. É possível aplicar diferentes tipos de páginas-mestre no mesmo documento.

O trabalho com página-mestre é vantajoso, pois além da economia de tempo e otimização do design, a atualização é muito simples, pois uma vez que a página-mestre for atualizada todas as páginas que a utilizam serão atualizadas automaticamente.

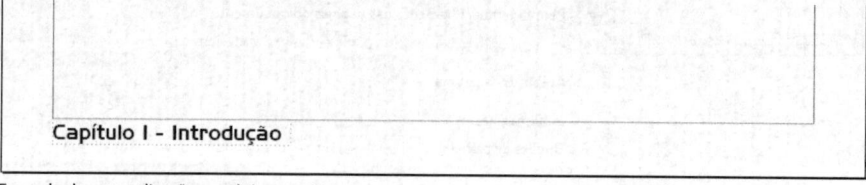

Capítulo I - Introdução

Exemplo de uma aplicação na página-mestre.

Para trabalhar com páginas-mestre utilize o painel **Páginas**, onde é possível criar, aplicar e visualizar as páginas-mestre criadas e utilizadas em uma página. Cada página-mestre pode ser identificada por um prefixo (A, B, C por exemplo), facilitando identificar qual página-mestre está aplicada em determinada página.

Para habilitar o painel **Páginas** clique no menu **Janela** e no menu exibido clique na opção **Páginas (F12)**.

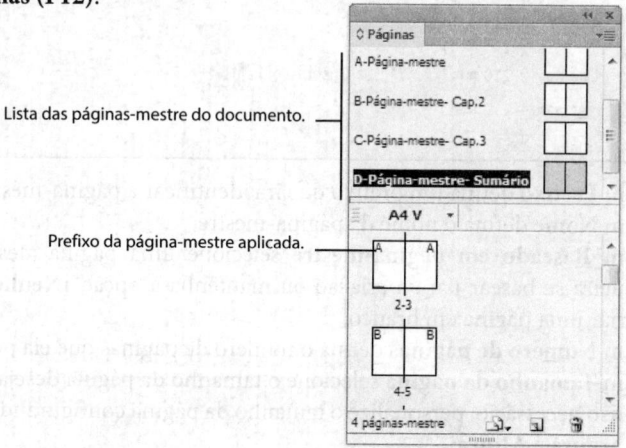

Lista das páginas-mestre do documento.

Prefixo da página-mestre aplicada.

14.1.2.1. Criar Página-mestre

Ao iniciar um novo documento, por padrão, ele apresenta uma página-mestre em branco que já está aplicada na primeira página do documento. É possível criar outras páginas-mestre em branco ou baseadas em outros modelos.

Para criar uma nova página-mestre realize os procedimentos abaixo:
1. No painel **Páginas** clique no menu no canto superior direito do painel;
2. Clique sobre a opção **Nova página-mestre**;

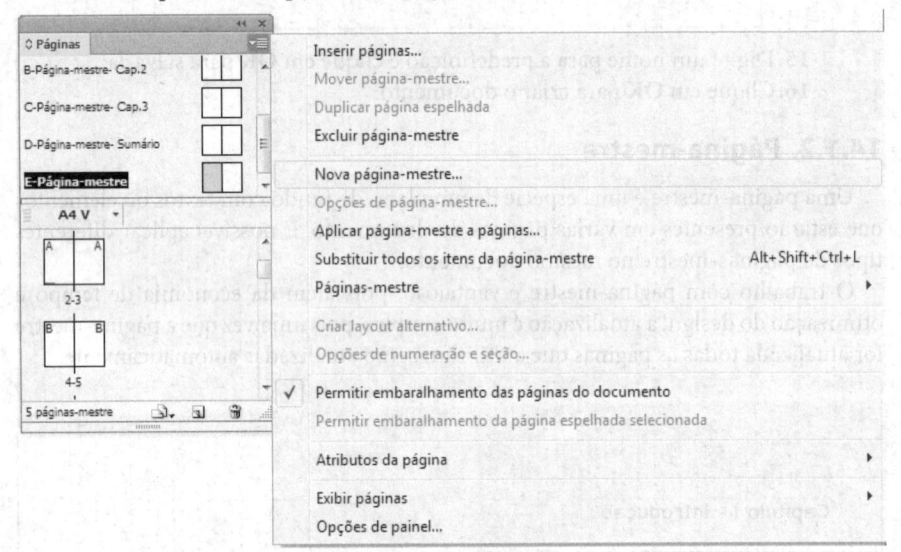

3. Será exibida a caixa de diálogo **Nova página-mestre**;

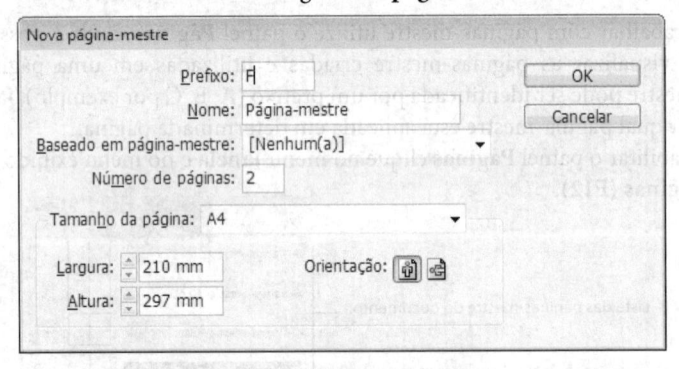

4. Em **Prefixo** defina um prefixo que irá identificar a página-mestre;
5. Em **Nome** defina o nome da página-mestre;
6. Em **Baseado em página-mestre** selecione uma página-mestre na qual queira se basear para a criação ou mantenha a opção [**Nenhum(a)**] para criar uma página em branco;
7. Em **Número de páginas** defina o número de páginas que ela possuirá;
8. Em **Tamanho da página** selecione o tamanho da página desejado;
9. Caso necessário, personalize o tamanho da página configurando os campos **Largura** e **Altura**;

14.1.3. Pacote do Documento

O recurso **Pacote do documento** cria uma pasta que reúne todos os componentes presentes no documento como fontes, imagens, entre outros arquivos. Organiza os arquivos em subpastas e gera um relatório contendo definições para impressão. Assim, o documento não terá problemas com vínculos e fontes ausentes.

Para criar um pacote do documento, realize os seguintes procedimentos:
1. Abra o documento do qual deseja criar o pacote;
2. Acesse o menu **Arquivo** e clique na opção **Pacote (Alt+Shift+Ctrl+P)**;
3. Será exibida a caixa de diálogo **Pacote**;

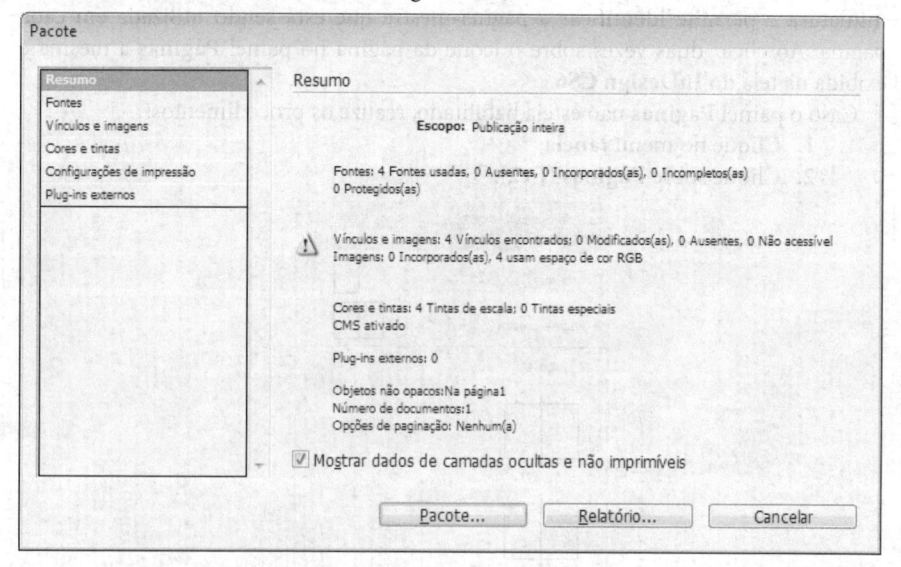

4. Clique no botão **Pacote**;
5. É exibida a caixa de diálogo **Instruções para impressão**. Preencha os campos desejados;
6. Clique em **Continuar**;
7. Será exibida a caixa de diálogo **Publicação de pacotes**. Defina o local onde o pacote será salvo;
8. No campo **Nome da pasta** defina o nome do pacote;
9. Marque as opções desejadas:
    - 9.1. **Copiar fontes (exceto CJK):** Para copiar todas as fontes utilizadas no documento exceto CJK (Chinese, Japanese & Korean);
    - 9.2. **Copiar gráficos vinculados:** Para copiar ilustrações e imagens vinculadas ao documento;
    - 9.3. **Atualizar vínculos gráficos no pacote:** Para atualizar os vínculos de imagens e ilustrações presentes no documento para o pacote;
    - 9.4. **Usar somente exceções de hifenização do documento:** Para que as configurações de hifenização sejam mantidas mesmo se o documento for aberto em um computador com outras configurações;

9.5. Incluir fontes e vínculos de conteúdo oculto e não imprimível: Copia conteúdos que não estejam disponíveis para impressão e arquivos ocultos;

9.6. Exibir relatório: Para criar um arquivo de texto com o relatório sobre o documento com instruções de impressão;

10. Clique em **Pacote** para finalizar.

14.2. Painel Páginas

O painel **Páginas** exibe todas as páginas presentes no documento em forma de miniatura e permite identificar a página-mestre que está sendo utilizada em cada página. Ao clicar duas vezes sobre o ícone da página no painel **Páginas** a mesma é exibida na tela do **InDesign CS6**.

Caso o painel **Páginas** não esteja habilitado, realize os procedimentos:
1. Clique no menu **Janela**;
2. Clique sobre **Páginas (F12)**.

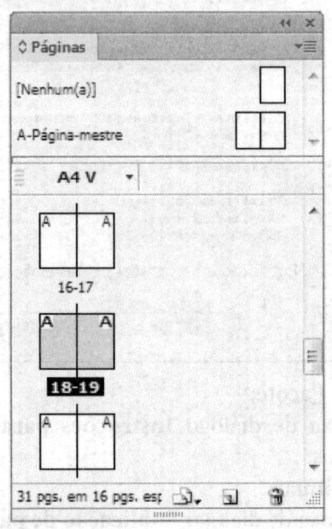

14.2.1. Inserir Página

A inserção de páginas no documento pode ser feita através do painel **Páginas**. Para inserir uma nova página realize os procedimentos a seguir:
1. No painel **Páginas** clique sobre a página que servirá como referência para a inserção de uma nova;
2. Clique no botão **Criar nova página** ( );
3. A página será inserida após a página selecionada.

Para inserir mais de uma página de uma só vez siga os passos abaixo:
1. No painel **Páginas** clique sobre a página que servirá como referência;

2. Clique com o botão direito do mouse sobre a página selecionada e no menu de contexto exibido clique sobre a opção **Inserir páginas**;

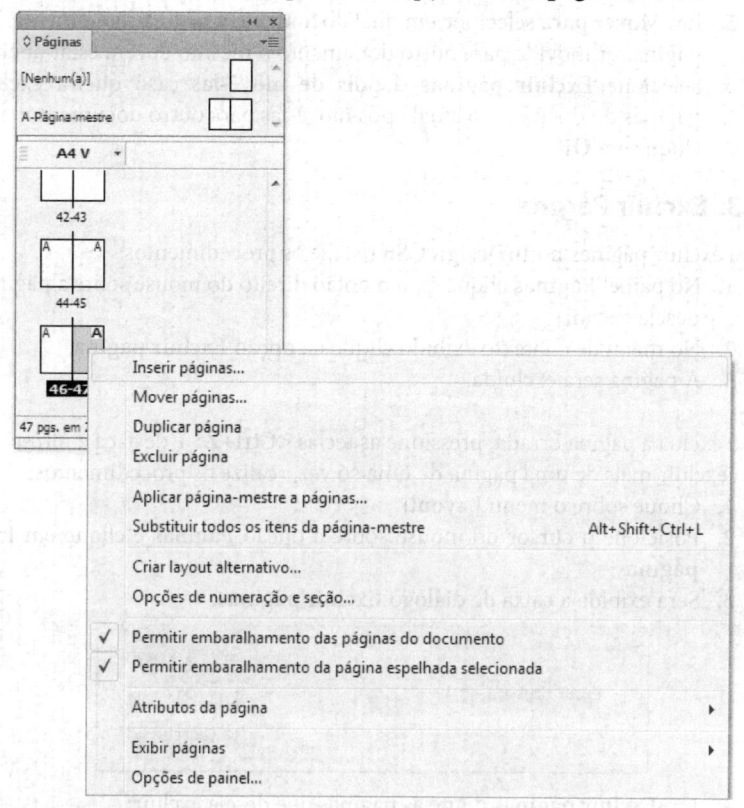

3. Será exibida a caixa de diálogo **Inserir páginas**;
4. Em **Páginas** digite a quantidade de páginas que serão inseridas;
5. Em **Inserir** defina o local em que a página será inserida;
6. Em **Página-mestre** defina qual página-mestre será aplicada às novas páginas inseridas;
7. Clique em **OK** para confirmar a inserção.

14.2.2. Mover Página

No **InDesign CS6** é possível mover as páginas dentro do documento para reordená-las ou mover para outros documentos. Veja como fazer essa ação:
1. Clique com o botão direito do mouse sobre a página que será movimentada e clique sobre a opção **Mover páginas**;
2. Será exibida a caixa de diálogo **Mover páginas**;

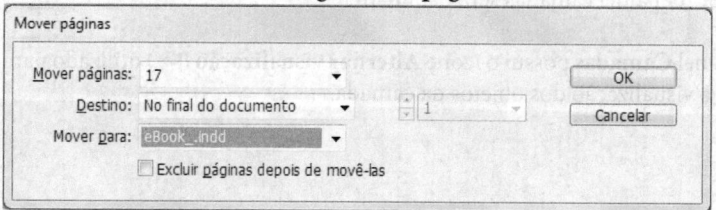

3. Em **Mover páginas** selecione quais páginas serão movidas;
4. Em **Destino** defina o local para onde a página deverá ser movida;
5. Em **Mover para** selecione em qual documento a página será movida. Para a página ser movida para outro documento o mesmo deverá estar aberto;
6. Selecione **Excluir páginas depois de movê-las** caso queira excluir as páginas do documento atual após movê-las para outro documento;
7. Clique em **OK**.

14.2.3. Excluir Página

Para excluir páginas no **InDesign CS6** realize os procedimentos:
1. No painel **Páginas** clique com o botão direito do mouse sobre a página que deseja excluir;
2. No menu de contexto exibido clique na opção **Excluir página**;
3. A página será excluída.

Caso exclua a página errada, pressione as teclas <**Ctrl+Z**> e desfaça a última ação. Para excluir mais de uma página de uma só vez, realize os procedimentos:
1. Clique sobre o menu **Layout**;
2. Posicione o cursor do mouse sobre a opção **Páginas** e clique em **Excluir páginas**;
3. Será exibida a caixa de diálogo **Excluir páginas**;

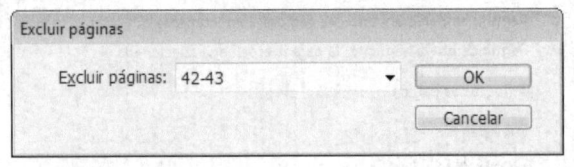

4. Em **Excluir páginas** digite as páginas que deseja excluir;
5. Clique em **OK** para finalizar.

14.3. Painel Camadas

O painel **Camadas** do **InDesign CS6** exibe todas as camadas do documento. As camadas são importantes quando o documento apresenta muitos elementos, como imagens, caixas de texto e fotos, pois facilita a organização do documento.

Antes de fazer qualquer edição no documento clique sobre a camada correspondente ao elemento. Ao selecionar a camada, ela exibirá um ícone de caneta ( ) indicando que aquela camada está habilitada para a edição.

Caso o painel camadas não esteja habilitado faça os procedimentos para exibi-lo:
1. Clique no menu **Janela**;
2. Clique sobre a opção **Camadas (F7)**;
3. O painel camadas será habilitado.

O painel **Camadas** possui o ícone **Alternar visualização** ( ) utilizado para ocultar e exibir a visualização dos objetos da camada.

14.4. Caixa de Texto

A caixa de texto é essencial para a inserção de texto no documento podendo ser redimensionada e posicionada para melhor se adaptar às necessidades do documento. A caixa de texto também suporta a inserção de outros elementos, como imagens, tabelas, entre outros.

Para alterar a caixa de texto é necessário selecioná-la com a ferramenta **Seleção (V)** ( ) e clicar sobre a mesma. Após selecionar a caixa serão exibidas suas alças de redimensionamento. Altere seu tamanho clicando e arrastando as alças.

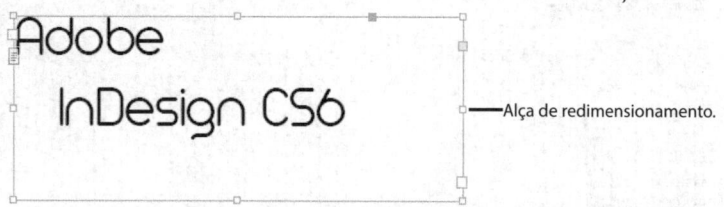

Alça de redimensionamento.

Caso o texto inserido na caixa seja maior do que o tamanho dela será exibido um sinal de adição (+) indicando que há texto excedente na caixa.

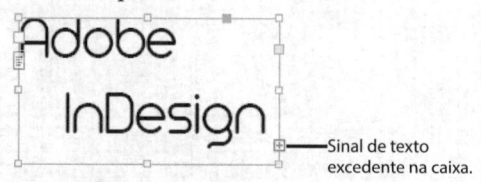

Sinal de texto excedente na caixa.

Para resolver o problema de texto excedente redimensione aumentando a caixa ou clique sobre o símbolo de texto excedente e clique em outro local. Será criada uma nova caixa de texto com o texto que estava oculto.

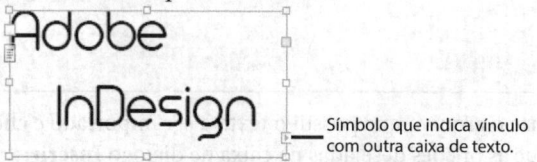

Símbolo que indica vínculo com outra caixa de texto.

Para mover uma caixa de texto basta selecionar a caixa com a ferramenta **Seleção (V)** ( ), clicar dentro da caixa e arrastá-la até o local desejado.

14.4.1. Inserir Caixa de Texto

O processo para inserir uma caixa de texto no documento é simples:
1. No painel **Ferramentas** clique na ferramenta **Tipo (T)** (T);
2. Clique na página e arraste o mouse até o local desejado para marcar o tamanho da caixa de texto.

14.4.1.1. Encadear Caixas de Texto

O encadeamento de caixas de texto é utilizado quando o documento possui várias páginas e o texto deve correr entre elas. Caso as caixas de texto estejam encadeadas, toda vez que houver uma alteração no texto, todos os elementos contidos na caixa são movidos entre as páginas, de forma automática.

14.4.1.2. Importar Texto

O recurso de importação de texto é o meio mais viável para a transferência de textos muito extensos como livros, por exemplo.

Para importar um texto realize os procedimentos:
1. Clique no menu **Arquivo** e, em seguida, clique na opção **Inserir (Ctrl+D)**;
2. Será exibida a caixa de diálogo **Inserir**;

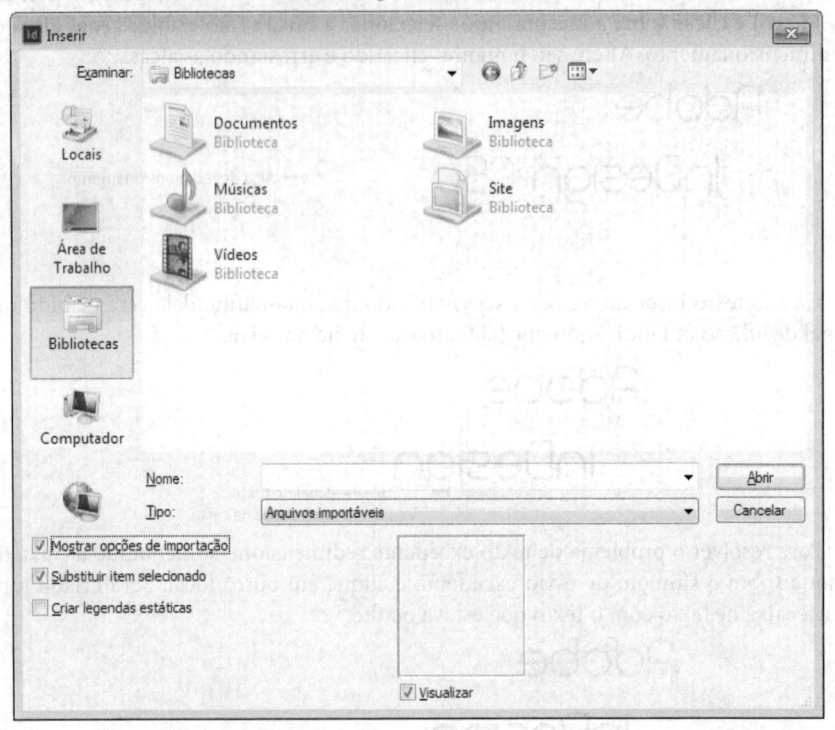

3. Localize o arquivo que possui o texto a ser importado e clique sobre ele;
4. Marque as opções desejadas na caixa de diálogo **Inserir**:
    4.1. **Mostrar opções de importação:** Esta opção abre a caixa de diálogo **Opções de importação** e mostra mais opções para importação;
    4.2. **Substituir item selecionado:** Marque esta opção para que o texto importado substitua o texto selecionado no **InDesign**;
    4.3. **Criar legendas estáticas:** Opção que serve para que seja criada uma caixa de texto com o nome do documento servindo como legenda;
5. Clique em **Abrir**;

6. Caso tenha marcado a opção **Mostrar opções de importação** será exibida a caixa de diálogo **Opções de importação**;

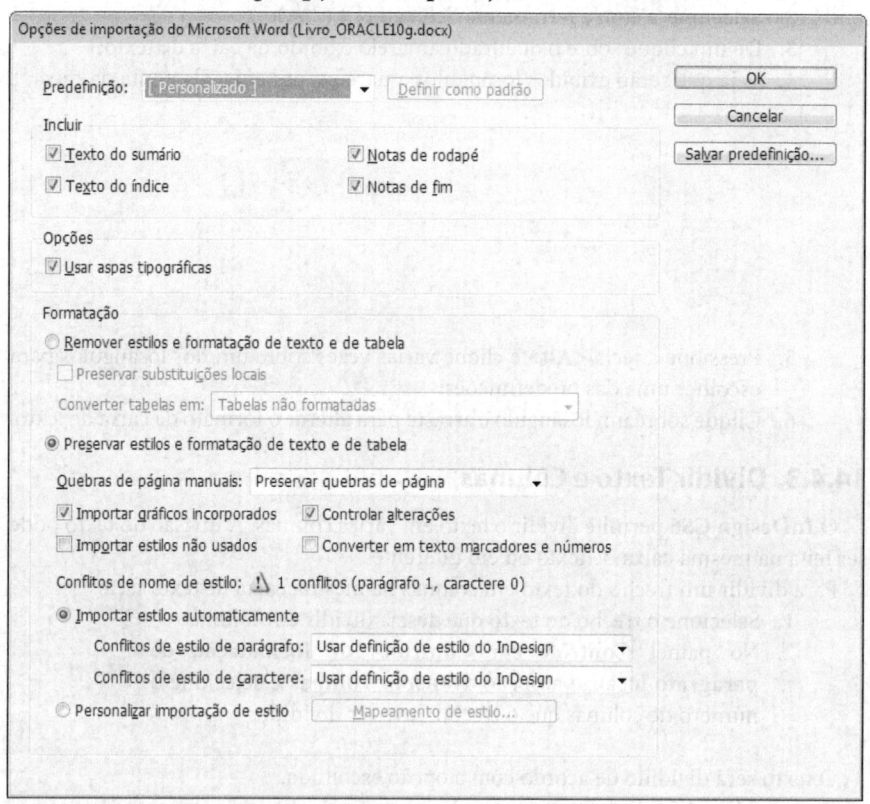

7. Marque as opções desejadas para a importação;
8. Clique em **OK**;
9. O documento será carregado e o mouse mudará de formato. Nesse momento o mouse estará com o texto importado. Clique no local onde deseja colocar o texto importado.

O texto será importado com sucesso para o **InDesign CS6**.

14.4.2. Cantos Dinâmicos

Os efeitos de cantos dinâmicos tornam as caixas de textos diferenciadas. Veja alguns exemplos:

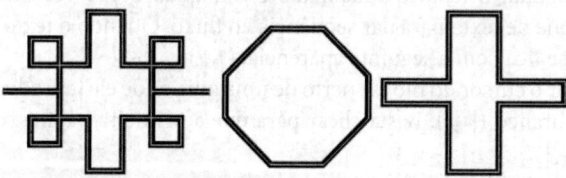

Veja que as bordas das caixas de texto não aparecem no documento final, portanto, é necessário aumentar seu traçado e atribuir uma cor a elas.

Para aplicar o efeito de cantos dinâmicos realize os procedimentos:
1. Crie uma caixa de texto;
2. Selecione-a com a ferramenta **Seleção (V)** ( );
3. Dê um clique sobre o quadrado amarelo exibido na caixa de texto;
4. Veja que serão exibidos losângulos amarelos, um em cada ponta da caixa;

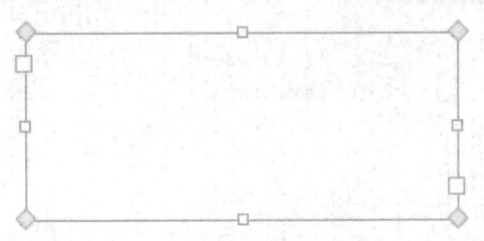

5. Pressione a tecla <**Alt**> e clique várias vezes sobre um dos losângulos para escolher uma das predefinições;
6. Clique sobre um losângulo e arraste para alterar o formato da caixa de texto.

14.4.3. Dividir Texto e Colunas

O **InDesign CS6** permite dividir o texto em várias colunas. A divisão do texto pode ser feita na mesma caixa de texto ou em diferentes.

Para dividir um trecho do texto em colunas na mesma caixa de texto faça:
1. Selecione o trecho do texto que deseja dividir em colunas;
2. No painel **Controle** em **Controles de formatação de parágrafo** localize a opção **Transpor colunas** e selecione o número de colunas que o trecho deve ser dividido.

O texto será dividido de acordo com a opção escolhida.

Para dividir o texto e definir a distância entre as colunas realize os procedimentos:
1. Selecione a parte do texto que deseja dividir;
2. No painel **Controle**, em **Controles de formatação de parágrafo** localize a opção **Número de colunas** e defina o número de colunas;

3. Logo abaixo, no campo **Medianiz** defina a distância entre as colunas.

14.4.4. Fluxo de Texto Manual

No modo manual o texto é adicionado a um quadro por vez sendo necessário recarregar o ícone de texto para dar sequência ao fluxo. Quando o texto é carregado, o cursor do mouse fica com a seguinte aparência: ( ).

Ao posicionar o cursor do mouse perto de uma guia onde ele terá aderência o cursor preto torna-se branco ( ). Basta clicar para que a primeira página seja inserida ao documento.

14.4.5. Fluxo de Texto Automático

O modo automático insere todas as páginas com apenas um clique. Nesse modo utiliza-se a tecla <Shift> como auxílio. O cursor do mouse carregado com texto fica com a seguinte aparência: ( ). Clique e as páginas serão incorporadas ao documento.

14.4.6. Localizar e Alterar Texto

O **InDesign CS6** oferece o recurso **Localizar e Alterar Texto**. Esse recurso localiza o termo informado, exibe todos os locais onde aparece no documento e permite a substituição do termo encontrado por um novo. É possível substituir todos os termos encontrados ou um de cada vez.

Para utilizar esse recurso realize os procedimentos:
1. Acesse o menu **Editar** e clique sobre a opção **Localizar/Alterar (Ctrl+F)**;
2. A caixa de diálogo **Localizar/Alterar** será exibida;

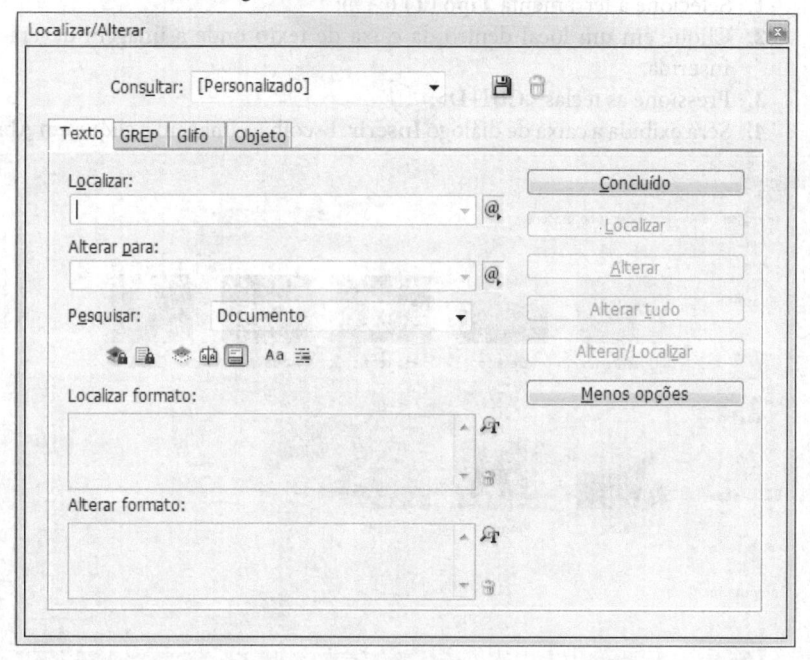

3. No campo **Localizar** digite o termo que deseja encontrar;
4. Em **Pesquisar** defina onde será feita a busca e os critérios para a localização;
5. Clique no botão **Localizar**;
6. Quando localizado, o termo é exibido de forma destacada no texto;
7. Em **Alterar para** digite o termo que será o substituto do termo localizado;
8. Para substituir clique no botão **Alterar**;
9. Para localizar a próxima ocorrência do termo clique em **Localizar próximo**;
10. Para alterar tudo de uma vez clique em **Alterar tudo**;
11. Clique em **Concluído** para fechar a caixa de diálogo **Localizar/Alterar**.

14.4.7. Ancorar Objetos

Esses objetos podem ser ancorados junto ao texto, ou seja, configurados para que acompanhe o fluxo do texto e mantenha seu posicionamento em relação ao mesmo.
É possível criar objetos ancorados das seguintes formas:
- **Incorporado:** Este modo alinha o objeto ancorado à linha base do ponto de inserção.
- **Acima da linha:** Insere o objeto acima da linha e ainda oferece as seguintes opções de alinhamento: **Esquerda**, **Centro**, **Direita**, **Direção da lombada**, **Direção oposta à lombada** e **Alinhamento de texto**.
- **Personalizar:** Coloca o objeto no local definido pelo usuário, dentro ou fora da caixa.

Para ancorar um objeto, realize os procedimentos:
1. Selecione a ferramenta **Tipo (T)** (T);
2. Clique em um local dentro da caixa de texto onde a imagem deverá ser inserida;
3. Pressione as teclas <**Ctrl+D**>;
4. Será exibida a caixa de diálogo **Inserir**. Escolha a imagem e clique em **Abrir**;

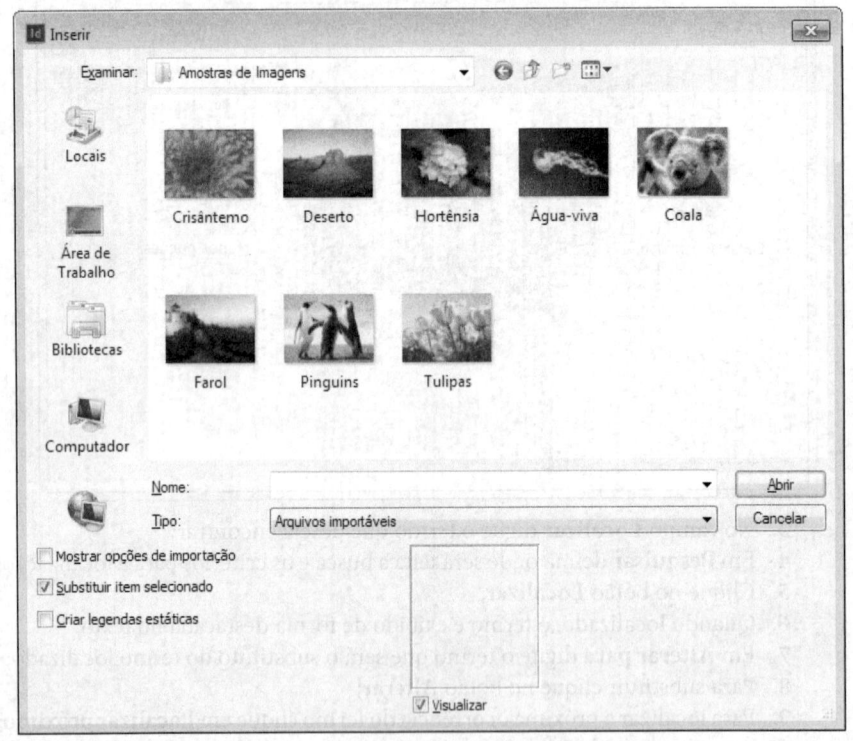

5. Com a imagem inserida clique sobre a ferramenta **Seleção (V)** (▶);
6. Clique sobre a imagem para selecioná-la. Verifique se a imagem contém o ícone de uma âncora (⚓) do lado superior direito.

14.4.7.1. Editar e Ajustar um Objeto Ancorado

Apenas ancorar a imagem no documento não é o suficiente é preciso ajustá-la de acordo com a necessidade do documento.

Para ajustar o posicionamento de um objeto ancorado, realize os procedimentos:
1. Clique sobre a ferramenta **Seleção (V)** ( );
2. Selecione a imagem ancorada;
3. Clique com o botão direito do mouse sobre a imagem;
4. No menu de contexto exibido, posicione o cursor do mouse sobre a opção **Objeto ancorado** e clique em **Opções**;
5. Será exibida a caixa de diálogo **Opções de objeto ancorado**;

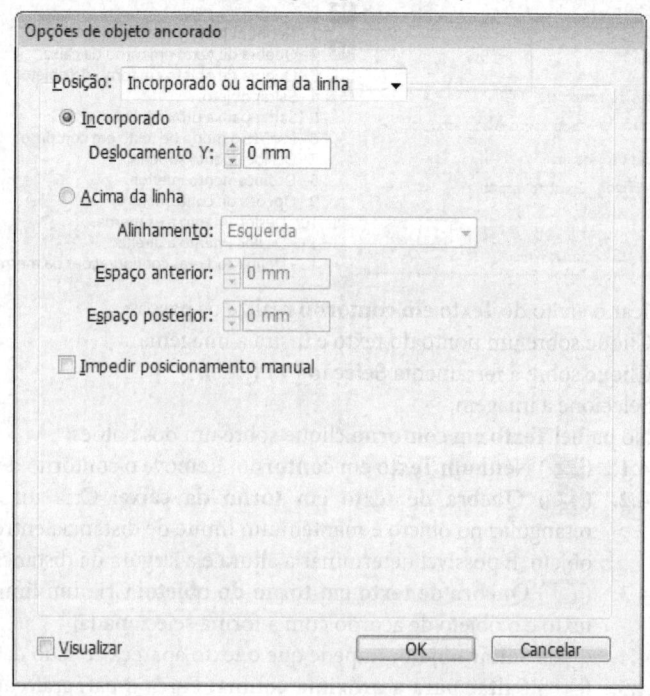

6. Em **Posição** defina se a posição será **Incorporada ou acima da linha** ou **Personalizada**;
7. Defina as medidas desejadas;
8. Para visualizar o resultado enquanto ajusta o objeto marque a opção **Visualizar**;
9. Clique em **OK** para finalizar e aplicar as configurações de ancoragem.

14.4.8. Texto em Contorno

Na interação texto e objeto é possível definir o texto para ser o contorno de um objeto. Para habilitar o painel **Texto em contorno** clique no menu **Janela** e clique sobre **Texto em contorno (Alt+Ctrl+ W)**.

Veja a seguir uma breve descrição das opções desse painel:

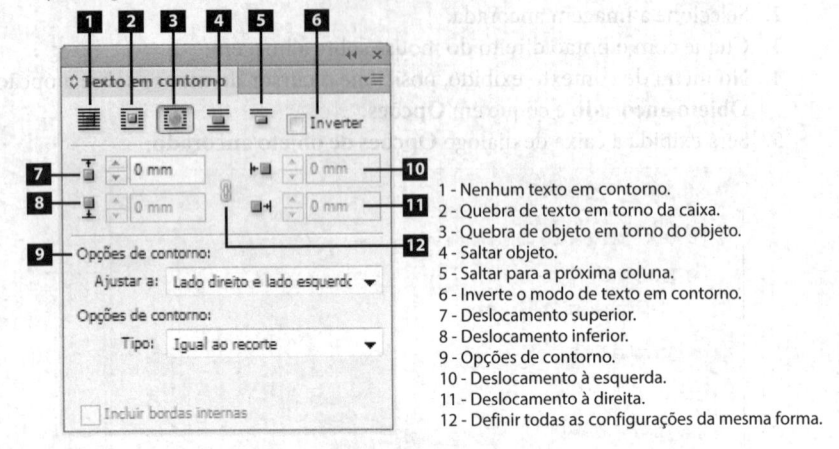

1 - Nenhum texto em contorno.
2 - Quebra de texto em torno da caixa.
3 - Quebra de objeto em torno do objeto.
4 - Saltar objeto.
5 - Saltar para a próxima coluna.
6 - Inverte o modo de texto em contorno.
7 - Deslocamento superior.
8 - Deslocamento inferior.
9 - Opções de contorno.
10 - Deslocamento à esquerda.
11 - Deslocamento à direita.
12 - Definir todas as configurações da mesma forma.

Para aplicar o efeito de **Texto em contorno** realize os passos:
1. Clique sobre um ponto do texto e insira a imagem;
2. Clique sobre a ferramenta **Seleção (V)** ( );
3. Selecione a imagem;
4. No painel **Texto em contorno** clique sobre um dos botões;
   - 4.1. ( ) **Nenhum Texto em contorno:** Remove o contorno de texto;
   - 4.2. ( ) **Quebra de texto em torno da caixa:** Cria um contorno retangular no objeto e mantém um limite de distância entre o texto e objeto. É possível determinar a altura e a largura da distância;
   - 4.3. ( ) **Quebra de texto em torno do objeto:** Cria um limite entre o texto e o objeto de acordo com a forma selecionada;
   - 4.4. ( ) **Saltar objeto:** Impede que o texto apareça ao lado da imagem;
   - 4.5. ( ) **Saltar para a próxima coluna:** Força o parágrafo adjacente a passar para a próxima coluna.

14.4.8.1. Ajustar o Contorno ao Objeto

Após aplicar o **Texto em contorno** é necessário realizar ajustes, veja como:
1. Com o contorno aplicado ao objeto realize um dos procedimentos:
   - 1.1. Caso tenha aplicado o contorno ( ) **Quebra de texto em torno da caixa** insira valores nos campos **Deslocamento superior**, **Deslocamento inferior**, **Deslocamento à esquerda** e **Deslocamento à direita**. Em **Opções de contorno**, no campo **Ajustar a** defina o local de definição do contorno;
   - 1.2. Quando aplicar o contorno ( ) **Quebra de texto em torno do objeto** insira o valor no campo **Deslocamento superior.** Já em **Opções de contorno**, em **Ajustar a** defina o local de ajustamento do contorno. Em **Opções de contorno**, na opção **Tipo** defina um contorno;

- **1.3.** Caso tenha aplicado o contorno (▣) **Saltar objeto** insira valores nos campos **Deslocamento superior**, **Deslocamento inferior**, **Deslocamento à esquerda** e **Deslocamento à direita**;
- **1.4.** Quando aplicar o contorno (▣) **Saltar para a próxima coluna** insira valores nos campos **Deslocamento superior**, **Deslocamento inferior**, **Deslocamento à esquerda** e **Deslocamento à direita**;
2. Se desejar que todas as medidas sejam iguais marque a opção **Definir todas as configurações da mesma forma** (⌘).

14.4.8.2. Traço

Em relação ao traço é possível alterar seu caminho deixando-o com curvas. Para isso, realize os procedimentos:
1. Selecione a ferramenta **Linha** (Ç) (╱) e crie um traço;
2. Após criar o traço clique na ferramenta **Adicionar ponto âncora** (=) (✒) e clique em alguns pontos da linha para adicionar pontos âncoras;
3. Após criar pontos âncoras clique na ferramenta **Converter ponto de direção** (Shift+C) (◣) e clique sobre os pontos âncoras criados manipulando-os para dar desenvolver curvas;
4. Para escrever sobre uma linha em curva clique sobre a ferramenta **Tipo** no **traçado (Shift+T)** (✎).

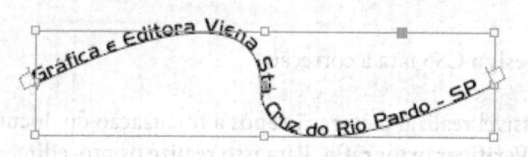

Para tirar o traço do texto basta selecionar a caixa de texto do traço. No painel **Controle** localize **Traçado**, clique sobre ele e escolha a opção **Nenhuma**.

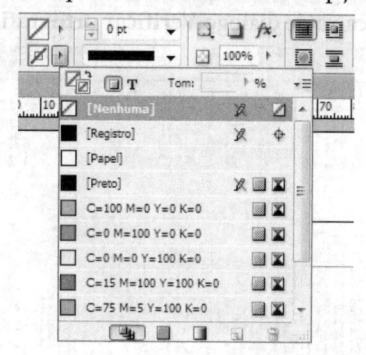

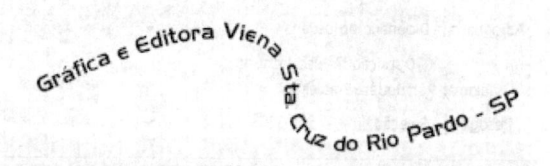

14.5. Correção Ortográfica

A verificação ortográfica pode ocorrer no momento da digitação do texto ou ao término. Para aplicar a correção ortográfica realize os procedimentos:
1. Caso tenha ativado a correção ortográfica dinâmica clique com o botão direito do mouse sobre a palavra sublinhada no texto;
2. Será exibida uma lista com sugestões de palavras que mais se adéquam a palavra incorreta. Clique sobre a palavra correta;

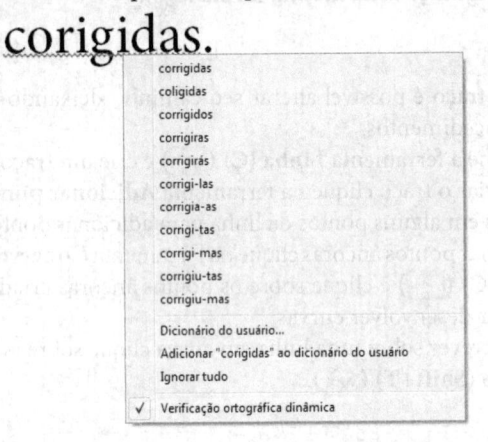

3. O **InDesign CS6** fará a correção.

Também é possível realizar a correção após a finalização do documento através da caixa de diálogo **Verificar ortografia**. Para isso realize os procedimentos:
1. Clique no menu **Editar**, posicione o cursor do mouse sobre a opção **Verificação ortográfica** e clique em **Verificar ortografia (Ctrl+I)**;
2. Será exibida a caixa de diálogo **Verificar ortografia**;

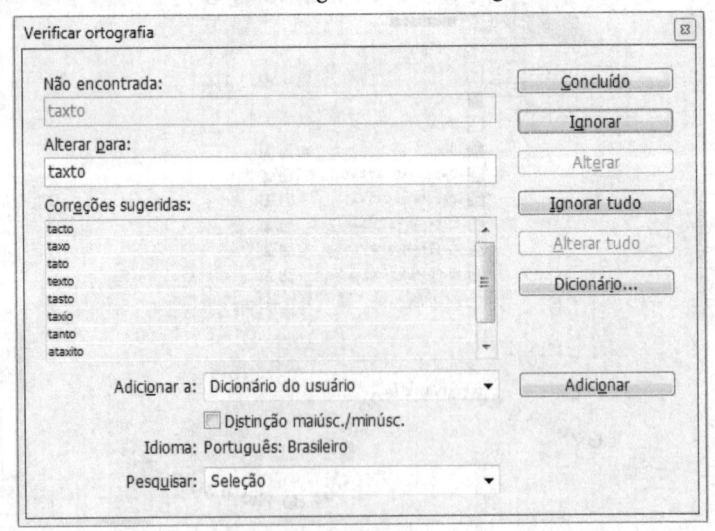

3. Na caixa de diálogo realize as seguintes ações:
   3.1. Caso o **InDesign CS6** encontre alguma palavra que não está presente no dicionário ela será exibida no campo **Alterar para**;
   3.2. Caso queira manter a palavra da mesma forma clique em **Ignorar**;
   3.3. Em **Correções sugeridas** é exibida uma lista com palavras que podem substituir a palavra errada. Clique sobre a palavra correta;
   3.4. Clique em **Alterar** para alterar apenas uma palavra de cada vez ou clique em **Alterar tudo** para alterar todas de uma só vez;
4. Clique em **Concluído**.

14.6. Exportar Textos

No **InDesign CS6** é possível exportar um texto inteiro ou somente parte dele. O texto exportado pode ser utilizado em outros programas desde que tenha os formatos adequados. Dependendo do programa onde o texto exportado será utilizado, ele consegue manter algumas formatações.

Para exportar um texto que esteja no documento do **InDesign CS6**, realize os procedimentos a seguir:
1. Com a ferramenta **Tipo (T)** (T) clique no texto que deverá ser exportado;
2. Clique no menu **Arquivo** e selecione a opção **Exportar (Ctrl+E)**;
3. Será exibida a caixa de diálogo **Exportar**. Escolha um local para salvá-lo;
4. No campo **Nome** digite um nome para o arquivo que será exportado;
5. Em **Tipo** selecione o formato do arquivo exportado;
6. Clique em **Salvar**;
7. Será exibida a caixa de **Opções de exportação** referente ao formato que escolheu. Realize as configurações desejadas;
8. Clique em **OK**.

14.7. Alterando a Fonte

As fontes podem ser alteradas de maneira fácil. Para alterar a fonte de um texto realize os procedimentos:
1. Selecione a ferramenta **Tipo (T)** (T);
2. Selecione o texto que deseja alterar a fonte;
3. Na primeira caixa do painel **Controle** clique sobre a caixa de listagem e clique sobre uma das opções de fontes disponíveis;
4. Para aplicar um estilo à fonte clique na caixa de listagem abaixo da caixa da fonte e clique sobre um estilo;

   [A] Minion Pro — Fontes.
   ¶   Italic — Estilos da fonte.

5. Para alterar o tamanho da fonte clique na caixa de listagem **Tamanho da fonte** e escolha um tamanho ou digite um tamanho;
6. Para definir a distância de uma linha a outra utilize a caixa de listagem **Entrelinha** para inserir um valor;

   T 30 pt — Tamanho da fonte.
   A/IA (36 pt) — Entrelinha.

7. Clique fora do texto para retirar a seleção.

14.7.1. Localizando e Alterando Fontes Ausentes

Ao abrir um projeto, o **InDesign CS6** faz a checagem de todas as fontes utilizadas no documento. Caso o projeto aberto possua fontes não presentes no computador, será mostrada uma mensagem de fontes ausentes.

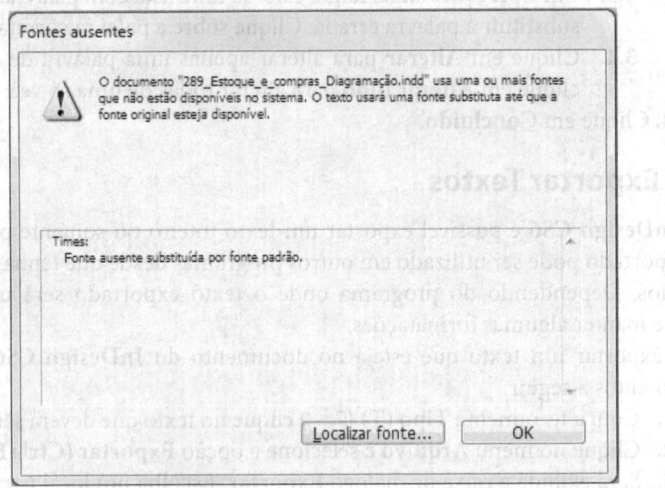

Neste caso o **InDesign CS6** altera a fonte ausente por uma fonte padrão instalada no computador. É possível localizar a fonte e substituí-la da seguinte maneira:
1. Na caixa de diálogo **Fontes ausentes** clique no botão **Localizar fonte**;
2. Será exibida a caixa de diálogo **Localizar fonte** e a fonte que está ausente aparece com um ícone de exclamação;

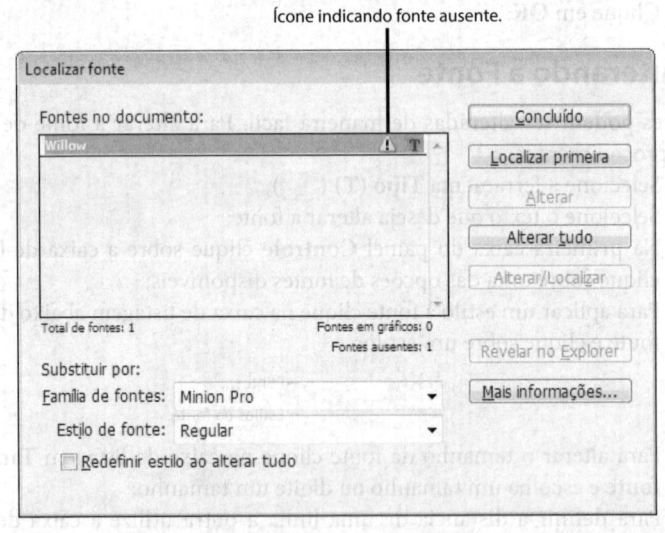

3. Clique sobre a fonte ausente para selecioná-la e clique em **Localizar primeira** para o programa localizar o texto que utiliza a fonte ausente;
4. Na seção **Substituir por**, no campo **Família de fontes** escolha uma fonte que irá substituir a fonte ausente;

5. Em **Estilo de fonte** escolha o estilo que será aplicado a fonte;
6. Se desejar marque a opção **Redefinir estilo ao alterar tudo**;
7. Clique em **Alterar** para substituir apenas a fonte ausente selecionada;
8. Clique em **Alterar tudo** para substituir todas as fontes ausentes;
9. Clique em **Alterar/Localizar** para alterar a ocorrência atual e localizar a próxima;
10. Após terminar a verificação clique em **Concluído**.

14.7.2. Formatação de Caracteres

A formatação dos caracteres pode ser realizada em uma área do painel **Controle** e também no painel **Caractere**. Para habilitá-lo clique no menu **Janela**, posicione o cursor do mouse sobre **Tipo e tabelas** e clique em **Caractere (Ctrl+T)**.

Veja as ferramentas do painel **Caractere**:

1 - Tamanho da fonte.
2 - Kerning.
3 - Escala vertical.
4 - Deslocamento da linha de base.
5 - Menu do painel.
6 - Família de fonte.
7 - Estilo da fonte.
8 - Entrelinha.
9 - Tracking.
10 - Escala horizontal.
11 - Inclinado.
12 - Idioma.

Para formatar caracteres utilizando o painel **Caractere** realize os procedimentos:
1. Selecione os caracteres que deseja aplicar formatação;
2. No painel **Caractere** faça as alterações desejadas.

14.7.3. Kerning e Tracking

O **Kerning** é o recurso que permite aumentar ou diminuir o espaçamento entre alguns caracteres específicos.

S oberano

Letra S com um espaçamento maior que os demais caracteres.

Para alterar as configurações de kerning realize os procedimentos:
1. Com a ferramenta **Tipo (T)** (T) clique entre os caracteres que terão o kerning alterado;
2. No painel **Caractere** selecione ou digite um valor no campo **Kerning**;
3. Pressione a tecla <Enter>.

O **Tracking** é o recurso que permite aumentar ou diminuir o espaço entre os caracteres de maneira uniforme.

Soberano

Os caracteres estão com espaçamento diminuído e uniforme.

Para aplicar o tracking realize os procedimentos:
1. Com a ferramenta **Tipo (T)** (T) selecione a palavra que o tracking será alterado;
2. No painel **Caractere** selecione ou digite um valor no campo **Tracking**;
3. Pressione a tecla <**Enter**>.

14.8. Formatação de Parágrafos

É possível aplicar as formatações através do painel **Controle** e do painel **Parágrafo**. Ambos possuem recursos de posicionamento, tabulações, espaçamento, entre outros.

Para habilitar o painel **Parágrafo** realize os procedimentos:
1. Clique no menu **Janela**;
2. Posicione o cursor do mouse sobre **Tipo e tabelas** e clique na opção **Parágrafo (Alt+Ctrl+T)**.

Veja as opções do painel **Parágrafo**:

1 - Opções de alinhamento.
2 - Recuo à esquerda.
3 - Recuo à esquerda da primeira linha.
4 - Espaço anterior.
5 - Número de linhas da capitular.
6 - Hifenizar.
7 - Menu do painel.
8 - Recuo à direita.
9 - Recuo à direita na última linha.
10 - Espaço posterior.
11 - Capitular com um ou mais caracteres.
12 - Alinhar à grade da linha de base.
13 - Não alinhar à grade da linha de base.

Para utilizar os recursos citados deve-se selecionar o texto com a ferramenta **Tipo (T)** (T), clicar e digitar os valores nos campos de formatação no painel **Parágrafo**.

14.8.1. Alinhamento Vertical

É possível realizar o alinhamento do texto no eixo vertical da caixa de texto para que o mesmo fique distribuído de forma uniforme.

Para alinhar o texto verticalmente realize os procedimentos:
1. Clique sobre a ferramenta **Tipo (T)** (T);
2. Selecione o parágrafo de texto que será alinhado;
3. Clique no menu **Objeto** e clique sobre **Opções do quadro de texto (Ctrl+B)**;
4. Será exibida a caixa de diálogo **Opções do quadro de texto**;

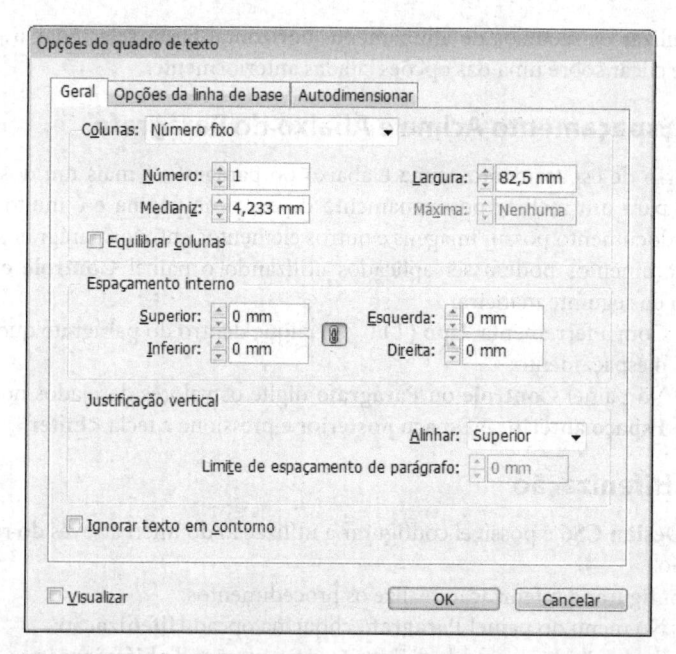

5. Na seção **Justificação vertical**, no campo **Alinhar** escolha uma das opções:
   5.1. **Superior** alinha o texto na parte de cima da caixa de texto;
   5.2. **Centro** alinha o texto selecionado na parte central da caixa de texto;
   5.3. **Inferior** alinha o texto selecionado na parte inferior na caixa de texto;
   5.4. **Justificar** para justificar o texto de maneira que ocupe todo o espaço da caixa de texto.

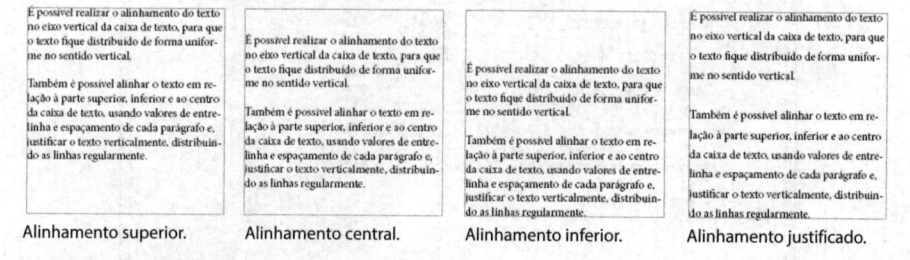

Alinhamento superior. Alinhamento central. Alinhamento inferior. Alinhamento justificado.

14.8.2. Alinhamento Horizontal

O alinhamento horizontal altera o posicionamento horizontal do texto em relação a sua caixa. O alinhamento é feito de forma simples através das opções disponíveis no painel **Parágrafo**.

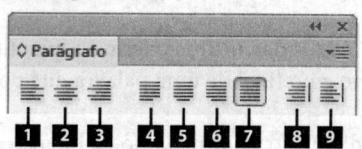

1 - Alinhar à esquerda.
2 - Centralizar.
3 - Alinhar à direita.
4 - Justificar com a última linha alinhada à esquerda.
5 - Justificar com a última linha centralizada.
6 - Justificar com a última linha alinhada à direita.
7 - Justificar todas as linhas.
8 - Alinhar na direção da lombada.
9 - Alinhar na direção oposta à lombada.

Para utilizar os recursos de alinhamento horizontal basta selecionar o parágrafo desejado e clicar sobre uma das opções citadas anteriormente.

14.8.3. Espaçamento Acima e Abaixo do Parágrafo

O recurso de espaçamento acima e abaixo do parágrafo é mais um dos recursos utilizados para um melhor posicionamento do texto na página e é muito utilizado quando o documento possui imagens e outros elementos entre os parágrafos.

Os espaçamentos podem ser aplicados utilizando o painel **Controle** e o painel **Parágrafo** da seguinte maneira:
1. Com a ferramenta **Tipo (T)** (T) clique dentro do parágrafo que receberá o espaçamento;
2. No painel **Controle** ou **Parágrafo** digite os valores desejados nos campos **Espaço anterior** e **Espaço posterior** e pressione a tecla <Enter>.

14.8.4. Hifenização

No **InDesign CS6** é possível configurar a utilização do hífen através do recurso de hifenização.

Para configurar a hifenização realize os procedimentos:
1. No menu do painel **Parágrafo** clique na opção **Hifenização**;
2. Será exibida a caixa de diálogo **Configurações de hifenização**;

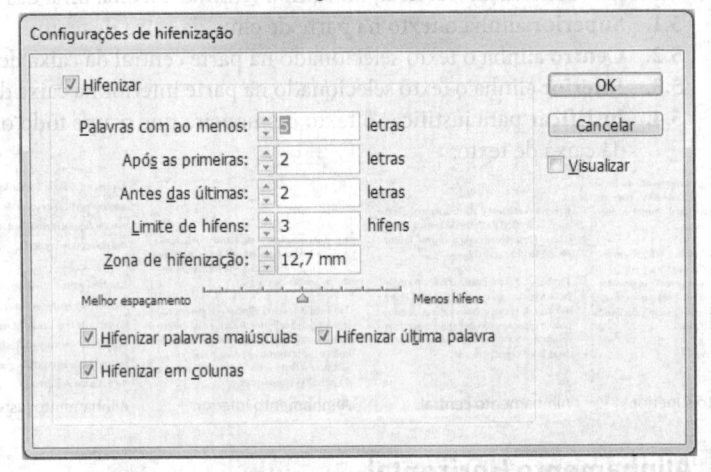

3. Na caixa de diálogo **Configurações de hifenização** realize as configurações:
   3.1. Marque opção **Hifenizar** para aplicar a hifenização e habilitar as demais opções;
   3.2. Na opção **Palavras com ao menos** defina a quantidade mínima de letras que será hifenizada;
   3.3. Em **Após as primeiras** e em **Antes das últimas** defina a quantidade mínima de caracteres no início e no final de uma palavra que poderá ser separada por hífen;
   3.4. Na opção **Limite de hífens** adicione o valor máximo de hífens;

3.5. Em **Zona de hifenização** digite a quantidade de espaço em branco permitida no final de uma linha de texto não justificado, sem que ocorra quebra da palavra;

3.6. Para hifenizar palavras maiúsculas marque a opção **Hifenizar palavras maiúsculas**;

3.7. Marque a opção **Hifenizar em colunas** se desejar hifenizar palavras em colunas, quadros ou páginas;

3.8. Para que a última palavra do parágrafo possa ter suas sílabas separadas marque a opção **Hifenizar última palavra**;

3.9. Marque a opção **Visualizar** para verificar as alterações;

4. Clique em **OK**.

Caso queira desabilitar o recurso de hifenização automática basta desabilitar a opção **Hifenizar** na caixa de diálogo **Configurações de hifenização**.

14.8.5. Capitulares

O recurso **Capitulares** destaca a primeira letra de um parágrafo de forma que ela passe a ocupar duas ou mais linhas de espaço. É bastante usada em revistas e jornais. Veja um exemplo:

> O Adobe InDesign CS6 é um software destinado ao desenvolvimento editorial. Com o Adobe InDesign é possível criar, editar, diagramar, visualizar e publicar trabalhos voltados para diferentes tipos de segmentos como livros, revistas, cartazes, e-books, entre outros. O Adobe InDesign CS6 oferece uma gama de ferramentas que permite realizar trabalhos de alta qualidade sem perda de tempo.

Para aplicar capitular em um texto realize os procedimentos:

1. Posicione a ferramenta **Tipo (T)** (T) no parágrafo que receberá a capitular;
2. No painel **Parágrafo** digite a quantidade de linhas que a capitular irá ocupar em **Número de linhas da capitular** (2);
3. Em **Capitular com um ou mais caracteres** (1) digite a quantidade de caracteres que irá compor a capitular.

14.8.6. Quebra de Linhas

O **InDesign CS6** dispõe de duas formas de quebra de linhas no parágrafo. Uma é a **Quebra de linha forçada (Shift+Enter)** que força a quebra na posição do cursor do texto, iniciando uma nova linha sem iniciar um novo parágrafo. A outra opção é a **Quebra de linha condicional** que indica onde deve ocorrer a quebra de linha.

Realize os procedimentos para adicionar as quebras de linhas ao parágrafo:

1. Com o auxílio da ferramenta **Tipo (T)** (T) posicione o cursor do texto na posição que deseja adicionar a quebra;
2. Acesse o menu **Tipo**, clique sobre a opção **Inserir quebra** e escolha entre as opções **Quebra de linha forçada (Shift+Enter)** e **Quebra de linha condicional**.

14.8.7. Contorno e Preenchimento do Texto

O **InDesign CS6** disponibiliza diversas opções de contorno e preenchimento do texto. O contorno pode ser aplicado com o auxílio da opção **Traçado** (🆃) já o preenchimento é alterado com o auxílio da opção **Preenchimento** (🆃). Opções que estão disponíveis nos painéis **Ferramentas**, **Amostras** ou **Cor**.

Veja como ampliar contorno do texto:
1. Com a ferramenta **Tipo (T)** (🆃) selecione a palavra que receberá o preenchimento de contorno;
2. Clique sobre a opção **Traçado** (🆃) localizado no painel **Cor**;
3. No **Espectro de cores** escolha e clique sobre uma cor para aplicá-la ao traçado;
4. Clique no botão **OK**.

A alteração será realizada.

14.8.8. Aplicar Gradiente ao Texto

O efeito gradiente consiste na junção de cores dispostas lado a lado que se misturam em tons. O gradiente pode ser aplicado ao preenchimento do texto ou ao contorno.

Realize os procedimentos para aplicar o efeito:
1. Com a ferramenta **Tipo (T)** (🆃) selecione o texto que deseja formatar;
2. Acesse o menu **Janela**, posicione o cursor do mouse sobre **Cor** e, em seguida, clique sobre a opção **Gradiente**;
3. Será exibido o painel **Gradiente** que pode ser editado da seguinte forma:

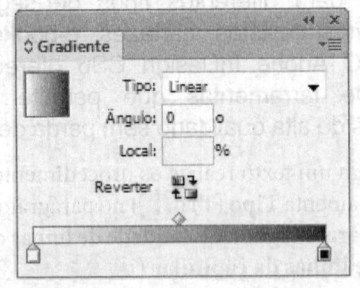

    3.1. Na opção **Tipo** selecione o tipo de gradiente **Linear** ou **Radial**;
    3.2. Clique sobre um controle deslizante (⬜) e no painel **Cor** clique sobre uma delas;
    3.3. Clique sobre outro controle deslizante e realize o mesmo procedimento;
    3.4. Para inserir mais controles basta clicar no local que deseja inserir;
4. Retire a seleção do texto para visualizar o resultado.

14.8.9. Aplicar Efeitos ao Texto

O **InDesign CS6** permite aplicar efeitos ao texto. É um recurso presente na caixa de diálogo **Efeitos**.

Realize os procedimentos abaixo para aplicar efeitos diversos ao texto:
1. Com a ferramenta **Seleção** (▶) selecione o quadro de texto;

2. No menu **Objeto** posicione o cursor do mouse sobre **Efeitos** e, em seguida, clique em **Transparência**;
3. Será exibida a caixa de diálogo **Efeitos**. Nela marque a opção **Visualizar** para acompanhar os resultados da configuração de forma simultânea;

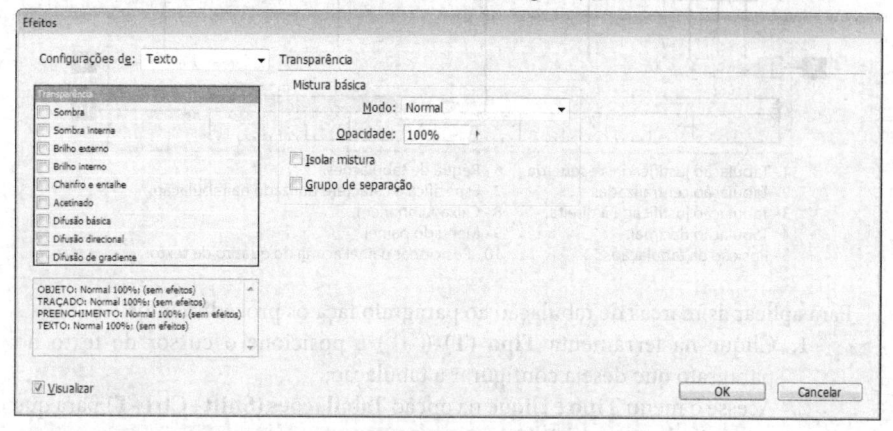

[Caixa de diálogo Efeitos mostrando configurações de Transparência com opções: Modo Normal, Opacidade 100%, Isolar mistura, Grupo de separação, e lista de efeitos (Transparência, Sombra, Sombra interna, Brilho externo, Brilho interno, Chanfro e entalhe, Acetinado, Difusão básica, Difusão direcional, Difusão de gradiente). Área inferior: OBJETO: Normal 100% (sem efeitos), TRAÇADO: Normal 100% (sem efeitos), PREENCHIMENTO: Normal 100% (sem efeitos), TEXTO: Normal 100% (sem efeitos). Botões OK e Cancelar.]

4. No menu **Configurações de** selecione a opção **Texto**;
5. Configure as demais opções como desejar e clique no botão **OK**.

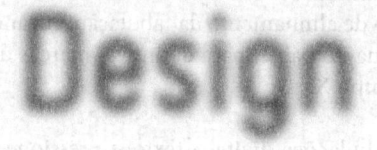

14.8.10. Aplicar Imagem ao Texto

Trata-se de mais um recurso disponível capaz de preencher um texto.
Para aplicar o recurso realize os procedimentos:
1. Com a ferramenta **Tipo (T)** (T) selecione a palavra que será editada;
2. No menu **Tipo** clique em **Criar contornos de fontes (Shift+Ctrl +O)**;
3. Retire a seleção da caixa de texto;
4. No menu **Arquivo** clique na opção **Inserir (Ctrl+D)**;
5. Será exibida a caixa de diálogo **Inserir**. Nela selecione a imagem que será utilizada como preenchimento e clique no botão **Abrir**;
6. Selecione a imagem e no menu **Editar** clique em **Recortar (Ctrl+X)**;
7. Com a ferramenta **Seleção** ( ) clique sobre o texto convertido que receberá a imagem. No menu **Editar** clique na opção **Colar em (Alt+Ctrl+V)**.

Exemplo de texto preenchido com imagem.

14.8.11. Tabulação

A tabulação consiste em adicionar textos e elementos gráficos em pontos específicos do parágrafo e são representadas por marcas posicionadas na régua horizontal. Com as tabulações é possível digitar textos em colunas. Para isso basta pressionar a tecla <Tab> para movimentá-los entre as marcas definidas.

Esse recurso é aplicado através do painel **Tabulações** e para habilitar o painel clique no menu **Tipo**. Logo após clique na opção **Tabulações (Shift+Ctrl+T)**.

Veja o painel **Tabulações** e suas respectivas opções:

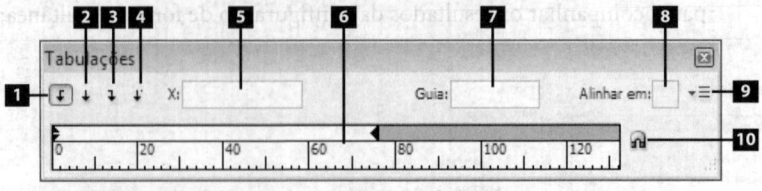

1 - Tabulação justificada à esquerda.
2 - Tabulação centralizada.
3 - Tabulação justificada à direita.
4 - Tabulação decimal.
5 - Posição da tabulação.
6 - Régua de tabulações.
7 - Especifica o caractere utilizado na tabulação.
8 - Caixa Alinhar em.
9 - Menu do painel.
10 - Posicionar painel acima do quadro de texto.

Para aplicar as marcas de tabulação ao parágrafo faça os procedimentos:
1. Clique na ferramenta **Tipo (T)** ( ) e posicione o cursor de texto no parágrafo que deseja configurar a tabulação;
2. Acesse o menu **Tipo** e clique na opção **Tabulações (Shift+Ctrl+T)** para que seja exibido o painel **Tabulações**;
3. Clique no botão **Posicionar painel acima do quadro de texto** ( ) para que o painel **Tabulações** se alinhe e se encaixe ao quadro de texto;
4. Escolha o tipo de alinhamento da tabulação, clicando em um dos botões;
5. Clique na régua do painel para definir as marcas de tabulação ou digite os valores no campo **X**.

Depois de criar as tabulações digite o texto e pressione <**Tab**> para deslocar o cursor até a próxima marca. Pressione a tecla <**Enter**> quando chegar ao final da linha.

14.9. Ferramenta Conta-Gotas

A ferramenta **Conta-gotas** ( ) permite copiar atributos de elementos e textos. É também possível copiar traçado, preenchimento e formatação de caracteres.

Antes de usar a ferramenta configure os atributos a serem copiados na caixa de diálogo **Opções de conta-gotas**, clicando duas vezes sobre a ferramenta, no painel **Ferramentas**.

Realize os procedimentos a seguir para utilizar a ferramenta **Conta-gotas** ( ):
1. No painel **Ferramentas** clique em **Conta-gotas** ( );
2. Com a ferramenta **Conta-gotas** ( ) selecionada clique sobre o texto ou elemento que terá os atributos copiados;
3. Observe que o ícone da ferramenta mudará de formato indicando que a ferramenta está carregada com os atributos do elemento clicado;
4. Selecione o texto que receberá os atributos que a formatação será aplicada;
5. Solte o botão do mouse para que o recurso seja aplicado.

14.10. Criar Estilos Manualmente

A criação de estilos de forma manual permite criar desde o início.
Para criar estilos de forma manual realize os procedimentos:
1. Clique em **Tipo (T)** (T) e clique dentro do parágrafo de um texto;
2. No menu do painel **Estilo de parágrafo** clique na opção **Novo Estilo de parágrafo**;

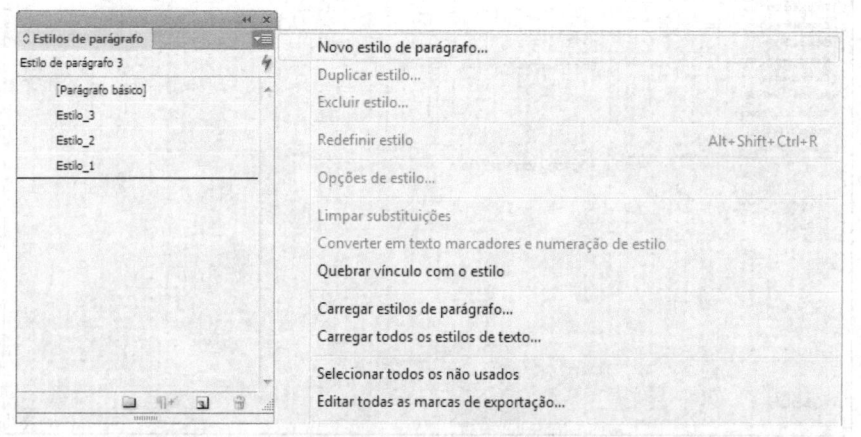

```
◊ Estilos de parágrafo                    Novo estilo de parágrafo...
Estilo de parágrafo 3                     Duplicar estilo...
    [Parágrafo básico]                    Excluir estilo...
    Estilo_3
    Estilo_2                              Redefinir estilo           Alt+Shift+Ctrl+R
    Estilo_1
                                          Opções de estilo...

                                          Limpar substituições
                                          Converter em texto marcadores e numeração de estilo
                                          Quebrar vínculo com o estilo

                                          Carregar estilos de parágrafo...
                                          Carregar todos os estilos de texto...

                                          Selecionar todos os não usados
                                          Editar todas as marcas de exportação...
```

3. Será exibida a caixa de diálogo **Novo estilo de parágrafo**. Nela marque a opção **Visualizar** para acompanhar as configurações de forma simultânea. Logo após, configure os seguintes itens:
   - **3.1.** Digite um nome para o estilo no campo **Nome do estilo**;
   - **3.2.** Para tomar como base um estilo existente clique no menu da opção **Baseado em** e escolha um estilo;
   - **3.3.** No campo **Próximo estilo** defina qual estilo será utilizado após a tecla <Enter> ser pressionada;
   - **3.4.** Para definir teclas de atalho posicione o cursor no campo **Atalho**, mantenha pressionada a tecla <Alt>, <Ctrl> ou <Shift> e defina uma combinação de teclas numéricas;
   - **3.5.** Use as demais guias à esquerda do painel para configurar os demais atributos;

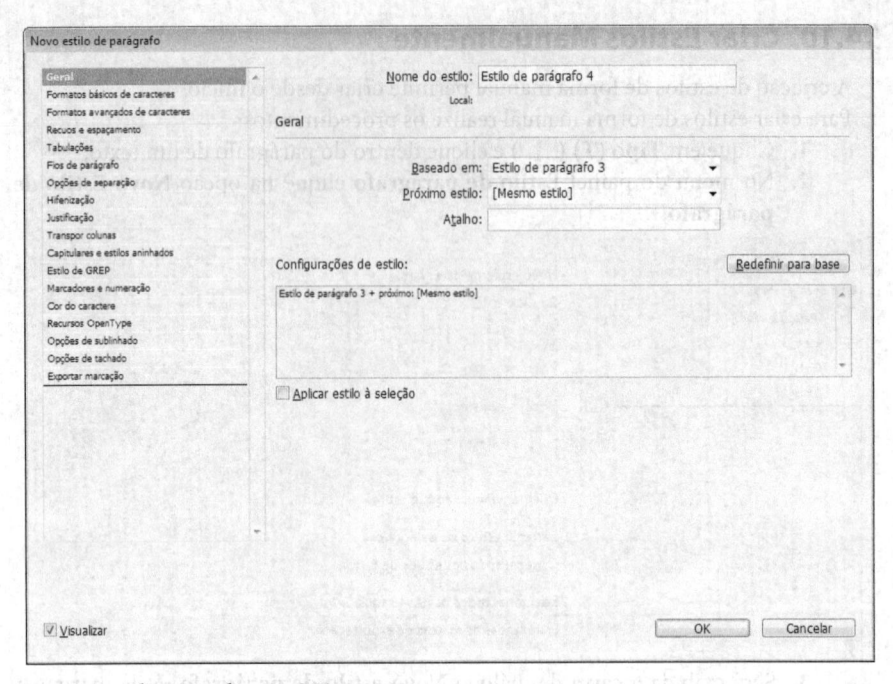

4. Clique no botão **OK**.

Veja a seguir como criar um estilo de caractere:
1. Clique na ferramenta **Tipo (T)** (T) e posicione o cursor entre as letras de uma palavra;
2. No menu do painel **Estilos de caractere** clique na opção **Novo estilo de caractere**;

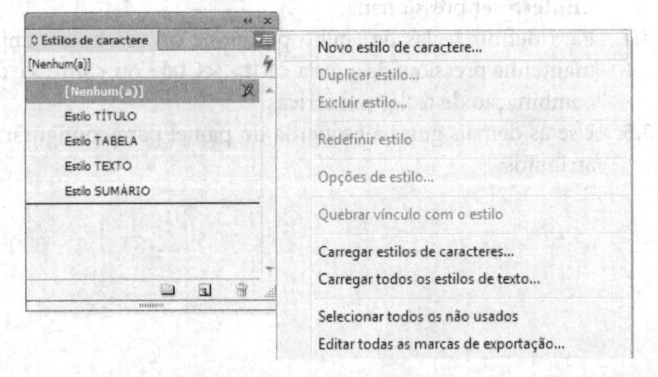

3. Será exibida a caixa de diálogo **Novo estilo de caractere**. Se desejar, marque a opção **Visualizar**;
4. Digite um nome para o estilo no campo **Nome do estilo**;
5. Para tomar como base um estilo existente clique no menu da opção **Baseado em** e escolha um estilo;
6. Para definir teclas de atalho posicione o cursor em **Atalho**, mantenha pressionada <Alt>, <Ctrl> ou <Shift> e defina uma combinação numéricas;

7. Utilize as demais guias localizadas à esquerda do painel para configurar os atributos do novo estilo se desejar;

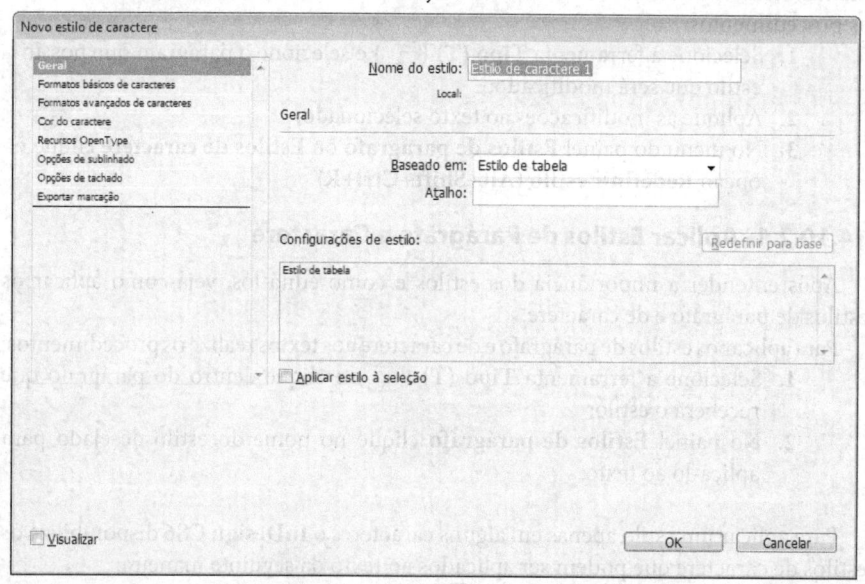

8. Clique no botão **OK**.

14.10.1. Estilos Marcadores e Numeração

É possível criar estilos de marcadores e numeração para facilitar a padronização dos estilos do texto.

Para criar estilos de marcador e numerador realize os procedimentos:
1. No menu do painel **Estilos de parágrafo** clique em **Novo estilo de parágrafo**;
2. Será exibida a caixa de diálogo **Novo estilo de parágrafo**;
3. Digite um nome para o estilo no campo **Nome do estilo**;
4. Na guia **Tabulações** defina um recuo para o texto;
5. Clique na guia **Marcadores e numeração** e defina as seguintes medidas:
    5.1. Na seção **Marcadores e numeração** defina no menu **Tipo de lista** se a lista utilizará **Marcadores** ou **Números**;
    5.2. Defina as demais características da opção selecionada;
6. Clique no botão **OK**.

14.10.2. Editar Estilos de Parágrafos e Caracteres

É possível editar os estilos de parágrafos e caracteres quantas vezes forem necessárias. Quando um estilo é alterado, todo o texto que possui aquele estilo aplicado é atualizado automaticamente e passa a ter as novas configurações do estilo.

Para editar estilos de parágrafos e caracteres realize os procedimentos:
1. Clique duas vezes sobre o nome do estilo que deseja alterar no painel **Estilos de parágrafo** ou **Estilos de caractere**;
2. Será exibida a caixa de diálogo referente ao estilo selecionado;
3. Faça as modificações que desejar e clique no botão **OK**.

Os textos que possuem estilos aplicados podem ter sua formatação modificada manualmente e as alterações poderão ser incorporadas a esse estilo. Para isso realize os procedimentos:
1. Selecione a ferramenta **Tipo (T)** (T) e selecione o parágrafo que possui o estilo que será modificado;
2. Aplique as modificações ao texto selecionado;
3. No menu do painel **Estilos de parágrafo** ou **Estilos de caractere** clique na opção **Redefinir estilo (Alt+Shift+Ctrl+R)**.

14.10.2.1. Aplicar Estilos de Parágrafo e Caractere

Após entender a importância dos estilos e como editá-los, veja como aplicar os estilos de parágrafo e de caractere.

Para aplicar os estilos de parágrafo e de caractere aos textos realize os procedimentos:
1. Selecione a ferramenta **Tipo (T)** (T) e clique dentro do parágrafo que receberá o estilo;
2. No painel **Estilos de parágrafo** clique no nome do estilo desejado para aplicá-lo ao texto.

Para aplicar um estilo apenas em alguns caracteres o **InDesign CS6** disponibiliza os estilos de caractere que podem ser aplicados ao texto da seguinte maneira:
1. Com a ferramenta **Tipo (T)** (T) selecione os caracteres, palavras ou grupo de palavras que receberão o estilo;
2. No painel **Estilos de caractere** clique no nome do estilo desejado.

Quando formatações adicionais forem inseridas a um texto que já possui estilo aplicado aparecerá uma mensagem denominada **Substituição**. A substituição consiste em manter o estilo aplicado e substituir somente as características adicionais.

Ao posicionar o mouse sobre o nome do estilo com o sinal de adição (+) uma caixa de mensagem será exibida mostrando os elementos substituídos no estilo.

Para limpar as substituições do estilo clique na ferramenta **Tipo (T)** (T) e, em seguida, clique no botão **Limpar substituições na seleção** ( ) localizado no canto inferior do painel.

14.10.2.2. Excluir Estilos de Caractere e Parágrafo

Quando o usuário exclui um estilo de caractere ou parágrafo, o **InDesign CS6** solicita a seleção de um outro estilo para substituir o excluído.

Para excluir estilos de caracteres e parágrafos realize os procedimentos:
1. Clique sobre o estilo que deseja excluir no painel **Estilos de parágrafo** ou **Estilos de caractere**;
2. Clique no botão **Excluir estilo/grupos selecionado(s)** ( ) localizado na parte inferior no painel;
3. Será exibida a caixa de diálogo **Excluir estilo de parágrafo** ou **Excluir estilo de caractere**. Selecione um estilo para substituir o estilo que será excluído;
4. Clique no botão **OK**.

14.10.3. Quebrar Vínculo entre Texto e Estilo

O recurso de quebra de vínculo entre o texto e o estilo é utilizado para que o texto que possui um estilo aplicado não seja modificado quando as características do estilo forem modificadas. Realize os procedimentos para quebrar o vínculo entre texto e estilo:
1. Clique na ferramenta **Tipo** (T) (T) e selecione o parágrafo que terá o texto desvinculado do estilo;
2. No menu do painel **Estilos de parágrafo** clique na opção **Quebrar vínculo com o estilo**.

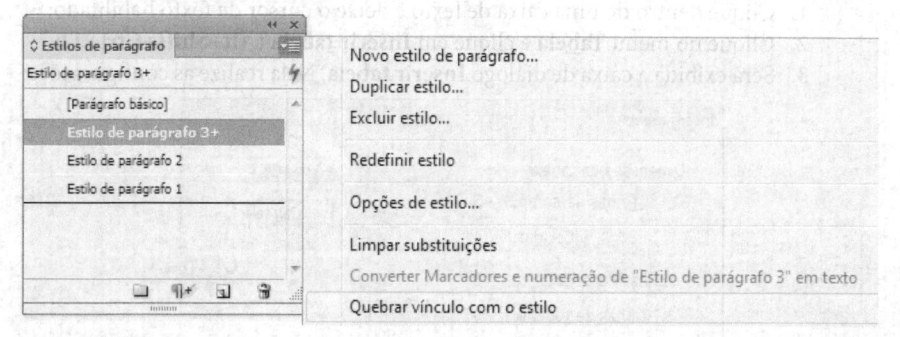

14.11. Tabelas

A tabela é um elemento composto por linhas e colunas que dão origem às células onde são inseridos os conteúdos. Em uma tabela podem ser inseridos textos, imagens, entre outros.

14.11.1. Painel Tabela

No **InDesign CS6** é possível formatar a tabela através do menu ou painel **Tabela**. No painel os dados ficam expostos com maior clareza e a manipulação torna-se mais ágil e fácil. Para habilitar o painel **Tabela** realize os procedimentos:
1. Clique no menu **Janela**;
2. Posicione o cursor do mouse sobre a opção **Tipo e tabelas** e clique sobre **Tabela (Shift+F9)**.

Veja o painel **Tabela** e os seus respectivos recursos:

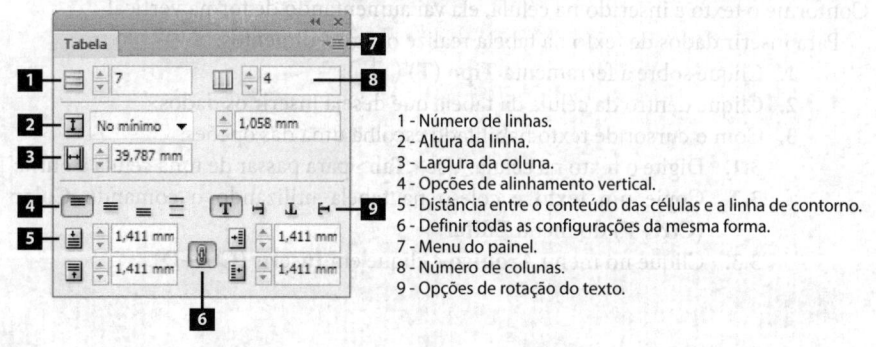

1 - Número de linhas.
2 - Altura da linha.
3 - Largura da coluna.
4 - Opções de alinhamento vertical.
5 - Distância entre o conteúdo das células e a linha de contorno.
6 - Definir todas as configurações da mesma forma.
7 - Menu do painel.
8 - Número de colunas.
9 - Opções de rotação do texto.

Para o painel exibir todos os dados da tabela atual é necessário que a mesma esteja selecionada com a ferramenta **Tipo (T)** (T).

14.11.2. Criar Tabelas

Criar tabelas no **InDesign CS6** é uma tarefa relativamente simples, porém, deve seguir o seguinte critério: ser criada dentro de uma caixa de texto. No momento da criação definem-se as dimensões da tabela e se algum estilo será inserido. O dados definidos na criação podem ser alterados posteriormente.

Para criar uma tabela realize os seguintes procedimentos:

1. Clique dentro de uma caixa de texto e deixe o cursor de texto habilitado;
2. Clique no menu **Tabela** e clique em **Inserir tabela (Alt+Shift+Ctrl+T)**;
3. Será exibida a caixa de diálogo **Inserir tabela**. Nela realize as configurações:

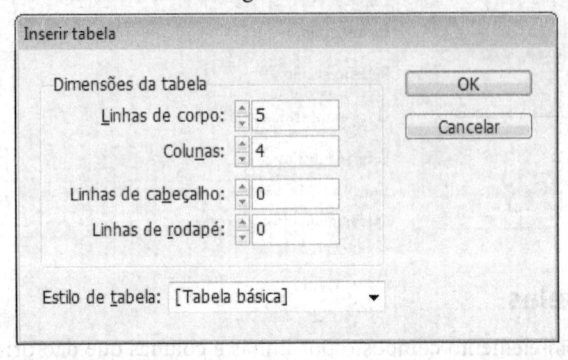

   3.1. **Linhas de corpo:** Insira o número de linhas que a tabela deverá ter;
   3.2. **Colunas:** Insira o número de colunas que a tabela deverá ter;
   3.3. **Linhas de cabeçalho:** Se desejar insira o valor de linhas destinadas ao cabeçalho;
   3.4. **Linhas de rodapé:** Se desejar insira o valor de linhas destinadas ao rodapé;
   3.5. **Estilo de tabela:** Escolha um estilo de tabela para que a nova tabela seja inserida com um estilo já aplicado;
   3.6. Clique em **OK**. A tabela será inserida dentro da caixa de texto.

14.11.1.1. Inserir Dados na Tabela

Textos são inseridos na tabela da mesma forma que são inseridos na caixa de texto. Conforme o texto é inserido na célula, ela vai aumentando de forma vertical.

Para inserir dados de texto na tabela realize os procedimentos:

1. Clique sobre a ferramenta **Tipo (T)** (T);
2. Clique dentro da célula da tabela que deseja inserir os dados;
3. Com o cursor de texto habilitado escolha uma das opções:

   3.1. Digite o texto na célula. Use <Tab> para passar de uma célula a outra;
   3.2. Copie um texto e cole-o na tabela utilizando o comando **Colar (Ctrl+V)** do menu **Editar**;
   3.3. Clique no menu **Arquivo** e clique em **Inserir (Ctrl+D)**.

14.11.1.2. Inserir Imagem na Tabela

As imagens devem receber um cuidado a mais em relação aos textos. Quando inseridas na tabela elas se ajustam verticalmente a célula, porém, se a largura da imagem ultrapassar o limite da célula ela se sobrepõem as demais.

Para inserir imagens na tabela realize os procedimentos:
1. Clique sobre a célula que deseja inserir a imagem;
2. Clique no menu **Arquivo** e na opção **Inserir (Ctrl+D)**;
3. Será exibida a caixa de diálogo **Inserir**. Localize a imagem e clique em **Abrir**.

A imagem será inserida dentro da célula da tabela:

Veja que a imagem ultrapassou o limite da célula que foi inserida. Utilize a ferramenta **Seleção** ( ) e as teclas <Shift+Ctrl> para redimensionar a imagem.

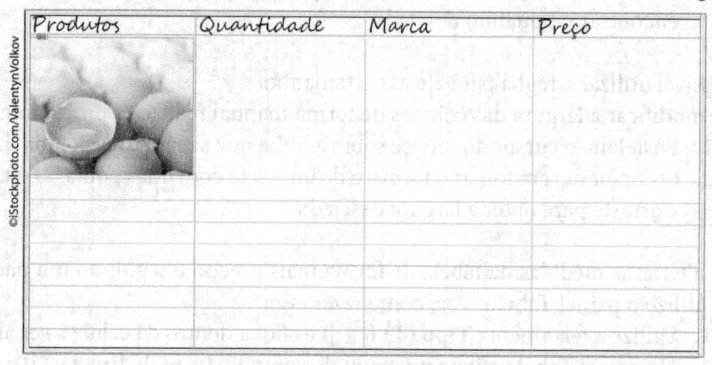

14.11.3. Transformar Texto em Tabela

Com o **InDesign CS6** é possível transformar texto em tabela. Para isso é necessário definir marcações para que as colunas e linhas possam ser identificadas. As marcações podem ser através de parágrafo, tabulação ou vírgula.

Para utilizar esse recurso realize os procedimentos:
1. Digite o texto que será transformado em tabela e insira as marcações para que sejam identificadas as linhas e colunas da tabela;
2. Com a ferramenta **Tipo (T)** (T) selecione o texto;
3. Clique no menu **Tabela** e clique sobre a opção **Converter texto em tabela**;
4. Será exibida a caixa de diálogo **Converter texto em tabela**;

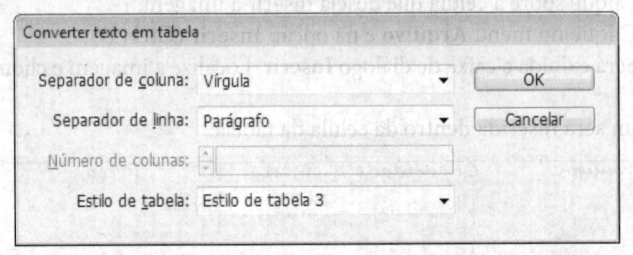

5. Nos campos **Separador de coluna** e **Separador de linha** selecione a opção utilizada como marcação do texto;
6. Em **Estilo de tabela** selecione um estilo para que o mesmo seja aplicado a tabela no momento da criação;
7. Clique em **OK** e veja o resultado.

14.11.4. Alterar Tamanho das Células, Linhas e Colunas

É possível modificar a altura das linhas e a largura das colunas. Esse procedimento pode ser realizado através do painel **Tabela** ou de forma manual. Para modificar o tamanho das linhas e colunas de forma manual realize os procedimentos:
1. Para alterar a altura das linhas posicione o cursor do mouse na linha abaixo da linha a ser alterada;
2. O cursor deverá alterar seu formato para uma seta (↕). Clique e arraste para encontrar o tamanho desejado.

É possível utilizar a régua para ajustar o tamanho.
Para modificar a largura das colunas de forma manual realize os procedimentos:
1. Posicione o cursor do mouse sobre a linha que separa uma coluna da outra;
2. O cursor deverá tomar o formato de uma seta com duas pontas (↔). Clique e arraste para obter a largura desejada.

Para alterar as medidas da tabela de forma mais precisa e seguindo um padrão de valores utilize o painel **Tabela**. Veja como fazer isso:
1. Utilize a ferramenta **Tipo (T)** (T) e clique dentro da célula a ser alterada;
2. No painel **Tabela** clique no menu do campo **Altura da linha** (I) e escolha a opção **Exatamente**. Ao lado atribua um valor para a altura;
3. Ainda no painel **Tabela**, no campo **Largura da coluna** (⊢⊣) atribua um valor para a largura das colunas.

14.11.5. Inserir Linhas e Colunas

É possível acrescentar linhas e colunas em uma tabela já existente.
Para inserir linhas a tabela realize os procedimentos a seguir:
1. Com a ferramenta **Tipo (T)** (T) clique dentro de uma célula que fique acima ou abaixo de onde deseja inserir uma nova linha;
2. No menu **Tabela** posicione o cursor do mouse sobre **Inserir** e clique sobre a opção **Linha (Ctrl+9)**;
3. Será exibida a caixa de diálogo **Inserir linha(s)**. Em **Número** digite o número de linhas a ser inserido;

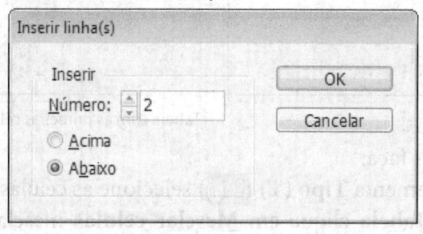

4. Marque **Acima** ou **Abaixo** para inserir a linha acima ou abaixo da célula selecionada;
5. Clique em **OK**.

Para inserir colunas realize os procedimentos:
1. Com a ferramenta **Tipo (T)** (T) clique dentro da célula que fica próxima do local onde deseja inserir uma nova coluna;
2. No menu **Tabela** posicione o cursor do mouse sobre a opção **Inserir** e clique em **Coluna (Alt+Ctrl+9)**;
3. Será exibida a caixa de diálogo **Inserir coluna(s)**. Em **Número** defina quantas colunas serão inseridas;

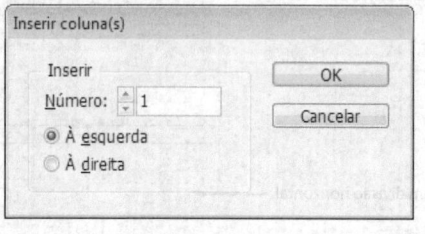

4. Marque os campos **À esquerda** ou **À direita** para definir o lado em que a coluna será inserida em relação a célula selecionada;
5. Clique em **OK**.

14.11.5.1. Excluir Linhas e Colunas

Sendo possível inserir linhas e colunas também é possível excluí-las através do painel **Tabela** ou do menu **Tabela**.
Para excluir linhas ou colunas realize os procedimentos:
1. Com a ferramenta **Tipo (T)** (T) selecione linhas e colunas a serem excluídas;
2. No menu **Tabela** posicione o cursor do mouse sobre a opção **Excluir** e clique sobre a opção **Linha (Ctrl+Backspace)** ou **Coluna (Shift+Backspace)**. Caso queira excluir só o conteúdo da célula selecione-o e pressione <**Delete**>.

14.11.5.2. Mesclar e Dividir Células

O recurso de mesclar célula consiste em unir duas ou mais células sequenciais. Veja um exemplo de células mescladas:

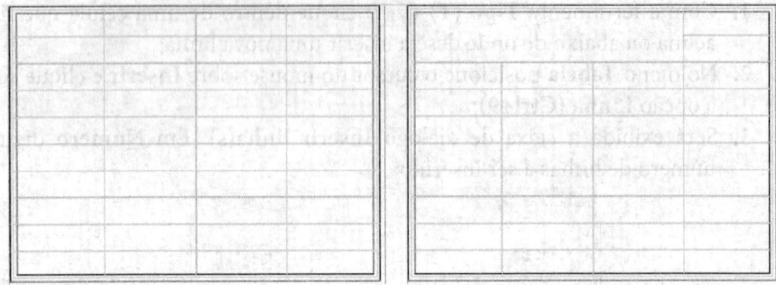

Tabela na forma padrão.   Tabela com as primeiras células mescladas.

Para mesclar células faça:
1. Com a ferramenta **Tipo (T)** (T) selecione as células que serão mescladas;
2. No menu **Tabela** clique em **Mesclar células** mesclando todas as células selecionadas.

Um recurso contrário ao mesclar células é dividir células. Este recurso permite dividir células na vertical e horizontal formando novas células.

Para dividir células realize os procedimentos:
1. Com a ferramenta **Tipo (T)** (T) selecione as células ou colunas a serem divididas;
2. No menu **Tabela**, clique em **Dividir célula horizontalmente** ou em **Dividir célula verticalmente**.

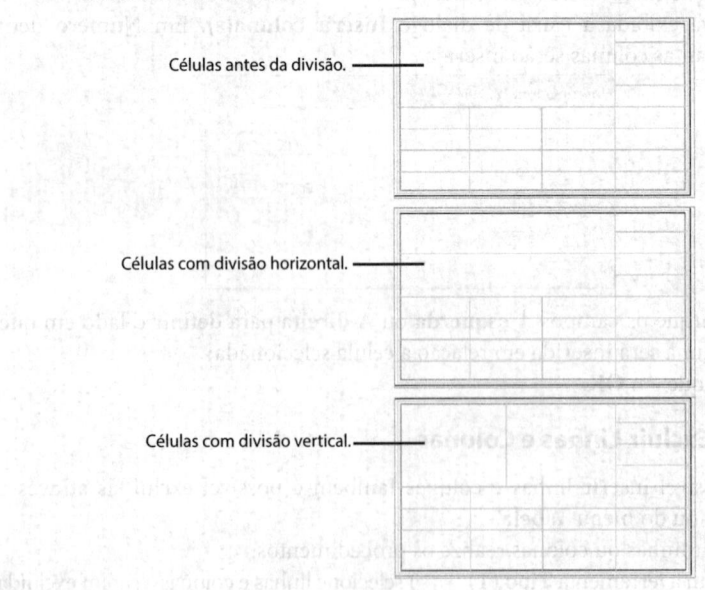

Células antes da divisão.

Células com divisão horizontal.

Células com divisão vertical.

14.11.5.3. Girar Textos em uma Célula

O **InDesign CS6** possui recursos que permitem a rotação de textos e outros conteúdos dentro de uma célula.

Para girar o texto da tabela realize os procedimentos:
1. Com a ferramenta **Tipo (T)** (`T`) clique dentro da célula que deseja rotacionar o texto;
2. No painel **Tabela** clique sobre uma das opções: **Girar texto 0°** (`T`), **Girar texto 90°** (`↦`), **Girar texto 180°** (`L`) ou **Girar texto 270°** (`⊢`).

Veja a seguir um exemplo:

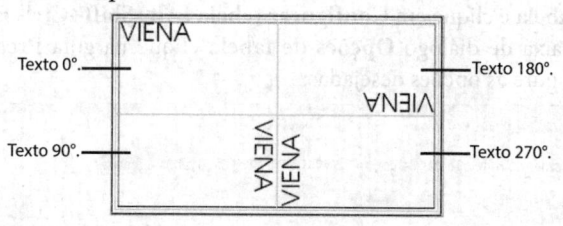

```
           VIENA
Texto 0°.─┘                    └─Texto 180°.
                                  ∀NƎIΛ
Texto 90°.─┐    ┌V ┌V
              │I │I
              │E │E
              │N │N
              │A │A
                              ─Texto 270°.
```

14.11.6. Aplicar Bordas à Tabela

As bordas são aplicadas através da caixa de diálogo **Opções de tabela**. Veja como:
1. Com a ferramenta **Tipo (T)** (`T`) clique dentro de uma célula da tabela;
2. Acesse o menu **Tabela** posicione o cursor do mouse sobre **Opções de tabela** e clique em **Configurar tabela (Alt+Shift+Ctrl+B)**;
3. Será exibida a caixa de diálogo **Opções de tabela**. Marque a opção **Visualizar** para acompanhar a formatação;

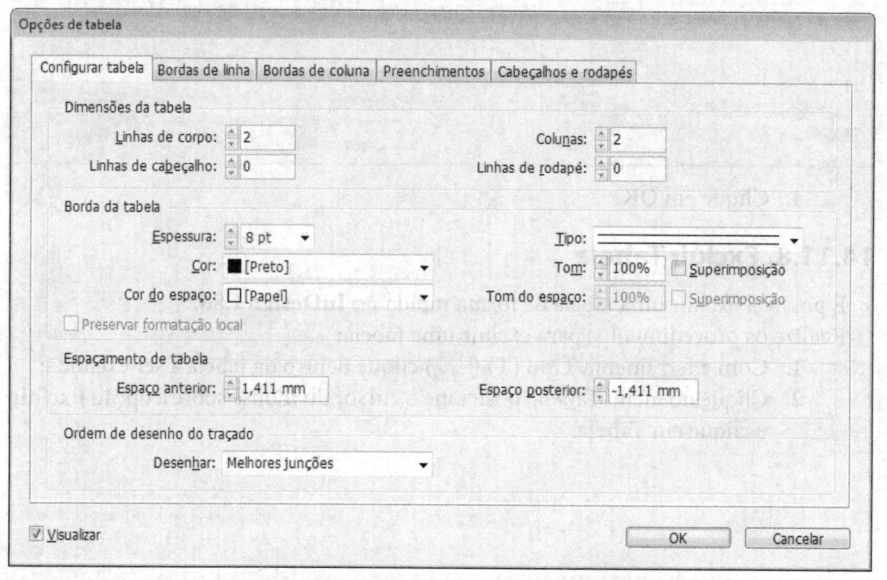

4. Na seção **Borda da tabela** configure os campos **Espessura**, **Cor**, **Cor do espaço**, **Tipo**, **Tom** e **Tom do espaço** para personalizar as bordas;
5. Clique em **OK**.

14.11.7. Aplicar Preenchimento à Tabela

O preenchimento da tabela é aplicado através da caixa de diálogo **Opções de tabela** na guia **Preenchimentos**. É possível aplicar em toda a tabela ou em algumas células.

Siga os procedimentos para aplicar preenchimento na tabela:
1. Com a ferramenta **Tipo (T)** (T) clique dentro de uma célula da tabela;
2. Acesse o menu **Tabela**, posicione o cursor do mouse sobre a opção **Opções de tabela** e clique em **Configurar tabela (Alt+Shift+Ctrl+B)**;
3. Na caixa de diálogo **Opções de tabela** clique na guia **Preenchimentos** e configure as opções desejadas;

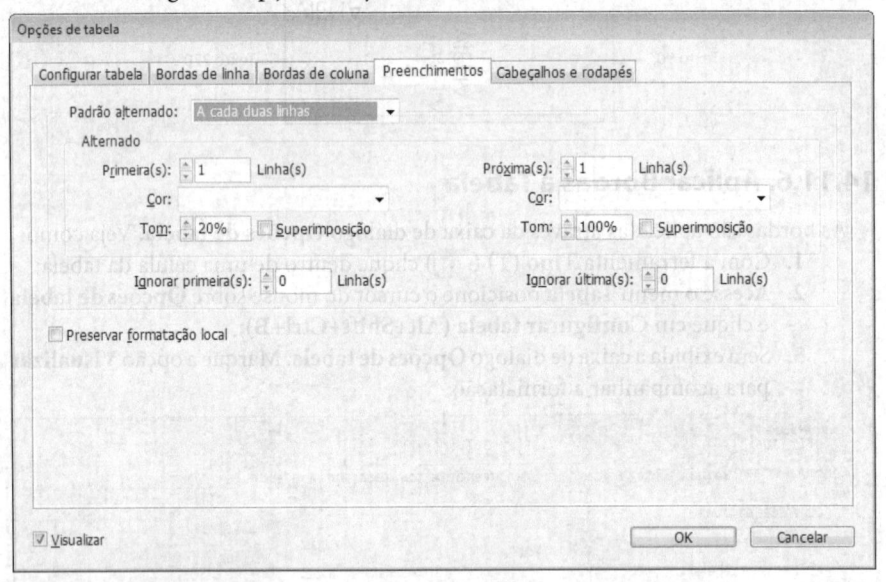

4. Clique em **OK**.

14.11.8. Excluir Tabela

É possível excluir uma tabela de forma rápida no **InDesign CS6**.
Realize os procedimentos para excluir uma tabela;
1. Com a ferramenta **Tipo (T)** (T) clique dentro da tabela a ser excluída;
2. Clique no menu **Tabela**, posicione o cursor do mouse sobre a opção **Excluir** e clique em **Tabela**.

14.12. Converter Forma

É possível converter qualquer caminho em uma forma predefinida. Essa ação pode ser feita através do comando **Converter forma** do menu **Objeto** ou por meio do painel **Pathfinder**.

Para exibir o painel **Pathfinder** acesse o menu **Janela**, posicione o mouse sobre a opção **Objeto e layout** e clique em **Pathfinder**.

Realize os procedimentos para converter a forma:
1. Com a ferramenta **Seleção** ( ) selecione a forma que será convertida;
2. Acesse o menu **Objeto**, posicione o cursor do mouse sobre **Converter forma** e clique em uma das opções.

Veja a função de cada opção:

Adiciona: Mesclar os objetos selecionados.

Subtrair: Subtrai do objeto de trás aqueles que estão mais à frente.

Intersecção: Cria intersecções entre as áreas.

Excluir sobreposição: Exclui as áreas sobrepostas.

Menos atrás: Subtrai do objeto à frente, os objetos de trás.

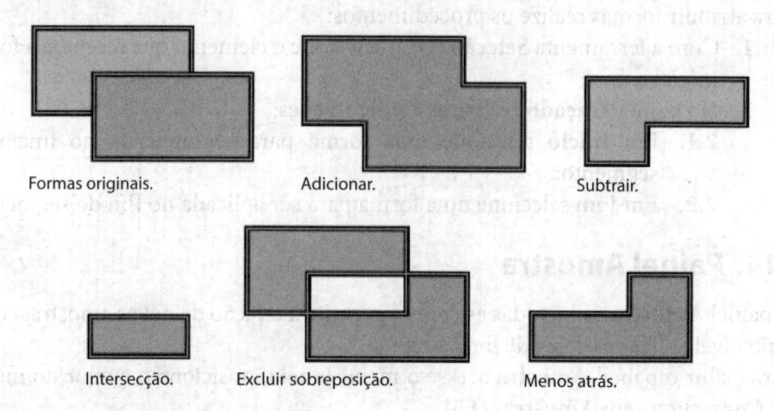

Formas originais.   Adicionar.   Subtrair.

Intersecção.   Excluir sobreposição.   Menos atrás.

14.13. Opções de Canto

O recurso **Opções de canto** consiste em modificar a aparência dos cantos de uma forma. Para habilitar a caixa de diálogo **Opções de canto** acesse o menu **Objeto** e clique em **Opções de canto**.

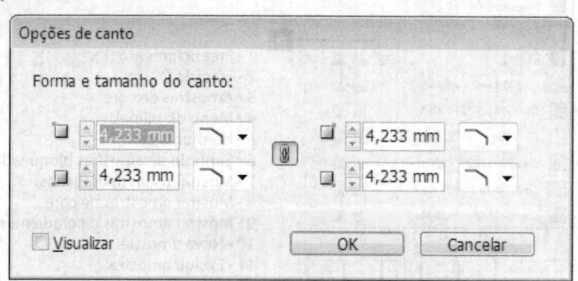

14.13.1. Painel Traçado

O painel **Traçado** disponibiliza um conjunto de recursos para a edição de um contorno. Acesse-o através do menu **Janela** e clique em **Traçado (F10)**.

Veja o painel **Traçado** e suas opções:

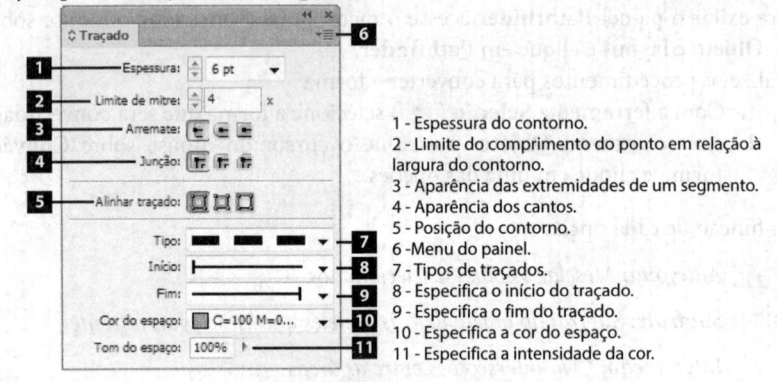

1 - Espessura do contorno.
2 - Limite do comprimento do ponto em relação à largura do contorno.
3 - Aparência das extremidades de um segmento.
4 - Aparência dos cantos.
5 - Posição do contorno.
6 - Menu do painel.
7 - Tipos de traçados.
8 - Especifica o início do traçado.
9 - Especifica o fim do traçado.
10 - Especifica a cor do espaço.
11 - Especifica a intensidade da cor.

14.13.2. Adicionar Formas Iniciais e Finais

Em segmentos abertos como traços é possível adicionar formas no início e no fim. Para atribuir formas realize os procedimentos:
1. Com a ferramenta **Seleção** ( ) selecione o elemento que receberá a forma inicial e final;
2. No painel **Traçado** realize as configurações:
   2.1. Em **Início** selecione uma forma para ser aplicada no início do segmento;
   2.2. Em **Fim** selecione uma forma para ser aplicada no fim do segmento.

14.14. Painel Amostra

O painel **Amostra** exibe todas as cores e permite a criação de novas amostras. Com ele é possível aplicar as cores de forma rápida.

Para exibir o painel **Amostra** acesse o menu **Janela**, posicione o cursor do mouse sobre **Cor** e clique em **Amostras (F5)**.

Veja o painel **Amostras** e suas opções:

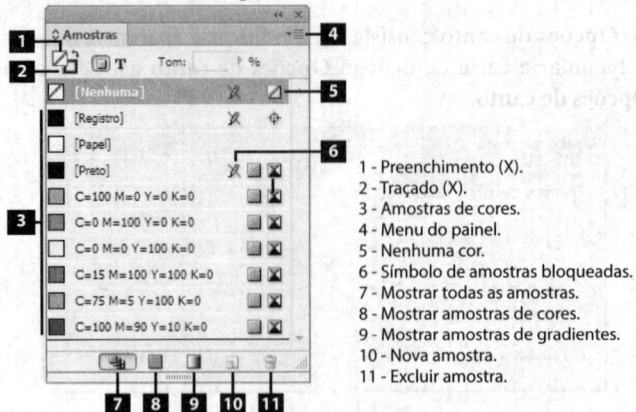

1 - Preenchimento (X).
2 - Traçado (X).
3 - Amostras de cores.
4 - Menu do painel.
5 - Nenhuma cor.
6 - Símbolo de amostras bloqueadas.
7 - Mostrar todas as amostras.
8 - Mostrar amostras de cores.
9 - Mostrar amostras de gradientes.
10 - Nova amostra.
11 - Excluir amostra.

As amostras são exclusivas de cada documento. Se uma cor da amostra que esteja aplicada for modificada, todos os elementos que tiverem a cor aplicada serão atualizados automaticamente.

14.14.1. Criar uma Amostra de Cor

Outra função do painel **Amostras** é a criação de amostras de cor que poderão ser aplicadas posteriormente. Para criar uma amostra de cor faça o passo a passo:

1. No menu do painel **Amostras** clique em **Nova amostra de cor**;

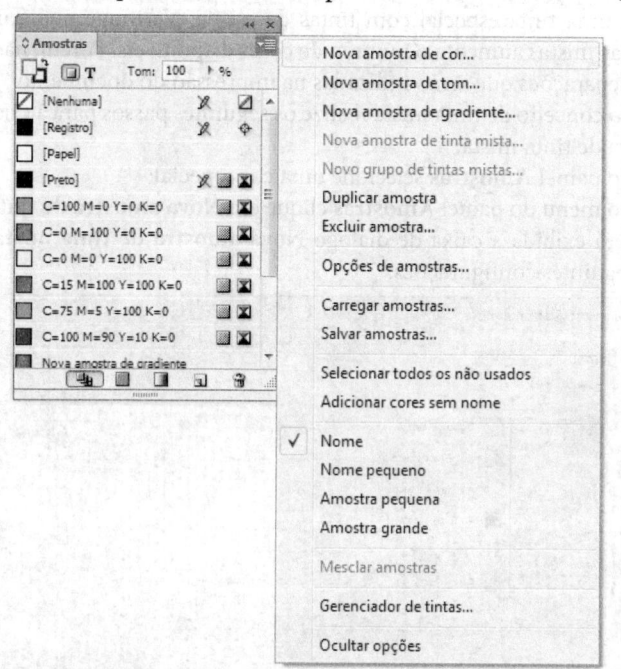

2. Será exibida a caixa de diálogo **Nova amostra de cor**;

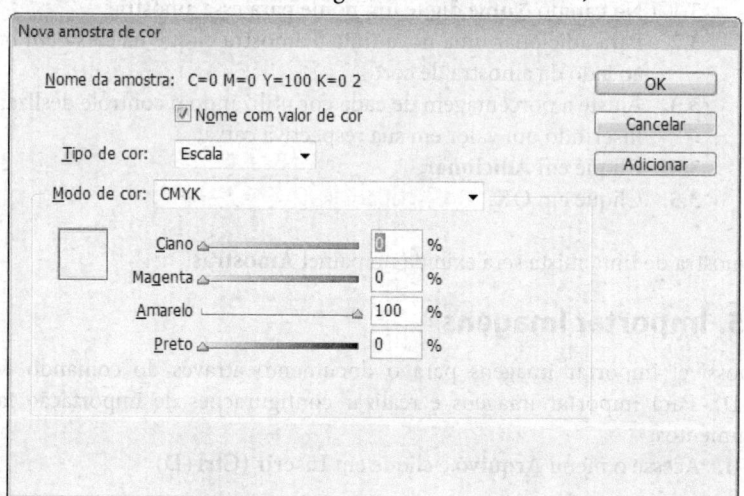

3. Em **Tipo de cor** escolha o tipo de cor da amostra;
4. Em **Modo de cor** defina o padrão utilizado na amostra;
5. Utilizando os controles de cor defina a cor da nova amostra;
6. Clique em **OK**. A amostra de cor criada será exibida no painel **Amostras**.

14.14.2. Criar uma Amostra de Tinta Mista

As amostras de tinta mista são obtidas quando há necessidade de obter um número máximo de cores impressas com o menor número de tinta. Mistura-se duas tintas especiais ou uma tinta especial com tintas de escala. Verifique que a utilização de cores de tintas mistas aumenta o número de cores disponíveis. Porém, não aumenta o número de separações que serão utilizadas na impressão do documento.

Após ver o conceito de tinta mista realize os seguintes passos para a criação de uma nova amostra de tinta mista:

1. No painel **Amostras** selecione uma cor especial;
2. No menu do painel **Amostras** clique em **Nova amostra de tinta mista**;
3. Será exibida a caixa de diálogo **Nova amostra de tinta mista**. Realize as seguintes configurações:

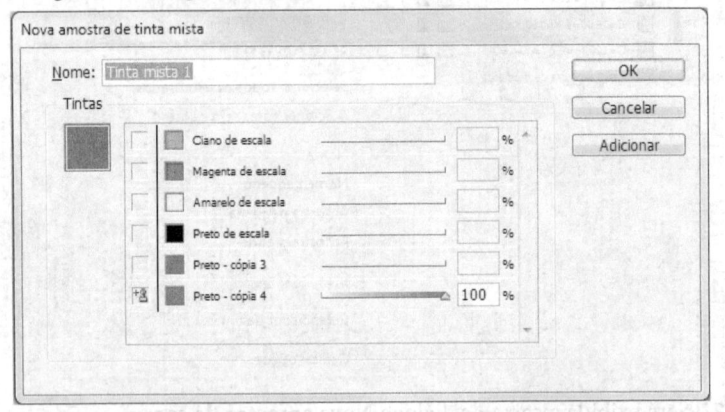

   3.1. No campo **Nome** digite um nome para essa amostra;
   3.2. Para adicionar uma nova tinta à amostra clique na caixa em branco, ao lado da amostra de cor;
   3.3. Ajuste a porcentagem de cada cor utilizando o controle deslizante ou inserindo um valor em sua respectiva caixa;
   3.4. Clique em **Adicionar**;
   3.5. Clique em **OK**.

A amostra de tinta mista será exibida no painel **Amostras**.

14.15. Importar Imagens

É possível importar imagens para o documento através do comando **Inserir (Ctrl+D)**. Para importar imagens e realizar configurações de importação faça os procedimentos:

1. Acesse o menu **Arquivo** e clique em **Inserir (Ctrl+D)**;

2. Será exibida a caixa de diálogo **Inserir**. Nela marque a opção **Mostrar opções de importação**;
3. Selecione o arquivo que deseja abrir e clique em **Abrir**;
4. Será exibida a caixa de diálogo **Opções de importação de imagem**. Configure as opções desejadas;
5. Clique em **OK**;
6. Posicione o cursor e clique no documento para fixar a imagem. A imagem importada é vinculada automaticamente.

As imagens vinculadas exibem o ícone de corrente ( ) no lado superior esquerdo.

14.15.1. Painel Vínculos

O painel **Vínculos** lista todas as imagens linkadas ao documento. Quando uma imagem é vinculada ela pode ser atualizada e gerenciada através do painel **Vínculos**. Para habilitar o painel **Vínculos** acesse o menu **Janela** e clique em **Vínculos** (**Shift+Ctrl+D**). Veja o painel **Vínculos** e suas opções:

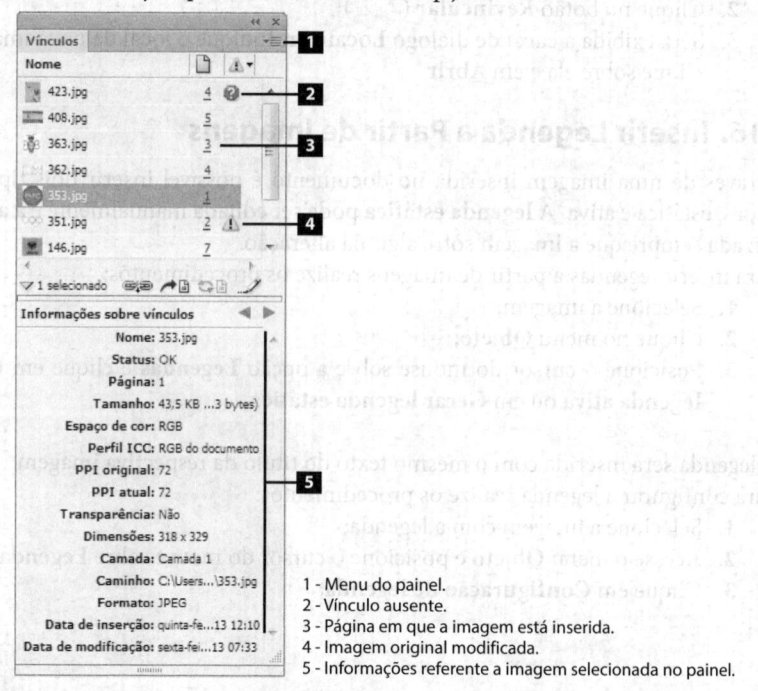

1 - Menu do painel.
2 - Vínculo ausente.
3 - Página em que a imagem está inserida.
4 - Imagem original modificada.
5 - Informações referente a imagem selecionada no painel.

14.15.1.1. Trabalhar com Vínculos

O trabalho com vínculos no documento se resume a três ações: atualizar, revincular e substituir vínculos.

Quando uma imagem é vinculada ao documento e a original é modificada é possível atualizar o vínculo para que a mesma seja atualizada. Quando isso ocorre, a imagem fica com um ícone de **Modificado** ( ) ao seu lado no painel **Vínculos**.

Para atualizar a imagem, no painel **Vínculo** selecione a imagem com o símbolo de **Modificado** ( ) e clique no botão **Atualizar vínculo** ( ). Caso queira atualizar mais vínculos simultaneamente pressione a tecla <Alt> e clique no botão **Atualizar vínculo** ( ).

Quando a imagem original é renomeada ou movida de local, o painel **Vínculos** exibe o ícone de vínculo **Ausente** ( ). É necessário atualizar o vínculo, para isso realize os procedimentos:

1. No painel **Vínculos** clique sobre a imagem que possui o ícone **Ausente** ( ) ao lado;
2. Clique no botão **Revincular** ( );
3. Será exibida a caixa de diálogo **Localizar**. Indique onde a imagem está, clique sobre ela e em **A**brir.

É possível substituir um vínculo. Para isso basta utilizar o recurso **Revincular** do painel **Vínculos**. Realize as seguintes ações:

1. No painel **Vínculos** clique sobre o vínculo que deseja substituir;
2. Clique no botão **Revincular** ( );
3. Será exibida a caixa de diálogo **Localizar**. Indique o local da nova imagem, clique sobre ela e em **A**brir.

14.16. Inserir Legenda a Partir de Imagens

Através de uma imagem inserida no documento é possível inserir dois tipos de legendas: estática e ativa. A **legenda estática** pode ser editada manualmente e a **ativa** é atualizada sempre que a imagem sofre alguma alteração.

Para inserir legendas a partir de imagens realize os procedimentos:

1. Selecione a imagem;
2. Clique no menu **O**bjeto;
3. Posicione o cursor do mouse sobre a opção **Legendas** e clique em **Gerar legenda ativa** ou em **Gerar legenda estática**.

A legenda será inserida com o mesmo texto do título da respectiva imagem.

Para configurar a legenda realize os procedimentos:

1. Selecione a imagem com a legenda;
2. Acesse o menu **O**bjeto e posicione o cursor do mouse sobre **Legendas**;
3. Clique em **Configuração de legenda**;

4. Será exibida a caixa de diálogo **Configuração de legenda**. Realize as configurações desejadas;

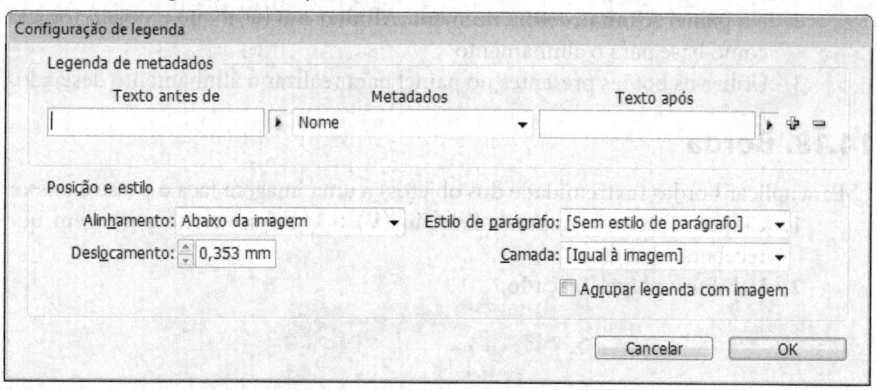

5. Clique no botão **OK**.

14.17. Bloquear e Desbloquear Imagens

O recurso de bloquear uma imagem no documento é utilizado para que ela não mude de posição ou não seja modificada. Quando uma imagem é bloqueada ela exibe um ícone de cadeado ( ) ao seu lado esquerdo.

Realize os procedimentos para bloquear uma imagem:
1. Selecione a imagem que será bloqueada com a ferramenta **Seleção (V)** ( );
2. Acesse o menu **Objeto** e clique na opção **Bloquear (Ctrl+L)**.

Para desbloquear a imagem apenas clique sobre o cadeado ( ).

14.9.3.1. Alinhar e Distribuir Imagens

Para habilitar o painel **Alinhar** acesse o menu **Janela**, posicione o cursor do mouse sobre a opção **Objeto e layout** e clique em **Alinhar (Shift+F7)**.

Veja o painel **Alinhar** e suas opções:

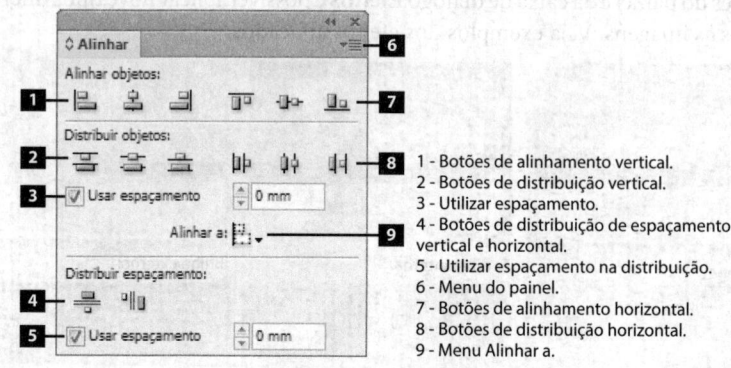

1 - Botões de alinhamento vertical.
2 - Botões de distribuição vertical.
3 - Utilizar espaçamento.
4 - Botões de distribuição de espaçamento vertical e horizontal.
5 - Utilizar espaçamento na distribuição.
6 - Menu do painel.
7 - Botões de alinhamento horizontal.
8 - Botões de distribuição horizontal.
9 - Menu Alinhar a.

Para alinhar e distribuir imagens com o painel **Alinhar** realize os procedimentos:
1. Selecione a imagem com a ferramenta **Seleção (V)** ( );
2. No painel **Alinhar** defina no menu **Alinhar a** o local que o objeto tomará como base para o alinhamento;
3. Utilize os botões presentes no painel para realizar o alinhamento desejado.

14.18. Borda

Para aplicar bordas (extremidade dos objetos) a uma imagem faça o passo a passo:
1. Clique sobre a ferramenta **Seleção (V)** ( ) e selecione a imagem que receberá a borda;
2. Habilite o painel **Traçado**;

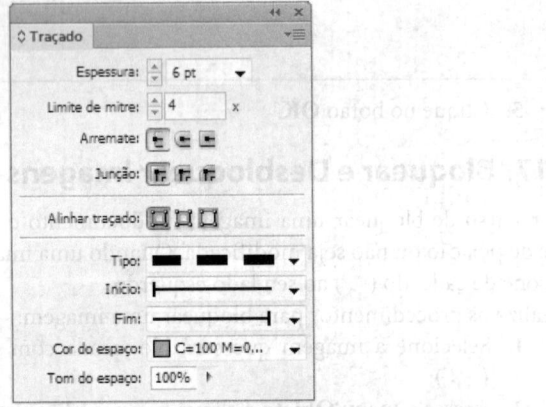

3. No painel **Traçado** realize as seguintes ações:
   3.1. Em **Espessura** defina o tamanho da linha;
   3.2. Em **Tipo** selecione o estilo da linha da borda;
   3.3. Em **Cor do espaço** selecione a cor para os espaços vazios da linha;
   3.4. Configure as demais opções como desejar.

14.19. Efeitos

Através do painel e da caixa de diálogo **Efeitos** é possível aplicar nove tipos diferentes de efeitos às imagens. Veja exemplos dos efeitos aplicados:

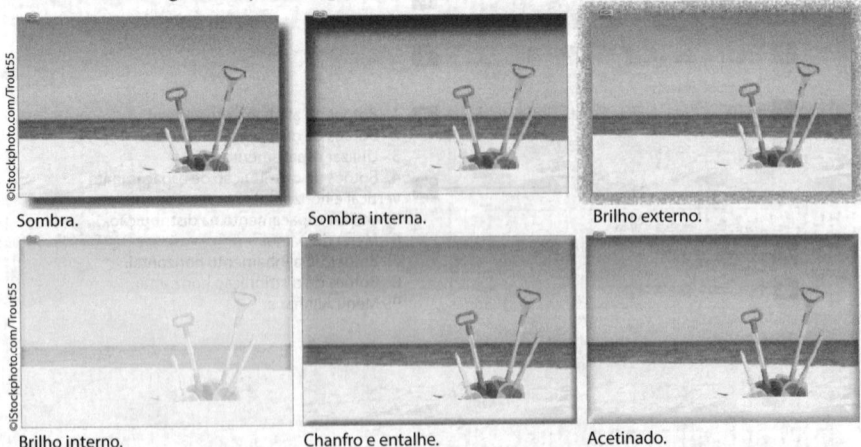

Sombra.

Sombra interna.

Brilho externo.

Brilho interno.

Chanfre e entalhe.

Acetinado.

Difusão básica.    Difusão direcional. 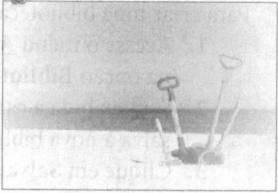   Difusão de gradiente.

Para aplicar os efeitos realize os procedimentos:
1. Selecione a imagem que receberá o efeito com a **Seleção (V)** (　);
2. No painel **Efeitos** clique no botão **Adicionar um efeito de objeto ao destino selecionado** (　fx　);
3. Escolha um efeito e clique sobre ele;
4. Será exibida a caixa de diálogo **Efeitos**. Configure-o da maneira que desejar;
5. Clique em **OK**.

14.20. Configurar Opacidade

É possível configurar a opacidade de uma imagem ou um grupo de imagens selecionadas. Veja de que maneira isso é feito:
1. Clique na imagem com a ferramenta **Seleção (V)** (　);
2. No painel **Efeitos** clique na caixa **Opacidade** e através do controle deslizante configure a opacidade da imagem.

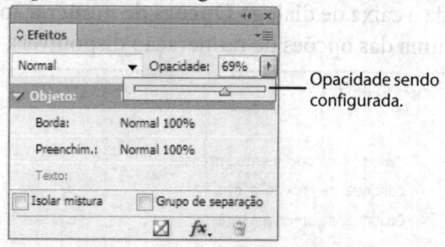

Opacidade sendo configurada.

14.21. Criar uma Biblioteca de Objetos

A biblioteca serve para facilitar o trabalho com elementos que são utilizados com frequência. A biblioteca aparece em forma de painel que pode ser integrado aos demais. Mesmo que o objeto seja excluído do documento ele ainda fica na biblioteca.

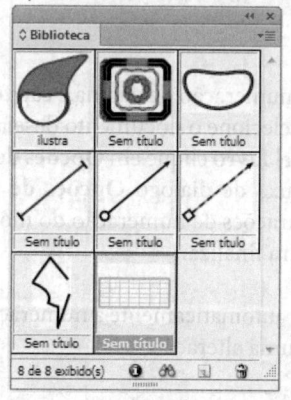

Para criar uma biblioteca realize os procedimentos:
1. Acesse o menu **Arquivo**, posicione o cursor do mouse sobre **Novo** e clique na opção **Biblioteca**;
2. Será exibida a caixa de diálogo **Nova biblioteca**. Defina o local em que será salva a nova biblioteca. Não a jogue posteriormente;
3. Clique em **Salvar**.

Para adicionar um elemento do documento do **InDesign CS6** à biblioteca clique sobre o objeto, arraste-o até a biblioteca e solte o mouse.

Para utilizar os objetos da biblioteca clique sobre o objeto da biblioteca e arraste-o até o documento.

14.22. Numerar Páginas, Capítulos e Parágrafos do Livro

Numerar páginas, capítulos e parágrafos são opções que podem ser configuradas com os recursos das caixas de diálogo **Opções de numeração e seção** ou **Opções de numeração do documento** (menu do painel **Livro**).

Veja como aplicar numeração automática às páginas de um livro:
1. Em **Arquivo**, clique em **Novo** e em **Livro...** Salve em uma pasta;
2. No painel **Livro** selecione o documento inicial;
3. No menu do painel **Livro** clique na opção **Opções de numeração de páginas do livro**;
4. Será exibida a caixa de diálogo **Opções de numeração de páginas do livro**. Selecione uma das opções de numeração disponíveis;

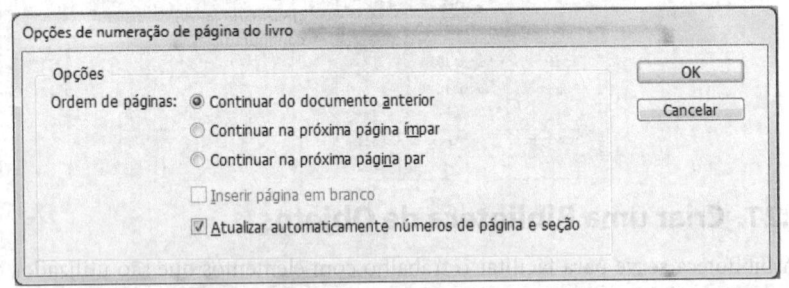

5. Desmarque a opção **Atualizar automaticamente números de páginas e seção**;
6. Clique em **OK**.

Para alterar as opções de numeração de página e capítulo realize os procedimentos:
1. No painel **Livro** selecione o documento desejado;
2. No menu do painel **Livro** clique em **Opções de numeração do documento**;
3. Será exibida a caixa de diálogo **Opções de numeração do documento**. Defina as configurações de numeração do modo que desejar;
4. Clique em **OK** para finalizar.

O **InDesign CS6** atualiza automaticamente a numeração das páginas do livro assim que o documento sofrer alguma alteração.

14.23. Sumário

Geralmente um sumário lista os capítulos de um livro ou uma lista de imagens, auxiliando o leitor a localizar o conteúdo que deseja ler.

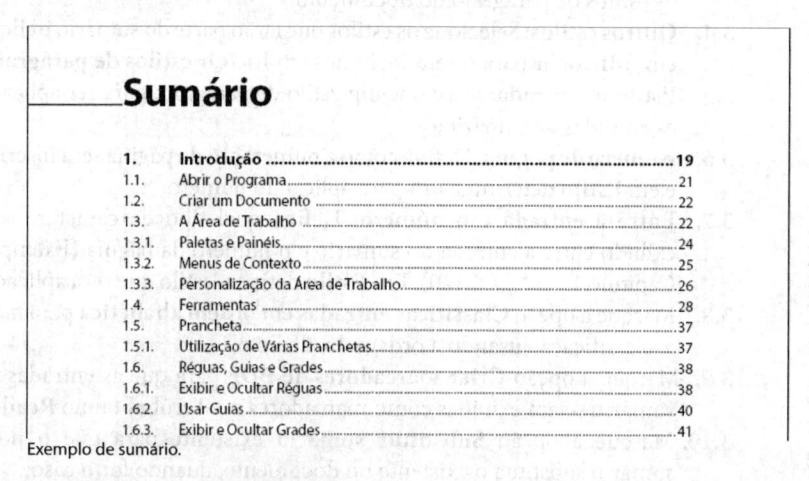

Sumário

1.	Introdução	19
1.1.	Abrir o Programa	21
1.2.	Criar um Documento	22
1.3.	A Área de Trabalho	22
1.3.1.	Paletas e Painéis	24
1.3.2.	Menus de Contexto	25
1.3.3.	Personalização da Área de Trabalho	26
1.4.	Ferramentas	28
1.5.	Prancheta	37
1.5.1.	Utilização de Várias Pranchetas	37
1.6.	Réguas, Guias e Grades	38
1.6.1.	Exibir e Ocultar Réguas	38
1.6.2.	Usar Guias	40
1.6.3.	Exibir e Ocultar Grades	41

Exemplo de sumário.

14.23.1. Criar um Sumário

O sumário é criado baseando-se nos estilos de formatação dos itens presentes nos textos que farão parte do mesmo.

Realize os procedimentos a seguir para criar um sumário:

1. Adicione uma nova página no início do documento;
2. Acesse o menu **Layout** e clique na opção **Sumário**;
3. Será exibida a caixa de diálogo **Sumário**. Clique no botão **Mais opções** e configure as seguintes opções:

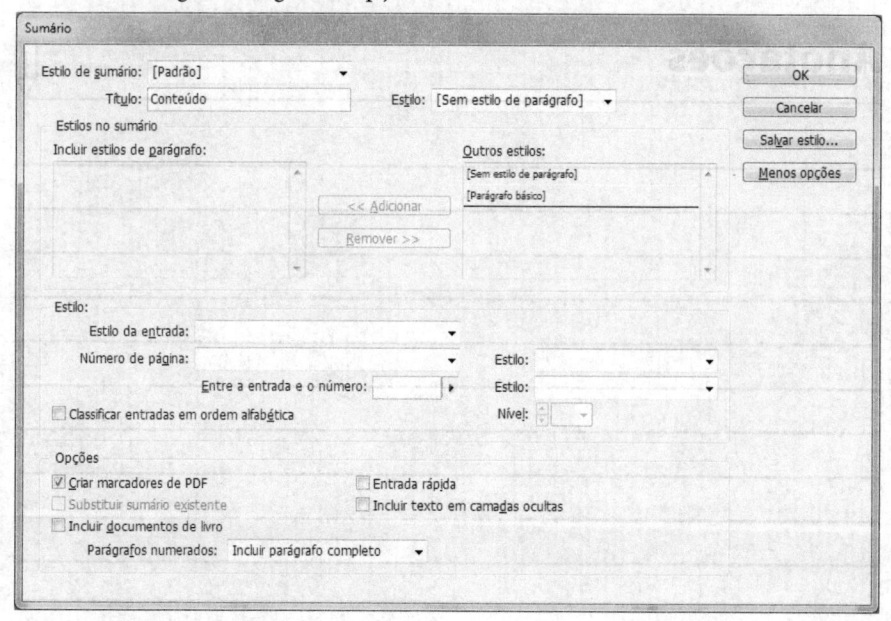

- 3.1. **Estilo de sumário:** Mantenha a opção **Padrão** selecionada;
- 3.2. **Título:** Digite um nome para o sumário;
- 3.3. **Estilo:** Defina um estilo para formatar o sumário. Serão listados todos os estilos de parágrafo do documento;
- 3.4. **Outros estilos:** Selecione os estilos que farão parte do sumário e clique em **Adicionar** para serem incluídos em **Incluir estilos de parágrafo**;
- 3.5. **Estilo de entrada:** Selecione um estilo de parágrafo para ser aplicado às entradas de sumário;
- 3.6. **Número de página:** Defina como a numeração da página será inserida e em **Estilo** determine um para aplicar ao número;
- 3.7. **Entre a entrada e o número:** Defina qual tipo de caractere será exibido entre a entrada do sumário e o número da página (Exemplo: Capítulo 1..................120). Em **Estilo** defina o estilo que será aplicado;
- 3.8. Marque a opção **Classificar entradas em ordem alfabética** para fazer a classificação usando a ordem do alfabeto;
- 3.9. Marque a opção **Criar marcadores de PDF** para que as entradas do sumário sejam exibidas como marcadores no **Acrobat** ou no **Reader**;
- 3.10. Marque a opção **Substituir sumário existente** para que o novo sumário substitua o existente no documento, quando for o caso;
- 3.11. Marque **Incluir documentos de livro** se o sumário for de um livro;
- 3.12. Marque a opção **Entrada rápida** para que as entradas do sumário sejam inseridas em parágrafo único;
- 3.13. Marque **Incluir texto em camadas ocultas** para que os parágrafos não exibidos sejam incluídos como entradas de sumário;
- 3.14. Em **Parágrafos numerados** especifique a entrada do sumário em relação aos números;
4. Clique no botão **OK**.

Anotações

15
Exercícios

Qualificação Técnica em Design Gráfico

15. Exercícios

1. Qual a diferença entre design e designer?
   _____
   _____
   _____
   _____

2. Quais os tipos de trabalhos desenvolvidos pelos designers?
   _____
   _____
   _____
   _____

3. Qual a principal escola que influenciou o design no Brasil?
   _____
   _____

4. Qual o papel de um designer gráfico?
   _____
   _____
   _____
   _____

5. Qual a importância de se estudar história da arte?
   _____
   _____
   _____
   _____
   _____

6. O que foi a Bauhaus? Fale um pouco sobre.

7. O que é o Cubismo?

8. Fale sobre o Minimalismo:

9. Descreva o período da Pop Art:

10. Como foi criado o termo designer gráfico?

_____
_____
_____
_____

11. Descreva 3 tipos de design:

_____
_____
_____
_____
_____
_____
_____
_____
_____
_____
_____
_____
_____
_____

12. Cite os três conceitos importantes quando se fala em elaboração de um projeto gráfico:

_____
_____
_____
_____
_____

13. O que é briefing?

_____
_____
_____
_____

14. Cite algumas perguntas (pelo menos doze) a se fazer no briefing:

_____
_____
_____
_____
_____
_____
_____
_____

15. O que é brainstorming?

_____
_____
_____
_____
_____
_____

16. O que é rafe?

_____
_____
_____

17. Como se encontra a proporção áurea através de um quadrado?

18. O que é Gestalt?

19. Quais são as regras da Gestalt? Explique-as.

20. Quais os quatro princípios básicos do design?
_____
_____
_____
_____
_____
_____
_____
_____
_____
_____
_____
_____
_____
_____
_____
_____

21. O que são cores complementares e quais são elas?
_____
_____
_____
_____
_____

22. O que são cores RGB e CMYK e onde são utilizadas?

23. O que é tipologia?

24. O que são fontes True Types?

25. O que é layout?

26. Quais os mais importantes princípios do layout?

_____
_____
_____
_____
_____
_____
_____
_____
_____
_____
_____
_____
_____

27. Qual a diferença entre diagramação e arte final?

_____
_____
_____
_____

28. O que é CTP?

_____
_____
_____
_____
_____

29. Quais os cuidados que se deve ter ao mandar um arquivo aberto ou fechado para o bureau ou para a gráfica?

30. Como preparar um arquivo para gerar um PDF para dar saída no material?

31. Descreva as retículas estocásticas e as híbridas:

32. Cite e explique 3 tipos de impressão:

33. O que é ganho de ponto?

34. O que é trap?

35. Qual a importância de se observar o sentido das fibras do papel?

Anotações

Referências

ADOBE SYSTEMS INCORPORATED. **Adobe Illustrator CS6**. Versão 16.0.0. Ano 2012. Programa de computador.

ADOBE SYSTEMS INCORPORATED. **Adobe InDesign CS6**. Versão 8.0. Ano 2012. Programa de computador.

ADOBE SYSTEMS INCORPORATED. **InDesign/Mistura de tintas**. Disponível em: <http://help.adobe.com/pt_BR/indesign/cs/using/WSa285fff53dea4f8617383751001ea8cb3f-6c71a.html>. Acesso em: 18 jun. 2014.

ADOBE SYSTEMS INCORPORATED. **Adobe Photoshop CS6**. Versão 16.0.2. (32-bit). Ano 2012. Programa de computador.

AGNI, Edu. **Design é projeto, não ilustração**. 29 nov. 2010. Disponível em: <http://imasters.com.br/artigo/18966/>. Acesso em: 18 out. 2013.

ALCANTÂRA, Priscila Siqueira de. **Design gráfico e web com críticas construtivas**. 24 dez. 2011. Disponível em: <http://dsigngrafico.wordpress.com/tag/ponto-aureo/>. Acesso em: 23 set. 2013.

ALECRIM, Emerson. **Como criar PDFs rapidamente**. 08 fev. 2005. Disponível em: <http://www.infowester.com/tutpdf.php>. Acesso em: 22 out. 2013.

ANDRADE, Milton. **A relação estreita entre os princípios da Gestalt e design**. Disponível em: <http://miltonandrade.com/a-relacao-estreita-entre-os-principios-da-gestalt-e-design/#.UjiletzNiUk>. Acesso em: 17 set. 2013.

APOLO, Juliana. **Hipermídia? O que é isso? Uma mídia grande?** 2011. Disponível em: <http://www.julianaapolo.com/blog/2007/05/hipermidia-o-que-e-isso-uma-midia-grande/>. Acesso em: 23 ago. 2013.

ARAÚJO, Paulo Sérgio de. **CorelDRAW X6 – Vetorizando Ideias**. 1. ed. Santa Cruz do Rio Pardo, SP: Editora Viena, 2013.

ARAÚJO, Paulo Sérgio de. **Photoshop CS6 – Concretizando a Imaginação**. 1. ed. Santa Cruz do Rio Pardo, SP: Editora Viena, 2013.

AROEIRA, Danilo. **Gestalt: Sistema de leitura visual da forma**. 16 set. 2010. Disponível em: <http://www.slideshare.net/daniloaroeira/aula-02-princpios-da-gestalt>. Acesso em: 24 set. 2013.

ARTUR, Ricardo. **Princípios de Gestalt aplicados ao Design**. 4 abr. 2011. Disponível em: <http://ricardoartur.com.br/1001/2011/04/04/princpios-de-gestalt-aplicados-ao-design/>. Acesso em: 2 set. 2013.

ASSIS, Simone Pereira de. **Práticas criativas no design gráfico contemporâneo**. São Paulo, SP: Universidade Anhembi Morumbi, 2011. Originalmente apresentada como dissetação de mestrado, em design programa de pós-graduação Stricto Sensu. Disponível em: <http://www.anhembi.br/ppgdesign/pdfs/simone_pereira_assis.pdf>. Acesso em: 27 ago. 2013.

BACETTI, Talita. **A forma segue a diversão: os primórdios do design pós-moderno**. Disponível em: <http://desinteracao.tumblr.com/post/38968881311/a-forma-segue-a-diversao-os-primordios-do-design>. Acesso em: 21 ago. 2013.

BAUER, Carlos. **Criar Linguagem**. 14 mar. 2012. Disponível em: <http://www.revistacliche.com.br/2012/03/criar-linguagem/>. Acesso em: 18 out. 2013.

BEZERRA, José Carlos Alves. **Relações entre ilustração e design gráfico. A aproximação dessas áreas a partir da inclusão dos recursos digitais**. Design e Ilustração | Pós Graduação Lato Sensu, Faculdades Pestalozzi. Disponível em: <http://www.scribd.com/doc/103285299/RELACOES-ENTRE-ILUSTRACAO-E-DESIGN-GRAFICO>. Acesso em: 10 out. 2013.

CAIÑA, Antônio Picoral. **Fundamentos Básicos em Design e tipos de design**. 4 mar. 2013. Disponível: <http://www.oficinadanet.com.br/post/10026-fundamentos-basicos-em-design-e-tipos-de-design>. Acesso em: 23 ago. 2013.

CAMBRIDGE IN COLOUR. **A percepção das cores**. Disponível em: <http://www.cambridgeincolour.com/pt-br/tutorials/color-perception.htm>. Acesso em: 30 set. 2013.

CANAL, Maíra Codo; MIRANDA, Leonardo Cunha de; ALMEIDA, Leonelo Dell Anhol Almeida; BARANAUSKAS, C., M. Cecília. **Analisando a Simplicidade do Laptop da OLPC: Desafios e Propostas de Soluções de Design**. Disponível em: <http://www.dimap.ufrn.br/csbc2011/anais/eventos/contents/SEMISH/Semish_Sessao_2_Artigo_1_Canal.pdf>. Acesso em: 16 set. 2013.

CANHA. **O que é Gestalt?**. 19 mar. 2014. Disponível em: <http://chocoladesign.com/fundamentacao-e-leis-da-gestalt>. Acesso em: 18 set. 2013.

CANHA. **Quatro princípios básicos do design**. 18 jan. 2010. Disponível em: <http://design.blog.br/geral/quatro-principios-basicos-do-design>. Acesso em: 23 set. 2013.

CARRAMILLO NETO, MÁRIO. Produção gráfica II: papel, tinta, impressão e acabamento. São Paulo: Global, 1997. 244p.

COREL CORPORATION. **Ajuda do CorelDRAW**. Versão 16.0.0.707. Ano 2012. Programa de computador.

CARVALHO, Silvia M. F.. **O que é hipermidia e multimidia?** 26 ago. 2009. Disponível em: <http://hipertextualizandonared.blogspot.com.br/2009/08/o-que-e-hipermidia-e-multimidia.html>. Acesso em: 23 ago. 2013.

CASTRO, Daniel. **Produção gráfica - Aula 03 Tipos De Impressao II: Processo de impressão**. 15 mar. 2009. Disponível em: <http://www.slideshare.net/danaorc/produo-grfica-aula-03-tipos-de-impressao-ii>. Acesso em: 4 dez. 2013.

CAVALHEIRO, Carlos Alexandre. **Espectro Visível**. Disponível em: <http://www.infoescola.com/fisica/espectro-visivel/>. Acesso em: 27 set. 2013.

CAVICHIOLI, Odair. **Layout - Conceitos e processo de criação**. 16 ago. 2007. Disponível em: <http://www.slideshare.net/barao/layout>. Acesso em: 15 de out. 2013.

CHAN, Nane. **Rafe**. 7 jun. 2012. Disponível em: <http://cappuccinocomnanechan.blogspot.com.br/2012/06/rafe.html>. Acesso em: 27 ago. 2013.

CHINEN, Nobu (Organizador). **Curso Completo design gráfico**. 1. ed. São Paulo, SP: Editora Escala, 2009.

CHINEN, Nobu. Design Gráfico [In. tessaroline.com.br/blog]. **Simetria e Assimetria**. 26 mar. 2012. Disponível em: <http://www.tessaroline.com.br/blog/?p=150>. Acesso em: 2 set. 2013.

CORTÊS, Meire. **Matiz, Tom e Intensidade**. 9 abr. 2011. Disponível em: <http://artesatividades.blogspot.com.br/2011/04/matiz-tom-e-intensidade.html>. Acesso em: 27 set. 2013.

CORTÊS, Meire. **Monocromia e Policromia**. 9 abr. 2011. Disponível em: <http://artesatividades.blogspot.com.br/2011/04/monocromia-e-policromia.html>. Acesso em: 2 out. 2013.

COSTA, Rafael. **Por que é importante conhecer a história da comunicação**. 16 nov. 2012. Disponível em: <http://design.blog.br/geral/por-que-e-importante-conhecer-a-historia-da-comunicacao>. Acesso em: 31 jan. 2013.

CROOVE. **Descubra os Diferentes Tipos de Designer**. 25 ago. 2013. Disponível em <http://croove.com.br/crie/tipos-de-designer/>. Acesso em: 23 ago. 2013.

DARIO, André Luiz. **Illustrator CS6 – Arte Vetorial**. 1. ed. Santa Cruz do Rio Pardo, SP: Editora Viena, 2013.

DENDEZEIROS, Unidade. **Área Tecnológica Gráfica – Produção Gráfica**. 1. ed. Salvador, BA: SENAI, 2004.

DENVIR, Max. **Leis da Gestalt: Continuidade e Proximidade**. 6 mar. 2013. Disponível em: <http://designculture.com.br/leis-da-gestalt-continuidade-e-proximidade/>. Acesso em: 23 set. 2013.

DER BLAUE REITER. In Infopédia [Em linha]. Porto: Porto Editora, 2003-2014. [Consult. 2014-10-02]. Disponível em: <URL: http://www.infopedia.pt/$der-blaue-reiter>. Acesso em: 6 ago. 2013.

DIAS, Natália. **Usando espaços vazios no layout como ferramenta**. 1 jun. 2012. Disponível em: <http://www.codigosblog.com.br/2012/06/usando-espacos-vazios-no-layout-como-ferramenta.html>. Acesso em: 2 set. 2013.

ED. **Design de Produtos**. 14 jul. 2008. Disponível em: <http://designbr.ning.com/forum/topics/todos-os-tipos-de-design>. Acesso em: 23 ago. 2013.

ED - UEMG, Escola de Design da Universidade do Estado de Minas Gerais. **Design de Móveis**. Disponível em: <http://www.ed.uemg.br/cursos/pos-graduacao-lato-sensu/design-de-moveis>. Acesso em: 26 ago. 2013.

EDITORA ABRIL S.A.. **O que é Design de Interiores?** Disponível em: <http://guiadoestudante.abril.com.br/orientacao-vocacional/consulte-orientador/design-interiores-503009.shtml>. Acesso em: 23 ago. 2013.

FERNANDA, Maria. **Arte Visigótica - Arte Pré-Românica**. 8 fev. 2012. Disponível em: <http://viagempelaarte-fernanda.blogspot.com.br/2012/02/arte-visigotica-arte-pre-romanica.html>. Acesso em: 1 ago. 2013.

FERNANDES, Lucas. **Tipos de Design**. 22 fev. 2012. Disponível em: <http://blog.lucasfads.com.br/2012/02/tipos-de-design/>. Acesso em: 23 ago. 2013.

FRAGA, Luís. **Tipos de encadernação**. 8 maio 2011. Disponível em: <http://projetomodaminas.blogspot.com.br/2011/05/tipos-de-encadernacao.html>. Acesso em: 6 dez. 2013.

FURTADO, André. **Exemplos de colunas - Revistas**. 2009. Disponível em: <http://pt-br.designeditorial.wikia.com/wiki/Exemplos_de_colunas_Revistas>. Acesso em: 18 out. 2013.

GENEROZO, Amanda. **Editoração Eletrônica e Design Gráfico**. 26 mar. 2012. Disponível em: <http://www.slideshare.net/LinguarudosPublicidade/editoracao-eletrnica-e-design-grfico>. Acesso em: 16 out. 2013.

GODOY, Robson. **Grids: O que são e para que servem**. 20 abr. 2012. Disponível em: <http://design.blog.br/design-grafico/grids-o-que-sao-e-para-que-servem>. Acesso em: 18 out. 2013.

GODOY, Robson. **Teoria básica do design - Cor**. 06 fev. 2012. Disponível em: <http://design.blog.br/geral/teoria-basica-do-design-cor>. Acesso em: 27 set. 2013.

GODOY, Robson. **Teoria básica do design - Direção, posição e espaço**. 25 jan. 2012. Disponível em: <http://design.blog.br/geral/teoria-basica-do-design-direcao-posicao-e-espaco>. Acesso em: 2 set. 2013.

GODOY, Robson. **Teoria básica do design - Gravidade**. 23 jan. 2012. Disponível em: <http://design.blog.br/geral/teoria-basica-do-design-gravidade>. Acesso em: 12 set. 2013.

GODOY, Robson. **Teoria básica do design - Ponto, linha, plano e volume**. 11 jan. 2012. Disponível em: <http://design.blog.br/geral/teoria-basica-do-design-ponto-linha-plano-e-volume>. Acesso em: 3 set. 2013.

GOUVEIA, Magaly. **Harmonia das cores - círculo cromátivo**. Disponível em: <http://www.amopintar.com/harmonia-das-cores>. Acesso em: 27 set. 2013.

GRUJIC, Andrej. **Tipologia - Classificações e Famílias de Letras**. 27 nov. 2008. Disponível em: <http://diagramafamecos.blogspot.com.br/2006/03/tipologia-classificaes-e-famlias-de.html>. Acesso em: 8 out. 2013.

GUIADOGRAFICO.COM.BR. **Glossário**. Disponível em: <http://www.guiadografico.com.br/glossario>. Acesso em: 4 dez. 2013.

HALLIDAY, David; RESNICK, Robert; WALKER, Jearl; tradução de BIASI, Ronaldo Sérgio. **Fundamentos de Física**. vol.4. Rio de Janeiro: LTC, 2003.

HEITLINGER, Paulo. **Fotocomposição (1950...)**. 2006. Disponível em: <http://www.tipografos.net/tecnologias/fotocomposicao.html>. Acesso em: 21 out. 2013.

HRENATOH.NET. **A Geometria do Design. Estudos sobre proporção e composição da forma**. Disponível em: <http://www.hrenatoh.net/curso/textos/design.pdf>. Acesso em: 19 set. 2013.

HRENATOH.NET. **Elementos da diagramação**. Disponível em: <http://www.hrenatoh.net/curso/multim/fundamentosbasicos_diagramacao.pdf>. Acesso em: 12 set. 2013.

HURLBURT, Allen. **Layout: o design da página impressa**. Tradução Edmilson O. Conceição, Flávio M. Martins. São Paulo, SP: Nobel, 2002. ISBN 85-213-0426-9.

ITAÚ CULTURAL. **Realismo Socialista**. <Disponível em: http://www.itaucultural.org.br/aplicExternas/enciclopedia_IC/index.cfm?fuseaction=termos_texto&cd_verbete=403>. Acesso em: 6 ago. 2013.

ITAÚ CULTURAL. **Suprematismo**. Disponível em: <http://www.itaucultural.org.br/aplicExternas/enciclopedia_ic/index.cfm?fuseaction=termos_texto&cd_verbete=3842>. Acesso em: 6 ago. 2013.

KHALIL, Gibran. Frase de Khalil Gibran. Disponível em: < http://kdfrases.com/frase/160170 >. Acesso em: 6 out. 2014.

KISS, Ellen. **Criatividade, Design e Inovação**. 17 dez. 2005. Disponível em: <http://www.designbrasil.org.br/artigo/criatividade-design-e-inovacao#.UhzZVdzNiUk>. Acesso em: 27 ago. 2013.

KISS, Ellen. **O que é briefing, afinal?** 18 jul. 2005. Disponível em: <http://www.designbrasil.org.br/artigo/o-que-e-design-briefing-afinal#.Uht-H9zNiUk>. Acesso em 26 ago. 2013.

KRYSTOPHER. **Projeto de Design - Parte 3 (Rafe)**. 10 fev. 2011. Disponível em: <http://apogeedesign.blogspot.com.br/2011/02/projeto-de-design-parte-3-rafe_10.html>. Acesso em: 27 ago. 2013.

LODY, Fabio. **Monitores LCD, configurações e impressão**. 2 jul. 2007. Disponível em: <http://imasters.com.br/artigo/6441/>. Acesso em: 11 nov. 2013.

MACIEL, Nahima. **O Movimento Fluxus!** 21 out.1998. Disponível em: <http://www.dopropriobolso.com.br/index.php?option=com_content&view=article&id=373:fluxus&catid=54:artes-plasticas>. Acesso em: 21 ago. 2013.

MAK & KAM - ART & DESIGN. **História do Design**. Disponível em: <http://www.makkam.com.br/13.html>. Acesso em: 22 ago. 2013.

MATHIAS, Lucaz. **Menos é Mais**. Disponível em: <http://www.contagia.com.br/blog/menos-e-mais/>. Acesso em: 18 out. 2013.

MENDES, Breeze. **A colagem digital em convergência com a ilustração**. 6 set. 2010. Disponível em: <http://breezedm.blogspot.com.br/>. Acesso em: 10 out. 2013.

MICROSOFT CORPORATION. **Dicas para trabalhar com imagens**. Disponível em: <http://office.microsoft.com/pt-br/publisher-help/dicas-para-trabalhar-com-imagens-HA001218940.aspx>. Acesso em: 11 out. 2013.

MORENO, Luciano. **Formas básicas em design gráfico**. 1 maio 2007. Disponível em: <http://www.criarweb.com/artigos/783.php>. Acesso em: 29 ago. 2013.

MORENO, Luciano. **O design equilibrado. As simetrias**. 11 dez. 2007. Disponível em: <http://www.criarweb.com/artigos/design-equilibrado-simetrias.html>. Acesso em: 2 set. 2013.

OLIVEIRA, Jorge. **E o designer? Faz o que hein?**. 21 out. 2010. Disponível em: <http://super.abril.com.br/blogs/superblog/e-o-designer-faz-o-que-hein/>. Acesso em: 31 jan. 2013.

PACIEVITCH, Thais. **Designer Gráfico**. Disponível em: <http://www.infoescola.com/profissoes/designer-grafico/>. Acesso em: 03 out. 2014.

PANIZZA, Janaina Fuentes. **Metodologia e processo criativo em projetos de comunicação visual**. São Paulo, SP: ECA/USP, 2004. Originalmente apresentada como dissetação de mestrado, mestrado em ciências da comunicação. Escola de Comunicação e Artes, Universidade de São Paulo, São Paulo. Disponível em: <http://www.google.com.br/url?sa=t&rct=j&q=&esrc=s&frm=1&source=web&cd=13&ved=0CEsQFjACOAo&url=http%3A%2F%2Fwww.teses.usp.br%2Fteses%2Fdisponiveis%2F27%2F27148%2Ftde-04082006-120606%2Fpublico%2Fmetodo-criatividade.pdf&ei=vN8cUuvuHIrm9gT8y4HIBQ&usg=AFQjCNFwngbN0Lkcfg7-edMbJqJcICqCcA>. Acesso em: 27 ago. 2013.

PARADELLA, Flavia Simonini. **Teoria da forma - ponto/linha/plano**. 15 maio 2013. Disponível em: <http://www.ensp.fiocruz.br/portal-ensp/_uploads/documentos-pessoais/documento-pessoal_314.pdf>. Acesso em: 3 set. 2013.

PASTRE, Mariella. **7 etapas para criar projeto de design gráfico eficiente**. 12 mar. 2013. Disponível em: <http://www.printi.com.br/blog/7-etapas-para-criar-projeto-de-design-grafico-eficiente>. Acesso em: 16 out. 2013.

PAULA, Vânia de. **Grafite ou pichação**. 26 jan. 2010. Disponível em: <http://profissaodesigner.wordpress.com/2010/01/26/grafite-ou-pichacao/>. Acesso em: 10 out. 2013.

PEREIRA, Helen. **Design Textil**. 6 jul. 2011. Disponível em: <http://www.caligraffiti.com.br/design-textil/>. Acesso em: 23 ago. 2013.

PESSOA, Fernando. **Cancioneiro**. Disponível em: <http://www.dominiopublico.gov.br/download/texto/pe000006.pdf>. Acesso em: 26 out. 2012.

PILLAR, Analice Dutra. **A Educação do Olhar no Ensino das Artes**. Porto Alegre: Editora Mediação, 2001. 2ª edição.

PITNEY EMBALAGENS. **Verniz**. Disponível em: <http://www.pitney.com.br/verniz-uv-localizado.html>. Acesso em: 11 nov. 2013.

PORTO, Danton. **considerações sobre harmonia...**. 22 mar. 2008. Disponível em: <http://umpoucosobrecor.wordpress.com/category/contraste-de-cores/>. Acesso em: 27 set. 2013.

REALISMO SOCIALISTA. In Infopédia [Em linha]. Porto: Porto Editora, 2003-2014. [Consult. 2014-10-02]. Disponível em: <http://www.infopedia.pt/$realismo-socialista>. Acesso em: 6 ago. 2013.

REVISTA COMPUTERS ARTS BRASIL. 17. ed. Ano 2. São Paulo: Editora Europa, 2009.

RIBEIRO, Felipe Ferreira Favila. **Elementos básicos da Comunicação Visual**. Disponível em: <http://www.ebah.com.br/content/ABAAAA2WEAD/elementos-basicos-cominicacao-visual>. Acesso em: 2 set. 2013.

ROOSEVELT, Theodore. Frase de Theodore Roosevelt. Disponível em: <http://kdfrases.com/frase/117409>. Acesso em: 6 out. 2014.

SAMPAIO, Luciano De. **O que é espaço de cores?**. 27 jul. 2009. Disponível em: <http://www.tecmundo.com.br/video/2481-o-que-e-espaco-de-cores-.htm>. Acesso em: 1 out. 2013.

SANTANA, Ana Lucia. **Suprematismo**. Disponível em: <http://www.infoescola.com/movimentos-artisticos/suprematismo/>. Acesso em: 6 ago. 2013.

SANTOS, Eduardo. **Conceitos de design: função, letras, cores e formas**. 27 set. 2007. Disponível em: <http://webinsider.com.br/2007/09/27/conceitos-de-design-letras-cores-forma-e-funcao/>. Acesso em: 16 set. 2013.

SANTOS, Kesler. **Retícula - um dos segredos da boa impressão**. Disponível em: <http://www.br.heidelberg.com/www/html/pt/content/articles/news/tips/reticula. Acesso em: 24 out. 2013.

SCHIAVENIN, Cristiane. **Proporções Áureas**. 24 jan. 2011. Disponível em: <http://chocoladesign.com/proporcoes-aureas>. Acesso em: 2 set. 2013.

SIGNIFICADOS.COM.BR. **Significado de Brainstorming**. Disponível em: <http://www.significados.com.br/brainstorming/>. Acesso em: 26 ago. 2013.

SIGNIFICADOS.COM.BR. **Significado de Tipologia**. Disponível em: <http://www.significados.com.br/tipologia/>. Acesso em: 7 out. 2013.

SILVA, Daniele V. **Colagens - A arte de juntar pedaços**. 25 ago. 2006. Disponível em: <http://www.danielevsilva.com.br/colagens/>. Acesso em: 10 out. 2013.

SIMÃO, Daniel Hayashida. **InDesign CS6 – Criando e Diagramando**. 1. ed. Santa Cruz do Rio Pardo, SP: Editora Viena, 2013.

SIQUEIRA, Jairo. **Ferramentas de Criatividade Brainstorming**. 1998. Disponível em: <http://www.ricardoalmeida.adm.br/brainstorming.pdf>. Acesso em: 26 ago. 2013.

SOUZA, Enio. **Briefing: onde tudo começa**. Disponível em: <http://www.eniosouza.com.br/briefing.htm>. Acesso em: 26 ago. 2013.

SOUZA, Guto. **Fotografia e design caminham juntos**. 16 fev. 2013. Disponível em: <http://www.revistacliche.com.br/2013/02/fotografia-e-design-caminham-juntos/>. Acesso em: 10 out. 2013.

STOLFI, Ariane. **Breve história da técnica da escrita**. 2002. Disponível em: <http://finetanks.com/referencia/fotocomposicao.php>. Acesso em: 21 out. 2013.

TZU, Sun. **Frase de Sun Tzu**. Disponível em: <http://kdfrases.com/frase/116468>. Acesso em: 6 out. 2014.

UFSC, Universidade Federal de Santa Catarina. **O que é Design de Joias?**. Disponível em: <http://designjoias.paginas.ufsc.br/o-que-e-design-de-joias/>. Acesso em: 26 ago. 2013.

ULBER, Sergio Antonio. **Relação Entre Design Gráfico e Fotografia**. 28 out. 2010. Disponível em: <http://designareblog.wordpress.com/2010/10/28/relacao-entre-design-grafico-e-fotografia/>. Acesso em: 10 out. 2013.

VELHO, Ana Lucia de Oliveira Leite. **O Design de Sinalização no Brasil: a introdução de novos conceitos de 1970 a 2000**. Rio de Janeiro, RJ: PUC, 2007. Originalmente apresentada como dissetação de mestrado, Pontífica Universidade Católica. Disponível em: <http://www2.dbd.puc-rio.br/pergamum/tesesabertas/0510328_07_cap_03.pdf>. Acesso em: 23 ago. 2013.

VEKTRA GRÁFICA E EDITORA. **Tipos de Retículas**. Disponível em: <http://www.graficavektra.com.br/reticulas.php#.UmphhNxpSUk>. Acesso em: 25 out. 2013.

VERMELHO, Mayara Valadão; Dias, JÉSSIKA. **Arte Rupestre & Pictografia**. 2009. Disponível em: <http://www.fabricadeideiassenai.xpg.com.br/tema1.html>. Acesso em: 31 jan. 2013.

VIEIRA, Yhasmin. **História do Design e definição**. 10 dez. 2012. Disponível em: <http://www.recantodasletras.com.br/artigos/1570020>. Acesso em: 31 jan. 2013.

VUDU. **Briefing - O que é, como fazer**. 27 jun. 2007. Disponível em: <http://sobredesign.wordpress.com/2007/06/27/briefing-o-que-e-como-fazer/>. Acesso em: 26 ago. 2013.

WIKIPEDIA. **Arte-finalista**. 2 ago. 2013. Disponível em: <http://pt.wikipedia.org/wiki/Arte-finalista>. Acesso em: 17 out. 2013.

WIKIPEDIA. **Categoria: Designers Gráficos do Brasil**. Disponível em: <http://pt.wikipedia.org/wiki/Categoria:Designers_gr%C3%A1ficos_do_Brasil>. Acesso em: 24 junho. 2013.

WIKIPEDIA. **CMYK**. Disponível em: <http://pt.wikipedia.org/wiki/CMYK>. Acesso em: 4 out. 2013.

WIKIPEDIA. **Design gráfico**. Disponível em: <http://pt.wikipedia.org/wiki/Design_gr%C3%A1fico>. Acesso em: 31 jan. 2013.

WIKIPEDIA. **História da Arte**. Disponível em: <http://pt.wikipedia.org/wiki/Hist%C3%B3ria_da_arte>. Acesso em: 31 jan. 2013.

WIKIPEDIA. **Layout**. Disponível em: <http://pt.wikipedia.org/wiki/Layout>. Acesso em: 16 out. 2013.

WIKIPEDIA. **Layout gráfico**. Disponível em: <http://pt.wikipedia.org/wiki/Layout_gr%C3%A1fico>. Acesso em: 16 out. 2013.

WIKIPEDIA. **Memphis Group**. Disponível em: <http://en.wikipedia.org/wiki/Memphis_Group>. Acesso em: 21 ago. 2013.

WIKIPEDIA. **Minimalismo**. Disponível em: <http://pt.wikipedia.org/wiki/Minimalismo>. Acesso em: 4 fev. 2013.

WIKIPEDIA. **Luminosidade (cor)**. Disponível em: <http://pt.wikipedia.org/wiki/Luminosidade_(cor)>. Acesso em: 2 out. 2013.

WIKIPEDIA. **Pantone**. Disponível em: <http://pt.wikipedia.org/wiki/Pantone>. Acesso em: 2 de outubro. 2013.

WIKIPEDIA. **Toy art**. 15 ago. 2013. Disponível em: <http://pt.wikipedia.org/wiki/Toy_art>. Acesso em: 11 out. 2013.

WILBERT, Michele. **Cores terciárias complementares análogas policromia monocromia isocromia significado das cores**. 30 abr. 2013. Disponível em: <http://www.slideshare.net/wilbertmwilbert/cores-terciarias-complementares-analogas-policromia-monocromia-isocromia-significado-das-cores>. Acesso em: 2 out. 2013.

WILLIAMS, Robin. **Design para quem não é designer. 2**. ed. São Paulo, SP: Editora Callis, 2006.

WONG, Wucius **Princípios de Forma e Desenho**. São Paulo: Editora Martins Fontes, 2001. 2ª edição.

ZORZETTO, Gustavo. **Qual a diferença entre Arte Final, Diagramação, Design Gráfico e Criação?**. 28 fev. 2012. Disponível em: <http://www.equipgraf.com.br/index.php/qual-a-diferenca-entre-arte-final-diagramacao-design-grafico-e-criacao/>. Acesso em: 11 out. 2013.

Glossário

Abside
É um termo utilizado na arquitetura que significa arco (abóbada). É a parte de uma construção que se projeta para fora. É um recinto semi-circular onde ficavam as estátuas dos deuses.

Adobe
Trata-se de um tijolo de terra crua, palha ou fibras naturais utilizado na construção civil, sendo considerado um dos antecedentes do tijolo de barro.

Alabastro
É o nome de dois minerais: gesso (alabastro dos dias atuais) e calcite (alabastro dos antigos). A diferença entre eles é a dureza de cada um.

Bureau (birô)
É a empresa que realiza vários serviços relativos à pré-impressão. Atualmente também faz trabalhos de produção e impressão final.

Cantarias
É a pedra talhada utilizada em construções de muros e edifícios. São geralmente paralelepípedos.

Capitulares
São letras com tamanhos que abrangem diversas linhas. Normalmente alinham-se no topo com a primeira linha. Antigamente eram chamadas de iluminura.

Caractere
São letras individuais, pontuação e números do alfabeto.

Ceticismo
Refere-se a atitudes de questionamentos de fatos, opiniões ou crenças pré-estabelecidas como sendo fatos. É a doutrina onde o espírito não consegue atingir nenhuma certeza a respeito da verdade.

Cores puras
São as cores primárias que dão origem a todas as outras - vermelho, azul e verde.

Croisonné
Trata-se de uma técnica de trabalho utilizando pasta de esmalte vitrificado e tiras finas de metal que são coladas sobre uma superfície.

Degradê
É cor ou iluminação que possui variação gradativa de tons.

Diadema
Trata-se de uma jóia para ser usada na cabeça e é considerada um distintivo real. É a chamada coroa.

Diagrama
É uma representação gráfica feita através de linhas e pontos.

Diorite
É um tipo de rocha extremamente dura, de cor cinza e aspecto granular.

Digitalização
Processo onde uma imagem é transformada em código digital através de um equipamento e software digitalizador de imagens.

Ergonomia
Trata-se do estudo das relações entre o trabalhador e o equipamento utilizado por ele na realização do seu trabalho.

Escriba
Na Antiguidade era aquela pessoa que dominava a escrita e era responsável em redigir as normas do povo de determinada região ou religião. Além disso, também podia atuar como contador, secretário, copista e arquivista.

Espectro visível
Espectro visível é a porção do espectro eletromagnético onde a radiação é formada por fótons capazes de sensibilizar o olho humano.

Feedback
Trata-se de uma palavra inglesa que significa dar resposta ou reagir a algo. Pode ser tanto positivo quanto negativo.

Fotolito
É um filme transparente feito de acetato. Uma imagem colorida é dividida em quatro cores básicas (cyan, magenta, amarelo e preto) gerando quatro fotolitos por imagem. Os fotolitos são usados para gravar chapas.

FTP
Através do FTP (File Transfer Protocol) é possível enviar e baixar arquivos entre os computadores de maneira rápida. A transferência se dá entre um computador chamado de cliente e um servidor.

Ganho de ponto
Trata-se do aumento ou deformação do ponto na retícula durante o processo de impressão. O aumento do ponto causa escurecimento na imagem principalmente em locais de meios-tons.

Iluminura
Trata-se de um tipo de pintura decorativa, normalmente feita nas letras capitulares do início dos capítulos de pergaminhos medievais. Esse termo também se referia à utilização de douração.

Imagesetter
São equipamentos digitais laser com a função de produzir fotolitos.

Interface
Está relacionada a presença de uma ou mais ferramentas para o uso de qualquer sistema de informações (material ou virtual). É o conjunto de meios para fazer a adaptação entre sistemas.

Laica
Trata-se de um conceito que indica a ausência de envolvimento religioso em assuntos governamentais e ausência de envolvimento do governo em assuntos religiosos.

Litografia
Processo de impressão com matriz plana, baseado no fenômeno de repulsão entre as tintas e a água e utiliza como suporte a pedra calcária.

Negrito
O termo negrito indica a utilização de um traço mais largo que o comum com a finalidade de realçar as palavras.

Nomo
Eram as divisões administrativas do Egito Antigo. O número de divisões variava.

Papiro
Trata-se de uma planta que também era utilizada para a escrita durante a antiguidade. O papiro era obtido da parte interna do caule da planta.

Pergaminho
Pergaminho é uma pele animal (de cabra, bezerro ou ovelha) preparada para servir como base para se escrever. Com essas peles se produzia um material fino, macio e claro utilizado para documentos e obras importantes.

Policromia
É qualquer processo de impressão onde são empregadas mais de três cores.

Retícula
É uma película transparente com uma rede de pequenos pontos formando imagens para a reprodução de originais a meio-tom. Os inúmeros pontos, de tamanhos variados são impressos com a mesma quantidade de tinta, mas, por ilusão de ótica cria efeito de tonalidades intermediárias.

Sangra
É a área da impressão que se estende além da margem a ser refilada para que durante o corte o material não apresente um filete sem impressão.

Scanner
É o equipamento utilizado para a digitalização de imagens por meio de um sistema óptico-eletrônico que lê o original ponto a ponto.

Test form
O test form é formado por um conjunto de matizes e elementos padrões na área de impressão para a avaliação do resultado da impressão.

Tipografia
A tipografia tem como principal objetivo dar ordem estrutural e forma à comunicação impressa. A tipografia também se refere à gráfica que utiliza tipos móveis.

Usabilidade
É um termo utilizado para determinar a facilidade com que os indivíduos podem empregar uma ferramenta ou objeto para a realização de uma tarefa específica.

Xilografia
É a técnica de gravura a partir da utilização da madeira como matriz, onde a imagem é reproduzida sobre papel ou outro material. Trata-se de um processo muito parecido com um carimbo.